清 史 编 委 会 编

清代人物传稿

上 编 第 十 卷

本卷主编 张捷夫

中 华 书 局

图书在版编目（CIP）数据

清代人物传稿 上编 第 10 卷/张捷夫主编 . – 北京：
中华书局,2001

ISBN 7 – 101 – 02144 – 1

Ⅰ.清… Ⅱ.张… Ⅲ.人物-传记-中国-清代
Ⅳ.K820.49

中国版本图书馆 CIP 数据核字(1999)第 04805 号

本书为第六个五年计划期间历史学
科重点项目之一,曾得到国家资助。

清 代 人 物 传 稿

上编　第十卷

本卷主编　张捷夫

*

中华书局出版发行

(北京丰台区太平桥西里 38 号　100073)

北京朝阳未来科学技术研究所印刷厂印刷

*

850×1168 毫米 1/32·12½印张·2 插页·286 千字

2001 年 5 月第 1 版　　2001 年 5 月北京第 1 次印刷

印数 1 – 3000 册　　定价:21.00 元

ISBN 7 – 101 – 02144 – 1/K·929

卷 头 语

本卷主要收入乾隆朝的人物。

乾隆朝是一个伟大的时代。而一个伟大时代的出现,往往需要几代人的努力。在经历了清初社会大动荡之后,经过康熙、雍正两朝的奠基发展,到乾隆朝,中国封建社会发展到了鼎盛时期。政治、经济、军事、文化,达到了前所未有的高峰,并最终完成了多民族国家的统一,确立了中国的神圣版图。

人民群众是历史的创造者,但并不抹杀个人在历史上的作用。尤其是那些重要人物,他们作为一定阶级和倾向的代表,作为一定时代思想的代表,在一定程度上起着加速或延缓社会发展的作用。弘历作为封建国家的最高统治者,他的思想、才能、性格、作风,都会影响具体历史事件的发生和发展,从而使这段历史进程打上了他个人品质的烙印。

乾隆年间战争频繁,弘历自诩有"十全武功"。其实,乾隆年间规模较大的战争远不止十次。从本卷收入的讷亲、岳钟琪、张广泗、傅恒、温福、海兰察等人的传记中,不仅可以看到这些人的军事才能,同时也可以看出某些战争的背景、起因、规模、性质和意义。这些战争绝大多数是属于正义性的,在完成国家统一,维护国家安定方面起了重要作用。但也有例外,从莎罗奔等人的传记中,不难看出对金川土司的战争,则存在决策轻率、穷兵黩武的问题。

康雍时期,曾对准噶尔长期用兵,虽然阻遏了准噶尔的侵扰,却未能从根本上解决问题。乾隆前期，准噶尔发生内讧，三车凌邠、阿睦尔撒纳、玛木特等率众归附清廷。清廷乘机出兵天山南北，前后经过五年的反复较量，终于击败了准噶尔割据势力，平定了维吾尔族大小和卓木叛乱，最终完成了国家的统一，意义重大。为此，本卷收入了成衮扎布、达瓦齐、三车凌、阿睦尔撒纳、玛木特等较多活动在这一时期的西北少数民族人物的传记。

乾隆朝既是中国封建社会发展的顶峰，同时又是封建时代的尾闾。繁荣昌盛之中潜伏着危机，各种社会矛盾正逐渐激化。林爽文、苏四十三、田五、石柳邓等农民起义领袖的传记，从一个侧面反映了乾隆中期以后由盛而衰的趋势。

百多年来，民间关于香妃的传说甚广，而且众说纷纭。这个人到底是谁，她的生平与身世如何，本卷的和卓氏传，则在前人研究考证的基础上，又作了进一步地深入研究。

张捷夫 于中国社会科学
院历史研究所清史研究室

目　录

弘　历

冯佐哲

　　弘历，姓爱新觉罗氏，清世宗雍正帝胤禛的第四子，生于康熙五十年八月十三日（1711 年 9 月 25 日），卒于嘉庆四年正月初三日（1799 年 2 月 7 日）。他是清朝入关后的第四代皇帝，年号乾隆。他一生"躬阅四朝"，五世同堂，在位周甲，这在中国历史上所有帝王中是绝无仅有的。

　　弘历的生母纽祜禄氏，是四品典仪凌柱之女。她十三岁时入胤禛府邸，生弘历时为格格。胤禛登极后，她先后被封为熹妃、熹贵妃。弘历即位后，被尊为崇庆皇太后，死后谥孝圣宪皇后。

　　弘历生而颖慧，天资聪明。六岁就学，受书于庶吉士福敏，"过目成诵，课必兼治，进业日勤，动契凤悟。"①后来，先后担任授业老师的还有朱轼、徐元梦、蔡世元、蒋廷锡、张廷玉和嵇曾筠等人。他十二岁时（康熙六十一年），在圆明园"镂月开云"（即牡丹台）晋谒祖父康熙帝。康熙帝"见即惊爱，命宫中养育，抚视周挚，备荷饴顾恩慈。亲授书课，教牖有加，偶举爱莲说以试，诵解融彻，奖悦弥至。"②同时，康熙帝还让他"学射于贝勒允禧，学火器于庄亲王允禄。肄辄擅能，精传家法。"③康熙帝对他的培养，"过于诸皇孙"④同年夏天，康熙帝巡幸塞外，在承德避暑山庄，令弘历与他同住"万壑松风"轩。木兰秋狝时，也带着弘历同往。当康熙帝用虎枪射倒一只大熊时,命弘历补射,"欲初围即获熊之名耳。"弘历刚刚上马,不料那只熊又突然站立起来,扑向了他,多亏康熙帝又及时补射了一枪,才化险为夷。康熙帝认为他很有福气,从此"益加宠爱,而燕翼之贻谋因之而定也。"⑤

弘历在青少年时代,由于受到了良好和严格的教育,因此对传统的汉学和儒学经典均有很深造诣,论赋诗词,无不精通。加上对各种史书的研修,使他积累了丰富的历史知识,学到了历代人君治理国家的许多经验。他对诗琴书画、文物古玩、音乐、建筑等亦颇精通。他还掌握多种语言,除满、汉文外,兼通蒙文、藏文和维吾尔文等。

雍正元年(1723年)八月十七日,弘历被乃父雍正帝预定为嗣君,将其名字写好密封于锦匣之中,放置在乾清宫"正大光明"匾额的后面。弘历十七岁完婚,与出身满洲名门的富察氏结为伉俪。十一年(1733年)正月,他被册封为和硕宝亲王。此后,他便经常代表雍正帝参加各种祭天、祀祖等礼仪活动,并参与诸如西北对准噶尔的用兵和西南苗疆之役等军国要务的处理。

十三年(1735年)八月,雍正帝突然病逝,二十五岁的弘历顺利地登上了皇帝的宝座。弘历即位之所以很顺利,没有遇到任何麻烦,除康熙帝对他的格外钟爱和雍正帝的周密安排外,同他本人的表现是分不开的。他平日"秉性仁慈,居心孝友"。⑥对乃父言听计从,对昆仲格外友爱,对臣僚乃至太监、差役都能相处的极有分寸,从不骄横霸道,表现得非常安分守己,故博得了上上下下的好感。根据雍正帝生前的安排,由庄亲王允禄、果亲王允礼、大学士鄂尔泰和张廷玉四人为辅政大臣,新的最高统治班子很快就建立起来了。在给乃父治丧期间,弘历表现出非凡的用人和管理才能,使宫廷上下政局平稳,人心安定,秩序井然,并使京城内外的一些流言蜚语未能掀起大浪，从而有利于巩固自己刚刚得到的皇位。

早在作皇子时，弘历就对乃父刻薄多疑，性喜报复，累兴大狱的作法持有异议，并对乃父推行政令所采用的严酷手法不以为然，担心这种严刑酷法所造成的潜在社会危机。因此，他即位后，虽然一再声称自己的所作所为均要以"敬天法祖为首务"，"以皇考之实心为心，以皇考实政为政"，⑦其实，他对乃父所推行的各项政策进行了全面审查和大规模地调整厘正，实行较为宽松包容的政策。他曾说："治天下之道，贵得其中，故宽则纠之以猛，猛则济之以宽。而《记》称一张一弛，为文武之道。凡以求协乎中，非可以矫枉过正也。"⑧表示要"减去繁苛，与民休息"。⑨

从雍正十三年十月起，弘历便着手改善被雍正帝在各种政治斗争中所惩办的一些人的政治待遇。康熙末年为争夺储位，雍正帝与其兄弟中不少人结下了怨仇。雍正帝登极后便把这些人或是改名监禁，或是削爵流放，或是迫害致死，并将其子孙削除宗籍。甚至还牵连了许多宗室和八旗贵族、功臣勋贵的后裔。弘历执政后陆续释放了被圈禁的宗室，如皇叔允䄉、允祯以及允䄉、允禵的子孙等，授予他们爵位，并将他们重新收入玉牒，其后代分别赐予黄带、红带、紫带。同时还赏给他们俸禄，分给他们适当差使。这些作法缓解了最高统治集团内部的矛盾。此外，他还对雍正帝执政期间的许多政治积案作了重新审理，大多都给予了宽大处理，缓解了皇帝与一般官僚以及知识分子间的紧张关系。

弘历执政后，加强了对边疆的用兵，特别是康熙、雍正两朝就已进行的在西北与西南两方面的军事行动。弘历认为平定西北准噶尔割据势力，是其父祖两朝的未竟之业，也是加强边防，巩固统一多民族国家的有力措施。因此，他一方面命令喀尔喀亲王额驸策棱率军严密防守，加紧备战；另一方面，又力争用和平方式解决争端。双方经过几次交涉、谈判,终于在乾隆四年(1739年)春天,达成了协议,划定以阿尔泰山为界,规定准噶尔部与喀尔喀部各自在其管辖地域内放牧,不许擅自越界骚扰。从而使边境安宁,有利于该地区经济发展。这种局面一直维持了二十余年,直到二十三年(1758年),清廷才利用准噶尔内部矛盾,最后一举平定了准噶尔的割据势力,进一步巩固了清政府对西北边疆的统治。

在西南,主要是黔东南苗族、布依族聚居区,由于雍正帝强制安营置汛,设官建治,从而激起了他们的强烈不满。雍正十三年,终于爆发了包利等人领导的大规模的反清斗争。雍正虽厚集兵力进剿,但直到他去世,也未能平息。弘历执政后,谕令庄亲王允禄、果亲王允礼等总理事务大臣要把对黔省苗疆用兵视作"目前紧要之事",⑩并把一些不谙军事、庸碌无能的官员罢黜,换上了一些善于作战,有办事能力的臣僚主管该事。又调遣熟习苗疆情况,曾任贵州巡抚的张广泗重新入黔,署七省经略,统领军务。同时,谕令将领说:"除怙恶不悛者,定行剿除,以彰国法,其余能闻诏投戈,输诚悔过,当悉贳其罪,予以自新,务使边宇安宁,百姓乐业,以副朕乂安海内,一视同仁之意。"⑪张广泗在弘历的支持下,剿抚兼施,经过一年多的时间,终于在乾隆三年(1738年)夏把黔东南苗疆平定。接着,弘历又谕令在该地区施行减免租赋,尊重民俗,安置屯军,进行屯田等一系列措施。

弘历即位后,除继续使用和笼络一些雍正朝的老臣外,还非常注意培养、扶植一批自己的股肱之臣。他对宗室故旧乃至八旗人等都格外照顾,减免他们所欠的债务,增加他们的俸禄。雍正十三年九月二十四,他对宗室人员说:"治国之道,以亲亲睦族,移风易俗为先务。"⑫他还对朝廷重臣进行了甄别、整顿和清理,提倡务实,反对虚夸,要求臣僚经常如实反映情况。他主张适当任用汉人,撤换了一些缺才少德的不称职的庸吏,不拘一格的提拔了一批人。他用人的标准是只要有真才实学,操守端正,就可据实保举,破格提拔。他还坚持奏折制度,用以控制臣工,了解全国各地的真实情况,从而加强了封建专制统治。乾隆三年(1738年)十一月,他下旨撤消了总理事务处,恢复了曾在大丧期间被他取消的军机处,并使其机构更加健全、扩大了,任命大学士鄂尔泰、张廷玉,尚书讷亲、海望,侍郎纳延泰、班第等为军机大臣。从而全部剥夺了传统的议政王大臣会议的权力,使其名存实亡,同时也把内阁架空了,使其形同虚设。鉴于内监在宫中有恃恩骄纵、悖礼妄为之行,他下旨对内监严加管理和约束,不许他们随便与外臣交往。此外,他对乃父雍正帝崇尚佛道,迷信祥瑞的作法,也予以匡正,把一些和尚、道士逐出宫苑,并命令各省督抚裁汰僧道,严加管束。

弘历初政,为了减轻人民负担,在经济上也采取了一些措施。乾隆三年(1738年)夏秋,免除福建、浙江等省的额赋和漕欠,发粟粮赈济陕西、山东、直隶(今河北)、江苏、安徽、江西和河南等省灾民,并免除额赋以及豁免无地之粮等。此外,他决定兴修水利、治理江河、海塘。乾隆二年(1737年)四月,下旨疏浚清口与江南运河;八月筑浙江鱼鳞大石海塘;七年(1742年)十一月,命陈世倌会同高斌查勘江南水利等。他要求修水利、治江河时,停止派工、派捐,诸项工程开支,均由国家财政支出,并实行以工代赈。

弘历二十五岁登极,这既不同于他曾祖顺治帝和祖父康熙帝冲龄即位,需要别人摄政、辅佐;又不同于其父雍正帝四十五岁即位,虽有统治经验,但已失去朝气蓬勃的魄力和强健的身体。而他自己既在父皇身边耳濡目染了如何掌权为政的经验,且年富力强。据说他"自御极后,无论四时,卯时而起,进早膳后,先览中外庶政,次引公卿大臣与之议决,至午而罢。晚膳后,更理未了公事,间或看书、制诗、书字,夜分乃寝,平生不饮酒,不嗜异味"。⑬

　　弘历在皇位继承问题上,坚持秘密建储的方法。乾隆元年(1736年)七月初二日,便密定孝贤皇后富察氏所生的皇次子永琏为太子,亲书密旨装入锦匣内,存放于乾清宫"正大光明"匾额之后。但对于这种制度,他也有过犹豫,并曾在上谕中说:密建储位之法,"在我皇考神明化裁,创举于一时;而朕志述事,踵行于今日,此乃酌权剂经之道,非谓后世子孙皆当奉此以为法则也。"⑭但不幸的是,乾隆三年(1738年)十月,永琏刚九岁就病逝了。在此之后,弘历又想立皇后富察氏所生的皇七子永琮为皇储,但永琮只活了两岁,就因天花病夭折了。经过这两次立储失败后,弘历便打消了从皇后所生嫡子中选立储君的念头,同时也暂时停止了立储活动。

　　清朝自入关后,经顺、康、雍三朝百年来的苦心经营,到弘历继承大统时,已是政治稳定,经济繁荣和军事强大的泱泱大国。在此基础上,他以"措天下于郅隆"、"家给人足"为己任,在儒家"修身、齐家、治国、平天下"思想的指导下,顺应社会发展的形势,调整各种矛盾,注重社会经济的发展和广大民众的生计,励精图治,潜心治理国家。到乾隆中期已进入"康乾盛世"的鼎盛时期。这在有清二百六十多年的统治中,是最荣耀的时代。

　　弘历为了实现自己的宏伟夙愿,进行了多方的努力,各方面作得颇有章法,主要表现在以下几方面:

　　(1)兴修水利,奖劝农桑,减免税赋

　　"重农务本"乃历代统治者强调的第一要务。弘历深知农业是国民经济的基础,只有农业发展,粮丰仓满,社会才能安定,其他事业才能兴旺、发达。他也知道水利是农业生产的命脉,因此尤其注重兴修水利,特别是把治理黄、淮、运等河流水患放在首位。他曾经说:"河工海防乃民生之最要。"委任嵇璜、高斌等人为河东河道总督、江南河道总督,拨巨款并调动大量劳力兴修直隶、河南、山东、安徽、江苏和浙江等省的水利工程。如,十年(1745年),他下旨发帑银五十六万两,疏浚河道;十二年(1747年)十月,派高斌等疏浚江苏六塘等河道,二十二年(1757年)四月,派刘统勋督修徐州石工,梦麟督修六塘以下河工,嵇璜督修昭关滚坝支河;二十七年(1762年)三月,他亲自到海宁视察海塘。弘历特别关心黄河水患的治理,曾多次亲临黄河的关键要地清口、高家堰地区视察,并一一部署有关治导、疏浚和护堤等事宜。此外,弘历对修建江浙两省绵延五百多里的海塘也十分关心,曾亲临现场视察指导。这项工程先后几十年,修建了宝山至金山长达二百四十二里的块石篓塘和金山至杭县长达二百四十八里长的鱼鳞石塘。再加上钱塘江以南的许多石塘和土塘,构成了一条十分坚固的防海潮的巨大工程,有效的保护了钱塘湾的广袤沃野,保证了农业生产连年丰收。

　　弘历承继父祖两代的重农政策,十分注意发展农业生产,为此采取了一系列措施。他大力奖劝农民致力农桑,多次在上谕中要求举国上下把"重农务本"当成头等大事,反复强调务农、重农的必要性。曾说:"食为民天,一夫不耕,或受之饥,一女不织,或受之寒,而耕九余三,虽遇荒年,民无菜色。"[15]鉴于当时全国"生齿日繁,地不加广,穷民资生无策"[16]的形势,他号召除扩大耕地面积外,还主张改进农业生产技术,提高产量。八年(1743年)下诏试行区田法。他号召推广双季稻、奖励植棉和其他经济作物,规定全国各地均要贮粮备荒。十三年(1748年)时,全国大约贮粮达三千三百七十九万石。[17]弘历平日很重视农业生产的丰歉,注意地方水、旱、风、雹、虫等自然灾害,规定地方官员如实上报,不得隐瞒。凡遇自然灾害,均要不同程度的减粮免科。每当国家有重大庆典之日,便进行"恩蠲"。在他统治期间,曾三次普免全国钱粮。他还责令地方官员,

"劝谕各业户酌量减租",以使少地、无地的佃农真正受益,不断赈济、抚恤灾民,并常常用平粜的方法稳定粮价;明令禁止粮食向国外出口,只允许各省间相互调剂,以丰补歉;改变祖制,允许皇庄壮丁、家奴出旗为民;改定"逃人法"和实施保护佃民"永佃权";大力提倡植树、种草保护自然环境。随着人口的增加,他更注意扩大农耕面积,奖励垦荒,移民屯田、屯边。三十一年(1766年)时,全国耕地已达7915200余顷,比雍正二年(1724年)时的6837900余顷,多了1077300余顷,增加百分之十五以上。

(2)整肃吏治、严惩贪官污吏

康、雍两朝以来,天下承平日久,士风日下,贪官污吏比比皆是。弘历早在作皇子时就已注意到了这一点。鉴于明末贪风盛行,终使国家灭亡的教训,为了清朝的长治久安,他费了不少心血用以整肃吏治。他曾经引用《易经》中的话告诫臣工,"安而不忘危,治而不忘乱,是以身安而国家可保也,我君臣其共勉之"。⑱他执政期间,曾多次惩办贪官污吏,其中不少人是总督、巡抚、布政使和按察使等高官显贵,总计不下百人。其中前期主要有广东盐运使陈鸿熙、江西巡抚常安、山西布政使萨哈谅、学政喀尔钦、浙江巡抚卢焯、兵部尚书鄂善、云南总督恒文、湖南布政使杨灏、湖南巡抚李因培、山东巡抚蒋洲以及王世俊、常舒、李封和特成额等人;后期主要有两广总督富勒浑、福建巡抚雅德、甘肃布政使王亶望、陕甘总督勒尔谨、浙闽总督陈辉祖、湖南布政使郑源璹、江西巡抚郝硕、广西巡抚钱度、闽浙总督伍拉纳、浙江巡抚福崧、福建巡抚浦霖、山东巡抚国泰和布政使于易简等人。

为了加强对官吏的考核,弘历制定了一整套制度,按规定每三年对内外官员进行一次考核。京官谓之"京察",外官谓之"大计"。他反复告诫主持考核的官员,一定要"矢慎矢公,至确至当,举一人使众皆知劝,退一人使众皆知儆,始足以澄清吏治,整饬官方。"⑲
他有时还亲自参预对官吏的考核、裁定,一旦发现贪污、犯赃的官
员,不但要惩罚本人,而且也要处罚举荐之人。

为了加强统治,在地方上实行保甲制度,搜缴民间武器,特别
是鸟枪、火器等,并进一步扩充军队;在中央部门采取了限制、压抑
臣权,打击异己力量,特别是限制科道、御史等言官的职能,以使言
官地位降低。同时对中央内阁、六部以及军机处的各级官员也严加
限制,使他们成为自己的忠实奴仆,得心应手的工具。

(3)加强对八旗的控制,不时四处巡幸

弘历执政后加强了对八旗的控制,并对八旗军进行了整顿,多
方设法解决旗人的生计问题。如扩大八旗仕途、扩大八旗兵种、旗
额以及奖励旗人屯田等等。

为了加强统治,弘历还经常四处巡幸,了解政情、民情,并把维
系民心作为政治活动中的一个重要组成部分。他几乎每年都要到
热河避暑山庄,并进行木兰秋狝。在他统治期间,各种巡幸活动总
计在一百五十次以上。其中拜谒东、西陵与盛京永、福、昭三陵共六
十六次,巡幸热河避暑山庄与木兰秋狝五十二次,东巡曲阜、泰山
等地八次,南巡江南六次,巡幸中州(嵩山)一次,西幸五台山六次,
此外还多次巡幸盘山、明陵等地,平均每年他都要外出巡幸两次以
上。弘历出巡的目的之一,主要是为了游山玩水的个人享受;但是
也不能否认这些巡幸有了解下情、视察水利工程建设以及演兵习
武的一面。他六次南巡不但对河工、海塘的修建有一定促进作用,
而且对进一步巩固统治,消除地方汉族士绅的不满、笼络地主起到
了一定作用。

(4)加强对边疆地区的统治和开拓

为进一步加强和巩固统治,弘历在十年(1745年)以后,便把

注意力转向了边疆,先后多次平定各地的叛乱,并且扩大了清朝直接统治的区域,为奠定今日中国的版图做出了积极贡献。

弘历一生经历了多次战争,他把其中十次征伐战争〔即两次平定准噶尔战争、征讨回部战争、两次平定大小金川战争、平定台湾林爽文领导的天地会起义、两次出征廓尔喀(今尼伯尔)战争、征讨缅甸战争和征讨安南(今越南)战争〕称之为"十全武功",并自诩为"千古第一人"的"十全老人"。在这些征战中,有的是正义的维护祖国安定、统一和反入侵的战争;有的则是镇压人民反抗,征讨弱小民族的不义战争,因此要对每一次征战作具体分析,不能全盘肯定或否定。

(5)加强对文化领域的控制

弘历执政期间,利用官方的力量,先后组织大批文人学者大规模地搜集、整理古典文献和编纂大部头的书籍,从而使清朝文化得到了进一步发展、繁荣。当然也应当指出,其中也包含了他破坏和阻碍中国文化发展所犯的罪过。

弘历一再表示要"稽古右文,崇儒兴学",编定大量典籍。为此他首先下诏在全国范围内征求遗书。三十七年(1772年)正月初四日,他发布上谕说:"古今来著作之手,无虑数千百家,或逸在名山,未登柱史,正宜及时采集,汇送京师,以彰千古同文之盛。其令直省督抚会同学政等通饬所属,加意购访。"[20]于是在三十八和三十九年,搜集书籍的活动便达到了高潮。当时全国各地已搜集图书万种以上,大大丰富了国家藏书数量。

在征求遗书的同时,弘历又组织学者编定各种书籍。他一生主持编纂了一百一十多种各类图书,共计千卷以上,其中规模最大的一部是《四库全书》。此书分经、史、子、集四部,基本收容了我国历代的主要著述。共收书3503种,总计79337卷。此书虽然对保存中国的文化古籍有重要作用,是中国古代文化发展史上的空前壮举,但弘历通过编《四库全书》对全国藏书作了一次大审查,并对所谓"悖逆"、"违碍"书籍进行了查禁、抽毁和删改,致使原书失真。据不完全统计总共销毁各种著述三千种左右,共六、七万部以上。[21]

弘历与康熙帝、雍正帝一样大兴文字狱。在他统治期间,文字狱叠兴,共计达一百一十多起,对所谓不利于清朝统治的言行,进行了残酷迫害和严厉地镇压。很多人被处死、抄家,许多人受到牵连。如,二十年(1755 年)的胡中藻《坚磨生诗钞》、二十二年(1757 年)彭家屏私藏禁书案、二十六年(1761 年)王寂元投词案与林志功捏造诸葛碑文案、三十二年(1767 年)蔡显《闲闲录》案和齐周华《名山藏初集》案等。由于弘历与其父祖一样大兴文字狱,禁锢和钳制了知识界的思想,使许多人不敢随便议论时政,不敢接触现实问题,进而把一生精力投入故纸堆中,整理古籍、考据经典。同时,由于大兴文字狱,造成民心不稳,因隙互相检举、诬告,进而对中国文化的发展和社会的进步都造成了不良影响。

(6)加强对少数民族的笼络和控制

弘历对民族问题十分重视,他特别关心对蒙古、藏、维吾尔等少数民族的笼络和控制。他通晓这些民族的语言,可以自由与这些民族的领袖对话,而不用翻译。正因为弘历十分重视少数民族问题,故当时很多少数民族向心力很强,他们拥护统一,反对分裂。如蒙古族土尔扈特部的回归,就是其中最典型的一例。土尔扈特原是居住在新疆天山北麓的一支蒙古族部落,十七世纪三十年代西迁至伏尔加河下游一带过着游牧生活。康熙帝曾派图理琛率团看望过他们。到了乾隆年间,他们由于不堪沙俄统治者的欺压,毅然决定返回祖国。他们在渥巴锡台吉的率领下,历尽千辛万苦,历时八个月,行程万余里,终于在三十六年(1771 年)六月到达新疆伊犁。

弘历不但派重臣迎接,拨给水草丰盛之地让其放牧,还赈济给他们大批牛、羊、粮食、帐篷、衣物,并赐封渥巴锡为卓里克图汗,封该部另一领袖多尔济伯克为亲王等。

弘历统治时期,中国四海一统、版图辽阔、人口众多、物产丰富、国力空前,在东方乃至世界确是一个泱泱大国。弘历的贡献是应该肯定的。但在他统治的后期,吏治破坏,贪风盛行,政治颓废,致使国势渐衰,士风日下。弘历甚至大开贡献、捐纳之风,纵容大学士、军机大臣和珅擅政、纳贿,形成了以和珅为核心的贪污网。全国进贡给皇帝的钱财、物品源源不断,表面上是地方封疆大吏们所献,但最终都要摊到老百姓头上。督抚取之于属员,属员必取之于百姓。而和珅更是一个"贪黩无厌,征求财货,皇皇如不及"[22]的人,他借弘历年臻耄耋,健康、精力均大不如前的机会,极尽阿谀奉承之能事,凡事揣摩皇帝的心意行事,使弘历对其更加倚重,致使他"宠遇愈隆,威势日加",[23]俨然成了个"二皇帝"。[24]他采取各种手段,把大批亲信、党羽安插在各个要害部门,"内而公卿,外而藩阃,皆出其门"。[25]

由于以弘历为首的统治者恣意挥霍、中饱贪蚀,使清朝前期多年积攒下来的国库存盈消耗殆尽。到了乾隆晚期,经济停滞不前,民穷财尽,国库空虚,社会危机日见严重。再加上天灾接踵,人口猛增,耕地面积相对减少,人民生活更加困苦,阶级矛盾日益尖锐,各种民间宗教日益发展,各地人民多利用秘密结社掀起武装斗争。其中主要有山东王伦起义、甘肃苏四十三、田五起义、台湾林爽文、陈周全起义、湖南苗民起义和川陕楚豫甘白莲教大起义等。这些起义此伏彼起,声势浩大,兵锋所至均给封建统治政权以沉重打击,使繁荣的"康乾盛世"宣告结束,从此清朝统治开始走上了下坡路。

弘历在位周甲后,为了履行登极时的诺言:"昔皇祖御极六十一年，予不敢相比。若邀穹苍眷佑，至乾隆六十年乙卯，予寿跻八十有五，即传位皇子归政退闲；”㉖同时也为了祈求上天和祖宗保佑其长寿康健。他说：“今敬迓洪厘，幸符初愿，朕康强逢吉，九旬望衷，五代同堂，积庆延祺。”㉗经过一番筹措，于嘉庆元年（1796 年）将皇位传给了十五子嘉亲王颙琰，即嘉庆帝，并于是年正月颁布了归政诏书，举行了传位大典，自己便成了“太上皇”。但他并没有从此悠游林下，颐养天年，为了能继续行使最高统治权，他一直掌握着军国大计和用人行政大权。为此，他规定太上皇对臣下仍称自己为“朕”，太上皇的谕旨称之为“敕旨”，他仍居住在养心殿，宫内仍延用乾隆年号纪年，并继续让起居注官按此年号撰写太上皇起居注，批阅奏章一如既往，其生日称为“万万寿节”。总之，正如他自己所说：“朕虽归政，大事还是我办。”㉘这就是说，他作太上皇帝并不是退位，而是变“亲政”为“训政”。嘉庆皇帝颙琰只不过是个地道的“儿皇帝”。

弘历威风凛凛地当了三年多的太上皇，本已衰弱的身体更添加了不少新病，健忘失眠、视力减退。再加上这一时期连续发生的湖南苗民起义和川、陕、楚、豫、甘五省白莲教大起义，使他焦劳过度，结果在嘉庆三年（1798 年）十一月得了一次感冒风寒，虽经御医治疗痊愈，但此后饮食、精力更不如前。到了嘉庆四年（1799 年）正月元旦，他强打精神到乾清宫，接受了子皇帝颙琰和王公百官的朝贺，结果回到养心殿后便病情加重了。在弥留之际，他拉着子皇帝颙琰的手，频望西南，似有遗憾，“眷爱拳拳弗忍释”，㉙意指发生在川、楚、陕、豫、甘五省的白莲教大起义在他活着时没有镇压下去，使他放心不下，死不瞑目。接着便进入了昏迷状态，延续到正月初三凌晨才咽了最后一口气。同年九月葬于河北遵化裕陵。嘉庆帝给其上庙号高宗。

注：

① 《清高宗实录》卷1，中华书局1985年印影《清实录》第9册，第139页；
又据《乐善堂全集（定本）》，弘历庚戌年原序，福敏跋文载，弘历在康熙
五十八年时，与同龄弟弘昼一同在雍亲王府入学读书，启蒙老师是翰
林院庶吉士福敏。

② 同上书，卷1，《清实录》第9册，第139页。又据吴振棫《养吉斋余录》卷
3记载："高宗六岁，随世宗至热河，住狮子园读书。十一岁随世宗至山
庄内观莲所廊下，圣祖命背诵所读经书，不遗一字，近侍皆环听耸异。"

③ 同上书，卷1，《清实录》第9册，第139页。

④⑤ 昭梿《啸亭杂录》卷1，《圣祖识纯皇》。

⑥ 《清世宗实录》卷159，中华书局1985年影印《清实录》第8册，第955
页。

⑦ 《清高宗实录》卷3，《清实录》第9册，第195页。

⑧ 同上书，卷4，《清实录》第9册，第216页。

⑨ 同上书，卷14，《清实录》第9册，第403页。

⑩ 同上书，卷1，《清实录》第9册，第150页。

⑪ 同上书，卷7，《清实录》第9册，第278页。

⑫ 同上书，卷3，《清实录》第9册，第192页。

⑬ 吴晗辑：《朝鲜李朝实录中的中国史料》下编卷11，正宗十九年（乾隆
六十一年）闰二月甲辰。

⑭ 中国第一历史档案馆藏：《内阁汉文起居注册》，乾隆元年七月初二日。

⑮ 《清高宗实录》卷42，《清实录》第9册，第755页。

⑯ 《清通典》卷1，《食货》。

⑰ 《清高宗实录》卷330，《清实录》第13册，第492页。

⑱ 同上书，卷146，《清实录》第10册，第1107页。

⑲ 同上书，卷135，《清实录》第10册，第949页。

⑳ 同上书，卷900，《清实录》第20册，第4页。

㉑ 孙殿起：《清代禁书知见录》，《自序》。

㉒ 薛福成:《庸庵笔记》卷 3。

㉓ 吴晗辑:《朝鲜李朝实录中的中国史料》下编卷 10,正宗九年(乾隆五十年)四月戊戌。

㉔ 斯当东著,叶笃义译:《英使觐见乾隆纪实》,商务印书馆 1965 年版,第 370 页。

㉕ 吴晗辑:《朝鲜李朝实录中的中国史料》下编卷 11,正宗十八年(乾隆五十九年)三月辛亥。

㉖ 《清高宗实录》卷 1067,《清实录》第 22 册,第 277 页。此外,在《大清会典事例》卷 223,也曾有过类似的话:"践祚之初,即焚香默祷上天,若蒙眷佑俾得在位六十年,即当传位嗣子,不敢上同皇祖纪元六十一载之数。"

㉗ 《清仁宗实录》卷 1,《清实录》第 28 册,第 71 页。

㉘ 吴晗辑:《朝鲜李朝实录中的中国史料》下编卷 12,正宗二十年(嘉庆元年)二月乙未。

㉙ 《清高宗实录》卷 1500,《清实录》第 27 册,第 1067 页。

岳 钟 琪

张捷夫

岳钟琪,字东美,号容斋,四川成都人,生于康熙二十五年(1686年),乾隆十九年(1754年)病逝。他久历戎行,官至大将军,以汉人而握重兵,节制满洲士卒,为清代所仅见,被乾隆皇帝称为"三朝武臣巨擘"。①

钟琪出身于将门之家,祖父镇邦曾任山西大同镇总兵,父昇龙官至四川提督。相传钟琪"生而骈胁,目炯炯四射,魁奇沉雄,寡言笑"。他自幼勤学好武,"十余岁博涉群籍,经史之外,说剑论兵,旁及天文地理";与儿童嬉戏,常"布石作方圆阵,进退群儿"。②他初入世为同知,康熙五十年(1711年)改武职,补四川松潘镇中军游击,五十七年(1718年)迁四川永宁协副将。

此时正值用兵西藏。为打通去西藏的道路,岳钟琪奉命带兵六百,先行招抚川西里塘、巴塘番部。里塘头人达瓦剌木扎木巴、塞卜腾阿住拒不受抚,被钟琪诛杀。巴塘头人喀木布畏惧,献出户籍受抚。

五十九年(1720年)二月,康熙命护军统领噶尔弼为定西将军,统领南路万余官兵进藏。钟琪率四千人为前锋。途经察木多,侦得有准噶尔人在落笼宗调集兵力,欲守三巴桥,以阻遏清军。钟琪先发制人,选军中通晓藏语者三十人,各易番服,潜至落笼宗,夜擒准噶人。诸番无不震惊。钟琪乘机招抚朔般多、打笼宗、布龙结落、结树边噶、结东、三打奔公等六处数万户，直抵喇哩。

正当南路进展顺利之时，抚远大将军允禵以北路青海、蒙古兵不能按期齐集，令南路就地屯兵，毋轻动。钟琪不以为是，密告定西将军噶尔弼说："我军自察木多裹两月粮，今已四十余日，现粮止半月，若俟大军齐，恐粮糒一尽，进退失据。查公布于西藏部中最为强盛，及此兵威，先行招抚，即调该处番兵，一同进剿，捩其右臂，转为我用，则先得胜算矣。"噶尔弼采纳了他的意见，派千总赵儒等人持檄往谕。果然，不到十天，公布大头目三人，便带番兵两千，来营归诚。接着，钟琪又向噶尔弼建议说："公布番人，一调即至，人心向顺可知，莫若乘机昼夜兼行，十日可抵西藏。"噶尔弼碍于大将军之令，犹豫不决，欲召集诸将领商议。钟琪情绪激动，昌言："事在必行，何议之有？某唯有喷此一腔血仰报朝廷，请以旦日行矣！"③噶尔弼遂决定进兵。八月下旬，钟琪督兵渡过金沙江，大败准噶尔军，直抵拉萨。大策凌敦多布败走，西藏遂平。翌年二月班师，钟琪以功由副将晋升四川提督。

六十年（1721 年）九月，驻扎西藏额驸阿宝奏称：位于四川与青海交界处的郭罗克部众劫掠往来行人，盗窃索罗本军营马匹。康熙命抚远大将军允禵、川陕总督年羹尧，调集松潘、西宁驻防满洲兵及青海蒙古兵，令岳钟琪带领进剿。钟琪认为该地俱属险峻，不宜骑兵，若调内地官兵，恐番众预为防备，不如以番攻番，调附近杂谷土司兵。十月，钟琪率杂谷土司兵前往，乘其不备，连破上、中、下三郭罗克，往返两月，以功获骑都尉世职。

雍正元年（1723 年）五月，青海和硕特蒙古罗卜藏丹津乘抚远大将军允禵回京奔丧之机，发动叛乱，进犯西宁。雍正命川陕总督年羹尧为抚远大将军，调兵进剿。岳钟琪奉旨参赞军务。十一月上旬,钟琪率兵六千,由松潘出发,十二月下旬抵达西宁。此时,罗卜藏丹津已遁去,而位于西宁东北的郭隆寺,聚集喇嘛万余人复叛,企图夺取西宁。二年(1724年)正月,钟琪率兵三千进剿郭隆寺。师至华里,横阻一山,山下有五寨,寨内寂无人声。钟琪料定山后必有伏兵,便分兵一千人搜剿,另外两千人列阵山前以待。果然,万余伏兵齐起。钟琪指挥三路并进,攻夺山梁。经过激烈厮杀,阵斩无计,俘获数百人。待到郭隆寺,叛兵已溃散。追至一大山,见一危楼高峙,正欲搜捕,楼上矢石齐下。钟琪下令用枪炮作掩护,聚薪楼下举火,千余叛兵皆熏死在楼下一山洞内。

西宁局势稳定后,雍正令岳钟琪率兵一万七千人,追击罗卜藏丹津。钟琪认为这样动作太大,不易取胜。他说:"青海之众不下十万,以兵万七千当之,不及十分之一。且口外地势衍旷,无住牧定所,贼人兼集一处,何难与决死战;若散而诱我,反四面受敌,非策也。"④他建议选精兵五千,乘其无备,快速进击,方可取胜。雍正采纳了他的意见,并授他为奋威将军。二月上旬,钟琪率兵从西宁出发,次日黎明至哈剌乌苏,乘叛军尚酣睡之时发起攻击,叛军败走。钟琪率部尾追,一昼夜奔驰三百里未得进食。当时塞外严寒,冰冻未解,官兵饥渴难忍。钟琪激励官兵说:"吾闻军井未汲,将不言渴,军食不熟,将不言饥,冬不服装,雨不张盖,所以同于众也。今日之困,忧在众,不在我。"⑤后寻得泉水,官兵士气复振,得以继续前进。至哈达河,有台吉吹因迎降,并说罗卜藏丹津已逃往乌兰木和尔,相去一百五十里。钟琪遂拔营夜行,黎明前到达其地。叛军从梦中惊醒,不知所措,纷纷窜逃。罗卜藏丹津易番妇服,携妻妾逃往准噶尔,其母及藏巴札布等六台吉被捉获。雍正以青海平定,大赦天下,以功加钟琪三等公。

甘肃庄浪桌子山土番谢尔苏部,乘青海有战事,劫杀饷员,阻截官道。年羹尧奉命进剿,劳师无功,旋服旋叛。青海平定后,雍正命钟琪统兵两万,立即征讨桌子山。四月,钟琪从西宁出发。谢尔苏故伎重演,将老弱牛羊放于东山,而自留精壮于西山,以便奔驰。钟琪分兵两路,以一万人扼守西山石门寺隘口,声言克期进兵,另一万人由他亲自率领,乘夜袭击东山黄羊川,斩杀甚多。然后,留五千人守东山,自率五千人驰回石门寺。谢尔苏聚守石堡。钟琪遴选捷健兵丁,两路攀藤蹑空而下,一举攻破石堡,桌子山遂平。雍正传旨嘉奖,命钟琪以奋威将军兼甘肃提督。三年(1725年)二月,兼甘肃巡抚。四月,缴奋威将军印,署川陕总督。他努力革除川陕陋规弊病,奏开陕省淤渠,灌溉农田;缓川省征期,以舒民力。

先是四川大金川土司与鄂克什土司之间因争地发生纠纷。雍正元年,总督年羹尧擅自将大金川的美同等寨划给鄂克什,使矛盾更加激化,大金川土司莎罗奔不断出兵攻打鄂克什。三年五月,岳钟琪奏准将美同等寨归还大金川,另以垄堡、三歌地方划给鄂克什,问题才得以解决。雍正以钟琪能息事宁番,七月,实授川陕总督,加太子少傅。

土司承袭历来是一个重要而复杂的问题。许多官吏往往借此对土司进行敲榨勒索,甚至封其印信,长期不予题报,以致酿成事端。九月,钟琪奏请:"凡土官病故,该管督抚于题报之时,即查明应袭之人,取具宗图、邻封甘结及原领号纸,定限六个月内具题承袭。其未经具题之前,先令应袭之人照署印官例护印任事,地方官不得将印信封固,致滋事端。有勒索留难者,将该管官吏照违限例议处。"⑥清廷依议而行。

东川、乌蒙、镇雄是川南三大土府,常为边界争端互相攻杀不休。四年(1726年)三月,云贵总督鄂尔泰奏准将东川划归云南。乌蒙、镇雄之事,雍正令鄂尔泰与岳钟琪和衷酌办。钟琪将乌蒙土知府禄万钟题参革职。雍正令川、滇两省会审。禄万钟畏惧，逃往镇雄。鄂尔泰以追捕禄万钟为名，擅发滇兵进入乌蒙、镇雄。钟琪以镇雄土知府陇庆侯年仅十五，不能约束土目，奏请以自请改土归流例，免于质审。而鄂尔泰则认为陇庆侯与禄万钟勾结，抗拒官兵，法所难宽。五年(1727年)三月，经雍正裁定，禄万钟、陇庆侯均解往云南审拟；乌蒙、镇雄改土归流，均划归云南管辖。

六年(1728年)九月，湖南永兴塾师曾静遣弟子张熙到西安投书，策动岳钟琪起兵反清。岳钟琪将张熙拘禁，严加审讯，而张熙拒不供出曾静。钟琪遂设骗局，将张熙引入密室，称他为好汉，"且慰之谢之，以宾客之礼待之"。并说他自己早有反清之志，苦于无人相助，声泪俱下，指天发誓。又命长安知县扮作亲信家人，时刻相伴，命其佽整装，准备与张熙一同回湖南延请其师，"无一不极其机密而浑然无迹"。张熙信以为真，供出全部真情。然后，钟琪具折奏报雍正。雍正"惊讶堕泪"，说做梦也未料到"逆情如此之大也"，[⑦]深感钟琪对朝廷的忠赤。

七年(1729年)三月，雍正决定出兵准噶尔。钟琪被任命为宁远大将军，屯巴里坤，出西路；领侍卫内大臣傅尔丹为靖边大将军，屯阿尔泰山，出北路。五月，钟琪于关中誓师出兵。噶尔丹策零为缓兵之计，遣使至岳钟琪军前，请求议和。雍正令暂缓进兵，召两大将军进京磋商。钟琪离开军营后，由四川提督纪成斌代理军务。纪成斌漫不经心。八年(1730年)冬，噶尔丹策零派兵两万，乘机劫掠西路军营牲畜十余万头，并大败总兵曹勷。雍正得知，降纪成斌为副将，同时也对岳钟琪产生了不信任。九年(1731年)二月，钟琪奏议军机十六条，被雍正斥之为"无一可采之处"。[⑧]五月，雍正又派石云倬为西路副将军，以分岳钟琪统兵之权。

十年(1732年)五月，噶尔丹策零以兵六千袭掠哈密。岳钟琪令副将军石云倬带兵万人赴南山口,断敌归路。而石云倬动作迟缓,距敌二十里外相望,迁延不击,纵敌满载而去。大学士鄂尔泰劾钟琪放走投网之敌。钟琪被召回京,削去公爵,降为三等侯。接着,新任副将军张广泗疏劾钟琪调兵筹饷、统驭将士种种失宜。钟琪被夺官,交兵部拘禁候议。十二年(1734年),大学士等奏拟斩决,雍正令改斩监候。乾隆即位后,念钟琪曾为国立功,不忍其久系囹圄,乾隆二年(1737年),谕令释归。从此,钟琪在家闲居整整十年之久。

十二年(1747年)二月,张广泗任川陕总督,奉命统兵进剿大金川。但一年过去,不仅没有报捷,反而损失惨重。张广泗一再奏请增兵。十三年(1748年)二月,前往督办粮运的兵部尚书班第到达四川。他见五万官兵竟不能制胜数千土兵,实属措置失当。他认为"增兵不如选将",⑨奏请重新起用岳钟琪统领军务。乾隆也认为钟琪"久官西蜀,素为川省所服,且夙娴军旅,熟谙番情。伊虽获罪西陲,亦缘准噶尔夷情非所深悉。若任以金川之事,自必人地相宜"。⑩遂命钟琪以提督衔统领军务。

四月,岳钟琪驰赴军营,与张广泗议定,分十路进兵。钟琪统辖党坝、美卧、甲索、乃当、正地等五路,进攻大金川官寨勒乌围;张广泗统辖昔岭、卡撒、纳喇沟、纳贝山、马奈等五路,进攻大金川土舍朗卡的官寨噶尔厓。部署既定,而经略大臣讷亲至军。他将进攻噶尔厓的五路官兵合为三路,重点由昔岭进攻,下令三日内攻克噶尔厓。但进攻一开始,就遭到金川土兵的顽强抗击,伤亡甚大。总兵任举、参将买国良阵亡。从此,讷亲便一筹莫展,不再轻言进兵。

钟琪虽素谙军旅,但受到张广泗的排挤。他率领的党坝一路,营员名为万人,但其中绝大部分是川西土司奉调之兵,而汉兵不满千人。土司兵为挨门强派,不仅老弱居多,战斗力极差,而且畏惧金川,不愿与之作战。有的甚至充作内应,暗通消息。钟琪咨请张广泗增兵三千,张广泗不仅答以分派已定,无兵可拨,而且将所撤美卧、甲索、马乃、正地四路官兵,以及续调的两千川兵,全部调归他本人统辖的昔岭、卡撒。这使岳钟琪很不满意。

军务陷入困境,而又不见岳钟琪有何谋划,这使乾隆感到疑惑,故传旨询问。八月,钟琪密劾张广泗措置失当。他说昔岭、卡撒二处,距大金川官寨勒乌围百余里,中隔土舍朗卡的官寨噶尔厓。党坝至勒乌围仅六十里,若先攻破康八达,即可直捣其巢穴。而张广泗专主自昔岭、卡撒进攻,听不进他人意见。又说张广泗误用小金川土舍良尔吉领兵,使奉调从征的邻近各土司兵俱怀畏惧,不肯效命。讷亲也劾张广泗劳师糜饷、贻误军机。于是,乾隆命将张广泗革职,拿交刑部治罪。讷亲也以身为经略,漫无胜算被革职,而以大学士傅恒代其为经略大臣。

十月,岳钟琪统兵进攻康八达。康八达为勒乌围门户,下有跟杂,东有葛布基、恶耳溪,西有木耳、金刚、塔高等寨,坚碉林立。钟琪声东击西,扬言进攻康八达,而暗遣精锐直奔跟杂,出敌不意,连克碉卡四十余处,得粮十余仓,又破葛布基。为迷惑金川土兵,他令官兵作运粮之状,而实在逼碉,夜以伏兵,持枪以待。入夜,金川土兵果然倾出抢粮,遭到伏击,伤亡惨重。十二月,官军又攻破塔高,直逼勒乌围隘口。钟琪令官兵赶做皮船,准备进攻勒乌围。莎罗奔初闻岳钟琪统领军务,曾笑曰"岳公死久矣,来者伪耳",[⑪]此时才知道钟琪并没有被处死。

十四年(1749年)正月,傅恒至军后,莎罗奔两次遣头人送还所俘兵丁,呈递甘结乞降,而傅恒不准。莎罗奔转向岳钟琪乞降。钟琪则轻骑简从,亲赴勒乌围。莎罗奔、朗卡率头人、番众千余人跪迎于道左,莫敢仰视。钟琪笑曰:"汝等犹识我否?"莎罗奔等惊曰:"果岳公也！"遂请钟琪进帐进茶。钟琪谕以顺逆大义，并令莎罗奔、朗卡及众头人依番俗至经堂，顶经立誓于佛前。是夜，钟琪留宿帐中，"解衣酣寝如常"。⑫次日，钟琪至卡撒，报告傅恒。二月初五日，傅恒升帐受降。钟琪先跪拜傅恒禀事，然后传莎罗奔、朗卡进帐。傅恒抚以威德，贷以不死。二人出帐后对随从人员说："吾侪平日视岳爷爷为上天神祇，傅公何人，乃安受其拜。天朝大臣，固未可量如此。"⑬傅恒回京后向乾隆报告金川之事时说："臣虽勉效驰驱，而番酋归命，悉仗天威。至于历练戎行，信孚蛮部，深入贼巢，胆勇雄决，则岳钟琪洵为克胜委任。"⑭乾隆以钟琪功绩卓著，加太子少保、兵部尚书，并封三等公。

十月，钟琪进京陛见。乾隆命其在紫禁城内骑马，并免当年西征时应赔银七十余万两。钟琪以年力渐衰，恳请引退。乾隆不准，特御书"壮猷茂绩"扁额及御制七律诗以赐。诗曰："剑佩归朝矍铄翁，番巢单骑志何雄。功成淮蔡无惭李，翼奋渑池不猛冯。早建奇勋能鼓勇，重颁上爵特褒忠。西南保障资猷略，前席敷陈每日中。"⑮

十七年（1752年），杂谷土司苍旺恃强凌弱，攻掠邻司棱磨、卓克基。四川总督策楞与岳钟琪派员调处。苍旺不听约束，密调九子、龙窝等处兵据维关。钟琪认为此地一失，后果难测，宜乘其兵力未集时发兵征讨，若待奏报清廷，必将错过时机。于是，他"宁受冒昧擅发官兵之罪，断不敢于军事稍有贻误"。⑯经与总督商酌，钟琪乘杂谷空虚，率兵进入其地，斩苍旺，并将其地改土归流。乾隆对岳钟琪这种先斩后奏的做法，虽然不满意，但也没有怪罪，只是说"事已如此，亦不复究，未免始终回护费词耳"。⑰

十九年（1754年）正月，重庆人陈琨"倡立邪会，散布逆帖"案发。⑱钟琪带病前往缉拿，回归途中，病故资州。乾隆予祭葬，赐谥襄勤,并给一等轻车尉,世袭罔替。

注:

① 《清史稿》卷 296,《岳钟琪》。

②③④⑤　中国社会科学院历史研究所清史研究室编:《清史资料》第 4
辑,《岳襄勤公行略》。

⑥ 《清世宗实录》卷 36,中华书局 1985 年影印《清实录》第 7 册,第 540
页。

⑦ 《清史资料》第 4 辑,《大义觉迷录》卷 3。

⑧ 蒋良骐:《东华录》卷 31,中华书局 1980 年版,第 511 页。

⑨ 《清高宗实录》卷 309,《清实录》第 13 册,第 60 页。

⑩⑪⑫　同注②。

⑬ 昭梿:《啸亭杂录》卷 4,《金川之战》。

⑭⑮　同注②。

⑯⑰　《清高宗实录》卷 426,《清实录》第 14 册,第 575 页。

⑱ 同上书,卷 456,《清实录》第 14 册,第 941 页。

张　广　泗

张捷夫

　　张广泗，汉军镶红旗人，生年不详，乾隆十三年十二月十二日（1749年1月30日），因用兵大金川贻误军机，被奉旨处斩。

　　广泗初入世，由监生捐纳知府衔，康熙六十一年（1722年），被选授贵州思州知府。雍正四年（1726年），调云南楚雄知府，未及赴任，因黔东南苗族地区发生变乱，被云贵总督鄂尔泰奏调黎平知府。

　　以古州（今榕江）为中心的黔东南苗族、布衣族聚居区，向无流官，也无土司，无论是直接的，还是间接的，中央王朝并未建立起统治权力，被称为"生苗"或"生界"。为了在这里建立统治权力，早在明代就曾多次进行尝试，或发兵征剿，或派官招抚，均未达到目的。雍正极为重视对西南少数民族的统治，在大规模推行改土归流的同时，决定在黔东南强行安营置汛，设官建治。雍正三年（1725年），开始在长寨（今长顺县）建造营房，但遭到当地仲家苗（今布衣族）的强烈反对，并将已建成的营房烧毁。张广泗到任后，会同署贵州巡抚石礼哈、提督马会伯进兵，前后经过一个多月，将定番（今惠水）、广顺二州仲家苗寨基本平定。十月，设立长寨营，随后又将贵阳同知移驻长寨，改为长寨理苗同知。

　　长寨既得，群苗震惊。附近苗寨，"莫不闻风向化，认纳钱粮"。①于是，清廷便利用这一有利时机，及时筹划古州。五年（1727年）八月，张广泗奉命轻骑直入，亲往古州地区巡视查勘。他建议待收古州后，置镇于诸葛营，扼吭控制。随后，鄂尔泰便推荐张广泗署贵州按察使，专门负责对古州用兵之事，并檄令各协营官兵，悉听张广泗调度。

六年（1728年）四月，张广泗赴昆明，向鄂尔泰请示用兵方略。鄂尔泰开筵设乐，谈笑竟日而不言兵事。及至薄暮，张始请鄂尔泰面示机宜。鄂尔泰愀然曰："老夫误用人矣！夫转运糗粮，备整甲杖，有不备者，惟老夫是问。至于兵机难测，转瞬间已自变易，惟在为将临事处决，安有预定机谋而能胜人者哉？"②张广泗慑服其言，立即返回贵州。

五月，张广泗先至都匀。都匀东部有八寨（今丹寨）地方，周围约一百四五十里，地势辽阔，人口密集，向为古州门户。张广泗移咨各协营整备官兵，预为振扬。六月上旬，他同都匀营参将赵文英等带兵前往八寨隘口驻扎。该处苗众初犹观望，后经宣谕开导，即有六十余寨表示受抚。张广泗当即赏赉，令各安业。惟有八寨、杨牌、杨尧等十多寨，自恃寨大人众，持械阻击，不愿受抚。张广泗督兵进击，逐个攻破。至六月底，八寨一带基本平定，共剿抚大小一百五十余寨。张广泗以功被擢为贵州巡抚。

八寨北面为丹江，逼处都匀、镇远腹里之地，地势险要。若丹江不服，既无以畏投诚各寨，而九股"生苗"也断难以就抚。于是，在剿抚八寨后，张广泗与凯里营都司罗资衮各领兵一路，向丹江挺进。两路官兵虽连破各寨，分别深入到枯桐和襄孟隘口，但苗众败而复集，集而复败，始终不听招抚。张广泗认为，"若再前去，势必日事争锋，终无以攻其心腹，制其首尾，是属无益"。③他决定暂停前进，请求增兵。九月底，湘黔援兵到达，张广泗将六千多官兵埋伏在营地周围六、七里处，以待苗众。十月初五日，果然有苗众千余人来袭击营地，遭到伏击，死伤甚众。张广泗乘势发起攻击，连破数寨。苗众纷纷逃散。至十二月上旬，大小丹江均被官军攻破，共收抚各寨苗众七千余户。

清水江深险之处有公鹅、鸡摆尾数寨，约两千余户，因受汉人曾文登煽惑，不肯受抚。七年(1729年)三月，张广泗统兵向清水江一带挺进。苗众闻张广泗率兵自丹江而下，纷纷要求归附。张广泗认为，惟公鹅一寨，"先则伏路截兵，继复渡江挑战，威逼邻夷，指挥众寨，实属巨恶，断难姑留。况该寨逼近清水江，盘踞要害"，"务当乘机剿灭"。④五月中旬，他分兵夺船而渡，四面举火，将该寨化为灰烬。附近各寨畏惧，纷纷至营投见，并俘献曾文登等人。清水江一带遂平，共收抚四十余寨，不下万户。至此，古州地区初步平定，古州设镇，都匀、清江设协，丹江设营，各驻兵不等。

官兵初到时，里古州许多苗寨，因震于兵威而暂时慑服，后闻官兵在诸葛营建筑城堡，长期驻防，便群起抗命，劫营阻道，伏击官兵。于是，张广泗继续对里古州用兵。从八年(1730年)正月开始，大约一年多的时间内，先后攻破定旦、来牛、滚里、摆调、方胜、滚踪、滚塘等险要而又拒抚的寨分，收缴刀枪甲械。古州大定。

从雍正四年五月至九年六月，历时五载，张广泗在鄂尔泰的指挥下，剿抚兼施，共收服黔省"生苗"四万余户，"辟地二、三千里，几当贵州全省之半"。⑤诏叙剿抚苗功，授张广泗骑都尉世职。

十年(1732年)二月，准噶尔前线西路军营副将军石云倬因纵敌被革职后，雍正以张广泗数年来用兵苗疆，深谙军务，特授为副将军，前往西路军营。西路军营原在巴里坤，经宁远大将军岳钟琪奏请，七月移至木垒。此时，岳钟琪也被大学士鄂尔泰参劾调回京师，由张广泗护理大将军印。八月，张广泗便参劾岳钟琪"调度兵马,筹运粮饷,以及统驭将士之处,多属乖方";一说木垒地处两山之间,筑城其中,形同釜底,受敌甚易,制敌甚难,实非屯兵进取之地;二说移营木垒时,钟琪全无布置,探有敌骑,便惊慌失措,令兵丁沿山架梁,昼夜不息,旋架旋移,略无宁所;三说准噶尔专用马力,而钟琪立意用车,于沙碛情形不合,兵丁除弓箭、乌枪外,只令各带木棍,全无大刀、长戟等械,官兵莫不窃议;四说木垒无牧处,营马倒毙甚多,钟琪令留马两千,余悉就牧乌兰乌苏、科舍图,此二处只驻兵两千,何能分管牧马,敌人窥伺可虞;五说木垒驻兵数万,粮运最为重要,此处多丛山大岭,车驼须绕从沙碛,正为敌人出没要冲,而钟琪一闻敌警,不论虚实,即令停运,似此迟缓,转瞬冰雪,运送更艰,数万兵何以托命;六说钟琪罔恤士卒,号令不明,镇将时加呵斥,参游以下日事鞭笞,不喜人言,题奏事件,奉谕旨数月不宣,临时突然传示,莫测诚伪。最后还说:钟琪诸事怪僻,难以悉数,他虽力图规正,无奈钟琪置若罔闻。⑥雍正阅后,大为恼怒,即命将岳钟琪革职,交兵部拘禁候审,并令将大军撤回巴里坤。

同年十一月,清廷以查郎阿署大将军,张广泗被授为正红旗汉军都统,仍留军营,领兵万余,分驻北山。十二年(1734年)九月,侦得准噶尔军伏至乌尔图河,广泗令副都统班第达什及固原提督樊廷分路搜剿,斩杀四百余人,追击一百七十八十里,获不少粮马器械。为此,广泗被议叙加三级。十三年(1735年)五月,雍正决意议和,广泗撤至西安候旨,七月,被授为湖广总督。

黔东南苗区从"无君长、不相统属"到设官建治、编户齐民,虽是一种社会进步,但也带来了许多新的矛盾。特别是兵役的扰累和各种名目的摊派勒索,使苗众难以承受。雍正十二年二月,终于爆发了包利等人领导的大规模的反清起义,一时"驿路四隔,省城戒严"。⑦雍正虽调川滇两湖两广六省官兵会剿,但兴师数月,军务毫无端绪。抚定苗疆大臣刑部尚书张照把此次变故归咎于当年的设官建治，主张放弃苗疆，退守内地。张广泗以当年经理不周，上疏请罪。乾隆即位后，为扭转战局，除继续增调援兵外，特命张广泗为经略大臣，兼摄贵州巡抚，重新部署进剿。

张广泗熟悉苗疆。他采取剿抚兼施、以抚待剿的策略，先招抚"熟苗"，令其交纳器械，阻截"生苗"，不许放入，然后集中兵力，进剿"生苗"。待"生苗"平定后，再回头搜捕"熟苗"。十二月初，他分兵三路，共一万官兵，分别向上九股、下九股、清水江下游同时发起进攻。各寨苗众虽顽强抗击，但多各自为战，彼此不能援救，抵挡不住官军的进攻。半月之内，上九股的挂丁、郎利、空稗，下九股的台雄、打革，清水江下游的摆尾等许多较大的寨分，先后被攻破。

乾隆元年(1736年)正月，张广泗由清江移营凯里，居中调度。他令襄阳总兵焦应林带部分官兵留驻已被攻占的苗寨，继续搜捕逃散的苗众外，三路官兵继续向丹江、高坡、羊色、摆吊、乌留等地进攻。至三月底，先后攻破各地苗寨近二百个。包利等人被迫率余众退入牛皮大箐。

牛皮大箐横亘于黔东南苗疆中心，绵延数百里，"深林密树，雾雨不开，泥泞没膝，蛇虺交行"，⑧从来为人迹罕到之地。张广泗不知箐内虚实，不敢冒然深入。他采取封山围困的办法，先令各路官兵屯驻所有箐口，防止苗众逸出，然后步步为营，四面进逼。苗众经不起长期围困，饥饿日久，东奔西窜。四月，包利被俘，箐内大乱。张广泗即令各路官兵进箐搜捕。从四月上旬至五月中旬，大箐之内，无处不搜。苗众被枪杀、饿死、堕崖者不计其数。六月，乾隆以苗疆渐次就绪，善后事宜正须料理，必事权归一始可专其责成，遂授张广泗为贵州总督，兼管巡抚事务。

牛皮大箐剿平后，张广泗回兵内地，继续搜捕清水江两岸、台拱、凯里、清平、黄平、施秉等地"熟苗"。凡曾附和包利,或称官职,或传消息,或参与围攻城汛,或阻截粮路,"凡有一于此者,即为首恶,必应剿除,不准以后来乞降,或接受剿抚稍为宽假"。⑨从六月至九月,上述地区大量苗寨被烧杀一空。至此,黔东南苗民的反清斗争,最后被镇压下去。

十一月,张广泗疏陈善后事宜三条:一是添置官兵驻扎弹压,二是设立郡县,三是绝户田产招汉民耕种。乾隆批谕:除第一条可以照办外,其余两条皆不可行,并谕令苗疆钱粮悉行豁免,永不征收;苗人争讼,悉照苗例,以省烦挠。十二月,张广泗以此次苗疆变乱皆因他从前办理疏谬所致,请夺当时所授骑都尉世职。乾隆则安抚说:此次黔省逆苗不法,"特命张广泗为经略,专其事权,俾无牵制掣肘之患。伊受事以来,殚心筹划,调度有方,董率数省官弁兵丁,奋勇戮力,不避险阻,未及一载,即奏肤功"。⑩特从优授给三等轻车都尉。

张广泗虽系武夫,但也颇留心政治经济。他认为此次苗疆变乱,主要是由于兵役扰累所致,欲使苗疆宁贴,除增设官兵外,更重要的是严立章程,尽除陋弊,"凡有丝毫为苗民所不便者,随事随时严行禁革"。⑪三年(1738年)七月,他将苗疆应除陋弊及约束兵役等事,特制定十二条款:一是禁止文武衙门派兵役赴苗寨采买日用所需,令各地方官择宽敞方便之处设立市场,公平交易;二是禁止滥征力役,若确需雇用苗夫,应给夫价;三是革除塘夫派累之弊;四是苗疆通事宜慎加遴选;五是苗寨应签立头人,以崇责成;六是屯田宜严定界限;七是屯户宜严稽察;八是屯军技艺宜因时训练;九是屯军田亩严禁典卖;十是屯粮宜酌定输纳,以充公费;十一是各屯堡宜预筹备贮;十二是苗疆卫弁应拣选酌增,以供任使。⑫

黔东南有清水江、都江等河道。清水江自都匀经施秉至湖南黔阳入洪江,直达常德;都江由独山经古州、广西怀远,直达广东,"实天地自然之利"。但因长年失修,"不通舟楫,商旅交困,兵糈民食辗运维艰"。⑬三年,张广泗亲往勘察,募夫开浚,并凿纤路,发展水运,以济商民。

五年(1740年)四月,在广西义宁和湖南城步、绥宁等地,爆发了吴金银领导的苗、瑶等族农民反清起义。湖广总督班第、广西巡抚安图先后派官员前往招抚,或被拘禁,或被处死,事态进一步扩大。八月,清廷令张广泗前往督办,并颁给钦差大臣关防,两省文武悉听节制。十一月,张广泗与广西提督谭行义、湖广提督杜恺等,统领大批清军进剿,很快将其首领吴金银、杨青保等人俘获。诏奖张广泗办理迅速妥贴。

吴金银领导的起义被镇压下去以后,义宁庖田寨苗民石金元、怀远八惰寨苗民吴金山、九岜寨瑶民戴老四等人,转移到贵州黎平。六年(1741年)正月,他们聚众放炮、杀猪、祭旗,决定再次起义。三月,攻破永从县,将城内衙署、仓粮俱行烧毁。乾隆命正在归葬的张广泗急速回黔料理。四月,张广泗与谭行义统兵进剿,将石金元、戴老四等人俘获。张广泗以石金元、戴老四等人为上年义宁、城步起义的逃脱之人,以搜捕未尽自请严加议处,为乾隆所宽宥。十年(1745年),加广泗太子少保。

十二年(1747年)二月,乾隆以川西大金川土司莎罗奔侵扰邻司,不遵约束,决定出兵金川,以宣示皇威。三月,特调张广泗为川陕总督,统筹进兵。四月中旬,张广泗驰抵小金川官寨美诺。小金川土司泽旺、土舍良尔吉呈递文禀,表示愿意听候调遣。张广泗未察其奸,令良尔吉带兵从征,从而为以后的进兵留下隐患。四月下旬,张广泗分兵七路,共三万多人,定于六月二十八日,同时向大金川发起进攻。

张广泗自恃有对苗疆用兵的经验，大言"酋首不日可以殄灭"。[14]乾隆也盲目乐观，认为"军前有张广泗一人，足资料理"，[15]遂令原川陕总督庆复回京。张广泗发起进攻之初，似乎进展顺利，连得碉寨数百处。但一进入大金川腹地，便处处受阻，寸步难进。原来，金川之地，万山丛蠹，陡峻无比，隘口险要之处，碉楼林立。张广泗采用各种办法，"或穴地道，以轰地雷，或挖墙孔，以施大炮，或围绝水道，以坐困之"，[16]皆无济于事。后来，他又改用火攻，令兵丁砍柴，堆积在碉楼附近。临攻时，兵丁用巨木作挡牌，迅速运至碉墙下举火。然而，金川冬春冰雪覆盖，夏秋阴雨连绵，火攻仍不能奏效。广泗哀叹："攻一碉不啻攻一城。"[17]半年过去了，战局不见有任何转机。

乾隆以金川地近雪山，恐冰霜严冷，兵丁坠指裂肤，难以支持，九月，谕令将官兵暂时退驻向阳平旷之地，稍为休息，待来年气候融和，再行进兵。但张广泗不同意。他复奏说："官兵现已度越雪山，进抵贼巢不远，若复退驻，贼必前往夺据，明春进攻为难。"[18]又说他已探得昔岭山梁高峻，可以俯瞰大金川官寨勒乌围，决定改由昔岭进攻，不久大功即可告成。不料，进攻尚未开始，驻扎在马邦的副将张兴、游击陈礼部却被金川土兵围困。张、陈向张广泗请兵救援。张广泗仅派参将王世泰带少量兵丁前往。结果，张、陈两部全军覆没。而张广泗却一味指责川兵无能，"将阖营将弁一概谩骂鄙薄，至不能堪"。[19]

十三年(1748年)四月，乾隆根据督办粮运的兵部尚书班第关于增兵不如选将的建议，特命大学士讷亲为经略大臣，并重新起用大将军岳钟琪，以提督衔统领军务。而张广泗居心叵测，他一方面"轻讷亲不知兵"，却"故以军事推让，而实困之"；[20]另一方面，极力排挤岳钟琪，说岳钟琪"虽将门之子，不免纨袴之习"，"色厉内荏，言大才疏".[21]岳钟琪统领的党坝一路,营员名为万人,实际上,绝大多数是奉调的川西土司兵,汉兵不满一千。岳钟琪咨请张广泗增兵三千,张广泗不仅不给增兵,反而将所撤各路及续调之兵,全部归他统领的昔岭、卡撒。

张广泗虽厚集兵力,却寸步不前,而且屡有伤亡。闰七月下旬,他派兵三千,进攻喇底二道山梁。金川土兵仅数十人,从山梁呐喊直冲而下,三千官兵竟闻声溃散。

军务陷入困境,将帅互相推诿。经略讷亲密奏张广泗分路太多,偏徇黔兵,失于筹算,昧于地形,专事欺饰,贻误军机,势难继续共事。岳钟琪也密参张广泗误用小金川土舍良尔吉领兵,泄漏军机,使奉调从征的土司兵俱怀畏惧,不肯效命。乾隆大为恼怒,九月,以措置乖方,赏罚不明,玩兵养寇,贻误军机罪,命将张广泗革职,拿交刑部问罪。十二月,张广泗被逮至京师,经军机大臣与刑部会审,奉旨处斩。

注：

① 台湾故宫博物院辑:《宫中档雍正朝奏折》第 13 辑,第 193 页。

② 昭梿:《啸亭杂录》卷 2,《鄂西林用人》。

③ 《宫中档雍正朝奏折》第 11 辑,第 243 页。

④ 同上书,第 13 辑,第 192 页。

⑤ 魏源:《圣武记》卷 7,《雍正西南夷改流记》。

⑥ 《清世宗实录》卷 122,中华书局 1985 年影印《清实录》第 8 册,第 607 页。

⑦ 同注⑤。

⑧⑨　吴鼎昌:民国《贵州通志》,《前事志》20。

⑩ 《清高宗实录》卷 31,《清实录》第 9 册,第 625 页。

⑪ 中国第一历史档案馆等辑:《清代前期苗民起义档案史料》,光明日报

　　　　出版社 1987 年版,上册,第 238 页。

⑫　同上书,上册,第 267 页。

⑬　《清史列传》卷 17,《张广泗》。

⑭　《清高宗实录》卷 293,《清实录》第 12 册,第 836 页。

⑮　同上书,卷 295,《清实录》第 12 册,第 869 页。

⑯　《平定金川方略》卷 3,乾隆十二年九月庚子。

⑰　《清高宗实录》卷 300,《清实录》第 12 册,第 927 页。

⑱　同上书,卷 305,《清实录》第 12 册,第 986 页。

⑲　同上书,卷 311,《清实录》第 13 册,第 101 页。

⑳　魏源:《圣武记》卷 7,《乾隆初定金川土司记》。

㉑　《清高宗实录》卷 313,《清实录》第 13 册,第 145 页。

讷　亲

冯佐哲

　　讷亲，钮祜禄氏，满洲镶黄旗人，生年不详，卒于乾隆十四年正月二十九日（1749年3月17日）。是雍正和乾隆朝前期重臣。

　　讷亲出身于满洲簪缨世家，代代"勋封世禄。"①他是清初开国元勋弘毅公额亦都的曾孙。一等果毅公遏必隆的孙子，领侍卫内大臣、二等果毅公音德（又译作尹德）的次子。其姑母为康熙帝之孝昭仁皇后。

　　讷亲的才能很早就被雍正帝发现，并委以重任。雍正五年（1727年），讷亲由笔帖式袭二等果毅公，授散秩大臣。九年（1731年），任御前大臣。十年（1732年），授銮仪使。十一年（1733年）十二月，命在军机处行走。十三年（1735年）八月，雍正帝病重，讷亲与果亲王允礼，大学士鄂尔泰、张廷玉等人一起被召至御前，被命为顾命大臣。清高宗乾隆帝刚即位，就发现讷亲秉直刚正，很有办事能力，因此尽管当时他还很年轻，但仍授其为镶白旗满洲都统，兼理内务府事务。同年十月，擢为领侍卫内大臣，并授其为协办总理事务大臣，仍兼都统，与庄亲王允禄、果亲王允礼、大学士鄂尔泰、张廷玉等一起处理军国大事。十二月，由于其办事勤谨、慎重、得力，又"因推孝昭仁皇后外家恩"，②而晋一等公，世袭网替。此后他更得到乾隆帝的赏识和宠信，官运亨通，步步高升。乾隆元年

(1736年)，迁镶黄旗满洲都统；二年(1737年)正月，迁兵部尚书兼议政大臣；十一月，授军机大臣，并得到可以随时入大内面陈皇帝的待遇。十二月，以总理事务大臣议叙，赏云骑尉世职；三年(1738年)正月，奉命管理圆明园事务；二月兼管户部三库事务；八月，暂署户部尚书。此后，他还兼任过许多重要职务，如五朝国史馆总裁、经筵讲官、缮译考试官、玉牒馆总裁、会典馆总裁、保和殿大学士等，并加封太子太保。讷亲在鄂尔泰死后，出任首席大学士(首辅)。他一生前后在军机处工作，长达十六年，并在乾隆十年(1745年)至十三年(1748年)间，任领班军机大臣，可谓位极人臣，是乾隆帝登极后恩眷尤厚的"大臣中第一受恩者"。③

讷亲一生身兼多职，理事浩繁，举凡审案、赈灾、勘海塘、察河工以及巡阅营伍等种种事务，他都一一参与过，由于处理的十分妥当，颇合皇帝心意，故赢得了乾隆帝的赏识。他在管理吏部事务时，吏部尚书甘汝来，一生为官清廉，死于任所。讷亲作为主管者，送其遗体归家。"讷先入，见老妪缝纫于庭，讷误以为奴婢，因呼曰：'传语夫人，相公暴薨于署矣。'妇愕然曰：'汝为谁?'讷备告其故，老妇汪然大泣，始知即夫人也。讷因问有余赀否，夫人曰：'有'。启囊出银八金(两)，曰：'此志书馆月课俸也。俸本十六金，相公俭，计日以用，此所余半月费也。'"讷亲听后十分感动，掉下了眼泪，"代以衣衾殓之，归奏于上"。④乾隆帝看到上奏后，也深为感动，特拨发白银一千两，并下谕让内务府负责办理甘的丧事。由于他办事勤奋、干练、敏捷而勤慎，又"料事每与上(乾隆帝)合"，故乾隆帝对他"厚加倚重"。⑤像允许讷亲可以单独面陈皇帝一事在各军机大臣中，是非常罕见的。乾隆帝平日也很注意对讷亲的培养，他曾说："从前当大学士鄂尔泰在之时，朕培养陶成一讷亲；讷亲在之时，朕培养陶成一经略大学士傅恒。皆几经教导，几经历练，而后及此，人材难得,固非一朝一夕所能造就。"⑥

　　从乾隆三年(1738年)至十二年(1747年)间,讷亲先后与孙嘉
淦一起审查总河朱藻"诈欺贪虐"罪,最后查实将其革职、流放;同
时他还与孙嘉淦一起上疏,建议在永定河两岸建筑闸坝,以防水患
等;受乾隆帝委托视察河南、江苏、安徽和山东等省营伍,发现不少
营伍废弛,曾多次向乾隆帝如实奏报,引起了皇帝的警觉。不无感
慨地说:"可见外省大吏无不欺朕者,不可不惩一儆百。"此外,他还
多次查验河工、海塘工程和天津、河间等地赈灾情况。他曾上奏提
出在钱塘湾"浚中小,疏故道,减大溜潮力,上下塘工悉可安堵"的
建议;在勘查洪泽湖水利工程时,提出疏通盐河入江、串场河入海,
以及把南旺湖中的涸地租贷给贫苦百姓耕种等建议,均得到乾隆
帝首肯。此外,他还向乾隆帝上奏反映:各省督抚司道州县等各级
地方官吏,"惟从簿书钱谷为事",而对"户口贫富、土地肥瘠、物产
丰啬、民情向背、风俗美恶,以及山川原隰、桥梁道路,皆漫置不
省"。鉴于此,他建议各级地方官要把了解本地情况、民情以及自己
为官的政绩、计划,要层层上报,作到下情上达。并要在全国造成一
种"崇实效、去虚文、饬吏治、厚民生"的局面。这个建议也得到了乾
隆帝的赞同,"下部议行"。⑦十二年四月,乾隆帝特授其钦差大臣
关防,奉命到山西,会同该省巡抚爱必达审理万全县民张世禄和安
邑县民张远等人煽动民众反抗官府案,得实治罪如律。在审案中他
也发现了爱必达等人的过错,于是上奏弹劾爱必达、总兵罗俊和蒲
州知府朱发等人失职罪,最后亦将他们革职治罪。

　　讷亲由于出身勋戚贵胄,名门大族,又年轻得志,深受雍正帝
和乾隆帝的赏识、重用,因而踌躇满志,不免滋生了娇骄二气,高傲
不可一世,"遇事每多溪刻,罔顾大体,故耆宿公卿,多怀隐忌"。⑧
这就意味他自命清高,不大能团结人,故易遭人嫉妒、怨恨。刘统勋

为此还上疏乾隆帝,说他"领事过多,任事过锐"。但他为官比较廉洁、公正,一向"清介持躬",不贪财纳贿,不拉邦结伙,不结交权贵。"其居第巨獒(即凶犬)缚扉侧,绝无车马迹"。⑨由于他不搞拉拉扯扯、贪污受贿那一套,因此那些想与他攀缘的人,在他面前"不敢干以私"。⑩

十三年(1748年)正月,他奉命到浙江会同大学士高斌等人,审理浙江巡抚常安贪污受贿案,最后审查得实,将其解京治罪。同年三月,他又奉命赴山东,与该省巡抚阿里衮一起救灾赈荒,初见成效。紧接着于同年四月,他又接到乾隆帝的谕旨,委任他为经略大臣,赴四川平定大小金川。

大小金川地处大渡河上游,促侵水从松潘经党坝流至该地,水深河阔是为大金川(今在四川省阿坝藏族自治州金川县境);偿纳水源流较近,是为小金川(今在四川省阿坝藏族自治州小金县境),二者皆因沿河两岸山麓藏有金矿,故得其名。此地是藏族聚居区,山高地险,气候寒冷,变化无常,只产少量青稞和荞麦等生长期较短的农作物。此地谷深流急,人们往来交通主要依靠皮筏和索桥。大小金川土司皆系明朝金川寺演化禅师哈伊拉木的后裔。从明朝中叶至清朝初年先后内附,大金川在清康熙年间设阿尔古厅,小金川设美诺厅,后改为懋功厅,置同知。初大金川为小金川下属的土舍,至雍正初年,大小金川成为平等的两个土司。

雍乾时期,这一带各土司间矛盾重重,互相攻杀、夺地,清政府很难控制局面。乾隆初年,大金川土司莎罗奔拟控制小金川,便把女儿阿扣嫁给小金川土司泽旺(本来两个土司就是叔侄关系),而泽旺生性懦弱,为妻所制,而阿扣与泽旺弟良尔吉私通。乾隆十年(1745年),莎罗奔派人将泽旺劫持到大金川,并夺其印,后由于清政府出面干涉,始将泽旺放回小金川。此后莎罗奔并未顺服,不断对邻近土司发动攻占、骚扰。鉴于此,乾隆帝于十二年(1747年)二月,决定向大金川用兵,想以此来"震慑诸蛮","宣布皇威,以全国体",⑪进而更加有效地控制川省各土司,以达到边陲永靖,社会安定的目的。于是同年三月,他首先调云贵总督张广泗为川陕总督,主持金川用兵事宜。但由于张立功心切,再加上指挥不当,骄横自大,在长达一年的时间内,连吃败仗,损兵折将,一筹莫展。在这种情况下,乾隆帝于十三年(1748年)四月,决定派心腹宠臣讷亲为经略大臣,赴川主持军务。同时还重新启用原宁远大将军岳钟琪为四川提督,此外还调来了原靖边大将军、领侍卫内大臣傅尔丹、护军统领乌尔登、总兵任举等人。讷亲于六月初至金川军营。他本不谙兵事,又身体素弱,但下车伊始不作任何调查工作,便命令官军三日内攻克大金川土司的据点噶尔厓(又译作刮耳崖、噶拉依)。于是官军分三路由昔岭同时进发。由于金川土兵凭借险要地势和坚固的碉楼而顽强抵抗,结果总兵任举、参将买国良相继阵亡。经此一战,讷亲便锐气大减,再"不敢自出一令"。本来讷亲与张广泗就互不服气,讷亲"自持其才,蔑视广泗";⑫张广泗亦"轻讷不知兵,而事权出己上,阳奉而忮之"。⑬此外,张广泗与岳钟琪两人早有前隙,因此张对启用岳大为不满,故在作战中处处排斥岳,并给其设置种种障碍。而岳钟琪亦参奏张误用小金川土舍良尔吉,揭发良尔吉是大金川土司莎罗奔的奸细,于是形成了"将相不和,士皆解体"⑭的局面。

　　讷亲在这种形势下,只好处处仰承张广泗之鼻息,凡事皆依靠张广泗。同年七月初十日,讷、张二人联名上奏乾隆帝,呈报了自五月三十至六月十六日期间官军攻打大金川的情况。奏折中只言各路进攻被阻,不言官军损失惨重,并请求乾隆帝调兵遣将前来助战。同时还提出了筑碉株守的所谓"以碉逼碉","与敌共险"。⑮的战术。乾隆帝看过奏折后,十分恼火,下谕指出:此奏实乃谬议。金川筑碉,只宜用来自守,而官军本应采取攻势,奋力攻取;况且碉楼非可易成,即使筑成,每攻取一地,官军若再行前进,难道还要重新筑碉?此次调重兵攻打金川,就是要速战速决,并非要筑碉株守的。同时,乾隆帝也找了些在京大臣们商量,很多人认为筑碉之策不可行。乾隆帝在谕旨中还指出:"大兵聚久,变患易生","军中亲信仅满洲兵百数十人,其余皆调发客兵及土司蛮卒,本非世受深恩为我心膂者。"如相峙日久,他们必不安心,一有风吹草动就会"变计生焉。"因此责令讷亲要"因时度势,以进为止"。[16]

讷亲并没有按乾隆帝的指示办事,而是依靠张广泗与敌对峙,自己则龟缩于大营之内。每当攻战时,他都"躲避帐房中,遥为指示,人争笑之,故军威日损"。[17]同年闰七月,讷亲与张广泗联名上疏说:"天时地利皆贼得其长,我兵无机可乘。冬春间当减兵驻守,明岁加调精锐三万,于四月进剿,足以成功,至迟亦不逾秋令。"[18]接着讷亲又单独给乾隆帝上一奏折,内称:"来岁加兵,计需费数百万。若酌留兵万余名,据守要害,相机用炮击碉,令接壤土司各为防御,狡寇亦能坐困。第久驻终非常策、若俟二、三年后,再调兵乘困进捣,自必一举成功。此二、三年内,或有机可乘,亦未可定。"[19]乾隆帝看过奏折后,十分生气,下谕旨说:"卿等身在戎行,目击情状,不能确有成算,游移两可。朕于数千里外,何从遥度?我师至四万,彼止三千余,何以彼应我则有余,我攻彼则不足?卿等当审定应攻应罢,毋为两歧语。"[20]在这种军事上毫无进展,陷于进退维谷的局面下,乾隆帝欲把讷亲召回京师,另作安排,可是考虑到大金川乃区区一弹丸之地,长不过二、三百里,宽不过数十里,且金川土司亦"非大敌,重臣视师,无功而还,伤国体,为四夷姗笑"。[21]故又多次下谕,叫他重整军威,率领将士奋勇杀敌,待战事稍有起色,便调他回京。可讷亲很不争气，每日只"身图安逸"，"安坐帐中，不亲临阵"；一有战事，便命令官军向敌碉放炮乱轰，而"伊自帐中望见火光"而已，"从未奋勇督师。"在这种情况下，官军士气更加懈怠。甚至有时与敌交战，讷亲首先退却，以致官军也跟着"望风溃散"。此外，他还幻想邀请终南山道士、西藏达赖喇嘛到金川，用符咒、法术战胜土兵。当这一切不能实现时，他便想尽快脱离金川，多次上奏请求回京觐见乾隆帝。乾隆帝对此十分恼怒，降旨令其与张广泗火速回京，以岳钟琪兼管经略事，傅尔丹兼管川陕总督事；并重派尚书班第赴金川，共同主持军务。不久乾隆帝又决定将讷亲"革职发往北路军营（即防御新疆准噶尔的军队）效力赎罪"，㉒而将张广泗逮至京师。后来由于发现讷亲在回奏中隐瞒重大军情，并把一切责任都推卸给张广泗一人，乾隆帝又下旨停止讷亲赴北路军营，让其原地待命。

同年九月，乾隆帝命令傅恒代为经略兼署川陕总督，另派侍卫富成逮捕、审问讷亲。同年十月，乾隆帝下谕革去讷亲的一等公爵，将其转给他的哥哥策楞袭封。十二月，乾隆帝亲自审询了张广泗，将其论斩，并籍没家产。不久由于大金川土司莎罗奔乞降受抚，此役暂告一段落，傅恒受命班师回朝。与此同时，乾隆帝下旨令侍卫鄂实，用讷亲祖父遏必隆的御赐遗刀，在途中将讷亲正法。

注：

① 《清史列传》卷 22，《讷亲》。
② 《清史稿》卷 301，《讷亲》。
③ 《满洲名臣列传》卷 41，《讷亲列传》。
④ 昭梿《啸亭杂录》卷 10，《甘庄恪》。
⑤ 同上书，卷 1，《杀讷亲》。

⑥　梁章矩：《枢垣纪略》卷 1,《训谕》。

⑦　同注②。

⑧　同注⑤。

⑨　同注①。

⑩　同注⑤。

⑪　《清高宗实录》卷 284,中华书局 1985 年影印《清实录》第 12 册,第 708页。

⑫　同注⑤。

⑬　昭梿：《啸亭杂录》卷 4,《金川之役》。

⑭　魏源：《圣武记》卷 7,《乾隆初定金川土司记》。

⑮　同注②。

⑯　同注①。

⑰　同注⑤。

⑱　同注②。

⑲　《清高宗实录》卷 321,《清实录》第 13 册,第 282 页。

⑳　同注②。

㉑　《清史稿》卷 297,《张广泗》。

㉒　同注①。

马 尔 赛

杨 珍

马尔赛，马佳氏，满洲正黄旗人，大约生于康熙十九年（1680年），①雍正十年（1733年）②十二月被正法。

马尔赛出身于勋贵之家，是大学士、三等公图海之孙，都统、刑部尚书、三等公诺敏③之子。

康熙三十二年（1693年）七月，马尔赛受祖辈荫庇，袭封公爵，并先后被委以护军统领、镶黄旗蒙古都统、领侍卫内大臣兼满洲镶红旗副都统等职。

康熙帝去世后的第二天，雍正帝命马尔赛祭告奉先殿，表现出对于功臣后裔的重视。七天后，雍正帝又加封图海为一等公，令马尔赛袭爵。④受到新皇帝赏识的马尔赛，开始了他在雍正朝整整十年的宦海生涯。

雍正三年（1725年）八月，马尔赛等奉旨前往保定，察询直隶总督李维钧不将年羹尧家产、财物举报一事。十二月，马尔赛往谕年羹尧自裁。四年（1726年），马尔赛成为首席领侍卫内大臣；六年（1728年）五月，开始"在大学士内办事"，⑤八月升任武英殿大学士兼吏部尚书。八年（1730年）夏秋之际，雍正帝患病，"静养调摄"，马尔赛与张廷玉、蒋廷锡"赞襄机务"，"事事妥协"，⑥足见深受雍正帝倚信。九年（1731年）七月，马尔赛被任命为抚远大将军，八月前往喀尔喀中部重镇察罕叟尔。这在他一帆风顺的仕途中是一重要转折点。

七年(1729年)三月，经过三年的周密准备，清朝西征准噶尔之役终于拉开帷幕。雍正帝踌躇满志，拟于第二年派出大军，直捣伊犁，一举解决准噶尔问题。因准噶尔汗噶尔丹策零在七年十月"先遣使臣，诈称求和"，八年(1730年)五月，雍正帝决定派使臣赴准噶尔谈判，将进兵之期，暂缓一年，并令阿尔泰北路军营靖边大将军傅尔丹、巴尔库尔西路军营宁远大将军岳钟琪等，从前线暂返京师。雍正帝这一举措，为对方提供了可乘之机。同年十二月，准噶尔军二万余人突袭西路巴尔库尔大营，掠去大批驼马牲畜。尽管清军在激战中又都夺回，"但遗失倒毙者已多"。[⑦]清廷直捣伊犁的计划受挫。

九年六月，准噶尔军三万人陆续向阿尔泰山奇林地区聚集，矛头指向北路军营。已返归前线的大将军傅尔丹乘敌军部署尚未就绪，率清军精锐一万人，从科布多进击。准军统帅小策零敦多卜派人诈降，声称他所驻扎的察罕哈达牧场(距科布多三日路程)，仅有兵一千名，而且还未立营防守。傅尔丹中计，率军奔袭途中，与准军两万人相遇。清军寡不敌众，且战且退，终于在和通泊地区陷入重围。傅尔丹率残部突围，退回科布多，生还者仅二千余人。阵亡者包括尚书、内大臣、副都统、散秩大臣、一等公、前锋统领、侍郎等。这是康雍两朝七十余年间，清军遭受的一次最惨重失败。

面对不利局势，雍正帝谕令将北路大营清军由喀尔喀西部的科布多撤至察罕叟尔，集中兵力防守喀尔喀中部和东部。同时命马尔赛代替傅尔丹为北路大将军。雍正帝对马尔赛寄与厚望，以为功臣之孙，必是将才。但马尔赛的表现却令人失望。

这时，雍正帝关于准噶尔之役的作战方略，已由进攻转为全面防御。为此他指示岳钟琪"目前进兵之议且不必言,而防守之策倍当加意"。⑧又命顺承郡王锡保"看守察罕叟尔地方,此最紧要之事,果能固守,即伊等之功矣"。⑨他给抚远大将军马尔赛的敕谕则是:"持重以固守,整重以宣威。勿冒险以轻进,勿贪功以深入。"⑩所以,当九年七月中旬,西路军副将王廷瑞等击败来犯吐鲁番的准噶尔军后,雍正帝不仅没有给予嘉奖,反认为此举"甚属孟浪",严令"嗣后贼人来犯,但当坚守城垣,不可迎战","能保护吐鲁番城垣人众,其功胜于杀贼多矣"。⑪雍正帝的这一战略方针及有关举措,对马尔赛其后的所作所为有一定影响。

马尔赛"在京承命之时,即有退缩怨望之意",⑫所以,赴边任之始,便出现疏漏。从京师前往归化城(今呼和浩特市)途中,他所率汉军兵四千人因不善牧养,牲畜多有伤损。抵达归化城后,又未选择合适牧地,致使马匹倒毙大半。由于马尔赛管束无力,这批兵丁在归化城变卖衣物,任意挥霍,"甚属不堪"。⑬

九年九月上旬,雍正帝得知准噶尔军已抵达科布多附近地区,当即判定准噶尔军"来犯科布多,或以全力侵察罕叟尔、扎克拜达里克亦未可知"。⑭可是,他并未命令已行至归化城以北的马尔赛赶赴察罕叟尔,而是对大学士们说:"大将军马尔赛并无军营急办事务,今贼人又来犯科布多地方,可行文令其缓行前进。若台站已断,或酌量回京,或寻严固地方,驻扎侦探。"⑮然而与此同时,雍正帝却称赞在北路办理军需的顺承亲王锡保是"总理调遣事务之人",责令他固守察罕叟尔,以"保固军需马匹,并喀尔喀游牧处"。⑯显然,在雍正帝看来,锡保更能胜任大将军之任。

对此,马尔赛"心怀怨望,于众大臣齐集之前,口称领兵为大将军,不如发遣黑龙江,反为安逸"。⑰为有所表现,挽回颜面,他一反以往的畏敌之态,几天内连续上奏,请求前往察罕叟尔。马尔赛的这种突然变化,不能为雍正帝所理解,反遭到斥责:"凡事宜审定之后,方可相机而行。若闻一贼信,即辗转不定,如何办理?"⑱由于雍正帝对马尔赛已有成见,所以君臣间的隔阂日益加深。

此时,大策零敦多卜、小策零敦多卜等,已率准噶尔军两万余人,绕过科布多、察罕叟尔等地东进,企图掳获哲卜尊丹巴呼图克图。受此威胁,部分"坐台喀尔喀竟各弃牲畜,抢夺驿马,离站四散"。⑲在此紧急形势下,雍正帝除采取措施增强漠南蒙古的防御力量外,甚至还下令加固直隶、山西境内的部分长城,表明已虑及准噶尔军侵扰京师的可能性。直到这时,他才令马尔赛率汉军四千人、喀喇沁军一千人,开赴推河、扎克拜达里克驻扎,增援察罕叟尔。

终于接到进军之命,马尔赛开始行使大将军职权。他首先为"备兵一事",行文顺承亲王锡保,随后,又令漠南蒙古吴喇忒等旗及察哈尔两翼,各备兵一千,听候调遣。不料,雍正帝得知,立即加以申斥:"尔领兵尚未至察罕叟尔,并不知军前之情形,即欲指示顺承亲王,殊觉不合。"还说:"抚远大将军印信,除奏章及行部咨文钤用外,其调遣兵丁等事,不准钤用";"吴喇忒等扎萨克、察哈尔旗分,皆边外之兵,岂可妄动。尔即欲预备调遣,亦当请旨,乃并不奏闻,即行调遣,甚属背谬"。⑳这实际上是剥夺了马尔赛的调兵之权。

此前不久,准噶尔军被额驸策凌等击败,退归阿尔泰地区,喀尔喀局势暂时稳定。十一月,雍正帝授与马尔赛绥远将军印,命令他于十二月上旬率军前往扎克拜达里克驻守,听顺承亲王锡保调遣。而锡保已在此两天前掌管了靖边大将军印信。马尔赛连遭斥责后又被贬职,内心怨愤不言而喻。

十年(1732年)七月,准噶尔部汇集三万兵力,再次大举入侵,

"志欲抢夺泽卜尊丹巴胡图克图,侵掠喀尔喀部落,直越察罕叟尔大营,由杭爱山肆行猖獗。"[21]大将军锡保派遣额驸策凌等率兵二万余人追击,八月五日在额尔德尼招大败准噶尔军,斩杀万余,余众抛弃马畜及一切器械,逃往鄂尔昆上游,向推河而去。

推河及扎克拜达里克,是已受重创的准噶尔军逃往阿尔泰必经之地。大将军锡保立即行文绥远将军马尔赛和建勋将军达尔济,令他们各自领兵截杀。

额尔德尼招大捷的消息传至扎克拜达里克,万余清军将士"无不踊跃奋往,有灭此朝食之心",纷纷请战。可是,仍旧心怀不满的马尔赛,对歼敌一事毫无热情,独独采纳都统李枞"惟当固守城池"的意见,竟然按兵不动。大臣官员们再三劝请他迅速发兵,勿失良机,参赞傅鼐甚至为此下跪,他却坚守己见,无动于衷。达尔济"遣使约会师",也遭到拒绝。直至逃亡的准噶尔军路经扎克拜达里克陆续西去后,将士们忍无可忍,自动发起追击,达尔济也再次约他出兵,马尔赛才迫不得已,带兵出城,"虚作尾追之状"。[22]在缓缓行进两三日后,他仅派钦拜等率兵七百人继续追击,自己则返回扎克拜达里克。钦拜等追敌不及,空手而归。

雍正帝闻知震怒,痛斥他"但知有己,而不念国家,悖逆庸愚,一至于此","自古以来,如此背负国家者,史册中亦为罕觏"。[23]并自责"乏识人之明,误用匪人"。[24]

雍正十年十二月,马尔赛在扎克拜达里克军营被正法。

注:

① 马尔赛于康熙三十二年七月,"少年袭封"三等公,如果他当时14岁,则生于康熙十九年。

② 雍正十年十二月丁卯,雍正帝派官员前往北路军营,将马尔赛正法。当

　　　　时已是公元 1733 年 1 月 29 日。

③　《八旗满洲氏族通谱》卷 7，马佳氏，辽沈书社影印本。

④　据《清世宗实录》卷 104 载，雍正九年三月，为袭封一、二、三等公之先
　　　世，"恭拟美名"，一等公图海定为"忠达公"。《清史稿》载："雍正二年，
　　　加赠图海一等公，号曰忠达，仍以马尔赛袭"，有误。

⑤　《清世宗实录》卷 69，中华书局 1985 年影印《清实录》第 7 册，第 1046
　　　页。

⑥　同上书，卷 99，《清实录》第 8 册、第 321 页。

⑦　同上书，卷 115，《清实录》第 8 册，第 539 页。

⑧　同上书，卷 108，《清实录》第 8 册，第 431 页。

⑨　同上书，卷 108，《清实录》第 8 册，第 433 页。

⑩　同上书，卷 109，《清实录》第 8 册，第 454 页。

⑪　同上书，卷 109，《清实录》第 8 册，第 447 页。

⑫　同上书，卷 124，《清实录》第 8 册，第 630 页。

⑬　同上书，卷 112，《清实录》第 8 册，第 489 页。

⑭⑮⑯　同上书，卷 110，《清实录》第 8 册，第 462 页。

⑰　同上书，卷 124，《清实录》第 8 册，第 630 页。

⑱　同上书，卷 110，《清实录》第 8 册，第 466 页。

⑲　同上书，卷 110，《清实录》第 8 册，第 459 页。

⑳　同上书，卷 111，《清实录》第 8 册，第 477 页。

㉑　同上书，卷 123，《清实录》第 8 册，第 613 页。

㉒　同上书，卷 123，《清实录》第 8 册，第 615 页。

㉓㉔　同上书，卷 124，《清实录》第 8 册，第 629 至 632 页。

庆　复

杨　珍

庆复，字瑞园，佟佳氏，满洲镶黄旗人，生年不详，乾隆十四年（1749年）九月"赐自尽"。

庆复出身于皇亲贵戚之家，是康熙朝领侍卫内大臣、国舅佟国维第六子。雍正五年（1727年），其兄、一等公隆科多获罪，雍正帝令庆复袭爵。雍正年间，他历任散秩大臣、銮仪使兼领武备院事、正白旗汉军副都统、正蓝旗汉军都统、议政大臣、工部尚书、署刑部尚书、户部尚书等职。雍正十三年（1735年）八月，乾隆帝即位，命庆复等管理乾清门出入人等事务。九月，他被派往北路军营，换回定边大将军、平郡王福彭。当时，清军征伐噶尔丹策零之役已进行六年半之久，双方互有胜负，正在议和。乾隆帝甫登帝位，即对庆复交付议和之任，表明急欲了结西疆战事。十一月，乾隆帝手谕庆复，议和事若进展顺利，"断不令汝久滞于外，况朕前亦无多亲信贤臣"。①庆复不负厚望，乾隆元年（1736年）六月，与准噶尔部议和及撤兵事宜均已基本就绪。他回京后，署吏部尚书，仍兼管户部事务。九月，又任刑部尚书，仍兼管吏部事务。

乾隆二年（1737年）正月至十二年（1747年）三月，庆复历任两江总督、云南总督、署两广总督、川陕总督。他在地方颇有政绩，是这一时期受到乾隆帝赞赏的少数督抚之一。十年（1745年）十二月，他被补授为大学士。

乾隆二年六月，庆复参奏吏部右侍郎、前任江西巡抚俞兆岳"派捐受馈"，俞被革职查办。但经数月查询，发现俞兆岳无甚情弊，暂行保释。同年九月，庆复查获江苏省南汇县张瑞明等传习缘明教，分别予以枷杖。乾隆帝认为"如此办理，殊属宽严得中，防微杜渐之意"，②给予充分肯定。这一案例同后来清廷对民间秘密宗教采取的严厉举措，形成鲜明对比。

同年闰九月，庆复调任云南总督。三年，(1738 年)，章嘉呼图克图奏请将里塘、巴塘、佳塘等地，仍给达赖喇嘛管辖。经议政大臣等密议，命川陕总督查郎阿与庆复共同商办。他们会议后，认为这是因为达赖喇嘛日用不敷，并非要求土地番民。他们建议在打箭炉所征税银内，每年拨给达赖银五千两。庆复还进一步指出，云南所属中甸，与里塘、巴塘等地有相同处，仍应由云南管辖。这些主张不久即被乾隆帝采纳。

四年(1739 年)四月，云南大理府苍山西来教(大乘)教首张保太的弟子，在江苏江阴县传教，被官兵捕获，枷责示众。乾隆帝令庆复交付下属官员查访根柢，惩治首犯，散其党羽，但收效甚微。张保太的大乘教，后来在长江流域各省广为传播，十一年(1746 年)遭到清廷残酷镇压，一时轰动全国。

五年(1740 年)七月，庆复提出开通金沙江云南东川府至四川泸州河段，从而将云南铜斤由陆运改为水运的建议。金沙江这部分河段，长约一千三百多里，下游六百余里系运米旧路，略加疏凿，便可无阻。而上游六百余里，则"石巨滩险"处颇多。他认为，这项工程虽然十分艰巨，所需工费银约数十万两，但将滇铜改为水运，运费较陆运可以减半，几年后即可补偿全部耗资。这一建言引起一些大臣的反对。天津镇总兵黄廷桂认为，此项工程"徒糜国帑，罔利舟楫"，况且两岸均为"夷境"，开工可能肇生事端，"载铜过往"还会引发抢劫事件。③由于得到乾隆帝的支持，工程终于上马。六年(1741年)四月，庆复调离云南，乾隆帝命署理云南总督张允随照庆复的方案，继续进行金沙江工程。八年(1743年)四月，"开通金(沙)江上游各滩，工程垂竣，试运京铜，并无险阻"。④不过，其后事实表明，工程的效果并不理想，最终不能全线通航。

庆复署理两广总督后，乾隆帝曾这样谈及他在云南总督任上的所作所为："如开金(沙)江河道，以利济滇蜀两省；派拨兵丁，以防范安南边境；开垦碍嘉(楚雄府南安州)大路之荒地，以增农田；开挖姚安沙地之涵源，以增盐斤，种种筹划，皆系有关地方，有裨民生之事。"⑤

七年(1742年)四月，在庆复建议下，广西拟用本省所产矿铜，开炉鼓铸铜钱，逐步停解滇钱，以省运费。八月，庆复奏请裁去梧州盐务运同及知事两缺，恢复乾隆元年以前的做法，将广东运往广西的"所有收发盐包、给发水价、盘验盐船事宜"，令梧州府同知办理，⑥这不仅便于盐商运盐，而且节省了管理经费。

在两广总督任上，庆复还曾疏劾粤海关监督郑五赛需索侵蚀，拟罪如律；又在琼州五指山为黎人开设义学，使黎人子弟就学应试。

八年(1743年)正月，乾隆帝说：庆复"在外日久，朕心深为眷念"。⑦可是，他并没有将庆复调返京师，而是在同年五月，让其转任川陕总督。庆复到任伊始，即着手处理郭罗克部落事件，随后又指挥进攻瞻对土司之役。后一举措为他的仕宦生涯带来所料未及的影响。

郭罗克部落分为上、中、下三部分，位于四川省西北，"内通陕之西宁、川之松潘，外连西海，为口外往来必由之地"。⑧因土地贫瘠,生活困苦,居民经常出为"夹坝",即抢劫。康熙末年,四川提督岳钟琪率兵进剿三部落后,设置土司管辖。乾隆初年,郭罗克部众"夹坝"之风愈演愈烈,屡于口外抢夺客商,甚至在西宁各地方,抢夺蒙古帐房、马匹,并威胁到进藏熬茶的准噶尔人安全。为此,川陕总督查郎阿曾派兵弹压,但只收效于一时。乾隆八年(1743年)四月,四川提督郑文焕,同郭罗克各部头目举行会谈,劝戒他们能追赔抢劫赃物,永断夹坝恶风。接着,又派官兵一千五百余人进驻郭罗克地方,令各土目相互举报,"擒贼献赃"。⑨可是,问题仍不能解决。

九年(1744年)二月,庆复抵达四川后,立即前往松潘,处理郭罗克事宜。三月,郑文焕派兵捕获为首的林噶架等人,带至军前正法,后又捉拿四十余人,当着郭罗克各土司之面,予以不同惩处。随后,庆复传集郭罗克主要土目,"明切开导,宣扬三次宥过不杀之恩,并分别赏给银牌、缎䌷、烟、布等物"。⑩土目们慑于清军声威,被迫表示服从。五月,庆复制定郭罗克善后事宜八条,经乾隆帝批准后实施。进驻郭罗克的官兵遂陆续撤离。

郭罗克部落抢劫一事经过庆复处理,看似业已了结,实际上还有遗患。第二年,乾隆帝说:"上年办理郭罗克事不善,而番蛮人等,见有官兵在彼,不过一时畏惧,旋仍多事。"⑪在此之前,西北名将岳钟琪也曾说,郭罗克人"无以为业,惩创之后,必予以谋生之路,方可永远宁贴"。⑫所言固然有道理,但在当时却难以做到。

瞻对分为上、下两部分,位于打箭炉西北,鸦砻江东西,夹江而居,各二十余寨。它南接里塘,西界德尔格土司,中与明正司相连,距离打箭炉经里塘、巴塘、江卡至拉萨的大道很近,四面环山,地势险阻,位置冲要。瞻对土地贫瘠,居民生活困苦,土司及下属土目经常"纵属为盗"。在川西土司中,瞻对土司的碉楼最为坚固,加以路险崎岖,为清军进攻造成困难。雍正八年(1730年),清廷曾发兵征讨,但未能取得预期效果。十余年后,乾隆帝不无遗憾地说,当时"只因办理未妥,草率完结,今又故智复萌,劫掠无忌,不知法纪"。⑬四川巡抚纪山也指出,当时派出汉土官兵共一万二千人,支出米面军需,为数浩繁,"总因该番恃险,攻击匪易",⑭不能肃清。

乾隆九年(1744年)十月,由把总张凤率领的江卡汛撤回驻防台站兵丁三十六人,在海子塘地方与瞻对"夹坝"二三百人相遇,被抢去驼马、军器、行李、银、粮等物。纪山派员前往处理时,上瞻对头目四朗、下瞻对土目班滚拒绝交赃、献贼。十年(1745年)七月,清廷决定再次对瞻对采取军事行动。

清廷先是派出汉土官兵共一万五千人,其中包括西藏郡王颇罗鼐所属江卡土兵,及德尔格土司土兵各一千名,分三路进兵。中路军由建昌镇总兵袁士弼指挥,从沙普隆向西进攻。北路军由松潘镇总兵宋宗璋指挥,自甘孜南下。南路军由夔州协副将马良柱指挥,由里塘北上。署四川提督李质粹则驻扎东俄洛,掌握全局,调度策应。

起初,清军进展顺利。官兵刚刚出口,上瞻对应袭土司肯朱(或作康朱)因其叔四朗谋夺土职,前来缴印投诚,并称愿为官兵引路。宋宗璋随后招降四朗,率军经过上瞻对,向下瞻对土司班滚住地如郎(位于鸦砻江西岸)发起进攻。与此同时,马良柱也连克数寨,从南侧逼近如郎。但不久,由于李质粹、袁士弼、宋宗璋等在招降及进攻时间等问题上,意见不一,拖延观望,致使北路、中路的攻势逐渐减弱。南路马良柱军因带队台吉冷宗鼐回江卡养病,西藏江卡土兵千余人也各归散,进一步削弱了士气。加上冬季来临,冰雪遍地,粮食、弹药运输艰难,尽管李质粹等还不断报捷,事实上战局已呈胶着状态。班滚虽曾请降,却又始终固守如郎,不肯前来清军大营。庆复也认为是藉词观望,不可为信。

因战事拖延日久,军费已耗百万。乾隆帝一再责令庆复等从速攻取,早日结束战事。十一年(1746年)二月,庆复至口外四马塘(距东俄洛百余里)查勘军情,发现李质粹等关于焚烧碉楼、杀伤敌众的奏报,"并不着实,多系捏饰"。还了解到统兵官员之间矛盾重重,因此贻误战机等情况。于是,他立即进行参劾,并请求增加兵力,准备于三月底发起攻击,言称五六月间,战事可告完结。

此前,庆复采纳明正土守备汪结建议,释放了因杀兄之罪而被监禁的原瞻对副土官革松结,令他回瞻对,同班滚异母弟俄木丁(兄弟二人早有仇隙)秘密联络,劝说俄木丁作内应,"擒献班滚"。⑮这是庆复对此役取胜颇有把握的一个重要原因。

清军的第二次进攻如期开始,反复激战后,官兵逼近如郎。俄木丁表面上听取劝告,同意内应,暗里却告知班滚与众头人,让他们暂时躲避。所以,当清军于四月十三日顺利进入如郎时,得到的只是一座空寨。

清军根据情报,于四月二十日包围班滚所藏匿的丫鲁地方泥日寨,二十三日连烧大小战碉数十座。但大火过后,并未发现班滚的遗骸。而李质粹早已存在畏难情绪,急于结束这场战争,所以仅依据俄木丁在灰烬中拣出的所谓班滚平日随身携带的鸟枪、铜碗等物品,以及番人所言班滚已被烧毙的说法,即对庆复咨报,说班滚及泥日寨头目姜错太等都已烧死。庆复起初不信,将原咨驳回。李质粹"遂添入火光中望见悬缢贼番之言",⑯庆复遂据以入告。不仅如此,庆复还将班滚之子沙加七立改名为德昌喇嘛,让他仍居班滚大碉,冒称经堂,给人们进一步造成班滚已死的印象。

征瞻对之役,虽以庆复所拟善后事宜七条而告结束,可是,对于下瞻对土司班滚之死及其有关情况,乾隆帝仍提出一系列质疑,密谕庆复务必查清,谨防受骗。庆复并没有认真追查,只是奏称瞻对部落投降人员,已到各寨"洒探无纵","而汉土官兵及远近番众,万口一辞,欢呼称庆"。^⑰想以此打消乾隆帝的疑虑。

班滚是川西土司中的一个头面人物。当清军逼近如郎时,达赖、班禅及颇罗鼐等,请求清廷允许他们派遣使者,前往晓谕班滚,劝他"擒献夹坝贼番,许以自新,撤回大兵"。这一呈请由清朝驻藏副都统傅清代转,如郎被攻克后才送达北京。据此,乾隆帝一度怀疑班滚已逃往西藏。

十二年(1747年),大金川土司莎罗奔攻扰邻近土司,抗拒坐汛官兵。乾隆帝敏感地意识到,这是由于"班滚未曾授首,无以对(众土司)示威"的缘故,遂令已接替庆复任川陕总督的张广泗,对班滚自缢一事细加访察。不久,张广泗陆续查清俄木丁假降;班滚逃离如郎后在沙家邦寨藏匿,未去泥日寨;瞻对善后事宜并未认真实施;班滚已返回如郎,攻扰上瞻对土司康朱等情况,真相终于大白。庆复也因而被革职,家居待罪。乾隆帝指出,因庆复"措置失宜,朦混草率",致使班滚漏网,在土司中造成恶劣影响,旋又引发大金川事件,"酿成后患,贻害边疆,罪无可逭"。^⑱他认为,由于李质粹等都言班滚已死,庆复虽明知未必确实,但虑及若行追究,将使瞻对之战长期拖延,"是以随众附和,迁就了事",遂有班滚被焚身死的捏报。^⑲这一分析是比较客观的。

十四年(1749年)九月,庆复被勒令自尽。李质粹与宋宗璋也因此事及其他有关罪款,于翌年正月被正法。班滚在第一次金川之役结束后,"悔罪输诚",乾隆帝"从宽免其治罪"。^⑳

注:

① 《清高宗实录》卷7,中华书局1985年影印《清实录》第9册,第276页。

②　同上书,卷 51,《清实录》第 9 册,第 874 页。

③　同上书,卷 127,《清实录》第 10 册,第 866 页。

④　同上书,卷 191,《清实录》第 11 册,第 463 页。

⑤　同上书,卷 142,《清实录》第 11 册,第 1044 页。

⑥　同上书,卷 172,《清实录》第 11 册,第 200 页。

⑦　同上书,卷 182,《清实录》第 11 册,第 355 页。

⑧　萧奭:《永宪录》卷 1,中华书局 1959 年版,第 17 页。

⑨　《清高宗实录》卷 191,《清实录》第 11 册,第 461 页。

⑩　同上书,卷 215,《清实录》第 11 册,第 769 页。

⑪　同上书,卷 239,《清实录》第 12 册,第 69 页。

⑫　同上书,卷 189,《清实录》第 11 册,第 435 页。

⑬　同上书,卷 240,《清实录》第 12 册,第 90 页。

⑭　同上书,卷 231,《清实录》第 11 册,第 987 页。

⑮　同上书,卷 309,《清实录》第 13 册,第 65 页。

⑯　同上书,卷 305,《清实录》第 12 册,第 989 页。

⑰　同上书,卷 268,《清实录》第 12 册,第 480 页。

⑱　同上书,卷 322,《清实录》第 13 册,第 313 页。

⑲　同上书,卷 330,《清实录》第 13 册,第 488 页。

⑳　同上书,卷 349,《清实录》第 13 册,第 813 页。

定　长

赫治清

定长，满洲正黄旗人，闽浙总督喀尔吉善长子，约生于康熙四十五年（1706年）前后，①卒于乾隆三十三年十二月初六日（1769年1月13日）。他是乾隆朝中前期封疆大吏之一。

雍正十三年（1735年），定长由监生授内阁中书。乾隆三年（1738年），迁侍讲。五年（1740年），袭世管佐领。后历任江南徐州知府、徐淮道、山东按察使、陕西布政使。十五年（1750年）擢安徽巡抚。十六年（1751年）二月，调广西巡抚。

广西是清朝的边疆省份，其南宁、太平、镇安三府所属州县，有二千余里与安南接壤。清政府曾设有三关、百隘并一百二十余卡。十五年，广西巡抚舒辂为杜绝越界起衅，又在最容易滋事地方，命令遍种箐竹，以为边防屏障。十六年四月，定长履任不久，忽接地方禀报称，安南民人将新种之竹尽行拔去，用竹签插占界内田地，原设排栅亦被烧毁。他一面将此事奏闻朝廷，一面派人确查。当时，乾隆帝诏谕："不可示弱外夷，亦不可欺压外夷。"②六月，两广总督陈大绶奉命前往广西边隘阅视后提出，安南人拔竹毁栅，侵越边界，乃"体制攸关，不便姑息"，"方今之计，种竹断不宜中止，而界址不可不为清厘，土民固应法处，而夷人亦不可不严行饬究"。③对于这起边界纠纷，定长采取了十分慎重的态度。他经过反复调查核实,发现最初的地方禀报与事实有出入。真相是上年舒辂令沿边栽种箸竹时,府、道地方既未详悉筹划,承办各员又未认真妥善清查边界,即仓促办理。凭祥、思陵土目头人,则乘机侵占交界之地,以致安南人不甘,引发事端。事件发生后,当地土目"仍以拔竹毁墙捏词禀报,转坐藩国以梗化不遵约束之罪"。④由于定长和广东巡抚苏昌联名向朝廷作了如实奏报,因而乾隆帝迅速作出了正确决策,妥善处理了这起突发事件,维护了两国边界的和平与安宁。

十七年(1752年)三月,湖北罗田与安徽英山毗邻地区爆发了马朝柱反清起义。起义虽然旋即失败,但马朝柱等却脱逃未获。当时,南方各省文武官员,怀着惴惴不安的心情,到处搜捕缉拿。七月,广西桂林盘获罗晟相、杨光楼僧俗二人。知县田志隆竟然采取诱供、逼供方式,迫使僧人罗晟相招认是马朝柱同党要犯吴方曙,杨兴楼为同伙李兴楼。罗晟相还供称马朝柱已潜逃到湖南城步县地方。定长如获至宝,飞咨湖南巡抚范时绶会缉,并将所谓吴方曙、李兴楼押解楚省质审。但解至湖南,未经转解,朝廷又令将二人押回广西再行确讯缘由。定长率同司道各官,复加亲讯,二人推翻前供。定长不惜动用严刑,致使这两个湖南城步县无辜苗民再次屈打成招。其实,吴方曙于六月底已被湖北方面在谷城县地方捕获,并在审明确实后旋即处死。当湖广总督永常指出广西拿解审鞫有伪后,定长仍坚持己见,矢口否认刑讯逼供,以致清廷不得不令将二人押解京师,由军机大臣再加讯问。年底,清廷诏改定长为山西巡抚。因新任广西巡抚李锡泰进京升见,让他暂留广西。十八年(1753年)三月,又改署贵州巡抚。四月,他在《谢恩折》中承认自己"庸陋","在粤三年,虽勉竭驽驹,而每多过误"。⑤这实际上对他在搜捕马朝柱及其同党活动中的错误作了一点自我批评。

五月,他由广西抵达贵阳履新任,九月实授。原任贵州巡抚开泰,在向定长交割时,曾移交廷寄一件,即湖广总督永常建议在毗邻的黔省等幽僻之处,建立会哨制度的奏折及其高宗谕旨。定长认为,贵州形势险峻,跬步皆山,原与他省不同。无论新疆、旧疆,幽僻险阻,人迹罕至之处,大多为苗瑶民人聚集之地。自雍正年间平定苗疆以来,增设文武,控险扼要,弹压抚绥,"各苗寨涵濡圣泽,向化输诚",近年已非昔日可比。各属近郊居住的苗民,奉公守法,几与汉民无异。其负山倚险的苗民,亦都刀耕火耨,相安无事。即使叠嶂层峦、深林密箐,最称险隘且与邻省幽僻之地相连的地方,苗民住居颇多,从前未加兵威,亦未设立通事,名为羁縻之苗,实则平日绝少出入,目不见官兵,耳不闻汉语。朝廷还规定,兵丁不许擅入苗寨,苗人亦不容随便往来聚集。如果在这些地方酌办会哨,即便不加张皇,难免引起当地苗民惊疑,反而容易惹出事端。他认为,黔省山丛蛮杂,汉少"夷"多,严汉奸之勾引,则机变不生;顺苗性之故常,则衅端可杜,奸匪亦无由潜匿。他强调,自己到任后,经过五个月调查,但凡在这里推出举措,"务期因地制宜",其与湖广交界的贵州幽僻之处实行会哨制度,应毋庸议。⑥乾隆帝认为,定长所奏称旨,便采纳了他的意见。

十八年(1753年)正值武科乡试之年。按照武科条例规定:"凡本省文武官员子弟,不许顶食名粮入场考试。如有临期顶名粮,冒滥入场中式者,一经察出,将送保出结文武官员照例议处。"⑦定长以黔抚身份领衡校之责,对这次武举十分重视,力求杜绝舞弊行为。他留心察访,发现各营马步守兵丁,每科入场应试者颇多,而现任武职子弟冒名入场者亦不少。每科取中营兵五、六名不等,将二十三个名额占去三分之一。他密令布政使温福和抚标中军参将将各营保送兵丁确查密记,除确在马兵内取中的三名外,现任总兵、副将、参将、游击、都司、守备等官子弟共有11人,甚至还有相邻的楚省营兵赴黔顶冒之人，俱暗记不录。十月十九日，他向朝廷如实奏报了贵州癸酉武科出现的问题，并建议对原有武科条例进行适当修订增补。本来，绿营实行拔补制度，凡兵有缺额，骑兵拔于步兵、步兵拔于守兵。定长认为，马兵与步兵、守兵自有等差，现有武科条例有关营兵应试规定，却无马、步、守之别。如果一概保送应试，未免漫无区别，进取太滥。他建议，步兵、守兵不许滥送，马兵如果才技优娴，文义通晓者，由该营保送，提镇咨送，督抚饬司查明汇送考试，以慎进取。现任文武官员子弟顶冒应试者，一经查出，除将本员及保送各员分别严加议处外，还应增添追究督抚提镇失察徇纵之责及分别察议的内容。定长这一建议，对杜绝武科弊病，完善武举制度，有一定积极意义。经大学士会议后，即通令全国照其所请实施。

是时，安顺府普定县正空出知县缺。定长奏请将安南县知县柴景高调补被吏部否决后，他与司道等会议，并札商督臣硕色同意，拟将开泰县知县唐镛调往。正当他着手具折会奏时，突然接到贵州提督丁士杰钉封密札，称普安县知县马中骥堪任此职，可调普定。马中骥，原系汉军翻译举人，乾隆十九年（1754年）二月，由吏部笔帖式俸满迁升普安县知县。此人"才本平庸，性复鄙陋"，一心想升官发财，"以外任为网利之途"。⑧普安乃偏僻小邑，条件艰苦，他在任不数月，到处叫喊清苦，并四处活动，力图另觅肥缺。而普定县是安顺府附郭首邑，"路当孔道，政务纷纭，有专管苗夷之责，且与提督同城"。⑨马中骥看中了普定县缺，托丁士杰代为说情。贵州提督虽是一省绿营最高长官，但职司戎政，地方州县官升调之事，不是他的职权范围内事。定长阅视丁士杰密信后，大为惊异，认为他越俎代庖，愤而参劾丁士杰并马中骥。乾隆帝嘉奖他据实陈奏，持正得体，遂降丁士杰为广西左江镇总兵，马中骥著即革职。

十九年九月，他向朝廷建议，节省棚马公费银，交地方官平价买谷，借给抚标两营兵，以资接济。与此同时，他注意兴修水利，治理水患。当时，黎平府属古州城东北江水经常泛滥，给当地人民生命财产造成严重损失。乾隆九年（1744 年），曾在该城城北构筑石堤。由于城东无堤，每年洪水季节，汹涌的洪水又从东面袭击古州城。十九年，定长大力支持在该城东面修筑石堤，并使北堤和东堤连接起来，从而有效地防止了水患。

贵州素产铜、银、铅、锡、朱砂、水银等矿。定长抚黔期间，主张充分利用矿藏资源，裕国富民，准许并鼓励民间开矿。当时，平远州高山等处出产丰富的矿砂，客民贺可全赴衙具呈试采。嗣后访悉，有人偷挖从前封禁厂地。他一面檄发告示，行司严拿究逐封禁；一面札会提督丁士杰。丁称："毋论是厂非厂，有效无效，均应一概封禁。"现正缉拿"逆犯"马朝柱，"若开矿，将流棍日集，最易藏奸，于营汛大有不便"。定长认为，"果如所云，势必将无碍之好矿，等诸无用之泥沙。凡京师、各省鼓铸之需，何以用不穷而取不竭？"设厂开采，工丁聚集，奸良混杂，在所难免。只要地方文武稽察严密，毋论奸徒，不致滋事。即使马朝柱遁迹其中，按照年貌查察得实，及时擒拿，也不致漏网。关键在于矿厂有碍无碍，稽查得力不得力。若按丁氏说法，"云南现开有效之各矿厂，亦应一概封闭，方为清静！"[10]是年，厂民罗秀山等申请在思南府属婺川县打蕨沟、岩峰脚等处开采朱砂水银矿。他们"情愿自备工本力办"，一旦出矿，即缴纳国课。为此，定长特向朝廷呈递了《为恳准开采裕课利民事》题本，[11]并获准"水银照三七抽课，朱砂二八抽课"。[12]

二十年（1755 年）四月，题请原任黔西知州黄秉忠入祀名宦。黄秉忠是康熙朝封疆大吏，历任浙江、福建巡抚，五十七年（1718年）病逝。定长这一举动，遭乾隆帝严厉斥责，谕称："定长此本甚属错误。黄秉忠乃黄廷桂之父，计其宦黔以来，六十余载，该州士民身亲见之者尚余几人？今日之合词呈请，岂出舆情公论？且果有遗爱在人，何以久未题达？明系因黄廷桂现任总督，且又与伊贵州连界，瞻徇市恩耳。"⑬令严加议处。寻议降二级调用，诏革职，从宽留任。

二十一年（1756 年），云南厂运铜愆期，疏言本省积铜现足供铸，可通融筹办，请将上年所买滇铜五十万斤，停运来黔，先尽行解京备用。乾隆帝对他顾全大局的行动颇为嘉许。

二十二年（1757 年）二月，乾隆帝南巡时，他获准入觐，并便道至浙江看视年迈父亲闽浙总督喀尔吉善。乾隆帝赐诗云："迎銮当入觐，述职并宁亲。此意原嘉尔，推恩讵一人？西南门户固，礼乐僮苗新。抚远惟安静，庶因福及民"。⑭四月，云南巡抚郭一裕参劾云贵总督恒文令属员买金，短发金价；巡阅营伍，沿途纵家人收受属员门礼等问题。定长奉旨与刑部尚书刘统勋前往云南查办。经鞫讯俱确实，诏革职拿问。旋署云贵总督。六月，调山西巡抚，未及赴任，丁父忧，守制百日。十一月，以副都统衔驰驿前赴西路军营办理粮饷事务。二十三年（1758 年）三月，奏派三千六百名兵丁，在乌鲁木齐、辟展、托克三、哈喇沙尔等处屯田，可垦地二万九千二百亩，播种一千四百余石。九月，因委员追捕盗窃车需贼未获，部议革职。诏以"尚非军营失机可比"，"现办屯田事务，若照部议革任及带所降之级留于军营，恐不足资弹压"。⑮命仍以现在品级办事。时永贵在西路军营主要负责屯田事务且效力年久，朝廷决定派书山前往替换。鉴于屯田逐渐开辟，又添设副都统满泰、舒景阿二员，将现有屯田酌分两处：满泰与书山为一处；舒景阿与纳世通为一处，以便稽察，以专责成。永贵起程时，将印信交与定长，所有两处屯田事务，令其总理。后来，朝廷又让永贵续留阿克苏，派纳世通协同办事，定长仍驻扎辟展，承办一应事务。他亲自下到管辖的各个屯地视察,勉励兵丁勤奋耕作,多辟地亩。结果,是年西路军营辟展等五处屯田共收获三万七千三百余石,比上年多收六千余石。屯田面积达三万三千余亩。⑯二十四年(1759年)二月,他和永贵奏派五千绿营兵丁到吐鲁番附近屯田,新垦土地一万九千余亩,致使西路军营屯田总面积达到五万余亩。六月,朝廷再召永贵回京后,定长便成了全面主持西路军营田屯事务的主要负责人。他在五大军屯地普遍扩建贮粮仓堡,又积极开展对哈萨克贸易,换取大批军需马匹。二十五年(1760年),他遵照乾隆谕旨,在辟展等处,逐渐推行休耕轮作制。九月,移驻乌鲁木齐。十一月,授兵部侍郎。是年,辟展、托克三、哈喇沙尔、喀喇和卓等处屯田收获米麦二万三千余斛,比上年增收一万三千斛。⑰这和定长的负责管理是分不开的。

二十六年(1761年)五月,授福建巡抚。二十七年(1762年),疏言:"常平额谷例,原借粜兼行,应于青黄不接时,先尽积贮最久之谷定价出粜,秋成买补,农民愿借者听。"⑱二十九年(1764年)二月,朝廷命部臣及江浙闽广各督抚酌议开放丝禁。他奏称:自二十四年严禁丝斤出口以来,丝价依然昂贵,未见平减。推原其故,总由国家承平日久,生齿繁庶,民间需用日多,物价有不能不涨之势。向来出口贩洋丝斤,都是土丝、粗丝。如果是因为出口而上涨,就应是粗丝价昂,细丝价减。可是,而今无论粗细丝斤,一律昂贵,"其非关贩洋,已可概见"。就产地而论,浙江杭嘉湖及绍兴府属诸暨产丝最盛,每届新丝上市,江浙闽粤商人挈本而至者最多。"所产粗丝顷刻得价售卖,农民转觉生计裕"。"如今奉禁之后,丝价未见其平,而粗丝销售转滞,于农民反有转售不速之苦。外番船只载货挟赀,远赴内地,原以其所有易其所无,而各番首重者丝斤"。今因禁止贩洋,福建、广东番船甚觉减少。即内地贩洋商船亦多有停驾不开者。"外番因不能置买丝斤,运来之货日少,而内地所需洋货,价值亦日见增昂。是中外均无裨益"。定长认为,丝价之涨落,总视蚕事之丰歉,固有自然之势。禁丝出口,江浙所产粗丝,转不得利,也无益于外洋,更有损于民计,对中外双方,"实属两无所便"。"应请特颁谕旨,将贩洋丝斤照旧弛禁"。但他又认为,开禁之后,应加以限制,否则唯利是图商人大肆抢购丝斤,必然导致内地丝少价高的危机。他建议,福建每年海洋内外商船,每船各配带土丝、二蚕粗丝一千斤出口。[19]朝廷采纳了他的意见,核准了他提出的福建每年出口丝斤配额。从此,福建便恢复了对南洋的生丝贸易。

三月,福建水师提督黄仕简密参厦门海关陋规银高达数万两,文武衙门朋分收受,其中"总督一万、巡抚八千"。[20]刑部尚书舒赫德、吏部侍郎裴曰修奉旨查办。四月,钦差大臣舒赫德认定,此案情形虽然并非该督抚起意滥索,但此项陋规自二十六年冬间议定名数以来,已两年多。代督抚等赔买物件,以及各员自行滥用,数至累万。"该督抚若明知属员巧取朋分,并不究治。固属咎无可辞;即系经手员役借端影射,而该督抚平日未能觉察,亦有应得处分。况知府刘增、同知程霖俱系伊等保举之人,竟尔收受陋规盈千累万。督抚等亦应治罪。"[21]遂将定长解任。五月十一日,乾隆帝以"总督一万、巡抚八千"之关键情节并无确据,令定长照常任事。七月初一日,又谕:"定长本无大过,著从宽留任。"[22]十月,疏奏:"闽有常平仓谷,较他省数本充裕,而递年收捐监谷,额贮益增。现值平粜时,请以积存溢谷,遇应行买补各邑一水可达者,通融抵补,不必粜价解司。"[23]乾隆帝嘉允之。

其时,福建天地会等秘密结社异常活跃,歃血结盟,结拜兄弟事件层出不穷。十月初八日,他怀着惴惴不安的心情向朝廷奏报,福建"各属向有结会树党之恶习,凡里巷无赖匪徒,逞强好斗,恐孤立无助,辄阴结党羽,辗转招引,创立会名,或阳托奉神,或阴记物色，多则数十人，少亦不下一二十人"。有的是按年次结为兄弟，亦有并无兄弟名色，希图互相帮助，以强凌弱，以众暴寡。而被侮之人，欲图报复，又邀结党徒，另立会名。一些兵役也入其伙党，依借衙门声势，里邻保甲，莫敢首告。"结会树党之恶习，诚为一切奸究不法之根源"，而大清律例却无"匪徒结会树党治罪之专条"。原有律例，对歃血盟誓焚表行为处理特严，对一般结拜兄弟事件相对较宽。而且，又无按人数多寡进行处理的区别。承问各官，拘泥条文，往往避重就轻。歃血盟誓焚表之事，本属秘密，事后既少有形迹可验，犯事者到案，也断不肯据实供明。承审各官亦乐于从轻结案。于是，若无歃血盟誓焚表，即使结会树党，并结拜弟兄至数十人之多，都得概予杖责释放。如此，"终不足使匪徒惩创，以致酿成巨案"。他认为，"纠约多人，创会树党，结拜弟兄，其蓄心已非善良，其招引必多匪类"。因此，不能以其并无歃血盟誓焚表概为轻恕，应按人数多寡，区别定罪，"以免边海匪徒肆行无忌，辗转蔓延，为害无穷"。为此，他建议：若无歃血盟誓焚表，但经纠众结拜弟兄数至三十人以上者，无论有无创会，将为首之人即照歃血盟誓焚表例，拟绞监候；数至二十人以上者，将为首之人杖一百、流三千里；数在十人以上者，将为首之人杖一百、徒三年。其为从之人，如曾转为纠约多人者，各照为首例减一等。只系被诱，听从入伙者，准再减一等；若数在十人以下，为首者仍照原例杖一百，为从减一等；若虽无兄弟名色，而非实系春秋祈报，托名创会，树立党羽者，均按其人数，分别首从，照纠众结拜弟兄例，各减一等；如有文武衙门兵丁胥役入伙者，虽为从，各照为首之人一例问拟；乡保失察，或知情不首，分别治罪。借端诬告者，照律究惩；该管文武及地方官，如平日失于觉察，迨经告发，或上司访闻，尚能捕获要犯，据实详究者，仍免其议；若不准理，又不缉拿，获犯到案，故减人数，曲为开脱者，从重参处。㉔刑部奉旨议准，将其所请，增入《大清律例》，通令全国严格实行。定长奉到部文，率先"大书简明条例刊刷"至穷乡僻壤，对福建会党加紧镇压。

三十一年（1766年）二月，迁湖广总督。八月，奏裁为缉拿马朝柱而设立的眼目。原先，湖北曾于蕲州、罗田二属，"选拔认识逆党之人作为眼目，议给工食盘费，分派本省及移送湖南、广西、云南、贵州四省，随同兵役，遍处根缉"。但从前选拔此种人时，"多系虚应故事，不免借端滋扰。且有原未认识逆党面貌，滥行充数之人，是以十余年来，要犯未经弋获，而若辈恃有官符，率多生事讹诈，否则怠惰偷安，实属有名无实"。㉕奏准，将湖北及外省现有七十四名眼目概行撤消。十月，因湖南桂阳州民侯岳添殴毙一案瓠久不决，案情含混，奉旨与钦差大臣期成额查办。经严行究审、查出前湖南巡抚李因培和布政使赫升额相勾结，令知州张宏燧代已革武陵知县冯其柘弥补两万余两钱粮亏空大案。三十二年（1767年）一月，李因培、赫升额、张宏燧等均拟斩如律。二月，部议定长失察亦应革职，诏免。

三十三年（1768年）三月，湖北荆门何玉佩及其招婿孙大有聚众反清，起义旗帜上书"大明朱天子天令号"、"中华明君见汉不杀"字样。㉖正在襄阳督办征缅清军过境事宜的定长闻讯，急忙与布政使闵鹗元率兵前往镇压，起义旋即失败。六月，兼署荆州将军。是时，浙江、江南、湖广、山东、直隶，连续发生扑朔迷离的"割辫案"。乾隆帝称："包藏祸心之人，既传授匪徒四散割辫，又复私布割辫身死之谣言恐吓愚人，诱其尽行剃去。""留辫一事，系本朝制度，剃去发辫，即非满洲臣仆，暗为将来引惑之计，其奸谋诡谲，所关不小，实为法所必诛。"㉗六月，定长从荆州返回总督府后，虽已患"语言蹇涩之病"，㉘仍不遗余力地追查"割辫匪徒"，连续向清廷奏报了湖北发生的几起重要案情。不久病卒。

注：

① 定长生年不详。乾隆三十三年十二月初六日，湖北布政使闵鹗元《奏报督臣病故日期折》有"湖广总督臣定长虽年逾六旬"之语。据此，定长约生于康熙四十五年（1706 年）前后。

② 故宫博物院文献馆：《史料旬刊》第 13 辑，《安南夷民拔竹毁栅案》3，《定长折二》。

③ 同上书，第 10 辑，《安南夷民拔竹毁栅案》1，《陈大受折》。

④ 中国第一历史档案馆：《乾隆朝上谕档》，档案出版社 1991 年版，第 2 册，第 574 页。

⑤ 台北故宫博物院：《宫中档乾隆朝奏折》第 5 辑，台北 1982 年版，第 101 页。

⑥ 同上书，第 6 辑，第 455—458 页。

⑦ 同上书，第 461 页。

⑧ 同上书，第 797 页。

⑨ 同上书，第 800 页。

⑩ 同注⑧。

⑪ 中国人民大学清史研究所、档案系中国政治制度史教研室合编：《清代的矿业》，中华书局 1983 年版，下册，第 661 页。

⑫ 光绪《大清会典事例》卷 244，《户部·杂赋》。

⑬ 《清史列传》卷 17，《喀尔吉善子定长》。

⑭ 《御制诗二集》卷 70，《赐贵州巡抚定长》。

⑮ 傅恒：《平定准噶尔方略》正编卷 61，第 27 页。

⑯ 同上书，卷 63，第 3 页；卷 71，第 9 页。

⑰ 同上书，卷 7，第 24 页。

⑱ 同注⑬。

⑲ 《宫中档乾隆朝奏折》第 20 辑，第 697—699 页。

⑳㉑　同上书,第 21 辑,第 454、223 页。

㉒　《清高宗实录》卷 714,中华书局 1986 年影印《清实录》第 17 册,第 964
　　页。

㉓　同注⑬。

㉔　《宫中档乾隆朝奏折》,第 22 辑,第 804—806 页。

㉕　《清高宗实录》卷 767,《清实录》第 18 册,第 425 页。

㉖　中国人民大学清史研究所、档案系中国政治制度史教研室合编:《康雍
　　乾时期城乡人民反抗斗争资料》,中华书局 1979 年版,下册,第 677
　　页。

㉗　《乾隆朝上谕档》,第 4 册,第 418 页。

㉘　《宫中档乾隆朝奏折》,第 32 辑,第 733 页。

傅　恒

冯佐哲

　　傅恒,字春和,姓富察氏,满洲镶黄旗人,生年不详,①卒于乾隆三十五年(1770 年)七月。他是乾隆朝深受赏识信任的重臣。

　　傅恒出身世宦,且"为椒房懿亲"。②他的曾祖父为内大臣哈什屯,祖父为户部尚书米思翰,父亲为察哈尔总管李荣保。傅恒是李荣保的第十子。乾隆帝的宠后孝贤纯皇后是他的胞姐。因此,他一生深受乾隆帝的青睐和重用,"早龄侍值禁近",③可以随时出入内廷,甚至夜间也可以与乾隆帝"独对",④时称"晚面"。他还是有清一代宰辅中真正加衔太师、太傅、太保等"三公"的极少数人之一。

　　据传傅恒身体肥胖,急行则"喘吁"。⑤他为人谦和,从不武断、自擅。对长辈,特别是士大夫们比较尊重、礼让,而对后进又从不压制,而是多方引荐、奖掖,"使尽其才"。⑥因其能团结人,故深受人们尊重,愿意在他身边效力。

　　傅恒在乾隆五年(1740 年)任侍卫,七年(1742 年),迁内务府大臣;因其"人实勤谨",⑦故提升很快。八年(1743 年),擢为户部侍郎;十年(1745 年),命在军机处行走;十一年(1746 年),授内大臣;十二年(1747 年),任会典馆副总裁、户部尚书,兼管銮仪卫事务,并命在议政处行走;十三年(1748 年),授领侍卫内大臣、协办大学士,充经筵讲官,并加太子太保。是年春,他曾扈行乾隆帝与孝贤纯皇后南巡，当返京途中，在山东德州，孝贤纯皇后不幸崩逝，他奉命主管"丧仪"。

由于讷亲、张广泗征金川久而无功，九月，乾隆帝命傅恒暂管川陕总督，经略军务，并晋升他为保和殿大学士。十月，傅恒离京赴川。乾隆帝"亲诣堂子，行告祭礼"，⑧并派皇子与大学士来保送至良乡。傅恒一路上日夜蹀程，冒严寒，顶风雪，刚入川境，由于"马匹迟误，减从星发，竟至步行"。⑨

傅恒刚至川西，便派遣副将马良柱诱使小金川土司泽旺之弟良尔吉至邦噶山，宣布他是大金川叛乱头目莎罗奔的间谍，将其与汉奸王秋和泽旺妻阿扣（莎罗奔之女）一起斩杀。不久，他又率领总兵哈攀龙、哈尚德等人攻下巴郎平碉和色尔力石碉。为此，乾隆帝特赐给他人参三斤，让其补养身体，同时封他为一等忠勇公，赐宝石顶和四团龙补服。乾隆帝知道金川之战困难重重，已持续二载，损失惨重，生怕旷日持久下去，更加得不偿失。故他想尽快把傅恒调回京师，便以孝圣皇太后的谕旨，命令他撤军回京。但傅恒并没有立即回京，他审时度势，与提督岳钟琪商量，决定组织军队再一次向大金川发动进攻。恰巧此时大金川土司莎罗奔亦感到精疲力竭，实在难于坚持下去了，于是向清军乞降，并派人与岳钟琪联系，请他从中斡旋。乾隆帝也曾下谕指示傅恒，要"以允降班师，休兵息民为经国之远计"。⑩在这种情况下，十四年（1749年）二月四日，傅恒接受了莎罗奔、郎卡的投降。次日，他班师回朝。三月，师至京时，乾隆帝特派皇长子及裕亲王等到京郊远迎，并亲自在御殿举行了盛大宴会，祝贺他凯旋。同时决定为其建立宗祠，追封其祖先，并在东安门内赐地修建宅第。

十九年（1754年），准噶尔发生内讧，乾隆帝想趁机发兵，彻底平定准噶尔。当时许多朝臣认为不可立行，只有傅恒赞成出兵。二十年（1755 年），清军攻克伊犁，俘获准噶尔首领达瓦齐。二十一年（1756 年）四月，他奉命赴新疆前线，后由于将军策楞奏报官军已打败阿睦尔撒纳，取得了决定性胜利，才又被召回京。乾隆下谕再一次加封他为一等忠勇公，并将其列为紫光阁百人功臣像之首，任命他为编纂《平定准噶尔方略》的正总裁。

由于西南边疆形势紧张，三十二年（1767 年）二月，乾隆帝命傅恒赴云南处理军务。三十三年（1768 年），将军明瑞在征缅战斗中失利，乾隆帝又命傅恒为经略，阿桂为副将军、舒赫德为参赞大臣，命他们与原来主持军务的副将军阿里衮共同策划征缅事宜。三十四年（1769 年）二月，傅恒从京师起程赴滇，四月，至云南腾越。经过仔细勘察，他发现翁古山有许多巨木，是造舟的好材料，而野牛坝地方，"凉爽无瘴"，是造船的佳处。于是，他命令清兵与当地土人一起伐木造船，实现了乾隆帝早就设想的水陆并进的计划。为此乾隆帝非常高兴，特赋诗表彰他。

是年七月，傅恒在阿桂、阿里衮的配合下，率清军从腾越沿戛鸠江水陆并进。陆上清军沿着戛鸠江西岸，取道猛拱、猛养，直趋木梳、戛鸠等地；水师由哈国兴统率沿江顺流而下，与陆军互相配合。猛拱大头人脱猛乌猛、头人贺丙、土司浑觉相继投降，并杀掉了负隅顽抗的猛养头人拉匿拉赛。十一月，清军围攻老官屯。老官屯位于金沙江东，其南为缅甸都城阿瓦，是水陆要冲，军事重镇。缅军在此设有木寨、水寨，防御十分坚固。傅恒派海兰察、伊勒图等率军从水陆两方面，向老官屯大寨发动进攻，但由于缅人顽强抵抗，一时不能攻克。由于这一地区"水土恶劣"，气候潮湿，清军多不适应，不少人感瘴而病亡。傅恒本人亦身染疾病。乾隆帝得知这一消息后，十分着急，下谕罢兵，召傅恒迅速回京。正巧此时缅甸首领懵驳派遣头人诺尔塔带着蒲叶书欲罢兵乞和。傅恒将此事上奏乾隆帝，立刻得到应允。

这次征缅战争,清军并未取得重大胜利,反而损失惨重。原来清军总共有三万一千人左右,此时只剩下一万三千人。傅恒自知对此次出征未捷负有责任,故上疏说:"用兵之始,众以为难。臣执意请行,负委任,请从重治罪。"乾隆帝这次并没有把责任下推,而是自己承担了责任。他下诏说:"用兵非得已,如以为非是,朕当首任其过。皇祖时,吴三桂请撤藩,诿于群臣,议撤者惟米思翰、明珠数人。及三桂反,众请诛议撤诸臣,皇祖深辟其非。朕仰绍祖训,傅恒此事,可援以相比。傅恒收猛拱,当赐三眼孔雀翎,疏辞,俟功成拜赐。今既未克贼巢,当缴进赐翎,以称其请罪之意。"⑪

傅恒在接受懵驳派人送来的方物后,宣布撤军,是年十月,回至虎踞关。三十五年(1770年)二月,他班师回朝,三月回到京师。随后,他带病到天津,觐见了在外巡幸的乾隆帝。本来乾隆帝正在为迟迟不见缅甸方面的"罪表"而要责怪于他,但看到他重病缠身,便不忍再治其罪。五月以后,他病情日益加重,乾隆帝几乎每天都派人探视,并经常"赐以内膳羹糜,俾佐颐养,复间数日亲临视疾",⑫关怀备至。七月,傅恒病故。对于他的死,乾隆十分痛心,决定由户部侍郎英廉负责办理丧事。并指示丧礼按宗室镇国公例办理,发内帑银五千两,决定将其入贤良祠祭祀,加谥文忠。乾隆帝还亲临其家在灵前祭酒,并赋诗曰:"瘴徼方欣舆病回,侵寻辰尾顿增哀。鞠躬尽瘁诚已矣,临第鸟悲有是哉。千载不磨入南恨,半途乃夺济川材。平生忠勇家声继,汝子吾儿定教培。"⑬嘉庆元年(1796年),因其子福康安战功,傅恒赠贝子衔,后又推恩赠郡王衔,并配享太庙。

注:

① 据乾隆帝于乾隆四十五年所作《怀旧》诗云："公（傅恒）在纶扉二十三年，日侍帷幄，荩诚素著，年未五十，鞠躬尽瘁以丧，其伤惜之。"又，《清史稿》卷301，《傅恒》中也记载他"卒时未五十，上尤惜之"。由此可知傅恒死时未满五十岁。

② 昭梿：《啸亭杂录》卷1，《用傅文忠》。

③ 《清史列传》卷20，《傅恒》。

④⑤ 同注②。

⑥ 《清史稿》卷301，《傅恒》。

⑦ 同注②。

⑧⑨⑩ 李元度：《国朝先正事略》卷18，《傅文忠公事略》。

⑪ 同注⑥。

⑫⑬ 同注③。

温　福

赫治清

温福，字履绥，姓费莫氏，满洲镶红旗人，康熙朝文华殿大学士温达之孙，生年不详，乾隆三十八年六月十日（1773 年 7 月 29 日）卒。他是乾隆朝的部院大臣、将军，先后参加了乾隆帝的所谓“十全武功”中的五次战争，并担任二定金川战争的主帅。他骁勇善战，但又刚愎自用，以致造成木果木战役惨败，身殁疆场。

雍正六年（1728 年），温福由翻译举人补兵部笔帖式。九年（1731 年），派往西征准噶尔前线北路军营办事。十二月，撤兵回京。乾隆五年至十年（1740—1745 年），累迁兵部主事、员外郎及吏部郎中。十一年（1746 年）六月，调户部银库郎中。十二月，擢湖南布政使。十四年（1749 年），调贵州布政使。十九年（1754 年），因办理平远州民陈新序哄堂案，草率完结，奉旨革职，自备资斧，到乌里雅苏台办理粮饷，效力赎罪。

二十三年（1758 年）三月，署内阁侍读学士，赴平准前线定边将军兆惠军营办事。同月，兆惠率清军追击准噶尔叛军残部进抵哈套后，发现喀喇沁宰桑恩克图等挟二百余户潜藏伊犁附近的库陇癸山。兆惠乘当晚大雾迷漫，分兵包围掩袭。叛军惊骇不已，慌忙丢弃帐房器物，赤身乘马，逃据山巅放枪，滚石相拒。清军奋勇冲锋，温福和副将高天喜“各携一炮，奔赴高山，将山上贼众击死”。①

四月议叙，实授内阁侍读学士。

　　平准战争基本结束后，温福又随定边将军转战南疆，参加平定回部大小和卓叛清的战争。他随同大军穿越茫茫戈壁，径行一千五百里，于十月初抵达叶尔羌城下。叶尔羌是回疆重镇，周长十余里，四面共十二门，城防设施坚固，兵力雄厚。从库车败逃到这里的小和卓霍集占，坚壁清野，负隅顽抗，并与大和卓退守的喀什喀尔城互为犄角。清军数次向叶尔羌城发起攻击，均未能得手。兆惠遂移兵屯扎城郊叶尔羌河（又名黑水河）畔。由于四千清军长途跋涉，人困马乏，孤军深入，后援不继，结果于十月中旬，陷于两万敌军的重重包围，且兵困三月之久。在黑水营之战中，温福英勇顽强，拼死作战，左冲右突，多次负伤。黑水营解围后，二十四年（1759 年）二月，兆惠向朝廷奏报："侍读学士温福，从军剿贼，面中鸟枪伤，手中枪伤，且诸事奋勉效力。"[②]奉诏补授内阁学士。是年，回疆平定，议叙军功，加六级。二十五年（1760 年）二月，又任命他为内阁学士兼礼部侍郎。三月，赏赍缎十二端、银五百两，旋署镶红旗汉军副都统。九月，领正黄旗蒙古副都统。二十六年（1761 年）四月，补授仓场侍郎，总督漕粮收贮等事务。八月，直隶因水灾急需赈米，他遵照乾隆帝旨谕，将广信等尾帮八万三千余石米粮运往北仓备用，并调拨通州西仓贮米予以接济。年底，他为乾隆帝第三次南巡有关准备工作细心规划，既保证南巡所用运河航道畅通无碍，又不使粮艘因此稽迟。二十七年（1761 年），特赏给世袭云骑尉。

　　三十一年（1766 年）二月，奉旨前往乌鲁木齐，替换在该处驻扎办事年久的伍弥泰，充任办事大臣。到任后，他努力争取移驻当地兵丁生活待遇制度化，凡携眷驻防兵丁及该管官员等，除每月按支俸饷外，以四年为定限，每月增支盐菜银两，直至限满为止。乌鲁木齐是清朝政府发配充军的重要场所，如何妥善处置发遣人犯家属,关系当地社会安定和生产。乾隆二十七年(1762年),镶蓝旗蒙古曾查出绰勒璊等一百九十一人出旗为民后,又钻营入旗食粮。结果,这批人均发往乌鲁木齐屯田。后经奏准,他们自到该地后,"尽皆知罪奋勉,即作为乌鲁木齐绿旗兵"。温福根据"乌鲁木齐屯田绿旗兵俱系携眷"的成例,认为这批人既作为绿旗兵,"其眷口自应令其接取"。③接取眷口时,酌借数月钱粮,于一年内扣完。疏奏入朝,军机大臣议如所请,并奉旨加恩照绿旗携眷移驻例办理。截至三十一年九月,乌鲁木齐发遣人犯,愿携眷属者有四百名。定长均指令造册咨行各省,将他们的妻子照原议递送乌鲁木齐。对于发遣人犯中现有家属的,按原犯情罪轻重,将原拟死罪者作为五年军流罪,轻者作为三年处理。"年满无过犯者,陆续编入民册,将伊等安插昌吉、河东现有之旧堡,指给地亩耕种"。④未领马匹、农器的,照例补给,并借给造房银两、口粮、籽种等,分年归还。垦种第二年,照民屯每亩纳粮八升。从此,乌鲁木齐的遣犯屯田迅速发展了起来。

三十四年(1769年)四月,授福建巡抚。不久,署福州将军。在办理"抽分"牧马课中,他"皆派旗员一半,地方官一半经收",从不派家人插手。乾隆帝称赞他"所办甚妥",并向陛辞赴福州将军任的弘晌说:"伊至福建接任后,务遵照温福前案,并著登记为例。"⑤

三十五年(1770年)闰五月,奉调回京,任吏部侍郎,在军机处行走。七月,授理藩院尚书,寻署工部尚书。八月,兼正黄旗蒙古都统。十一月,又兼充国史馆副总裁。三十六年(1771年)五月,驰赴云南署副将军事,接替已革职的阿桂主持征缅军务。正当温福在云南永昌筹办秋冬再次攻缅时,四川发生了大小金川土司竞相攻占周邻土司的战乱。乾隆帝决定再次用兵,二平金川,并先集中打击势力相对较弱的小金川,"捣其巢穴,擒获凶渠"。⑥由于最初主持军务的大学士、四川总督阿尔泰不娴军旅,中无定见,"畏难苟安,全无措置",⑦乾隆帝遂于八月急调温福率云南征缅前线军营二百八旗劲旅和精锐黔兵星驰赴川,以定边右副将军身分取代阿尔泰统领全军,全权主持进剿事宜。十月十八日,抵达成都。此时,阿尔泰正兵分三路进攻,并亲自统兵七千由章谷出南路,攻约咱;总兵福昌领兵一千七百出西路,由山神沟进攻鄂克什官寨达木巴宗;提督董天弼率兵五千三百作中路,出木坪、尧碛攻取。温福认为,进剿小金川,南路本非进兵正路,"当以西路为正兵","西路自北直进取其中坚,前后夹攻;使贼腹背受敌,自不难于殄灭"。⑧于是,他和参赞大臣五岱率八旗、绿营官兵二千,驰赴西路。十一月初七日,他自汶川县出口,经瓦寺、卧龙关,于十八日抵向阳坪。二十一日凌晨,大雾迷漫,乘敌不备,向巴朗拉山发起猛烈进攻,一度攻克右侧山梁多处碉卡,占据东侧制高点山峰。但小金川兵藏于碉卡中顽强据守,不断放枪射击仰攻的清军,并推掷巨石如雨下。双方激战一天,清军始终未能攻上山顶。二十二日子时,小金川兵展开反击,呼喊之声震山谷,绿营兵丁互相惊乱,纷纷溃退,狂奔不止。"温福带领阿桂迎头拦住,并用刀箭立毙数人,众始稍定。"巴朗拉山之战,清军损失惨重,巴图鲁委署翼长占辟纳、巴图鲁前锋参领纳兰图战死,副都统莽堪察重伤,参将关泰堕崖,生死不明。温福以"冒昧进剿"请罪,乾隆帝不但不加罪,反而赞扬说:"温福等带领满洲官兵攻打巴朗拉碉卡,杀贼颇多,殊属实心任事,……温福、五岱何罪之有?俱仍著交部议叙。"⑨是月二十日,授武英殿大学士。

　　不久,贵州增援兵赶到,十二月十二日夜,他督队再次向巴朗拉山碉卡发起攻击,经过三天三夜激战,终于将山梁大小碉卡全部夺获,歼敌数百,生擒十二人,因此获得小荷包二对的奖赏。

　　与此同时,董天弼率领的中路军也攻克了达木巴宗,收复了鄂什克各官寨。十二月下旬,温福从达木巴宗兵分三路,向西面的资哩乘胜挺进。一路趋北山出别斯满；一路攻南山走玛尔瓦尔济；他自领中路，向斯底叶安寨进发。经过五日四夜战斗，连克小金川碉卡百余座，歼敌二三百余名，终于把进剿战争推进到了小金川境内。

资哩距离小金川官寨美诺仅数十里，为小金川门户，周围碉卡林立，防御工事坚固，前面南北两座大山均有重兵把守，易守难攻。温福久历阵战，出生入死，战功赫赫，而今身居统帅，更是洋洋得意，居功自傲，甚至对自己的出身也颇有优越感，瞧不起出身乌拉齐的参赞大臣五岱，"鄙之不与为伍"。⑩他素来脾气暴躁，又口吃。为了尽快拿下资哩，不惜用粗暴言语催促官兵进攻，致使不少将士寒心生怨。三十七年（1772年）一月十七日，五岱正领兵攻取北山顶，他派侍卫伍什哈达向五岱下达命令："尔若不能取此山顶，即以军法从事！"结果，五岱不但未能攻占山顶，反而惨遭败绩，副将色伦泰战殁，伤亡官兵七十余人。五岱为了洗刷自己责任，先发制人，密疏"温福自以为是，不听伊言，以致众兵寒心"，⑪"仅图安逸，并不亲身打仗，致有失机。"⑫乾隆帝诏谕："温福现任将军，且加恩至大学士，更应度量含宏，随材器使，使人心翕附，将士效命，不应居心如此。著传谕令其改悔，以收群策之益。"⑬岂知，温福却以牙还牙，反劾"五岱刚愎自用，自成都至军，途中夺驿马骚扰；方攻巴朗拉，绿营兵惊退，五岱不能禁，诈言被创昏晕"。⑭二月，乾隆帝派丰升额、色布腾巴勒珠尔诣军中按治。色布腾巴勒珠尔等疏言五岱俱不承认，请夺其职，留军前自效。乾隆帝责色布腾巴勒珠尔等所论不得要领。这位额驸复疏温福轻视五岱。于是，温福劾色布腾巴勒珠尔偏徇五岱，朋比谋倾陷。乾隆帝考虑温福身系将军之职，现值统兵进剿，如不断然采取措施，必致军营咸怀观望，稽迟进攻，遂诏革五岱职，后遣戍伊犁。不久，色布腾巴勒珠尔也坐削爵。

　　三月中旬，攻克资哩。旋因南路军在墨垄沟惨败，随即重新部署进军。十二月初六日，他统领的西路军与阿桂统领的南路军在美诺胜利会师。接着，率师由布朗郭宗渡河，向底木达官寨进发，小金川土司泽旺出降。至此，小金川初步平定。是月，授定边将军。

　　小金川敢于侵凌周邻土司，阻拒官兵，主要是有大金川背后暗中支持。泽旺之子僧格桑逃到大金川官寨勒乌围后，土司头人索诺木又为之庇护，拒绝交出，充分暴露其"助恶主谋"面目。乾隆帝决定，官军继续进剿大金川。温福认为，过去张广泗等征金川，十路、七路分合不常，实际上只有六路，并皆以直抵勒乌围、噶尔崖为主。其中一为卡撒，自美诺至噶尔依，约五程，为傅恒进兵之正路；一为丹坝，由维州桥经番地抵勒乌围，中有穆津冈天险，为岳钟琪进兵之路；一为地名僧格桑，自美诺抵噶尔依，即总兵马良柱所行之路；一为俄坡，从绰斯甲布寨至勒乌围，仅二程，山路较平。另有革布什咱、马尔邦两路，皆距噶尔依六七程，路途险狭难行。而今既得美诺，当由卡撒正路进兵，俄坡一路既有绰斯甲布土司愿出兵复其失地，可为犄角。其余各路，可分兵牵制，使其不能首尾兼顾。按照他的规划，自领一路，以海兰察、哈国兴为参赞大臣，由功噶尔拉攻卡撒；副将军阿桂一路，以明亮为参赞大臣，由当噶尔拉进噶尔崖；副将军丰升额一路，以舒常为参赞大臣，由绰斯甲布攻勒乌围。三十八年（1773年）一月，三路大军同时发起进攻。由于崇山峻岭，冰雪深厚，金川土兵扼险据碉，顽强抵抗，温福屡攻功噶尔拉不克，遂改从别道攻昔岭，驻营木果木，令董天弼领兵五百分屯底木达，以守小金川之地。其他两路，也严重受阻，寸步难行。金川土兵，则隐蔽深箐密林，神出鬼没，不断劫营偷袭，十分机动灵活。官兵疲于奔命，逐渐丧失主动。"温福刚愎，不广咨方略，惟袭讷亲、张广泗以碉卡逼碉卡之故事，修筑千计，所将兵二万余，大半散于各卡，每逾数日当奏事,即派兵扑碉,不计地势之难易",⑮催督强攻,士卒大量伤亡,咨怨无斗志。他还"狃子易胜,不复调檄各路兵马,惟日与董提督天弼辈置酒高宴"。身边大臣、高级将领规劝他,反以煽惑军心相劾。海兰察扣刀讥讽他:"身为大将,而惟闭寨高卧,苟安旦夕,非丈夫也。今师虽疲老,使某督之,犹可致胜。若公终不肯出战,不若饮刃自尽,使某等各竭其力可也。"⑯重返军营效力的五岱叹曰:"焉有为帅若此而能制胜者?"⑰

索诺木、僧格桑见有机可乘,便派人潜入温福大营,对正充当守营的千余名小金川降兵展开策反活动,让他们暗作内应,及时传递消息,待机而起。同时又派头人潜回美诺等地,煽惑各寨复叛。六月一日,僧格桑带领金川土兵潜入底木达,乘官军不备,里应外合,一举夺取清军哨卡五所,迅速抢占了底木达营盘,放火烧毁全部营帐。董天弼力战身死。初三日凌晨,金川兵又夺走喇嘛寺及布朗郭宗等处。喇嘛寺乃"温福后路粮台,且离明郭宗及美诺甚远,为西路军营,一切辇运总汇之地,最关紧要"。⑱温福的粮食接济、后路,与阿桂一路军的联系因此全部截断。接着,金川兵又攻占了木果木山梁,据守这里的御前头等侍卫德尔森保战殁。大营东北山和后山上木栅相继丢失,炮局被劫、大营汲道被断。当时,数千运粮民夫闻警,逃奔大营,温福竟下令紧闭大营四门,听其溃散。形势万分危急,海兰察与他紧急商议,"大营后路既被贼番占据,若从山顶而下,直犯大营,急难退却。不若乘贼占据未定,竭力击退,方为有益"。⑲十日,遂率大营八旗、绿营倾巢出动,试图夺后路突围。绿营兵怯懦惧战,见后路木栅内金川兵堵击,不肯前进,纷纷溃逃。海兰察正欲阻止,高峰上千余名金川兵一起杀来,温福奋起迎战,左胸被枪击中,当即堕马而死。

乾隆帝初以温福仓猝遇变,临阵捐躯,诏赏一等伯爵,世袭罔替，入祀昭忠祠。后得知木果木惨败真相，极为愤慨，他说："温福军营民散在前，兵溃在后，实系温福不能先事预防所致。营中炮火系三军之命，若闻贼绕布朗郭宗之信，早派精兵严守后路，防护炮局，何至为贼抢劫；而客民匠役数千，亦当收之营内，为彼护持，即备人数以壮军威，亦无不可。断无坚闭营门，听其散去之理。既示贼番以弱，且至摇惑军心，则温福之仓皇失算，其死皆由自取。"还说："皆温福乖方失事，以致折将损兵，使其身尚在，即当立正典刑，以申军纪，岂可复膺五等之封？"[20]命夺伯爵。但念他毕竟系阵亡，仍予三等轻车都尉世职。四十一年（1776年），诏罢。

注：

① 傅恒：《平定准噶尔方略》正编卷53。

② 同上书，卷68。

③ 《清高宗实录》卷768，中华书局1986年影印《清实录》第18册，第434页。

④ 同上书，卷768，《清实录》第18册，第437页。

⑤ 同上书，卷852，《清实录》第19册，第413页。

⑥ 同上书，卷892，《清实录》第19册，第977页。

⑦ 阿桂：《平定两金川方略》卷7。

⑧ 同上书，卷9。

⑨ 同上书，卷12。

⑩ 《清史稿》卷333，《列传》120，《五岱》。

⑪ 阿桂：《平定两金川方略》卷18。

⑫ 同上书，卷25。

⑬ 同上书，卷19。

⑭ 同注⑩。

⑮ 魏源：《圣武记》卷7，《乾隆再定金川土司记》。

⑯　昭梿:《啸亭杂录》卷7,《木果木之败》。

⑰　《清史稿》卷326,《列传》113,《温福》。

⑱　阿桂:《平定两金川方略》卷62。

⑲　同上书,卷63。

⑳　《清史列传》卷24,《温福》。

刘 统 勋

冯佐哲

刘统勋,字延清,号尔钝,山东诸城人,生于康熙三十八年(1699 年),卒于乾隆三十八年(1773 年)。他先后在雍正、乾隆二朝为官,并为乾隆帝重用,视为"股肱"之臣。

统勋父名棨,康熙二十四年(1685 年)进士,曾做过长沙县令、宁羌知州和四川布政使等官,为官清正,受民爱戴。有一年宁羌州闹饥荒,民无食,他决定将官仓的粮食发放给饥民,而变卖已产,"代民输纳"。①他鼓励宁羌州百姓,利用当地生长的槲树,进行养蚕。他在乡里招募了养蚕能手,带着蚕种,来此教民蚕织。百姓得其利,便把织好的丝织品起名为"刘公绅"。②

统勋于雍正二年(1724 年)中进士,选庶吉士,授编修,入值南书房。七年(1729 年)任湖北乡试正考官,十年(1732 年)任河南乡试正考官,十一年(1733 年)迁侍读,十二年(1734 年)任日讲起居注官,迁左庶子,十三年(1735 年)在上书房行走,兼任顺天武乡试正考官,并擢升为詹事府詹事。

乾隆元年(1736 年)六月,统勋任内阁学士,八月署刑部侍郎,九月任武会试副考官,十月,受命随同大学士嵇曾筠去浙江学习海塘工程。二年(1737 年),授刑部侍郎,仍留浙江任事。次年三月回京,五月管理武英殿事务。四年(1739 年)六月,因母丧回籍丁忧。

六年(1741 年)六月,守制期满回京,擢为左都尉史。十月,他上疏言:"严禁督、抚、提、镇各标中军积弊诸事","部议从之";③十二月,又上疏言:"大学士张廷玉历事三朝,遭逢极盛,然而晚节当慎,责备恒多。臣窃闻舆论,动云:'桐城张、姚两姓,占却半部缙绅。'今张氏登仕版者,有张廷璐等十九人,姚氏与张氏世姻,仕宦者有姚孔銀等十人。虽二姓本系桐城巨族,得官之由,或科目荐举,袭廕议叙,日增月益,以致于今,未便遽议裁汰。惟稍抑其升迁之路,使之戒满引嫌,即所以保全而造就之也。请自今三年内,除特旨升用外,概停升转。"又言:"尚书公讷亲年未强仕,统理吏、户两部,入典宿卫,参赞中枢,兼以出纳王言,趋承禁近,时蒙召对,向用方隆。我皇上用人行政,无非出于至公,讷亲之居心行事,当亦极图报称。但臣虑讷亲以一人之身,承办事务太多,或有疏失;又任事过锐,恐逢迎者渐众。"④乾隆帝看过统勋的奏疏后,非常高兴,认为这是"国家之祥瑞",特下谕说:"大臣为众所观瞻,见人直陈己过,惟当深加警惕,所谓有则改之,无则加勉。若有芥蒂于胸臆间,则非大臣之度矣。大学士张廷玉亲族人众,因而登仕籍者亦多,此固家运使然。然其亲族子弟等,或有矜肆之念,为上司者或有瞻顾之情,则非大学士所及料也。今一经查议,人人皆知谨饬,转于张廷玉有益。至讷亲身为尚书,若于本部之事稍涉推诿,不肯担当,则模棱成习,公事何由办理?但所办之事,其中未协之处亦所不免,况朕时加教诲,戒其自满自足,年来已知恪遵朕训矣。今见此奏,益当留心自勉。至于职掌太多,如有可减之处,候朕酌量降旨。"⑤不久乾隆帝派统勋到江浙一带勘查海塘工程。

十一年(1746 年)正月,任经筵讲官,三月署漕运总督,九月回京。十二年(1747 年),任顺天乡试正考官。次年春,奉命偕同大学士高斌至山东处理赈务与勘查河道。入夏运河水涨,他奏请疏浚聊城引河,将部分运河河水分注入海,并建议将德州哨马营与东平戴村堤坝全都改低,而沂州江枫口二座水坝,待秋后增高,使其水有所泄。十四年(1749年)十月,充国史馆总裁,十二月迁工部尚书,次年七月,兼翰林院掌院学士,奉命赴广东处理粮驿道明福违禁折收案。八月改任刑部尚书。十六年(1751年),任会试正考官。次年三月,因查验通州仓廪粮米不实,受革职处分,从宽留任。十一月,奉命在军机处行走。十八年(1753年),偕同尚书策楞至江南(包括今江苏、安徽二省)处理邵伯湖减水二闸和高邮车逻坝溃决事宜。勘查后他们二人联名上疏说:此次堤坝溃决,实由"河员亏帑误工"⑥所致。于是乾隆帝下诏罢免了河督高斌和协办河务、安庆巡抚张师载的职务,并严惩了一批贪污的官吏。九月,铜山小店汛河决口。统勋上疏,请就同知李焞和守备张宾"呈报稽误",⑦给予应有处分。乾隆帝因李、张二人平日贪赃枉法,此次又任河涨决口,决定处以死刑,并令高斌、张师载前往视刑。统勋奉命在铜山一带负责治河和督察该地河工。

　　十九年(1754年),加太子太傅,奉命协办陕甘总督。此时正值清政府在西北地区对准噶尔作战,统勋建议自神木至巴里坤设站一百二十五个,制定易马和运送粮草等各种规则。次年,他奉命赴巴里坤、哈密等地视察。当时,阿睦尔撒纳叛军正攻打伊犁,伊犁将军班第极力抵御,而定西将军永常却率军从木垒退至巴里坤。统勋上疏乾隆帝,请求放弃巴里坤,退守哈密。乾隆帝看到此疏后,十分恼火,斥责他"附和永常,置班第于不问",⑧决定将他和永常一同逮捕,同时还将其子刘墉及在京其他诸子一起下刑部狱,抄没全部家产。但统勋家"甚贫",⑨没什么值钱之物。他"屡奉使远出,所挈只二奴,用驿马不过五、六匹,抵行馆,即使居后廓,公处其卧亦如之公仓"。又说,他"自奉极俭,所服朝珠无值十金以上者"。⑩不久,乾隆帝消了气，下谕说："统勋所司者粮饷马驼，军行进止，将军责也。设令模棱之人缄默不言，转可不至获罪。是其言虽谬，心尚可原。永常尚不知死绥，何怪于统勋？统勋在汉大臣中尚奋往任事，从宽免罪，发往军营交班第等令治军需赎罪。"[11]不久又释放了他的儿子，并归还了籍没的家产。

二十一年（1756年）六月，授刑部尚书，闰九月被派往铜山县勘查孙家集水利工程。乾隆帝下令免除了总河富勒赫职，命由统勋署之。次年三月，充会试正考官，四月奉命至徐州负责督修近城石坝，五月充经筵讲官。是时，云南巡抚郭一裕怂恿总督恒文购金制炉，"假上贡抑属吏贱值市金"[12]事发，统勋奉命前往审理得实。恒文被赐自尽，郭一裕被发往军台效力赎罪。十一月，统勋又奉命至山西审理布政使蒋洲贪污及冀宁道台杨龙文逢迎不法案。得实后，蒋、杨被按律斩首。十二月，晋太子太保。

二十三年（1758年）正月，迁吏部尚书，赐紫禁城内骑马。二十四年（1759年）正月，命协办大学士事务，分别在二月和六月处理了西安将军都赉克扣军饷和归化城将军保德与同知呼世图，普喜等人贪污案，将他们均依法处死。次年八月，他又偕同侍郎常均至苏州审理苏州布政使苏崇阿谎报案情以及江西巡抚阿思哈借生女收受属员馈送等案。二十六年（1761年）二月，任会试正考官，五月拜东阁大学士，并兼管礼部和兵部事务。八月，他奉命偕同协办大学士兆惠查勘河南杨桥水利工程。在暗访中他发现负责治河的官吏因索贿未得，而拒不收百姓缴的刍茭，致使工程延误。他当即给予严厉处分，使"薪刍一夕收尽，俞月工遂竟"。[13]二十七年（1762年）三月，乾隆帝南巡。统勋奉命偕同兆惠勘查高、宝河湖入江之路，提出新开引河，择地建筑闸坝的建议，得到了乾隆帝的首肯。四月，因直隶（今河北）景州水灾，奉命查勘德州一带运河，提议疏通四女祠和哨马营两坝一带的河淤,并将德州州判移驻边陵镇。

　　二十八年(1763 年),统勋任翰林院掌院学士,兼上书房总师傅。三十年(1765 年)正月,兼管刑部事务,七月充国史馆正总裁。三十三年(1768 年),统勋七十岁,乾隆帝特书"赞元介景"匾额赐给他。三十四年(1769 年),他再一次奉命勘疏运河。三十五年(1770 年),兼管吏部事务。三十六年(1771 年),任会试正考官。三十八年(1772 年)闰三月,任《四库全书》正总裁。是年夏,出征大小金川的清军,在木果木战役中大败,统帅温福阵亡,形势十分严峻。乾隆帝当时正在承德避暑山庄,对是否继续用兵,犹豫不决。于是急速从北京叫来了统勋,询问他如何是好?统勋说:"日前兵可撤,今则断不可撤",并提出"臣料阿桂必能了此事。"⑭乾隆帝听后,十分满意。不久,乾隆帝从户部奏疏中得知,许多省州县府库亏空,非常生气,打算把州县不称职者,全部罢除,而以笔帖式等官代之。于是便找来了统勋,对他说:"朕思之三日矣。汝意云何?"但统勋沉默不语。乾隆帝见此情景,怒火顿生,问他为何一言不发。统勋回答:"圣聪思至三日,臣昏耄,诚不敢遽对,容退而熟审之。"翌日入对,统勋跪在地上说:"州县治百姓者也,当使身为百姓者为之"。⑮还没等他话说完,乾隆帝便笑着说:"好,就照你说的办。"

　　是年十一月,某日黎明入朝,当统勋的乘轿至东华门外时,忽然轿一斜,轿夫打开帷帘一看,只见他流着长长的鼻涕,已昏迷不省人事。乾隆帝听到这个消息后,急忙派御前大臣福隆安带着药品前往探视,但已无济于事,终年七十五岁。

　　统勋居官五十余年,"善洞察","历清节","性简傲,不蹈科名积习,立朝侃然,有古大臣风"。⑯对于他的死,乾隆帝非常悲痛,晋封其为太傅,拨内库银二千两为其治丧,祀贤良祠,谥文正,并赏其家《古今图书集成》一部。乾隆帝亲临刘家吊丧,见刘宅"门闾湫隘,去舆盖然后入";[17]"室无长物,萧条枯槁,寒气袭人,深为叹息。"[18]回到宫中对其他大臣说:"朕失一股肱。"[19]又说:"如刘统勋方不愧真宰相,汝等宜法效之。"[20]此后他还在一篇《怀旧》诗中称赞统勋说:"遇事既神敏,秉性原刚劲。进者无私惑,退者安其命。得古大臣风,终身不失正。"[21]

　　统勋平生善诗文、书法,其"书法承旨,笔意清刚。"[22]著有《刘文正公集》。

注:

① ②　李元度:《国朝先正事略》卷16,《刘文正公事略》。

③ ④ ⑤　《清史列传》卷18,《刘统勋》。

⑥ ⑦ ⑧　《清史稿》卷302,《刘统勋》。

⑨　《国朝名臣言行录》卷15,《刘统勋,文正公》。

⑩　洪亮吉:《更生斋文集》甲集4。

⑪ ⑫ ⑬ ⑭ ⑮　同注⑤。

⑯ ⑰　昭梿:《啸亭杂录》卷2,《刘文正公之直》。

⑱　张维屏:《国朝诗人征略》卷26,《刘统勋》。

⑲　同注⑤。

⑳　同注⑮。

㉑　同注③。

㉒　窦镇:《国朝书画家笔录》卷1。

雅 尔 图

冯佐哲

雅尔图，蒙古镶黄旗人，生年不详，卒于乾隆三十二年(1767年)。他是乾隆年间一位办事较为勤奋、治理地方有一定成效的封疆大吏。

雍正四年(1726年)，他由兵部笔帖式，出资捐为工部主事。六年(1728年)迁员外郎，七年(1729年)迁郎中，十三年(1735年)擢升为镶蓝旗满洲副都统。乾隆元年(1736年)六月，他就京官俸禄问题，向乾隆帝上疏说："京员俸禄外向无养廉，请将户部余平银两给部院办事各官；又八旗参佐等员，亦请照步军营例，予以空粮。"①此项建议得到了乾隆帝的首肯，经王大臣会议批准、执行。同年十月，他被授为参赞大臣，前往新疆，兼办粮饷事宜。三年(1738年)三月，乾隆帝表彰他在"军营效力奋勉"②，并免去他在任镶蓝旗满洲副都统时因错办赏恤兵丁银两，而应分赔的银两，十月，命他暂管定边副将军印务。四年(1739年)三月，他奉调返回北京，被任命为左副都御史，不久又被擢升为兵部右侍郎。

同年九月，河南新乡县与伊阳县以白莲教为主的民间秘密宗教教众举行起事，反抗清朝统治。雅尔图奉命前往该地处理剿抚事宜。十一月，被任命为河南巡抚。十二月，他在给乾隆帝的奏折中说："河南多盗，不逞之民阴为之主，俗称'窝家'。保甲、甲长等畏窝家甚于官法。大河以南,深山邃谷,民以防鸟兽为名,皆有刀械。惑于邪教,怀私角斗,何所不为。如梁朝凤、梁周、张位等辈,党类甚多,愚民易遭煽惑。与其发觉后尽置诸法,何如于未觉前设法销散。文武会遣兵役搜查,仍令自首免罪。"在此奏折中,他除了就剿抚秘密宗教问题提出了自己的设想外,还就清军军官冒领军饷等事宜,提出了新的建议。他说:"各省提镇以下官皆有伴当兵丁及各色工匠,一营有数名虚粮,即少数名额兵。请照官级核定数目,不得虚占兵额。"这些建议都得到了乾隆帝的同意,并"下部议行"。③

五年(1740年)正月,雅尔图针对河南省民间秘密宗教蓬勃发展,百姓纷纷皈依白莲教,进行了严密地察访,先后破获了一些秘密宗教组织和教首。为此,他向乾隆帝上奏说:"豫省民情愚悍,每有奸猾创立邪教,妄言祸福,党羽煽惑。此不仅为风俗人心之害,臣到任后严加察访,有女教首民间谣言一枝花,潜匿山中,因遴选谨慎干练之人诱擒到案,并供出要犯王国臣,俟全获即当按律审拟。此外乡愚被诱者,限三个月许自首免罪,酌量办理,若过期不首,即行严拿以靖地方。"这些有关处理秘密宗教的建议和方法,得到了乾隆帝的肯定和赞赏,并发布谕旨对其嘉奖,"交部议叙"。不久,乾隆帝又下谕旨指出:"豫省止设河北、南阳二镇,与巡抚不相统属,诸事未能划一,著照山西之例兼提督衔。"④这样使雅尔图的权力更进一步扩大了。同年二月,他向乾隆帝提出增加河南地方军的兵额,以及加强训练、考核和惩奖等一系列措施。主要包括以下几方面。一是对军中人员赏罚分明,奖勤罚懒;从武艺超群的兵丁中选拔各级军官;二是要大力鼓励兵丁"练技艺",努力使他们在弓马、枪械等方面各具专长。在训练中要讲求实效,打起仗来英勇果敢;三是要整备军械,重视军需给养,俸饷银米必须按时发给兵丁,不得擅自克扣;四是要经常查验马匹,注意喂养,尽力使其膘肥体壮;

五是要加强防守、瞭望,昼夜监视敌情,做到防患于未然;六是要严格管束军队,加强军纪,不许兵丁酗酒、赌博生事,违者必惩;七是要将地方州县民壮的一半交驻地军队随营操练;另一半由地方州县差遣,更番轮班,提高他们的军事素质;八是要求兵民和衷共济,共同御敌。如有过错,要处理公允,不得偏袒一方。乾隆帝认为这些建议很好,下旨令其执行。同年三月,他又奏请"厘剔百姓供应诸积弊",亦得到乾隆帝的首肯和奖赏。

与此同时,雅尔图还针对河南开封等地沿黄河地区水利失修、长期积水等问题,向乾隆帝上疏说:"豫省上年霪雨连旬,省城多积水,臣酌令浅处挖深,窄处开宽,为合城受水之区仍于通沟,水道建闸,时其蓄泄,并养鱼植木,以利民用。"⑤乾隆帝认为他的作法很好,让他按计划实施。次年他又上疏说:"豫省上年偶被水患,荷蒙圣恩轸念民生,特命开浚省城之乾河涯及淮、颍、汝、蔡诸水,洵属紧要工程。此外支河细流,果于田庐有关,必须开通者,亦酌量办理。惟是地方有司凡遇开河、挖渠多以兴工代赈为名,希图肥橐,况目前二麦成熟,农务正殷,倘拘役于官,必致废弃。臣见就乾河涯及贾鲁新河等工程,俱照漕规定例销算,其余请概停开浚。"⑥乾隆也同意按他的意见处理。

在社会治安方面,他根据自己多年的经验和所遇到的问题,积极向乾隆帝提出建议。五年五月,他上疏中说:"豫省现获盗百余,盗风稍息,惟是此等盗匪多系邻省人,稍有疏懈,仍肆窃劫。经臣添派员弁各路访拿,今据禀称直隶、江南、湖广、山东等省,与豫省联界处多有巨窝。外省访拿必须赴地方官挂号,彼此捕役声气联络,闻风潜逃,势难擒捕。请闻盗径行往拿,俟缉获后始知会该省,庶豫省盗风不致复炽,而邻省亦得宁谧。"⑦六年(1741年)三月,他又就此问题上疏说:"河南界联五省,西南伏牛、嵩山、桐柏等山,支干交错,地多林木,易于藏盗。请每岁秋冬,与联界各省文武订期巡察。"⑧他的这些建议,均得到了乾隆帝的支持和肯定,并责令有关人员按此办法执行。

雅尔图在任河南巡抚期间,除了查禁民间秘密宗教、建全地方武装、加强地方治安和兴修水利外,还非常重视粮食生产和储存等。河南地处中原,人口众多,是一个产粮大省,但民风对粮食不知珍惜,常把大量粮食用于酿酒挥霍,一遇歉年,往往粮食告罄,流离失所,社会动荡。五年五月,他提出了以丰补歉,建立社仓的建议。他在给乾隆帝的上疏中说:豫省"民不知撙节,每遇丰年辄于无益之地,致储备空虚,我皇上屡降谕旨,敕各省督抚讲求积贮。伏查储备首在社仓,积丰岁之有余,备歉年之不足,收掌在民,既无滋扰之患,稽察在官,又无亏损之虞。惟在地方官因势利导,开诚布公,踊跃乐输,方为有利无弊。现今惜其物力,时其耕耘,去烦扰之政,禁耗费之端,民力渐舒,兴行教化,颁劝善之名目,定奖善之条款,刊刻储备谠言,分发绅士、富户,俾知浮费无益储蓄宜充,俟捐输既多,平时照例出借,以惠平民,偶遇歉收,或官为赈贷,或听捐户领回济用,以民间之积蓄,散之民间,不必仰给于公家,亦不敢假手于胥役。"⑨乾隆帝认为他的意见"实为政之本"。⑩雅尔图极力主张严禁用粮食踩曲酿酒,对外省商贩到河南买粮出境踩曲者,"令牙行报明,知会运往地方官稽查"。又移咨各省饬令属下,"凡有从豫省买麦运回者,留心查察"。⑪

雅尔图平时虽然忠于乾隆帝,但有时也报喜不报忧;且本人刚愎自用,个性较强,故在任职期间得罪了一些人。乾隆帝对其为人和缺点也略有了解,常在谕旨中批评他。七年(1742年)七月,他在上疏中说:"开、归等处积水,无妨田亩。"乾隆帝阅后,表示怀疑。因为他听说河南此次水灾很大,故认为雅尔图的上疏"似有掩饰之意"。不久雅尔图又上奏说："豫省地平土松,水利工程诚不若东南之通达,臣当即严饬所属躬亲相度,专委大员总司稽察,除田间零星工程随时修浚外,其县境之大者,导水灌田,共改种水田一万八千余亩,俱详定规则。第以开、归、陈等属,地当下游,每逢夏秋大雨时行洞水汇注洼下,村庄难免受水,要刻期疏导,不误耕种,其积水未消之处,多系邻近黄河州县地土,皆豁免钱粮,于民生并无妨碍,而土性俱碱,难以种植,未便轻议宣泄,致损田庐。"乾隆帝阅后,下谕旨说:"若实难宣泄,亦只得听之。但汝应留心详察,酌量可为则为之。朕不怪汝不留心地方,若避此而为饰辞,则不可耳。"⑫八年(1743年)五月,他在奏折中说:"豫省开、归、陈、汝等府,所属一切赈恤次第举行",同时他还在此奏中说自己"办事认真,居常戆直忤物,以致人言传播,仰荷圣明洞鉴。"乾隆帝阅后,在给他的谕旨中说:"朕从不以地方偶有水旱,归过督抚,惟令其加意抚绥,使朕赤子不致冻馁耳。汝则不然,从不体朕此心,必欲以地方屡丰为汝政治之效,试思汝一省尚可,若朕亦存此心,其如苍生何?且尧舜不免水旱,若视水旱为固有之常,而不知惧此则致乱之由,而必欲以无水患为政治之符,亦惟勤其政耳。岂有政治之失处尚多,而侈谈丰豫,将水旱漠不关心之理。即如前次陛见,朕观汝高视阔步,昂然自得之意,已知汝必有满招损之咎,此奏殊属客气。汝其候旨可也。"⑬不久,乾隆帝命其回京,改授他为镶蓝旗满洲副都统。十年(1745年)三月,授为刑部侍郎,五月调吏部侍郎。十二年(1747年)正月,又令其兼管太医院事务。同年四月,乾隆帝命令他前往山西与山西巡抚爱必达一起镇压安邑、万全等地人民起事。在赴晋途中他身患重病。乾隆虽派御医前去为其诊治,但对他称病不前颇为生气。认为他是故意逗留,不愿前往。说他:"身为大臣,不能力疾前往,自称病势危笃,逗留不前,较之前八旗公忠勇敢之风,大相径庭。"⑭随后将其解职。同年八月,授内阁侍读学士,十一月迁兵部侍郎。他到任不久,便上疏弹劾前任仓场侍郎吴拜诸事废弛并犯有贪污等罪,同时弹劾坐粮厅通福寿办事草率、不负责任,以及冒销仓粮等弊端。后经军机大臣会同刑部审理属实,将吴拜、通福寿等人革职。同年十一月,授其为正红旗满洲副都统。十四年(1749年)迁户部侍郎。十七年(1752年)迁步军统领。十八年(1753年),因患重病而自请解职,经乾隆帝批准后在家闲居休养,直至去世。相传《心政录》一书为其所著。

注:

①② 李桓辑:《国朝耆献类征初编》卷78,《卿贰》38,《雅尔图》。

③ 《清史稿》卷309,《列传》96,《雅尔图》。

④ 《国史列传》。卷4,《雅尔图》。

⑤⑥ 同注①。

⑦ 同注④。

⑧ 同注③。

⑨⑩ 同注④。

⑪ 《清高宗实录》卷139,中华书局1985年影印《清实录》第10册,第1014页。

⑫ 同注④。

⑬⑭ 同注①。

那 苏 图

韩恒煜

那苏图，姓戴佳氏，字羲文，满洲镶黄旗人。生年不详，卒于乾隆十四年(1749年)七月，①他是雍正至乾隆前期的封疆大臣，历任黑龙江、奉天将军及两江、湖广(署)、闽浙、两广、直隶总督。

那苏图出身于武臣家庭。康熙三十六年(1697年)袭云骑尉世职。五十年(1711年)，任蓝翎侍卫。历迁治仪正、云麾使、头等侍卫、銮仪使，至雍正五年(1727年)十二月，由兵部侍郎出为黑龙江将军。八年，调奉天将军。乾隆元年(1736年)八月，升兵部尚书。二年(1737年)正月，改刑部尚书。九月，署兵部尚书。闰九月，出任两江总督，综管江苏、安徽、江西三省军政要务。

江南军务在清朝国防建设中占有重要地位。康熙统一台湾后，军队因长期处于和平状态，武备日渐松弛。为加强国防，协办吏部尚书、原署江苏巡抚顾琮曾奏请在江南设塘堡，恢复明代卫所制度。乾隆令江浙两督抚详议复奏。那苏图表示坚决反对。为了健全江南军队的营制建设，他提出了下列建议：在华亭县漾缺墩、柘林城南门、福山营挑山嘴添建大、小炮台、炮楼各一座；将吴淞营遭受海潮冲刷的炮台移建于塘内；修建刘河营已坍圮的旧炮台；改造旧炮台的炮位，将原先存炮用的高屋围墙拆去，改设垛口，炮位上用木盖蔽风雨，以便大小炮灵活移动，快速施放；军队营房墩台原建在土塘之下，应改筑在土塘之上，以便瞭望，并兼收护塘之效；刘河营旧驻城已半坍入海，应改在现驻地茜泾建城；崇明镇的三条竖河、顾四房沟为军事要地，应安置车轮炮，设兵戍守。三年十二月，那苏图的奏议经兵部议准，得到乾隆认可。②

三年夏，江南水灾。八月，那苏图遵旨复奏了江南筹办赈粜的措施，如：请缓征漕粮；派人采买外省米谷，并准许淮安、扬州税关免予征税；拟开镇江城外运河及泰州灶河，以"兴工寓赈"；③"开捐监之例"，利用其所捐米谷赈济灾民。④乾隆览奏后，表示赞成。

与此同时，京官中有人还奏请将原拟拨给福建的江广三十万石仓谷，改截二十万石给江南赈灾，只将其余十万石给闽。那苏图闻知，上奏说：江南已作好各种赈灾准备，而福建是"海疆重地"，"本省既不产米，邻省海运不易，若截留三分之二，则仓贮仍不充裕"，必须给福建运谷二十万石，江南只需十万石。乾隆对那苏图此举十分赞赏，夸他有"封疆大臣之度"。⑤

四年（1739年）四月，两江因上年受灾，诏免本年地丁钱粮。那苏图鉴于过去蠲免钱粮贫民大多未享受实惠，遂奏请此次加大对贫民的蠲免比率。即：以各州县实征册为据，钱粮额在五钱以下者全免；五两以上者不免；五钱以上至五两者，根据全免以后的余额酌量匀免。乾隆感到，这一设想虽好，但实施难度很大。他提示那苏图"当访查胥役，毋令因事滋扰，则全美之举也"。⑥

安徽境内的龙江关是归工部管辖的税关之一。它除向纳税人征收正项银及耗羡外，又另收"加一饭食银"。安徽布政使晏斯盛认为不妥，奏请革除，被工部驳回。那苏图支持革除，复奏指出："耗羡已并入正项征收，不应另有饭银，请饬部再加详议。"但工部仍坚持原议，认为"该关耗羡，尽收尽解，即系正项。至于吏胥及大使员役，原有加一加二饭食菜果衙规、照验单票银钱，从前曾奏留加一饭食"，"并非另立复增"，仍应"照旧办理"。⑦工部的议复被乾隆采纳，而那苏图却未得到支持。

不久，那苏图丁母忧，于四年十一月离任。五年（1740年）四月，改任刑部尚书。十一月，署湖广总督。在湖广期间，他参劾了管理荆关税务的荆宜施道道员姜邵湘。姜"肆志贪饕、横征重耗、侵蚀冒销"。荆关税课每年可实征银五六万两，而姜只上交国库三万余两，其余都被姜及管关员役用"四六扣存"（即上交六成，扣留四成）的比率扣留瓜分，"侵蚀几及一半"。⑧乾隆览奏，将姜革职。

六年（1741年）八月，那苏图复任两江总督。当时，江南各地连年遭灾歉收，佃农抗租、贫民闹赈的事件层出不穷。六年七月，崇明县佃农在老施二的组织下发起抗租斗争。九月，又发生了靖江贫民"赴县争禀，借词报荒，希幸免租"的事件。⑨同年腊月，丹徒、宝应两县贫民也先后"集众告灾"。⑩那苏图十分仇视闹灾者，故意不予赈济，以致"所赈之户口人数，遗漏甚多"，许多灾民得不到妥善安置。尤其在淮徐凤颍等处，灾民"流离载道，至有茹草伤生者"。⑪乾隆得知后，于七年（1742年）二月特遣刑部侍郎周学健为钦差大臣驰驿前往两江，会同督抚查办灾赈及水利事务。那苏图受到乾隆的严厉斥责。四月，他被调任闽浙总督。

福建盐场冗员、浮费问题突出。七年十月，那苏图提出裁减各盐场委员名额、限定场员跟役火夫数目、裁派盐场关口巡弁人数、革除场员年节规礼的陈请。同时，浙江提督裴铽等人因"扣克侵欺、狡诈营私"而受到那苏图的参劾。⑫

康熙统一台湾时，福建有一大批人因征战有功或投诚议叙而获得世职。后来在承袭过程中出现了非法假冒者。八年（1743年）十月，那苏图题参了魏世忠等三人，并奏准将其余形迹可疑及年远无稽者清查裁革。

浙江温、台二州渔民出洋，汛兵都要向其索取"陋规"。雍正时，因开发玉环山岛需要经费，作为"权宜之计"，"遂将陋规改收涂税"。那苏图请求将此项涂税废免。八年十二月，乾隆为此特颁谕旨，命"永远革除"。⑬

乾隆认为那苏图在闽浙任上"虽无陨越之失，亦无大过人之处"，政绩平平。九年（1744年）七月，那苏图因与巡抚周学健"不和"，遂被改调为两广总督。那苏图对开发台湾态度保守，惟恐漳泉潮惠移民会利用开荒聚众闹事。他在离开福州任所时，还不忘向乾隆申诉：移民垦荒，"目下之利甚少，而将来有事，办理甚费周章"。⑭乾隆对他中止开垦的建议，不加可否。

那苏图在两广，否决过广西提督豆斌和前总督马尔泰请求动用盐余银两修建粤西塘房墩台的建议，恢复了靠征调民力兴修、补葺塘房的传统作法。此外，还制定了旨在强化管理两广盐务的章程。

十年（1745年）五月，那苏图被调任直隶总督。十月，他因宛平、故城、香河、宣化、盐山等数十州县受灾，上疏请求缓征直隶受灾地区钱粮，并拟在宣化府城外筑防沙长堤，以兴工代赈。十一月，又请求对宣化府灾民再加赈一个月。十二月，那苏图以昔日广放印子钱的宛平县富户今已"渐知禁制"为例，奏报其禁止重利盘剥已收成效。乾隆则以该县仍有人"放债剥民，竟有至加三利息者"予以驳斥。并警告那苏图"毋得仍事空言，以为粉饰"。⑮

十一年（1746年）正月，那苏图奏报他为乾隆本年九月巡幸山西五台山所作的准备工作已基本就绪。同时，他查奏涞水、涿州二地方官"冒开安营垫道银两"的案卷也有了批复。乾隆指出，涞水、涿州是谒泰陵必经之地，州县官常年办差，对于此类事，"固不可任地方官浮冒开报"，也不宜"过于严紧"而使其"赔累"。他谕令那苏图"务须斟酌妥善,立定章程"。⑯七月,那苏图晋衔太子少傅。十月,乾隆巡幸五台山后,视察滹沱河堤工,在保定府阅兵,那苏图都随侍左右。事后,乾隆赏给每名兵丁一个月钱粮。直隶地近京师,所设驿站辐射四方,"差使络绎,夫役奔驰,马匹损伤"。那苏图曾奏请加倍拨给工料费。兵部未完全同意,后与那苏图共同商定了按"至冲繁驿递"、"次者"、"最简僻者"三个等级分别支取马骡驴草料及各项夫役工食的条例。⑰

十二年(1747年)四月,那苏图暂署直隶河道总督。十月,奏准将霸州、丰润营田由州县官兼理,改为设专员管理。十一月,因直隶多处受灾,尤以天津、静海二县为重。那苏图奏请于明年暂开奉天海运一年,以运粮济赈。乾隆特旨谕准海运八万石。那苏图却误解为特例"开通海禁"。乾隆纠正说:此举"并非开通海禁,听商民任意购买也",令其"仍照原旨办理"。⑱十二月,那苏图呈奏的八旗下屯种地管理章程得到批准。其主要内容为:拨给下屯旗户的房地,须查明四至,并立具该房地未经典卖的保证书;为了"令其种地习劳",旗户的土地只许自种,或雇工助耕,但不许外租招佃,严禁"豫行交租认佃";禁止旗户私典私卖房地产,违者,买卖双方均治罪;旗户因事出屯五日以上者,必须覆行请假手续,违者,惩治之;旗户如发生命盗案件,仍归各州县管理。⑲不久,那苏图查办大兴、宛平二县每年经费银两报销不实一案,因不符合乾隆要求而受到申饬。

十三年(1748年)二、三月间,乾隆东巡山东时,随行的皇后死于德州。乾隆为她大办后事。在治丧中,那苏图不辞劳瘁,经理有方,四月,晋衔太子太保。不久,正白旗领侍卫内大臣伊勒慎卒,乾隆即令那苏图署领,仍留总督任。

同年九月,在川西与大金川土司作战的经略大臣、大学士讷亲和川陕总督张广泗,因贻误军机被褫职逮问。乾隆改命协办大学士傅恒为经略，统领金川军务。三天后，那苏图则以"参赞纶扉实属紧要"为由，奏请留傅恒在京，[20]并自荐愿往金川，协同兵部尚书班第办事。乾隆不准。那苏图遂积极投入后勤补给工作。因办理台站妥贴受到议叙。

十月，那苏图发现原任刑部侍郎励宗万在家乡静海县"纵令弟仆霸占官地，未交价银，强收租息"，即上疏参劾。宗万弟宗奕被判刑后，那苏图又另折奏请派宗万修固安县城工赎罪。乾隆以"罪不重科"为由，没有同意，仅令宗万"痛自改悔，安静家居"。[21]

十四年（1749年）四月，那苏图批驳马兰、泰宁二镇总兵官的奏议，得到乾隆的肯定。在这之前，清廷因八旗壮丁、余丁"生计艰难"，决定将汉军余丁、壮丁"照十缺补三"的比率挑补进绿营食粮。这势必侵犯绿旗兵丁的利益。二总兵以所挑补的余丁、壮丁"耽于逸乐"、"脱逃生事"为口实，请求停止挑补。那苏图将其驳回。二镇终因"辄欲更张成例"而受到乾隆的申饬。[22]

同年七月，那苏图病逝。乾隆赞他"久任封疆，公忠敬慎，茂著劳绩"，[23]加赠太子太傅，令入祀贤良祠，照例赐祭葬，谥恪勤。

注：

① 李桓：《国朝耆献类征初编》卷166，《那苏图》。按：据《清高宗实录》卷344乾隆十四年七月辛亥（初五日）载：那苏图"遗疏上闻"。其卒日当在初五日之前。

② 《清高宗实录》卷82，中华书局1985年影印《清实录》第10册，第291页。

③ 同上书，卷75，《清实录》第10册，第197页。

④ 同上书，卷78，《清实录》第10册，第240页。

⑤ 同上书，卷79，《清实录》第10册，第249页。

⑥ 同上书，卷91，《清实录》第10册，第406页。

⑦　同上书,卷 104,《清实录》第 10 册,第 563 页。

⑧　《乾隆朝上谕档》第 1 册,第 745 页,乾隆六年九月二十九日内阁奉上谕。

⑨　《清高宗实录》卷 151,《清实录》第 10 册,第 1170 页。

⑩　同上书,卷 157,《清实录》第 10 册,第 1254 页。

⑪　同上书,卷 163,《清实录》第 11 册,第 53 页。

⑫　同上书,卷 176,《清实录》第 11 册,第 267 页。

⑬　同上书,卷 206,《清实录》第 11 册,第 651 页。

⑭　同上书,卷 223,《清实录》第 11 册,第 883 页。

⑮　同上书,卷 255,《清实录》第 12 册,第 308 页。

⑯　同上书,卷 257,《清实录》第 12 册,第 327 页。

⑰　同上书,卷 276,《清实录》第 12 册,第 609 页。

⑱　同上书,卷 312,《清实录》第 13 册,第 107 页。

⑲　同上书,卷 304,《清实录》第 12 册,第 971 页。

⑳　同上书,《清实录》第 13 册,第 385 页。

㉑　同上书,卷 326,《清实录》第 13 册,第 386 页。

㉒　同上书,卷 338,《清实录》第 13 册,第 652 页。

㉓　同上书,卷 344,《清实录》第 13 册,第 761 页。

杨 名 时

卢　经

　　杨名时,字宾实,号凝斋,江南府江阴县(今江苏江阴)人,生于顺治十七年(1660年),卒于乾隆二年(1737年)。官至总督。

　　杨名时年轻时性格沉稳,处事认真,颇有气度,从"不为事物仓猝摇动"。他没有什么别的爱好,只知道认真读书。诗文的华艳,史书的浩瀚渊博,书中功名利禄的诱惑,他均不在意,而对于理性诸书,则"朝夕寻绎",尤其对书中身系性命之言,更"深信笃嗜"。①

　　康熙二十九年(1690年),他乡试中举,翌年中进士,改庶吉士。当时,理学名臣李光地任翰林院掌院学士,他惊喜地发现杨名时,其文"浩如春江之潮,而独邃于理,知其非恒士也,为之不寐累夕"。②故而"深器之,从受经学"。他与李光地"朝夕相从问学",③学问日趋见长,平时学习"存省缜密,推勘精严,札记讲义诸篇,往往能补师之未及"。门下数百名学生,李光地"独深契公"。④康熙三十三年(1694年),散馆选检讨,充《明史》纂修官。三十九年(1700年)召对,充日讲起居注官。

　　康熙四十一年(1702年),李光地任直隶巡抚时,名时应光地之荐举,出任顺天学政。在任期间,他因录取生员不循私情,不取富家子弟,对于贫家子弟"虽不能文,或记诵数语,亦得进学",而开罪于权贵,被康熙帝斥为"赋性乖异"。经他录取的武生李正朝,因病狂"冲突仪仗"惊动了御驾,作为直隶巡抚的李光地便立奏劾名时"滥取狂生,请敕部议处"。杨名时因无贿买生员之事,被"从宽恕宥"。⑤四十四年(1705年)差满,奉旨往河工效力。五十二年(1713年)三月,赴口外迎銮,承蒙召对,留直南书房,校对《周易折中》,分纂《性理经义》。

五十四年(1715年),李光地将告归,蒙康熙帝召见时,再次向康熙帝举荐杨名时。他奏道:"杨名时笃学力行,于今无辈,臣崦嵫景短,无以自效其未尽之志,此人若蒙任用,必不负恩知。"康熙"连为首肯"。⑥五十六年(1717年),授杨名时直隶巡道,两年后超迁贵州布政使,五十九年(1720年),擢云南巡抚。

滇省旧例,凡地方应办公事,皆从民间征派,称作"公件",每年征派达三四十万两之多。杨名时到巡抚任后,下令额定各属"公件"银两,统计通省约一十一万有另,令每年照粮均派,并随正项完纳,禁止私征加派,减轻了滇省百姓的负担,深得民心。云南汉彝杂居,使百姓最害怕的事莫过于官点头人催粮,以至于征少派多,百姓不堪重负,头人往往入己吞肥,而欠"正供不纳",更有"不肖绅衿派拨包揽"。康熙六十一年(1722年),杨名时禁革头人,先从腹里近地"清厘整饬",使私征加派的势头得到扼制,正项得以完纳,民困稍苏。滇省兵粮向例就地支放,因各处驻兵多寡不同,征粮多少也因地而异,而异地征拨,因舟楫不通,运输十分艰难。杨名时上疏请将兵多米少之处"每年酌给本色三季,折色一季",照时价预借库银给放。而米多兵少之处则"照数折征还库,停四年折征之例"。⑦从而减轻了滇民输运兵粮之苦。

雍正继位后,面对康熙后期吏治废弛,贪污成风,以致库帑日绌,日不暇给的局面,下令全面清查亏空,限期补足,严惩贪官,耗羡归公,清除陋规,加强保甲等一系列的整顿地方吏治措施。杨名时官居边地，民族杂处，他认为整顿地方吏治应以宽仁为主，"难全以内地之法。"他对土司与流官员间不相和睦而引发的告讦，采取再三访查的办法。他担心轻易参劾，只会助长土司蔑视官长之心，有伤大体。雍正帝认为这种担心是多余的，说"岂以彝人之蔑视，姑容不法属员"，照此整顿地方吏治，则"你大错了"。在清查州县亏空各员时，杨名时主张以"限三年完补之法"，不要轻易参劾，轻易参劾只会使亏空"多归无著"。雍正帝反诘道，这些官不参劾，你难道还要留着他们"出扰百姓"⑧不成。杨名时上折陈述自到任以来，拒收一切"沿例规银"，严绝各种"羡余"，尽革米粮"陋规"。雍正帝对此不以为然，认为"羡余"等项，"取当取，用当用，相机度理而行之"。只要你们以"是好"二字为准，千万别用此"沽一时之名誉"。⑨雍正帝多次在杨名时的奏折上批到"至诚格之"，劝其整顿地方吏治要宽严相济，并发上谕责怪他对坏官、土豪、盗匪的惩治太软，令其迅速改正。为此，杨名时不得不自责，保证对其要严拿重惩，不为之摇惑，从而得到了雍正帝的宽恕。

滇省收贮米谷有捐纳、捐输两项，均入于常平仓中，作为备贮和扶孤贫口粮。因其动用均要报部批准才能支发，因滇省道远，报部往返数月，民间如有猝急需动支，往往无济于事。百姓鲜得实惠，不甚乐输。为改变这种状况，杨名时奏请将捐输之项输官改行社仓，从雍正二年（1724年）开始，倡捐劝民各自出谷贮于本里，择里中老成人专司其事。地方官随时监察，不得挪移勒借，每年青黄不接之时，量行借贷，秋收还仓。岁丰则微取其息，中岁则免收其息，遇歉收则报明发赈，收放均以便民为惠。百姓见到免其输入官仓而贮近处，都乐于将粮输入社仓贮备。

关于实行保甲，杨名时根据云南百姓居住分散，边寨零星的特点，认为难以十家为甲，百家为保，只可就近联络互查，总以简易便民为主。他并将省城营伍亦编入保甲，兵民杂处之地也同时编入，使凶顽之辈无处可容，不禁自绝，保证了边民的生活安定。与此同时，杨名时发现云南丁役不均，户绝田去，有归并而无除减，至有一人而当十余丁，名曰："子孙丁"，延累无休，百姓不胜其累。他请将通省名丁额银，照直隶之例，摊入田粮完纳，使丁从粮办，均其偏累。

雍正三年(1725年)年初，因有人捏诬杨名时将密折密批泄漏，雍正停其奏折，只能具题奏事。四年(1726年)三月，雍正帝自认"偶失斟酌"，一时之误而"枉罪"了他，并亲自问候，夸他是个好巡抚，许诺要任命他为云贵总督，要他"往事当释然于中，不必丝毫系念"。⑩果然，雍正帝没有食言，九月，便授杨名时兵部尚书，十月，加云贵总督，仍管云南巡抚事。

雍正认为封疆大吏应该是"明体达用之全才"，任内应该"有猷、有为、有守"。而杨名时"操守虽清，而皆稍顾惜情面，将就求悦于众人，故内外称誉者甚多"。在雍正帝看来，"持正者必不悦于俗"，而杨名时自恃操守颇廉，只知道事事博取名誉，而对于地方事务则不能整饬经理，苟且塞责，姑息养奸，虽然能洁己，但不能奉公，"宦其害事，较操守平常之人为更甚"。雍正帝以"春秋责备之论"告诫杨名时，如果教而不尊，"朕安能用你们这些于地方无益之清官"。显然，杨名时并不是雍正所期望的"明达圣意"、"实心任事"的封疆大吏。而杨名时也违心地承认"奉职而于事苟且涂饰，违道干誉"，⑪不但损害了自己的人品，也败坏了官场风气。

雍正四年(1726年)十一月二十五日，杨名时在上滇省未完盐课银两具题一本，误将"密批全录于章奏"。雍正帝对此大发议论，认为杨名时此举是回护前次泄漏的罪责。还说督抚要务有举、劾二端，参劾用露章，荐举用密折，这是督臣最基本的"事君之道"。而你杨名时却置之不理，屡将密批宣露，这明明是想"收荐人之功归于己"，而将"不肯用人之柄归于上"。再者，将密批旨意抄入本中，部议时断无不准行者，这种做法，完全是"怙恶不悛，大奸大诈，全无人臣之体"。令将杨名时交部严查议奏。⑫杨名时也自认一时冒昧，自请严赐惩处。雍正帝摆出一副公允的样子，说你自请惩处，这可是国法典章，我也没办法"私主更非"求情。五年(1727年)闰三月，解除总督任，仍署巡抚。

　　十月，李卫调任云南布政使。到任后，他留心检查案卷，将杨名时姑容苟且、溺职等情胪列题参，并请将其革职留滇，使属员无所瞻顾，而且易于访查清楚。尔后，刑部侍郎黄炳也奉旨往云南，与巡抚朱纲密审杨名时。十一月二十日会审杨名时，黄炳问道：原永平县知县冯庆长领银四千两，买办军需草豆贮存，不曾动用变价还库，你将其解到银只收一半，曾退他二千两，是否属实？杨名时厉声回答：这是有人故意诬我徇庇属员，如同当初颜回随夫子在陈绝粮，子贡向夫子告发是颜回偷吃了饭，夫子询问颜回，颜回答道：因有尘埃落在饭中，置之不可，弃之可惜，我就将它吃了。这明明是子贡企图嫁祸于颜回，可见委曲人的事处处都有啊！我杨名时历任多年，不但一个钱不要，而且从不做这种玷污人品的事，这是众人皆知的，难道我还会去充当这种鄙卑的小人吗？黄炳又问：顺宁府知府范溥任内亏空仓米并钱局内银两至四五万两之多，你不但不参劾他，反帮他七千两银子代赔亏空，并代他恳求宽恕，这难道不是你瞻徇沽名之举吗？杨名时说：有一次，总督高其倬曾向我说起，范溥从前出差时曾有赔累，我们大家帮帮他。因此，我给过他七千两银子。我不肯失信于人，如同当初"子路无宿诺"一样。再说，范溥告诉我，他只亏空了一二万两银子，总督要参他我劝他稍缓，并应查明再参。我收过范溥送来的金杯一对，缎子四匹。初到巡抚任得过盐规等项银八万两,除因银厂缺额捐补外,还余下银五万八千四百三十九两。大堂上,杨名时"援古证今","忽讲家语,忽引鲁论,口不绝诗书之文"。⑬用吟颂的口吻回答问题,将大堂变成了"设教之所"。六年(1728年)正月,杨名时被革职,勒限将各项清楚时具奏请旨。

　　雍正深知杨名时操守素著,并曾赐书匾额与他,也明知他无亏空挪移之罪,但还是密谕派人审查,总想找到能将杨名时治罪的把柄,公诸于世。最后,在一无所获的情况下,他不得不道出了真情:"朕整理科甲积习,伊挺身乐为领袖,一字一言皆怀诡谲强梁,一味讥讽文章。"不但如此,杨名时还祖护科甲,在任七年间仅参一进士出身知县,以他向来的凤望,这样发展下去,必致"固党庇恶,抗违朕意",若不先治他的假誉,"返成千百世之真名矣"。再有,杨名时以"谄媚众人为是,惟以迎合上司为非",只图一己之虚名,而不知纲常大义,"冠履倒置"。杨名时作为前朝重臣,操守颇廉,遇事自有主见,为政宽仁,深得民心。然而其政治主张与雍正帝"兴利除弊"的革新思想相悖,成了雍正帝利用、防范和打击的对象,最终被革职,留滇七年,"唯以研经讲学为事"。⑭

　　乾隆继位,召杨名时进京陛见。乾隆二年(1736年)二月,特赐礼部尚书衔,兼管国子监祭酒事,并入直南书房。他与诸生讲论经义时提纲挈领,"至多其大指"。论圣德以"无名为至",论从政以"不贪为美"。请旨储书于太学,以供士子肄习监中,并请将旧有的经史版刻字迹图象受损磨灭模糊不清的,俱作修补,存放在太学中,供诸生摹印和讲诵。乾隆帝下旨,将武英殿现有书籍各种发给二十部,储于太学中。五月,他奉旨教习庶吉士,奏请增定学额,使边方入监士子俱有科名之望。同月,他奏陈绥安苗疆之策,说自雍正五年以来,湘黔一带苗民闹事,朝廷连年用兵,糜饷劳民,不能奏效。

他奏请"下剀切之诏,布宽大之恩,弃苗疆而不取,将重兵还内地,修筑垣垒于要害处所,增立壁垒,俾民有可依,兵有可守。再悬赏格擒缚首恶,对归顺的苗人按功皆给土官,世袭分管其地,抚绥熟苗,使其不被生苗和官兵欺凌,这样"生苗得所栖托,熟苗又荷生全"。⑮自当俯首帖耳抒诚向化,使苗区得以息兵安宁。这个意见因遭到大臣们的反对而没有被采纳。

九月,杨名时病逝,时年七十七岁。乾隆帝赐白金千两治丧,遣官祭奠,谓其学问醇正,品行端方,加赠太子太傅,入祀贤良祠,谥文定。有门人辑其说经之言为《易义随记》八卷,《诗义记讲》四卷。自撰《杨氏全书》三十六卷,附录二卷,收录札记、讲义、程功录、文集、别集、附录诸篇,其中文集中收录的《徐霞客游记序》、《徐霞客游记再序》,倍受后人称道。

注:

① 杨名时:《杨氏全书》。卷 35,《家传》。

② 李光地:《榕村全集》,卷 30。

③ 李元度:《国朝先正事略》,卷 12,《名臣》9。

④ 唐鉴:《学案小识》,卷 7,《守道学案》。

⑤ 《清史列传》,卷 14,《杨名时》。

⑥ 李清植:《文贞公年谱》,卷下。

⑦ 同注①。

⑧ 中国第一历史档案馆编:《雍正朝汉文硃批奏折汇编》,第一册,第 622 页。

⑨ 同上书,第 2 册,第 96 页。

⑩ 同上书,第 7 册,第 157 页。

⑪ 同上书,第 8 册,第 52 页。

⑫ 同上书,第 8 册,第 944 页。

⑬　《满汉名臣传》,《汉名臣传》,卷 17。

⑭　同注①。

⑮　中国第一历史档案馆等辑:《清代前期苗民起义档案史料》,上册。第
　　163 页。

陈 宏 谋

冯佐哲

陈宏谋，字汝咨，号榕门，广西临桂人，生于康熙三十五年（1696 年），卒于乾隆三十六年六月三日（1771 年 7 月 14 日）。他先后在雍、乾两朝为官，尤为乾隆朝颇著政绩的封疆大吏之一。

宏谋原籍湖南，明末为躲避战乱而迁居临桂西乡横山村。他"家本寒素"，祖父陈世耀、父陈奇玉，"诚笃居乡，以积善为务"，①一生未取得什么功名，后来"父因子贵"，被赠为资政大夫、河南巡抚等职。宏谋从小就刻苦自励，怀有很高的抱负，立志干出一番轰轰烈烈的事业。他在自己书房中挂着自题条幅："必为世上不可少之人，为世人不能做之事，庶非虚生。"②青年时期，他便"能文章，内行修饬。为诸生即泽物为己任，及服官中外察吏安民，务期实效"。③，特别讲究经世致用。

雍正元年（1723 年），宏谋中进士，选庶吉士，授检讨，四年（1726 年）授吏部郎中，七年（1729 年）迁为浙江道御史。当时人们要成为监生，必须经过考试，有不少人常常找人代考。雍正帝知道后，下谕旨令人们自首。而州县地方官却常常借访查之名，乘机勒索、敲诈，骚扰百姓。宏谋为此上疏，建议对过去已成为监生的人宽大处理，而严厉禁止今后再发生代考之事。雍正帝阅过他的奏疏后，马上召见了他，并诘问他为何上这份奏疏。他详细地阐述了自己的观点,最后说服了皇帝,应允按他所提的方案办。从这件事雍正帝了解了陈宏谋,于是委派他主持山西乡试。宏谋回京后不久,被任命为扬州知府,当时扬州发生水灾,他上奏请求遣送饥民返乡时,官给口粮,得补入赈册,得到朝廷的认同。不久他迁任江南驿盐道,并兼摄安徽布政使事。此间他的父母先后去世,曾回乡守制。

十一年(1733 年),宏谋改任云南布政使。当时广西巡抚金𫓧以广西地多贫瘠粮薄为名上奏:“请令废员垦田报部,以额税抵银得官,报垦二十余万亩”。④宏谋因家在广西,守制期间更了解到不少当地情况,故向雍正帝上奏说:“此曹急于复官,止就各州县求有余熟田,量给工本,即作新垦。田不增而赋日重,民甚病之,请罢前例。”⑤为了查明事情真相,雍正帝命令云贵广西总督尹继善进行调查。乾隆元年(1736 年),又由广西总督鄂弥达及新任广西巡抚杨超曾作进一步调查。不久,金𫓧调任刑部侍郎,几次向乾隆帝上疏申辩。二年(1737 年)闰九月,宏谋也再一次向乾隆帝密奏。乾隆帝阅后十分生气,认为此非他任内之事,却“犹启乡绅挟制朝政之渐,况未必尽实乎,殊属冒昧之至”!⑥决定将宏谋降二级调用。但不久鄂弥达等人查明广西捐垦的田亩多为不实,故而金𫓧等也受到了处分。

三年(1738 年),宏谋被任命为直隶(今河北)天津道台。他多次考察水利设施,利用当地民众的经验,创造了放淤法,利用水涨沙行的原理,引导水流从堤左入,堤右出,反复多次,沙沉土高,使沧州、景州一带荒漠变成了沃野良田。

五年(1740 年),迁江苏按察使,六年迁江宁布政使。刚上任不久,又被擢升为江西巡抚。在赣期间,他积极建议以工代赈,修建圩堤,并以兴修水利成效如何,作为官吏升迁的标准。九年(1744 年)十月,调任陕西巡抚。十一年(1746 年),又调回江西任巡抚。同年十月,调任湖北巡抚。十二年(1747年)二月,他在汉口采购铜四十万斤,铸造铜钱,发放兵饷和补充流通。

三月,川陕总督庆复曾因怕征瞻对事密奏不实之情事发,而奏劾宏谋在任陕西巡抚期间,爱憎任情,好作聪明,不持政体,保荐贪劣等所谓十二罪状。结果,宏谋被革职留任。不久,又被调任陕西巡抚。乾隆帝在给他的上谕中说:"此汝驾轻就熟之地,一切持重秉公,毋立异,毋沽名,若能去此结习,则汝尚可造之器也。"⑦在任期间,他曾对省内驿站的建设和增加钱币铸造作出了努力,并且重修了周文、武、成、康四王以及周公、太公陵墓,并大力提倡兴修水利,凿井溉田和建立社仓等。十五年(1750年),加兵部侍郎。是年秋,黄河在阳武决口。十月,宏谋奉命调任河南巡抚。十一月,他上疏倡议修补黄河两岸以外的旧堤——"太行堤"。⑧同时,他还建议修浚丰乐河、响河、巴沟河和古宋河等河流,对河南御防水患起到了一定作用。

十七年(1752年)三月,宏谋改任福建巡抚。次年十二月,他上奏说:"闽省民风嚣竞,狱讼繁多,一切案件必须上紧查审,剖析是非,迅速归结,方足以儆刁顽,而安良善。"⑨十九年(1754年)四月,他又先后上疏乾隆帝,请求逐月对所属官员稽查一次,考核其审理诉讼案情的多寡,决定其勤惰、政绩,并奏请允许出国经商者及其妻妾子女回籍。是年五月,他又调任陕西巡抚。九月上疏,建议为适应向准噶尔进军的需要,设置台站和增雇民间骡马、车辆以及采购谷麦;同时他还建议增补陕西的常平仓,以备荒济民。他还特意从江浙一带招募不少养蚕能手,教当地民众养蚕缫丝,并鼓励百姓种树和山薯,凿水渠、造水车,并教民戽水方法,用以农田灌溉,他还上疏请求疏通西北地区赤金、靖逆、柳沟、安西和沙洲等之泉眼,以扩大水源。此外,他上疏请示疏凿陕南商州龙驹寨一段的汉江险滩，以使较大的舟船可畅行至湖北。十一月，他又上疏就地采购铜斤，铸造铜钱以补充陕省铜钱短缺。

二十年（1755年）初，宏谋拨陕省八百匹马支援甘肃台站，用来运送清军入疆。三月，调任甘省巡抚，因对平准战争有功，加一级，不久调往湖南。此时正值苏北淮、扬一带发生水灾，他除按乾隆帝指示截留漕粮二十万石外，又主动拨米十万石运到苏北平粜，以防奸商囤积居奇。九月，他上疏弹劾湖南布政使杨灏侵扣谷价，受到乾隆帝表彰。二十一年（1756年），他调江苏巡抚。他鉴于"苏俗好华，为具条约，宴会，服饰不得过度，妇女勿游观，禁僧道为靡曼之音，而痛惩其浮者"。⑩觐见乾隆时，他建议要大兴水利，以使江河上下游畅通无阻，并与安徽巡抚高晋一起主持江南水利工程。先后疏丁家沟，扩展金湾坎，浚徐六泾、白茆口，加强太湖泄洪能力；筑崇明岛土塘防海潮；在苏北除疏浚大运河外，还修了许多沟洫，以助排涝防旱；他还鼓励民众广种芦苇，扩建圩田。还颁布了弭盗之法，重诬良之令；严禁民众将先人灵柩淹葬或火葬；他注重民间福利事业，设办各种善堂、育婴堂等，以解决孤老病残和弃婴等问题。是年十二月，擢升为两广总督。二十三年（1758年），以总督衔仍任江苏巡抚，并加太子少傅。二十四年（1759年），因在任两广总督时，曾奏请增拨盐商帑本，被乾隆斥责为"市恩沽名，痼习未改"，⑪再加上捕蝗不力，下旨夺去总督衔，而以巡抚留任。二十六年（1761年），因失察浒墅关侵渔舞弊之事，被革职留任，不久，调任湖南巡抚。他广招百姓开垦云龙山下的荒地，并严禁洞庭湖滨的居民围湖造田，以防止水面缩小，减弱其防洪蓄水的能力。

二十八年（1763年），迁任兵部尚书，加太子太保。寻入京，授吏部尚书，充经筵讲官。在其掌管吏部事务时，曾上疏建议文武官员皆有抓捕盗贼的责任，实行"营员会讯"，以解决州县捕役与营员间的矛盾。

宏谋"外任三十余年，历行省十有二，历任二十有一。所到处，无问久暂，必究心于人心风俗之得失，及利害当兴革者，分条钩考，次第举行"。⑫他每到任所必把所属村庄河流等绘画成图悬挂墙上，供其规划、建设和巡查时参考。每当他去任时，必把所干之事上报朝廷，恳请接任者继续完成。他考察下属官吏的操守非常严格，但仅择其中劣绩昭著而有代表性的少数人进行弹劾，以起到杀一儆百的作用。宏谋是一位官吏兼学者，能将学到的知识变成为官之道，即"学以不欺为本，与人言政，辄引之于学，谓：'仕即学也，尽吾心焉而已。'故所施各当，人咸安之"。⑬

二十九年（1764年），宏谋擢升协办大学士，并获赐紫禁城骑马。接着，他先后任国史馆、玉牒馆和三通馆的副总裁，上疏建议：凡与提镇同城的道员，请一律加兵备衔，使其互相牵制。三十二年（1767年），任东阁大学士兼工部尚书。三十四年（1769年），以病请辞官，未获准。三十六年（1771年）春，因病情加重，又一次提出辞官休息，才得到乾隆帝应允，并加封其为太子太傅，俸禄照发，同时赐给御用服冠，并令其孙陈兰森陪同他，经运河水路还乡，所经各地方官员二十里以内者，均要亲自迎送、护行。正巧那一年乾隆帝东巡，在天津行宫（即武清宝稼宫）君臣又一次会面，并再次赐诗。同年六月，当其行至兖州韩庄时，病情加重，死在了船上，终年七十六岁。乾隆帝听到宏谋病逝的消息，心情十分悲痛，下诏令其入祀贤良祠，赐祭葬，谥文恭。

宏谋身兼学者和官吏，故能够为官时常常用孔孟之道要求自己。他曾说："是非度之于己，毁誉听之于人，得失安之于数，三者缺一不可。"又说"学问需看胜我者，境遇需看不如我者"。⑭

宏谋一生著述较多，主要有《大学衍义辑要》六卷、《大学衍义补辑要》十二卷、《吕子节录》四卷、《补遗》二卷、《养正遗规》三卷、《养正遗规补》一卷、《在官法戒录》四卷、《培远堂偶存稿》十卷,此外尚有《教女遗规》、《训俗遗规》、《从正遗规》和《学仕遗规》等多种。

　　宏谋妻杨氏先卒,生一子亦早殇,后以其兄子陈钟珂为后。

注:

①　胡虔等:光绪《临桂县志》,卷29,《人物》。

②　李元度:《国朝先正事略》卷16,《陈文恭公事略》。

③　徐世昌:《清儒学案小传》卷7,《临桂学案》。

④　《清史稿》卷307,《陈宏谋》所记为:"请令废员垦田报部,以额税抵银得复官,报垦三十万亩。"

⑤　《清史稿》卷307,《陈宏谋》。

⑥⑦　《清史列传》卷18,《陈宏谋》。

⑧　据朱方增辑《从政观法录》卷25记载:"河南原有古堤一道,自怀庆府之武陟县起。由获嘉、新乡、延津至滑县、直隶长垣之交界山,土人曰:'太行堤'"。

⑨　台湾故宫博物院辑:《宫中档乾隆朝奏折》第7辑,第164页。

⑩　钱仪吉:《碑传集》卷27,袁枚《东阁大学士陈文恭公传》。

⑪　同注⑤。

⑫　同注②。

⑬　同注⑤。

⑭　同注②。

吴 达 善

吴伯娅

吴达善,姓瓜尔佳氏(或译瓜勒佳氏),字雨民,满洲正红旗人,生年不详,卒于乾隆三十六年十月二十七日(1771 年 12 月 3 日)。他是乾隆年间久任封疆的重要官员。

青年时期,吴达善聪明好学。乾隆元年(1736 年)中进士,得授户部主事,从此开始了他长达数十年的仕宦生涯。

在户部,他连续任职六年,后迁员外郎。十三年(1748 年)迁国子监祭酒。十五年(1750 年)六月,迁光禄寺卿,十二月升为内阁学士。十七年(1752 年)授盛京礼部侍郎。不久,调刑部。第二年又调兵部侍郎。十九年(1754 年)调工部侍郎,兼镶红旗满洲副都统。

十九年,准噶尔部内乱加剧,厄鲁特蒙古纷纷内附。乾隆认为平定准噶尔割据势力是康熙、雍正两朝筹办未竟之业,"准噶尔一日不定,其部曲一日不安",①国家的统一也就无从实现。因此,他决定利用达瓦齐众叛亲离的时机,出兵伊犁,平定准噶尔。二十年(1755 年)二月,清军分两路进军伊犁。这是乾隆时期具有重大意义的军事行动,也为清朝的文臣武将提供了施展才能的机会。吴达善就在此时开始成为政治舞台上的重要人物。

二十年五月,吴达善被授为甘肃巡抚。这时,第一次平定准噶尔的战役刚刚结束,达瓦齐虽被擒获,但还有许多善后事宜有待办理。清军进征伊犁时,甘肃地区设立了许多台站,承担转运军需的重任。"大兵凯旋,军粮在所必需",②甘肃地区转运军需的工作仍在继续。吴达善身为巡抚,表现出色。七月,他以查办军台无误,军功加一级。

清军大部分撤离伊犁之后,阿睦尔撒纳公开叛乱。于是,乾隆发动了第二次平定准噶尔的战争。甘肃省继续承担起转运军需的重任。二十一年(1756年)五月,乾隆谕道:甘肃一应军需多于甘、凉、肃等府州县就近采办。此数郡小民急公趋事,较之他属,倍觉勤苦出力。著加恩将甘、凉、肃等府州县本年应征各项钱粮米豆草束一概蠲免。"该督抚其督率各地方官实力奉行,务俾边郡小民均沾实惠。"③

战争给甘肃带来的负担是沉重的,乾隆的上述恩诏无异于杯水车薪。二十一年六月,吴达善上奏,请将甘肃省乾隆十年以后民欠钱粮草束,援恩诏酌免。他的奏疏引起了乾隆的重视。九月,乾隆再次颁谕:甘肃地方承办军需,小民趋事赴公,均属勤苦,著将甘省十一年至十五年民欠钱粮一概蠲免。承办军需出力尤多的府州卫县,本年应征钱粮一概蠲免,或部分蠲免。并谕令督抚等董率属员,实心办理,务使膏泽下逮,以副优恤边民之意。④

在平准战争继续进行的紧张时刻,吴达善抚兵恤民,一边认真办理蠲免等事务,一边竭尽全力,承办军需,以保证战争的顺利进行。他的所作所为受到了乾隆的嘉奖。二十一年十一月,乾隆宣谕:吴达善"宣力军营,实心办事,著赏给孔雀翎,以示奖励"。⑤

同月,吴达善奏报:"接准雅尔哈善等密札奏稿二件,一系厄鲁特等抢夺解送兆惠处马匹,一系询问多尔济哈萨克所供情由。如此负恩肆恶之逆贼,自必即日就擒。臣思肃州系军需总汇,一俟清厘积案后,即借巡边为名,于本月二十二日自兰起程前往,就近与(陕甘总督)黄廷桂密为商办。"乾隆览奏后,当即作了批示,字里行间流露出对吴达善的赏识。他批道:"有旨令汝赴巴里坤,汝宜前往照料。黄廷桂年老之人,坐办运筹在于彼,驰驱督理在于汝。汝二人如心腹手足,一体合意,何事不济耶!勉之。"⑥

二十二年(1757年)三月,吴达善疏称:中卫县所属白马寺滩的红柳沟、冯城沟,于上年七月内因山水陡发,飞槽环洞均被冲坏。请于红柳沟改筑石槽,至冯城沟旧基洼下。并于旧洞南另筑底塘,其桥洞飞槽,作速建造。工部议复:应如所请而行。

就在这年夏天,甘肃许多地方都出现了灾情。六月,吴达善奏报:碾伯、会宁等三十八州县厅各村庄,或因崖土坍塌,或因雨水带雹,山水涨发,间有损伤田禾,冲压房屋,淹毙人口之处,现正在伤查抚恤。乾隆批示道:甘省"今岁被灾情形视往年较广,朕心深为轸念。著该抚董率属员,将灾地逐一详勘。其有可以补种杂粮者,即速酌量借给籽本,赶种晚秋,以望西成。其冲倒房屋以及淹毙人口、牲畜,著即行确查,照例按数赈给"。但在作此批示之时,乾隆想起了不久前蒋嘉年的奏疏。内称甘省各属雨水调匀,秋禾滋长,通省民情欢悦。乾隆不禁大怒,痛斥蒋嘉年"所奏全属牴牾。向来藩臬本无紧要陈奏之事,惟地方雨水收成情形,乃分所当奏,自应详查据实入告。乃虚词粉饰如此,其不实在留心民瘼可知。著传旨严行申饬,并令将各属望雨之处,现在曾否得雨,详悉奏闻"。⑦

八月,吴达善奏言:甘肃安西提标各营兵,每年应支本色粮,例来按距肃州远近折价,自赴肃州买运。今年安西等卫受到风灾,粮价昂贵,折价不符,请将安西提标各营本年冬季兵粮,由附近各卫仓借用。卫仓因此所缺粮,等粮价平稳时,再按数买补,所用银两在各营饷内扣还。乾隆采纳了他的意见,如所议而行。就在这一年,议叙军功,吴达善被加一级。

此时,阿睦尔撒纳已亡,第二次平定准噶尔的战役结束。二十三年(1758年)正月初一,乾隆宣布:甘肃承办军需,小民趋事勤苦,殊堪轸念,特将该省二十三年地丁钱粮悉行蠲除,十六年至二十二年民欠钱粮通行豁免。令督抚董率属员,实心查办。

庆功之时,乾隆没有忘记台站的作用。一月四日,他谕道:数年进兵以来,自巴里坤至军营,所设台站官兵,驰送事件尚无贻误,且有剿杀贼众,夺回劫掳官物者,应加特恩以示奖励。他令吴达善等查明台站笔帖式内,有遇贼剿杀,夺回官物者,或题补本部主事,或交部议叙请旨,其余兵丁概赏两月钱粮。

平定准噶尔之后,清政府又进军天山南路,对回部采取军事行动。甘肃继续承办军需。二十三年六月,吴达善疏言:"军粮由肃州运至哈密,转运军营,每石需费十二、三两。向来凯旋官兵,盐菜口粮,长支者按口抵扣,少领者按日补给。兵丁借以橐卖,制办衣履,请嗣后酌以二成本色、八成折价支给,既得随时支用,亦可稍省运费。"⑧这一建议被下部议行。七月,吴达善加太子少保。

二十四年(1759年)一月,陕甘总督黄廷桂病故。吴达善因在甘抚任上表现出色,遂被补授陕甘总督。此时,统一回部的战争正在紧张进行。二月,吴达善奏言:现办军需,官驼难得,而辟展以西,运粮多得一车,即可省驼数只。据粮员申称,现有车四、五百辆,加紧转运。但是,过了辟展之后,道路愈远,裹带愈难,加之物价昂贵,该运户等口粮草料,脚价不符,请照重运脚价,减半给予回空。乾隆批示:"如所议行",并语重心长地对吴达善谕道:"今授汝为总督,一切汝应勉效黄廷桂之居心办事,勿负朕倚望之意。"⑨

不料,吴达善很快就使乾隆大失所望。三月,清军在阿克苏休整,厚集兵力,调运物资,准备进击大小和卓。吴达善奏报:军营马驼共需三万匹。兆惠未到阿克苏,已解送一万六千余匹,直、晋二省驼只,现陆续出关等等。乾隆对此大为不满,谕道:"该督所办,亦不过敷衍成文,原无实济。若黄廷桂在,必不肯如此。朕实痛惜良臣,益为愤懑耳!"⑩四月,授杨应琚为陕甘总督,吴达善以总督衔管甘肃巡抚事务。十一月,他奏言:宁夏府属横城堡滨河涨塌西南角楼墙垣,请求于东岸筑草坝以御河流,城下堆碎石六十四丈护城垣,接修草坝防风三十余丈,砌西岸游嘴,俾大溜北行,庶可化险为平。

翌年一月,在处理甘肃东乐知县崔琇擅动驿递投寄家书一案时,吴达善再次触怒乾隆。乾隆谕军机大臣道:吴达善所奏崔琇赎罪一折,甚属非是。折内称崔琇驰递家书,原因承办军需,挪用库项,不得开销,急求弥补,真是谬戾已极。折内还请求将崔琇留在甘肃差委,俟三年无过,题请录用,更是诞妄之至。"吴达善向来似属稍知事体之人,何昏愦糊涂至此。朕实不解,著传旨严行申饬。"⑪

二十五年(1760年)十二月,吴达善以总督衔调补河南巡抚,兼管提督事务。⑫到任不久,他就参劾河南盐道衙门收受公费。乾隆令将有关人员提审查办。随后,他又上奏,提出更改营制的四条建议:一、延津县向设千总一,隶开封营,封丘县驻卫辉营,外委把总一。现在,延津已属卫辉府,封丘县属开封府。请撤协防封丘的外委把总回卫辉营,移原驻延津的开封营千总驻封丘兼防阳武县为专汛,归开封营都司管辖。移卫辉营千总一驻延津为专汛,归卫辉营参将管辖;二、胙城是新乡县专汛。如今延津既拨卫辉营千总移驻巡防,请仍将胙城外委为协防,以延津千总为胙城专汛;三、王禄营驻扎荥泽、向设守备一、马步兵一百三十,应改归河北镇标中军兼辖。改原武汛外委把总为王禄营协防,同荥泽、获嘉二县以王禄营守备为专汛,归河北镇游击兼管;四、卢氏县汛属嵩县营守备辖,河南府参将兼辖。请移嵩县城守备驻伏牛山的孙家店,移陕州营协防灵宝县的外委千总一、陕州营马兵三、步兵二十二驻卢氏,归陕州都司兼辖。嵩县营原设卢氏县把总、马步兵拨归孙家店营守备管辖。这些建议被下部议行。

吴达善很快又得到了乾隆的重用。二十六年(1761年)四月,他调任云贵总督,翌年六月,兼署云南巡抚。在云贵,吴达善任职三年,重要的政绩是更改兵制,大的举动有两次。第一次,他奏言:云贵各标协营,每兵千名设藤牌兵百名。提督抚标兵多,藤牌兵尚成队伍。而各镇协营兵有分防汛守及护解饷鞘等差,藤牌兵少,又不适用。请以七成改鸟枪手,三成改弓箭手。第二次,他奏言:贵州都匀协、铜仁协兵马钱粮向无专司中军,请裁都匀协分防独山州的右营游击,改设中军都司,兼管左营司,随都匀协副将同往都匀府城,移左营守备驻独山汛。改八寨左营游击为右营,以符营制。裁铜仁协驻府城的左营游击,改设中军都司,兼管右营事。裁铜仁协副将驻松桃,移原驻松桃的左营守备驻铜仁府城。以上建议,都得到了清政府的批准。

二十九年(1764年)六月,吴达善调湖广总督,七月,兼署湖北巡抚。当时,湖广境内,"沿江上下多有盗劫,商民颇以为患。达善赐以重赏,置之极法,其后江行清谧。"⑬

两年之后,吴达善又调任陕甘总督,回到了他曾经任职多年的地方。三十一年(1766年)十二月,他奏言:木垒一带,土地广沃,请将招集民户编里,一里分十甲,每里选里长一名,每百户选渠长、乡约、保正各一名,以资钤束。户民屯地,请均匀丈拨。凡有讼狱各案,由守备审理命盗案,守备验实讯供,巴里坤同知审拟招解。这个建议得到批准。

三十三年(1768年),吴达善再任湖广总督,第二年兼署湖南巡抚。再治湖广,他又一次被称为"严毅善治盗"。⑭最有名的事件是惩治冒名罪犯熊正朝。湖南巴陵(今岳阳)有位方显,官至巡抚,乾隆六年去世。巴陵积匪熊正朝伪称方显之子,鲜衣怒马,寓居省城,与绅士相交结,乘间攫取财物。吴达善侦知,将其捕获,"立寘之法,株连者薄治、省释有差,自是盗贼敛迹"。⑮

任职湖广期间,吴达善还曾奉命赴贵州,同钦差内阁学士富察善、侍郎钱维城等,会鞫知州刘标亏空铜本,巡抚良卿、按察使高积营私徇法案,论罪如律。

三十六年(1771年)四月,吴达善调任陕甘总督,这是他第三次担任此职。时值土尔扈特部内附,乾隆谕赏给羊只皮衣。吴达善办理妥速,议叙加一级。同年十月,吴达善卒于任所。乾隆谕道:"陕甘总督吴达善久任封疆,老成练达。近于陕甘任内办理诸务,更见周详妥协。"⑯特加恩晋赠太子太保,入祀贤良祠,赐祭葬,谥勤毅。

注:

① 《平定准噶尔方略》正编卷12。

② 《清高宗实录》卷489,第21页,中华书局1985年影印《清实录》第15册,第139页。

③ 同上书,卷513,《清实录》第15册,第483页。

④ 同上书,卷521,《清实录》第15册,第572页。

⑤ 同上书,卷527,《清实录》第15册,第644页。

⑥ 同上书,卷527,《清实录》第15册,第646页。

⑦ 同上书,卷541页,《清实录》第15册,第861页。

⑧ 《清史列传》卷17,《吴达善》。

⑨ 《清高宗实录》卷581,《清实录》第16册,第429页。

⑩ 同上书,卷582,《清实录》第16册,第434页。

⑪ 同上书,卷604,《清实录》第16册,第782页。

⑫ 《满洲名臣传》、《八旗通志》和《清史列传》等书,都记载吴达善调任河

南巡抚的时间为二十四年十二月。今据《清高宗实录》卷 627，确定为乾隆二十五年十二月。

⑬　杨承禧：民国《湖北通志》卷 121，《职官志》15，《宦绩传》5。

⑭　李桓：《国朝耆献类征初编》卷 177，《吴达善》。

⑮　李瀚章：光绪《湖南通志》卷 105，《名宦》14，《吴达善》。

⑯　同注⑨。

海 兰 察

冯佐哲

海兰察,鄂温克族人,①后归入满洲镶黄旗,姓多拉尔氏,世居黑龙江呼伦贝尔海拉尔地区(今内蒙古自治区呼伦贝尔盟海拉尔),生年不详,卒于乾隆五十八年(1793年)。他是乾隆时期的著名勇将。

海兰察出身贫寒,从小为人佣工,放牧、赶车等各种苦活他都作过。成人后面黑如铁,体格健壮,力大过人,能骑善射,武艺高强,传说他箭不虚发,"中者辄死"。有一次他上山打猎,巧遇两只猛虎,当时他只带三矢,"发二矢毙之",箭囊中还剩一矢,于是人们争"传其勇"。②他平生不谙汉文,不苟言笑,并很少与人结交。由于他长年在山林中狩猎,积累了经验。他曾读过《三国演义译本》,使他后来在征战中得以运用。传说他枕弓,可以听测敌人的骑兵人数多寡,并能知晓敌军距离远近。

乾隆二十年(1755年),海兰察"以索伦马甲随征准噶尔"。③因他单骑穷追并生擒了已经降清、后又反叛投靠阿睦尔撒纳的辉特台吉巴雅尔,立了大功,被赐予额尔克巴图鲁称号。同时被擢升为二等侍卫,不久又被提升为头等侍卫,命在乾清门行走,并授予骑都尉世职,在紫光阁悬挂绘像。二十五年(1760年),奉命归入满洲镶黄旗。三十二年(1767年)五月,他从征缅甸。十二月,清军出虎踞关,海兰察率领一支轻骑兵首先赶到罕塔地方,与敌军相遇,射死三人,活捉七人。接着又进击老官屯敌军,斩杀二百多人,还利用伏击战术歼灭四百多人,并打败了从猛密来偷袭的敌军。三十三年(1768年),他随军又度万仞关向缅甸腹地进军,在戞鸠江畔打败敌军,并烧毁了沿江敌营,因功授镶黄旗副都统。三十四年(1769年)十月,清军再一次攻打老官屯,在锡箔地方与敌相遇,杀伤其大半,并擒获两人而归。次年,清军撤兵回国,海兰察与总兵哈国兴等人奉命留守云南边关。三十六年(1771年),命其为镶白旗蒙古副都统。此时正值第二次平定金川之役,他奉命从云南赶到四川前线。三十七(1772年)六月,他配合参赞大臣丰升额攻打美美寨,经过激战,将其攻克,接着又乘胜连拔十三个寨卡。七月,在策卜丹打败土兵。八月,土兵拟在贡噶山左截掠官军粮饷,被海兰察率领伏兵打败,共歼敌百余人。十月,他又率军攻打路顶宗与喀木色尔,攻下敌寨五十余座,碉卡三百多个,共歼敌几百人。为此,乾隆帝特谕嘉奖,擢为正红旗蒙古都统。十一月,官军至格实迪,从色木僧格山后攻打玛觉乌寨、布喇克寨、扎喀尔寨,连破碉卡九十余个。十二月,他率军攻打明郭宗,突入寨门,焚转经楼,直捣小金川官寨美诺,从而平定了小金川。他因功被擢升为参赞大臣。

小金川平定后,官军又分兵三路向大金川进军。海兰察随将军温福从西路功噶尔拉进发。三十八年(1773年)二月,官军向昔岭进军,途经苏克奈,攻下两个碉卡,占据了木果木后山,与领队大臣额森特率领的官军会师。昔岭是一个战略要地,土兵在此筑有碉卡群,仅当道要冲者就有十座碉。海兰察与额森特商量把所率官军分成六队,在冰雪中鏖战,连拔数碉,歼敌二百余人,并夺取得斯东寨。接着攻打大木栅,受到土兵顽强抵抗。此时乾隆帝按着地图指挥诸将作战,海兰察奉命移军攻打功噶尔拉山口。五月,官军再一次攻打昔岭，"造炮台高与山齐，痛歼守贼"。④六月，土兵攻陷底木达，进据登春。海兰察立即率军回防，正在激战之际，忽闻木果木官军大营吃紧，便驱军前往，但为时已晚。土兵攻陷了木果木大营，将军温福战殁，兵士溃散，损失惨重。于是，海兰察率官军经功噶尔拉、崇德等地退守美诺。

军心稍定，海兰察派额森特率领官军千人，去迎驻扎在当噶尔拉的阿桂军。七月，土兵攻陷美诺、明郭宗等地，海兰察率军退保日隆。为此，乾隆帝下谕将其降为领队大臣，并停发俸禄，以观后效。十月，乾隆帝命阿桂为定西将军，重新向大金川进军。海兰察与常青等人率领八千士卒，从达木巴宗北山分路进发，先攻下别斯满大小十余寨，后又与富兴军一起连克帛噶尔角克、底木达和布朗郭宗等寨，并收复了美诺。为此，乾隆帝下令嘉奖，并恢复其俸禄。

海兰察平生最佩服阿桂，"任其驱使"。他曾说："近日大臣中知兵者，惟阿公一人而已，某安敢不为其下？其余皆畏懦之夫，使其登坛秉钺，适足为殃民具耳！某安敢为其送死也？"⑤三十九年（1774年）正月，阿桂令海兰察率五千官军进谷噶山袭击土兵。他在保宁、普尔普和额森特等人配合下，攻下了土兵险要据点罗博瓦。七月，又攻克得斯东寨和色溯普等地。在战斗中海兰察不但勇猛果敢，身先士卒，而且他能善思多谋，力争智取。在攻打色溯普战役中，他命令"从石壁陡滑处，官兵手足攀附而进，埋伏碉旁。黎明一涌而登，直上东边峰峦突起的碉顶，砍开碉门，跃入碉内，将贼众尽行杀死"。此次"攻得战碉三十六座，木城五座、石卡五十余处、平碉一百余间"。⑥接着他又与额森特、官达色三路人马并进，向逊克尔宗进军。乾隆帝听到这个消息后非常高兴，赐他"绰尔和罗科巴图鲁"名号，并赏银三百两。九月，官军攻克逊克尔宗水碉，将敌军水道断绝。紧接着海兰察又率领官军攻打土兵头目所居的"官寨"（亦称

"正寨"），不幸左颊受伤。但他并没有下火线，稍作包扎就又重新参战，最后攻下以凯立叶官寨为首的数百寨落。为此乾隆帝下谕恢复了他参赞大臣的职位，并命其在御前侍卫上行走。

　　四十年（1775 年）二月，官军攻克了甲尔纳沿河诸寨。四月，阿桂命令海兰察前往宜喜，会同明亮察看进兵路径，约期会攻大金川官寨勒乌围。随后，他偕福康安等人先后攻克甲索碉、得楞山冈、巴木通大碉、色尔外、安吉、达佳布等寨，焚烧了噶尔丹寺，紧接着又攻下了果克多碉、拉枯喇嘛寺和章噶上下十余寨。八月，官军攻克勒乌围。大金川土司索诺木逃往噶尔厓。九月，官军进攻噶尔厓。海兰察率军绕至莫鲁古地方，连克噶克底、绰尔丹和科布曲诸碉卡。十二月，官军将噶尔厓层层包围，寨内一片惊慌。翌年二月，索诺木投降，至此大小金川完全平定。海兰察以功被封为一等超勇侯，授领侍卫内大臣。四十五年（1780 年），补公中佐领。

　　四十六年（1781 年）三月，在甘肃循化爆发了苏四十三领导的撒拉族农民起义。他们攻打省会兰州，不克，便进据兰州城西面的华林山。乾隆帝派阿桂、和珅等人率兵前往镇压。海兰察自请赴甘相佐，被任命为领队大臣。同年四月，海兰察至兰州后，阿桂命其总领营务。五月，他与明亮、额森特等人率军分左右两翼，经龙尾山、水磨沟，猝上华林山，斩杀夥多。闰五月，他率阿拉山骑兵在华林山附近与起义军展开激战，在步战中受了枪伤，但仍坚持拚杀。他还单骑至五泉山调查敌情，后乘起义军返回华林山的途中，他利用伏击战术，一举歼灭了起义军。为此，其长子安禄被授予三等侍卫，入宫服务。四十九年（1784 年）春，甘肃回族新教复起，并占据静宁、底店地区。乾隆帝命福康安督师，海兰察为参赞大臣前往镇压。海兰察又一次利用伏击战术攻克起义军据点石峰堡，并擒获义军首领张文庆等人。因功其子安禄擢升为二等侍卫，并授予骑都尉世职。

五十二年（1787年），台湾林爽文领导天地会起义，围攻嘉义县。乾隆帝命将军福康安督师，海兰察为参赞大臣前往镇压。十月，官军渡海从鹿仔巷登岸。三天后，海兰察率兵二十人至彰化八卦山观察地势时，与起义军相遇，以少胜多打败了敌人。十一月，从笨港出发，与福康安所率官军一起，分五路向嘉义进军，经仑仔顶、仑仔尾、牛稠山和大排竹等地，一路连败起义军，解除了嘉义之围。因海兰察勇略过人，被擢升为二等超勇公，赐红宝石顶和四团龙补褂。十二月，他率领官军围剿嘉义附近的大仑庄、兴化店、员林庄、中林、大埔林、大埔尾、斗六门和水沙连等地起义军，并向林爽文起事的据点大里杙庄猛攻。林爽文逃往番社。五十三年（1788年）正月，海兰察率部在老衢崎擒获林爽文，将其槛送北京。二月，起义军的另一位领导人庄大田亦战败被俘，后遭杀害，起义最后失败了。海兰察因功被赐予紫缰、金黄辫珊瑚朝珠，再一次绘像紫光阁。

五十六年（1791年），在英国殖民者的怂恿下，廓尔喀（今尼伯尔）统治者勾结六世班禅之弟沙玛尔巴武装入侵后藏。兵锋直至日喀则，并大肆劫掠扎什伦布寺珍宝、财物，给藏族人民造成极大灾难。应达赖和七世班禅的请求，乾隆帝任命福康安为将军、海兰察为参赞大臣，率军经青海赴藏反击廓尔喀侵略军。五十七年（1792年）三月，海兰察抵达后藏。他与阿满泰等人率领中路官军，经擦木、玛噶尔辖尔甲、热索桥、旺噶尔、克堆寨和旺堆等地，最后抵达集木集山，与其他几路官军会师，并与廓尔喀军展开激战，大败之，迫使廓尔喀军投降，退出西藏。因功海兰察被擢升为一等超勇公，由于他在长年征战中多次负伤，并且患有腿疾，回京不久便卧床不起，五十八年（1793年）三月病逝，谥武壮。乾隆帝特谕准入昭忠祠。此外，在台湾和黑龙江都为他专门修了祠堂。他生有二子，长子安禄,次子安成。安禄袭公爵,并授头等侍卫。

注:

①　在清朝文献中,海兰察为索伦人。据考,索伦系指今天的鄂温克、鄂伦
　　春和达斡尔族的总称。"海兰察"原为鄂温克语"海拉尔一带树林"之
　　意。

②　李桓:《国朝耆献类征初编》卷294,《海兰察》。

③　《清史列传》卷25,《海兰察》。

④　《清史稿》卷331,《海兰察》。

⑤　昭梿:《啸亭杂录》卷9,《海超勇》。

⑥　《清高宗实录》卷962,中华书局1986年影印《清实录》第20册,第
　　1045页。

傅鼐

卢　经

傅鼐，字重庵，顺天宛平（今北京）人，原籍浙江山阴（今浙江绍兴）。生于乾隆二十三年（1758年），卒于嘉庆十六年（1811年）。他于乾隆六十年（1795年）至嘉庆十四年（1809年），在湘西镇压苗民起义，办理"善后"，实行"屯田养勇"，"设卡防苗"以及一系列的"化导"措施，累官至湖南按察使，兼署布政使。

傅鼐由吏员出身，捐纳府经历，乾隆五十二年（1787年）分拨云南，五十六年署广南府经历，六十年七月实授，是月任宁沮县知县。十二月，云贵总督福康安、四川总督和琳镇压湘西苗民起义，攻剿百户（苗民地主）吴陇登于鸭保寨，他奉檄"随营委办军饷，调剂催趱"，因奋勉出力有功，奉旨"以直隶州同知升用并赏戴花翎"。①

嘉庆元年（1796年）七月，清军镇压乾嘉苗民起义近于尾声，而湖北白莲教起义不断扩大，主帅和琳奉命移师湖北。为加强对苗疆的统治，防止新的起义，安抚降苗，使其"以图生路"，和琳拟定"苗疆紧要善后章程六条"，经军机大臣核议奉准，"依议"施行。其主要内容是：在苗疆清厘界址，归并营汛，设置苗官，修理城垣，收缴鸟枪器械，安抚难民等。以此加强对"苗疆"的军事控制和防范。十二月，平陇失守，乾嘉苗民起义失败。当时，湘西苗族地区聚集着数十万饱受战火蹂躏，生活无着的苗汉"流民"和"降苗"，土地荒

芜,家园残破,这是"苗疆"一个严重的不安定因素。清政府对被迫
投降的苗民作出"凡汉民侵占苗地,胥给降苗及无业穷苗,俾奸民
无所图利"②的让步,并且每月发给降苗盐粮、银钱等物,以示羁
縻。嘉庆二年(1797年)三月,清军留兵三万分防苗疆,主力移征湖
北。八月,傅鼐调任湖南凤凰厅同知,具体负责实施"善后章程"中
所规定的内容。在实施过程中,他根据苗疆的具体情况增加了一些
新的内容。

　　明王朝对苗族实行隔离政策,曾在凤凰同铜仁交界的亭子关
至乾州厅北部的喜鹊营,修筑过一道三百多里的土墙,称"边墙",
将苗疆分为苗民聚居区和苗汉杂居区。明末农民起义,当地苗民响
应反抗明王朝,边墙随之而被踏平。傅鼐到任不久,与镇筸镇总兵
富志那在凤凰厅境内重新修复边墙,并增修碉堡和哨卡。他采用就
地取材的办法,"近石以石,远石以土",在边墙上"留孔以架枪炮",
在边墙外"掘壕以限人马",形成"边墙亘山涧,哨楼倚边墙,炮台横
其冲,碉堡扼其要"。③使边墙、碉堡、哨卡形成一个军事防御的整
体。边墙的修筑一开始就遭到苗民的强烈反对。他们不断地捣毁
边墙、哨卡,击毙修堡的清兵官员。傅鼐一面率兵镇压,一面修复。
历时三载,终于在乾州、永绥、保靖、古丈坪诸厅县,总计修复明代
边墙三百余里,共建关墙、汛堡、屯卡、碉楼、炮台、关厢、关门一千
一百七十六座。"关墙则以严疆界,炮台则以为堵截攻战之所,哨台
则以为巡逻瞭望之所,屯堡则以为边民聚卫之所,碉卡则以守亦以
战。"④边墙的修筑使清军主力北撤后,清政府对苗疆的军事控制
得到了加强。

　　镇筸(凤凰)三营的苗民因山多地少,历年以赴泸溪、麻阳二县
佣工觅食为生。自边墙修复以后,他们外出谋生的活路被切断,苗
民"不敢复出,民间亦不雇佣"。造成"无业贫苗乏计营生,起意纠抢

田禾"。⑤嘉庆四年（1799年）九月，镇箪左营苗民吴陈受约集火麻泡、欧阳坡等七寨苗民数千人举行武装起义。他们猛突碉卡十余次，企图打通去泸溪、麻阳的出路，并击毙营总周寿才、苗弁龙天才。傅鼐与镇箪镇总兵富志那等，急忙派兵前往镇压，并请兵增援，一时间湘西震动。嘉庆帝哀叹道：湖南苗疆，前此福康安、和琳在彼剿办，不过就此了事，其实何尝底定。急将姜晟从湖北调回。姜晟害怕苗民互相联合，酿成更大规模的起义，认为用镇压的办法"恐致不能歇手"，只能设法"擒获首恶要犯，严办示惩"。此办法得到嘉庆帝的认可。傅鼐具体策划参与了这一计划。十二月初三日，他利用投靠清军的苗弁"劝谕各寨苗人，令其齐集营卡，饮血具结，以便代求饶恕开恩"，否则就"雕剿几寨"相威胁，诱降起义军。他预先安排苗弁往复数次，各寨始聚有五十余人，"吴陈受亦在其列"。他当场将吴陈受"擒缚"，解往乾州"凌迟处死"。⑥他因此有功获清廷嘉奖、赏给知府衔。

　　在修边墙的同时，傅鼐招集流亡，募选丁勇以守碉堡哨卡。他认为苗疆"非碉堡无以固，碉堡非勇丁无以守，勇丁非田亩无以赡"。然而经费有常，为就地解决军需供给，他仿效汉代以来屯田之法，在湘西苗族地区实行"均田"，以"屯丁养勇"。另外在清厘民苗界址时，因边墙以外的大片地区被划为"民地"，大批苗民被驱赶，他们常常攻击碉卡，阻耕夺牛。为此，傅鼐提出均出一部分田土，分授丁勇，附碉亲耕，且战且耕，使划定的界址得到维护，民、苗各安生业。嘉庆四年（1799年）五月，他在凤凰厅初创"均田之法"。六年（1801年），"均田之法"得到清政府的肯定，他奉命"总理边务"，先后于乾州、麻阳、泸溪、保靖、古丈坪、永绥各厅实行"均田"，总计均出民田六万余亩。凤凰、乾州等五厅县共召募丁勇八千余人。屯长屯丁及老幼丁共领耕三万七千余亩，其余召佃收租。均出的民田称

"民屯",所收租谷称"屯租"。

在苗民聚居区域内,傅鼐将各厅县原设的百户、寨长裁撤,改设苗守备、苗千总、苗把总、苗外委等四百八十六名。对这些设立的苗官"俱给工食银两,责令管束散苗"。[⑦]同时,他又从随征的二万多名苗民中挑留五千名,称"苗兵"。从各厅县苗寨缴出的"占田"、"叛产"田土分给穷苗佃种,秋收纳租供给苗兵,达到以苗养苗,以苗治苗的目的。

嘉庆十年(1805 年),傅鼐于苗族聚居区大规模清丈和收缴苗民的各类田土归公,建立"苗屯",分佃"良苗"、"穷苗"耕种,秋收纳租,以供养苗官、苗兵和地方军政及其他开销。这类被丈缴的苗田包括"叛占田土"、"官赎苗当民田"、"苗人呈出历年争占田土"、"苗弁呈出己田"、"开垦田土"等,总计达七万余亩,所收租谷亦称"屯租"。"苗屯"将私田变成了官田,实际上是在苗区进行了一次土地再分配,相当程度上改变了湘西苗区的土地占有关系,将相当多的耕地由苗汉地主土地私有制度变成了封建国家土地所有制,而没有实现清政府关于"苗地归苗"的许诺。苗族中的少数人,由于势力大,或劳动力多,或生产条件好而占有大量田土,而大多数苗民,尤其是大批"降苗"和"穷苗",都仍少地或无地,得不到安置,缺乏生计,对苗地变成官田极为不满。嘉庆九年(1804 年)十二月,永绥厅丁牛寨苗民石宗四、岩落寨苗民石贵银乃以"阻丈苗占田土,遂纠结近寨数千人围夺官粮",[⑧]响应者十四寨。石宗四率领苗众四千余人攻打当地的清军据点。傅鼐闻讯后,派一名苗守备和一名苗千总前去劝降苗众把他们用木枷锁禁,夺取了他们搜括的官粮。傅鼐见诱降失灵,立即率领练勇千余,并调土塘苗兵二千余人,向起事地区猛扑。苗众两次迎战皆失利,遂放弃丁牛寨,向岩落寨撤退。清军穷追不舍,至乾州厅西北阳孟寨宿营。时值岁末严寒,山路满是冰雪，疲乏而轻敌的清军在阳孟寨大掠吃喝后倒头而睡。五更时，苗众乘夜劫营，一万余人包围了阳孟寨。他们持鸟枪射击，"四面急攻，枪声雷动，势甚汹汹"。傅鼐从睡梦中惊起，光着脚率兵突围，顿时军营乱作一团。不巧"雨霰淋漓而下，苗火绳索尽湿，枪不得施"。清军侥幸地保住了营地，并立即发起反扑。苗众遂被清军所败。

傅鼐为防止苗民再次举事，决定查缴苗民手中的武器。"苗人麇处各寨，地险巢深，执持枪矛是其长技"。他们往往"恃其利器，群相抗拒"，而"枪械一项实为祸本"。自镇压永绥石宗四起义之后，傅鼐乘机亲历各寨厉行查缴，并委员督率苗弁分途收缴枪械，在凤凰、乾州等五厅县共收缴鸟枪刀矛四万一千余件。同时他认为苗民利用"椎牛祭鬼"集会，聚众闹事，"小则附近寨落百十为群，大则聚集邻省苗人，盈千累万，巫师妄言祸福，以惑愚顽，从前癫苗滋事（乾嘉苗民起义）皆由于此"。故"出示严禁"并要各苗弁"出具切结"，该管苗弁如知而不报，则分别治罪。地方武官弁失于觉察则"照例议处"。⑨嘉庆十年（1805年）傅鼐升任分巡辰沅永靖兵备道。

为保证苗疆"无事而谋久安"，他认为惟有使苗民移其习俗"格其心思"。要做到这些就必须"申之以教"，即用汉族统治阶级的封建文化和儒家理论的道德观念，加速苗民的汉化过程，以削弱苗族的民族性和斗争精神，在苗族内部培植封建统治者所需要的人材。所以，在施行"均田屯丁"、建立"苗屯"的同时，他先后采取了一些"化导"政策和措施，如在苗区设立书院六所，即：凤凰厅敬修书院，乾州厅立诚书院，永绥厅绥阳书院，保靖县雅丽书院，麻阳县锦江书院、泸溪县浦阳书院。设屯、苗义学一百二十馆。凤凰、乾州、永绥、保靖四厅县士子和苗生参加乡试，另编字号，分别定额录取举人。另外，为解决教师的俸薪和苗区生童的"试资"，他划拨"膏火束脩田"和教职"学田"，岁收租谷以充教职廉俸薪水，并取消收受新进诸生"贽敬陋规"。经他奏准，于苗屯内拨出新垦田一千亩，收租变价，以充试资。规定各厅生童录取书院正课者、生员科考录取正案者、岁试童生考列前十名者，乡试时各给盘费银一两，院试各给盘费银四两。至于童生，则无论是否列前十名，凡赴县厅府院试者，各给盘费银一两；苗生无论考正案录取与否，凡赴乡试者，各给盘费银十两。从此，湘西苗疆苗族文化颇有改观，读书识字者增多，客观上加强了苗汉人民的文化交流，有利于湘西地区文化的发展。从嘉庆十三年（1808 年）到道光十二年（1832 年）止，永绥、凤凰、乾州三厅乡试中举举人共有十九名。[10]

　　傅鼐治理湘西苗疆十余年，修筑边墙，建立屯田制，屯丁练勇，招募苗兵，建立了比较完备的"苗防屯政"体制，使湘西苗疆"缉宁安堵"。清政府对傅鼐的"治苗"政策和"苗防屯政"，给予充分肯定。嘉庆帝称赞他"洵属杰出之才，堪为苗疆保障"。[11]嘉庆十三年（1808 年）"入觐诏加按察使衔"，翌年授湖南按察使，嘉庆十五年（1810 年），兼署湖南布政使。"正拟逾格施恩"时而卒于任，"加恩赏给巡抚衔并照巡抚例议恤"，[12]并在苗疆建立专祠。

注：

① 《国史列传》，《列传》卷 79。

② 李瀚章：光绪《湖南通志》卷 85。

③ 徐世昌：《大清畿辅先哲传》五。

④ 但湘良：《湖南苗防屯政考》，卷 15。

⑤ 中国第一历史档案馆编：《清代前期苗民起义档案史料》，光明日报出版社 1987 年版，下册，第 440 页。

⑥　同上书,下册,第 449 页。

⑦　同注④。

⑧　同注②。

⑨　但湘良:《湖南苗防屯政考》,卷 4。

⑩　李瀚章:光绪《湖南通志》卷 143。

⑪　同注①。

⑫　李元度:《国朝先正事略》卷 23。

杨锡绂

韩恒煜

杨锡绂,字方来,号兰畹,江西临江府清江县(今江西樟树市)人,康熙四十年十月初一日(1701年10月31日)生,乾隆三十三年十二月初一日(1769年1月8日)死,享年68岁。①他是乾隆时期很有作为的漕运总督。

锡绂于雍正五年(1727年)成进士,任吏部主事,累迁郎中,历贵州道监察御史,广东肇罗道,广西布政使。乾隆六年(1741年)署广西巡抚,因先后两次参与对苗疆的用兵,获军功加一级,改署抚为实任。

广西境内,多民族杂居共处,语言、习俗迥异,保甲法难以推行。锡绂经奏准,在保留各地苗、瑶、侗、壮等原村寨头人管事制度的基础上,结合保甲稽察的寓意,"变通"实行,数月后,即收到成效。如平乐县春夏出借仓谷,居民都分别抱保甲门牌前往领取,杜绝了以往"练保头人冒借短减"的弊病。②

八年(1743年),梧州知府戴肇名向锡绂馈送人参。锡绂坚拒后,即将此事上奏。乾隆批复道:"汝可谓不愧四知矣。但(戴肇名)此过尚小,或……别有他过,自应参处耳。"③不久,锡绂因未能准确领会乾隆的意图,错误地将应"速审具题,明正典刑"的三名案犯"提出当众杖毙",④受到削军功一级的处分。

　　九年(1744年)，锡绂被调入礼部任侍郎。翌年四月，出任湖南巡抚。十三年(1748年)闰七月，因在孝贤皇后丧期百日内"违制剃头"，被革职留任。⑤十月，父丧，回乡守制。十五年(1750年)，他先受命任刑部侍郎，尚未至京，十月，复出任湖南巡抚。一年后，又因母丧去职。十八年(1753年)九月，服满，仍任湖南巡抚。十月，升都察院左都御史。

　　锡绂在湖南任巡抚先后共约五年。除例行任内职责外，他还做了不少较有影响的事。一是在桂阳运铜水路要隘常宁县白沙村稽察处建厂设炉，监督矿商炼铜，增收矿税，以杜绝矿商隐产漏税之弊。二是疏劾原任户部侍郎陈树萱在原籍干预地方官审理词讼，陈被革职。三是认真探讨并回答了乾隆所提出的"近日米贵之由"。⑥锡绂认为，作为清朝粮仓的湖南省，米价不断上涨，每石米由康熙时的不过二三钱，到雍正间的四五钱，直至乾隆时的五六钱。上涨趋势有增无已，究其原因，除人口增长过快、社会风俗奢靡、常平仓积贮过多外，主要是因为农民贫困化日趋严重。贫民卖田，"既卖无力复买"，"田之归于富户者，大约十之五六"。富户有谷不轻易出售，"实操粮价低昂之权"。⑦如果要解决米贵问题，"非均田不可"。然而，均田极难施行。因此，能补救米贵问题的最好办法，就是专意讲求水利。锡绂的见解，受到乾隆的嘉许。

　　十九年(1754年)，锡绂以都察院左都御史署吏部尚书。二月，礼部右侍郎张泰开保举同部左侍郎邹一桂之子邹志伊为国子监学录。乾隆认为，这是官员之间利用职权"瞻徇行私"，发展下去，必将形成"党援门户"，命严加议处。吏部不分轻重主从，将二人均议"降调"。乾隆又认为这是大臣"专擅行私"。⑧锡绂被革职留任，张泰开革职，邹一桂降三级。二十年(1755年)二月，锡绂改署湖南巡抚，五月，改任礼部尚书。二十一年(1756年)十一月，署山东巡抚。二十二年(1757年)正月,任漕运总督。

漕运即水运,是将山东、江苏、浙江、河南、安徽、江西、湖北、湖南八省征收来的漕粮,逐年由运河运往京师。它含有漕粮的征收、监兑、挽运、督押、领运、交仓等若干环节和内容,统称为漕政。漕运总督是总领八省漕政的最高长官,负责督理漕运、佥选运弁、修造漕船、派拨全单、兑运开帮、过淮盘掣、催趱重运、查验回空、核勘漂流、督催漕欠等等事务。二十二年三月,锡绂上任不久,见江南兴武、江淮二卫及大河、宣州、苏州三卫旗丁贫困已极,无力缴还从前所领的漕项银两,便奏请豁免。不料乾隆不仅未准,反而认为这是锡绂"沽名邀誉",令按年扣罚锡绂的养廉银来代偿。⑨

翌年四月,锡绂又疏陈调剂漕运事五条。一是请放宽屯田取赎的年限。屯田是给旗丁提供运粮津贴的根基。长期以来,不少旗丁因贫困将屯田典卖,无力赎回,以致出运失去津贴来源。请准许典价在百两以上的,放宽三年取赎。二是杜绝挂欠。旗丁运粮到达终点,交兑不足额者,叫"挂欠"。对挂欠的旗丁,照例由坐粮厅勒限追补、惩治。为杜绝挂欠,请嗣后除仍旧追、惩挂欠的旗丁外,并将有旗丁挂欠的领运、总运、督运各官弁一并惩罚,不准议叙。三是旧丁债务自偿。往日改佥旗丁,将旧丁所遗留的官私欠项俱令新丁接受,以致新丁未出运而先受累。嗣后,旧丁所欠的公私债务应令欠债人自偿,不许勒令新丁承受。新丁只认交篷樯椇桹索价值。四是避免旗丁倒赔。水次兑漕时,旗丁往往受州县吏胥斛手的剥削,一斛米有少给一二升者。为避免旗丁倒赔漕粮,请嗣后兑漕,准令仓役执斛,旗丁自行执桹。五是运丁运快并佥。江南江淮、兴武二卫有运丁、快丁之分。往日运漕得利,俱争充运丁。后来帮船疲软,有力之家多冒充快丁,所剩运丁寥寥,又贫乏不能出运。请嗣后佥丁,循例运、快并佥,以免狡黠者逃脱。乾隆览奏,认为"确有所见",命下部议行。⑩七月，以锡绂"贤劳懋著"，加太子少师。⑪

　　漕运既是水运，因此，它常需因水制宜，即根据河水的便利与否，调节漕运的路线与办法。康熙中期以前，自南而北的各省漕船一出清口，就要经历数百里黄河之险，然后出徐州，由十字河竹络坝复入运河继续北上。⑫自靳辅开中河以后，南来的粮艘都可避黄河之险。只有每年必须在徐州府兑粮的江北、长淮帮船不能避险。尤其在乾隆十四年竹络坝不开之后，该帮船必须驶经黄河险道，再由中运河南端的杨庄口门进入运河。这既担风险，又耗资、费时、费事。二十五年（1760 年），锡绂针对以上问题，提出以下设想：将该帮船改泊在中运河北端的皂河。它距徐州稍近又离黄河不远。至兑粮时，令州县官代雇小船将漕粮运至黄河与皂河相连处过坝入舱。所需运价，由旗丁自认。这样，就可以减除该帮船近七百里的风险、迂回路。锡绂将以上情况上奏后，立即获准实行。不久，乾隆还谕令撤销锡绂三年前因请豁江南兴武等帮漕项而受到的扣罚养廉银的处分。因为，他认为锡绂"自任漕督以来，于一切转运事宜颇见实心厘剔，有裨漕政"。⑬

　　二十六年（1761 年）十月，锡绂又疏准以下漕运四事：一、板闸、临清、天津三关专司征税，并不负责漕政。可是，三关却沿袭明朝旧制，仍向漕船给发催漕限单，徒增吏胥勒索。请将三关限单裁革。二、州县收兑漕粮，如有搀杂潮润，粮道察出，应将本管知府视徇庇劣员例议处。三、严禁部分军丁借充大小衙门书役抗避佥点。各衙门也不得曲为庇护。四、头舵水手受旗丁雇募，往往于领取工价银后潜逃。请严缉潜逃者，审明发边卫充军。

　　二十八年（1763 年），锡绂晋太子太保。

　　二十九年（1764 年），锡绂疏言：军民户籍各分，既隶军籍，即应听佥办运。然而，各省卫所绅宦富户百计图避，所佥者皆无力穷民,这于情于理皆不公平。请嗣后遇有抗拒金丁者,"富户则按律治罪,绅宦即据实题参。庶奸狡(者)不使脱漏,办运不患无人"。⑭乾隆阅毕,高兴地批道:"杨锡绂此奏可谓大破情面,无瞻徇之习。如所议行。"并交部议叙,予记录一次。原来,乾隆对锡绂很有成见,认为他"素系好名之人",⑮"平素专以沽名邀誉取悦于众"。⑯这时,他完全改变了对锡绂的看法。

与此同时,锡绂还疏言:粮船一向严禁夹带私盐。沿途直隶、山东、淮安、扬州各处搜索很严。惟扬州查盐,除有总督、盐政及漕督各专委员督察外,又有淮扬道、扬州游击、守备,江都、甘泉两县,各差兵役搜查。查后放至钞关,复有兵役拦搜。重复滋扰,粮船因此受阻。如江广帮为通漕殿后,回空过扬已在冬令,距次年受兑时间很近,已无修船之暇。请嗣后事权归一,专听总督盐政委员督察,其余悉停。如发觉漕船夹带私盐,除专参押空之弁外,并领运千总一体参处。乾隆阅后称是,下部议行。

运河水主要来自两岸河流。附近湖泊,也为运河起着蓄泄水的作用。相传苏北骆马湖水是专为江广帮船济运所备的。其他帮船即使阻浅也不能启用。三十年(1765年)四月,江浙帮船阻滞。锡绂与河道总督高晋协商,先开柳园堤口,引湖水注入运河,使受阻的帮船得以通过。然后开王家沟口,又保证了江广帮船的顺利通行。这就使湖水充分发挥了作用。而且,骆马湖上接沂水,下通六塘河入海。每当秋季沂水骤至,湖水多溢向海州、沭阳为患。若于四五月引湖水济运,即可避免秋季水溢之祸,实为一举两利。同年七月,经锡绂奏请,乾隆批准了他的上述作法,并同意将它制度化。

三十三年十二月(1769年),锡绂卒于任所。谥勤悫。

锡绂任漕督长达十二年,为官又"奉公尽职",⑰乾隆对他很满意,在赐诗中称赞他的工作是"司运今番政最良"。⑱锡绂不仅超过了他的前任，也是他继任者所要效法的榜样。由他编撰的《漕运全书》，经批准，已成为乾隆以后办漕官员案头的必备典籍。[19]

注：

①　裘曰修：《裘文达文集》卷6，《太子太保兵部尚书漕运总督杨勤悫公墓志铭》。

②　杨锡绂：《四知堂文集》卷4，《奏疏》。

③　《清高宗实录》卷193，中华书局1985年影印《清实录》第11册，第485页。按："四知"典故，源于《后汉书·杨震传》。杨震出身于有名的弘农世家大族。他任东莱太守时，道经昌邑，县令王密求见。至晚，密以十金献震，并悄言道："暮夜无知者。"震坚拒曰："天知，神知，我知，子知，何谓无知？"密羞愧出。从此，"四知"二字便成为正人君子拒绝馈赠的褒词。杨锡绂《四知堂文集》的名称也源于此。

④　中国第一历史档案馆编：《乾隆上谕》，档案出版社1991年版，第1册，第879页。

⑤　《四知堂文集》卷10，奏疏，第19页。

⑥⑦　同上书，第1—9页。本段引文均据此。

⑧　同上书，卷11，奏疏，第20页。

⑨　《清高宗实录》卷535，《清实录》第15册，第749页。

⑩　《国朝耆献类征初编》卷173，疆臣25，杨锡绂传（国史馆本传）。

⑪　《清高宗实录》卷566，《清实录》第16册，第183页。

⑫　按：当时的黄河河道即今废黄河故道。它流经徐州、宿迁、清江浦（今淮阴）、安东（今涟水）一线，东入黄海。

⑬⑭　同注⑩。

⑮　《清高宗实录》卷287，《清实录》第12册，第749页。

⑯　《乾隆上谕》第2册，第166页。

⑰⑱　同注⑩。

⑲　《钦定户部漕运全书》卷首，第1页。

李 慎 修

韩恒煜

李慎修,字思永,号雪山,山东济南府章丘县人,生年不详,大约死于乾隆十九年(1754 年)。①他是雍乾时期以"戆直"著称的山东籍二御史之一,与李元直齐名。当时人把他们并称为"山东二李"。因慎修体形佝偻,身材矮小,所以,京城人又称他为"短李",称元直为"戆李"。②

李慎修于康熙五十一年(1712 年)成进士,任内阁中书,后升主事,出任浙江杭州府知府。在杭州,他勤于政事,很注意肃清吏治。但是,对某些突如其来的事件,他缺乏应变措施。雍正四年(1726 年)夏,当一伙反对"摊丁入地"赋役改革的富户,利用乡试之机煽动群众"打街罢市"时,③他举止失措。是浙江巡抚李卫亲自出面制服了闹事者,才使上述改革得以推行。所以,李卫不欣赏他。五年(1727 年),他被调到刑部,历任陕西司员外郎,广西司郎中,广东、浙江、云南司左右现审司。在刑部前后十余年,他办事公正,治狱多所平反。有一官员侵匿帑金,部议拟以挪移公款罪从轻发落。李慎修坚持不可。有人向他暗示说,这是皇上的主意。他却反驳说:皇上可以以他的名义施恩减刑。但是,作为司法官,若不按法律量刑判案,等于是自己先犯了法,还有什么资格当法官呢?④他始终不肯改变他的意见。

乾隆元年(1736年)，慎修出任河南南汝光道。因能伸张正义，他在当地百姓中享有"白面包拯"的美誉。⑤绅民为他建生祠，他命改换成先贤范仲淹祠。五年(1740年)，他调任湖北武汉黄德道。后又调驿盐道。不久，居丧离任。期满后，部议拟授予贵西道，而乾隆帝念他年老难于远任，命改授江南驿盐道。引见时，乾隆帝问他："能诗否?"回答道："应举时曾学作，做官以后不复为矣。"乘此机会，慎修便向喜弄诗文的皇帝进言道："皇上日有万机，祈不以此劳圣虑。"⑥乾隆帝听后很赞赏(这段对话后来被记录在御制诗注中)，并认为他一向"戆直"，适宜做言官。于是，又特命改任慎修为江西道监察御史。

慎修在御史任上，"指陈时事，尽言无隐"，⑦极力向乾隆帝表现自己的忠诚。但是，他得到的评语却是："自伊到任以来，其所建白，一无可取"，"不可居言路"。⑧

原来，这是李慎修的以下奏折惹怒了皇帝：

乾隆十年(1745年)，京城发生了一起"主仆间罕有之奇变"。满洲贵族、原户部尚书阿尔赛因"约束家人赌博"，被家奴杀害。刑部已将杀人者处以极刑。但是，此案案卷却只使用满文书写，不用汉文。案情原委，只向旗人宣判，不向全社会公开。李慎修认为这样做可能会使不明真相的人产生神秘感，"若惟恐闻之中外者"。因此，"特行陈奏"。此外，他还在折中"牵连及于外省报荒之政"，揭露出河南巡抚雅尔图、浙江巡抚常安讳灾不报的事实，并分析两官员的心理原因可能是揣摩皇上"不乐闻"灾情所致。

李慎修的奏言，引起了乾隆帝的强烈不满。他批驳道：刑部处理阿尔赛被杀案，完全是按历来处理旗人事件的惯例办理的，"其中并无暧昧不可告人之处"。李慎修"此言甚属昏愦"。至于所奏两省巡抚讳灾之事，他指责李慎修"全不知朕视民如伤之苦衷，而横加以厌闻灾祲之谤议。诚不知其是何肺腑也"。他甚至怀疑李参奏雅尔图讳灾,是出于对雅尔图的报复,因为李从前在河南任职时曾受到雅尔图的申饬。于是,乾隆由此引伸并断言,李慎修的所有建言都是出于"欲窃忠直敢言之名"的不良动机,不值得采纳。

李曾条陈"请停遣官捕蝗",理由是"遣官捕蝗大有害于地方",可能指官吏扰民而言。当时,乾隆帝并未予以批驳。这时,却指斥李是想放任飞蝗酿灾,"居心险薄伪妄"。

李曾条陈京师钱文一事,认为京师钱价高昂,主管大臣应尽心筹议变通之道。当时,他措词激烈,"痛贬办理之大臣苛急烦碎",并未因此受申饬。这时,乾隆帝却把它当成李"吹毛求疵"、"诋毁大臣"的罪证。⑨

乾隆帝在盛怒之下要把慎修"交部严加议处"。三天之后,他怕人议论这是堵塞言路,又收回成命,让李独自反省。同年六月,李慎修因从前做官"操守尚清",被改授为湖南衡永郴道道员。⑩

慎修在湖南忠于职责,"操守可信"。但是,巡抚杨锡绂却嫌他"性情偏执"、"不识政体",于十二年(1747年)上疏将他参革。

杨锡绂参革李慎修的主要理由大致是:

一、慎修准予受理的词讼太多,并且又一概亲自提审,以致有些府州县官正在审讯的案件,一经慎修受理,涉案人即不服从府州县官的拘唤,使府州县官感到"掣肘"。府州县官对李慎修的不满情绪,自然也会影响到杨锡绂对李的看法。例如,桂阳州民妇颜彭氏"将一女两许,知州断归前聘之刘姓","此女不愿归刘,在道(衙)呼冤"。慎修不顾此案已经巡抚衙门核定这一事实,竟禀求巡抚准许他重新审理。可想而知,此案若经李慎修亲审,其结果必然是翻州案,也翻省案。杨锡绂岂能容忍。他未让李慎修审理此案。乘李外出勘赈时,杨锡绂却将案件交予布政使、按察使会审了。会审的结果却是：李慎修喜好受理词讼，道署衙役投其所好，"包讼生事"，"愚弄"慎修；颜氏女系受人教唆，"图翻州案"，应维持原判。

二、慎修"事无大小，动辄刑求"，"生监则不候斥革，即加刑辱"。经杨锡绂严饬后，"虽不敢擅用三木，然枷号、朴责仍多、过甚"。

三、慎修"判断事件，亦多欠平允"，曾将耒阳县再嫁三年之妇"断归前夫之家守节"。此妇"素行不端"，而慎修却"称其忍辱抚孤，比之宋臣范仲淹之母"。

四、慎修"平日常赴僧寺谈禅。里民聚观，则令僧抬己坐于桌上为人说法。所出文告，以别号作官衔，语多不伦"。"在署审理词讼，仍多不事衣冠，全无体统。"

五、对地方"重大紧要之事全不留心"。所属临武、蓝山二县遭水灾，慎修"竟无一字禀闻"。

六、慎修年老体衰，"实难胜任"道员之职。⑪

慎修被革职还乡。十三年（1748年），乾隆帝南巡，慎修前往接驾。乾隆帝考虑到慎修为人"尚梗直，非行止有亏获过者比"，于是，撤销了对他的革职处分，改为"赏给原品休致"。⑫七年后，慎修在家乡去世。

注：

①　吴璋：道光《章丘县志》卷11，《李慎修传》载："十二年解组归，优游林下者七载。"由此推算，李慎修应卒于乾隆十九年。

②　《清史稿》卷306，《李慎修传》。

③　中国第一历史档案馆辑：《雍正朝汉文朱批奏折汇编》，江苏古籍出版社1991年版，第7册，第814页。

④⑤　同注①。

⑥　钱仪吉:《碑传集》卷 55,袁枚:《巡视台湾监察御史李公元直墓志铭》
　　附。

⑦　同注①。

⑧　《清高宗实录》卷 243,中华书局 1985 年影印《清实录》第 12 册,第 140
　　页。

⑨　同上书,卷 241,《清实录》第 12 册,第 102—104 页;《乾隆朝上谕档》第
　　2 册,第 42—43 页。

⑩　同注⑧。

⑪　杨锡绂:《四知堂文集》卷 8,奏疏,《陈明道员不胜监司请令休致疏》。

⑫　《清高宗实录》卷 310,《清实录》第 13 册,第 79 页。

李　元　直

韩恒煜

李元直，榜名李元真，①字象山、象先、愚村，山东莱州府高密县人，大约生于康熙二十五年(1686 年)，卒于乾隆二十三年(1758年)。②他是雍正时期以"戆直"闻名的御史，人称"戆李"。③

元直出生在一个县官家庭。父任阜城知县时，因清廉公正，在署前又立有"受贿徇情天诛地灭"榜语，为百姓所爱戴，被称为"李青菜"。④元直受父影响，自幼为人耿介刚直。康熙五十二年(1713年)，元直成进士，改庶吉士。散馆，任编修。校丁酉、戊戌两科乡会试。因父母需养老送终，请假离任。八年后，孝制满，复原官。雍正七年(1729 年)，改任四川道监察御史。

当时，雍正帝锐意改革，需广采众议，常鼓励群臣上疏言事；对于御史们，则明确规定，每人每月必须至少上一章奏，否则，"即以旷职论"。⑤元直生性戆直，认真照办。他上任八个月，即上奏约数十章。其中一奏章有言："上有尧舜之君，下无禹皋之臣。"⑥雍正帝阅后很不高兴，即召集廷臣当众责问元直，大意是："有尧舜之君，必有禹皋之臣。如你所说，朕无辅弼之臣，又怎能成为尧舜之君？"⑦他还强迫元直对在场的朱轼、张廷玉等大臣为政如何一一表态；并命将从前的上谕颁示于午门外，由大臣监令元直通读一遍。元直受诘，免冠叩谢。紧张的气氛持续了很久，雍正帝才缓缓地对廷臣说："彼言虽野，心正无他。"⑧当天，元直的家人见元直被召进殿，吉凶祸福难卜，慌忙中把元直所有的谏稿都焚烧掉了。第二天，雍正帝为标榜自己虚心纳谏，又召元直入宫安抚道："汝敢言，自好，此后仍尽言，毋惧。"⑨当时，恰遇广东进贡荔枝，帝即赐予元直数枚，以示鼓励。

雍正帝急需人才，曾谕令京官"各行保举，无拘亲族"，⑩打破了原先官员不能保举自家亲族的旧例。但是，一些怀有私心的官员不去认真网罗人才，却乘机保举自己无才无德的亲朋故旧。结果是"人才杂进，因缘为弊"。⑪元直不能容忍，极力奏言新例不便于继续执行的道理。"保举之例"遂被废止。

一次，某科臣建言关税之事，已获谕允。元直认为它言犹未竟，又据实上疏陈奏，其中还引用了某人的密奏。密奏，按规定，除皇帝及奏事者本人外，别人无权过目。而元直的奏章中却出现了他人密奏的内容。雍正帝对此很恼火，即令廷臣严讯元直，为何窃取他人密奏？是怎样得知的？元直便把御史们在轮班言事时"禁不得彼此传播"的实情抖了出来。⑫元直未被深究。他的质朴特性却因此进一步得到雍正帝的理解。

七年冬，元直被任命为巡视台湾（汉）御史兼督学政，工科掌印给事中奚德慎被任命为巡视台湾（满）御史。二人入对时，雍正帝对奚说："你不当爱钱。"又说："如李元直，可保其一钱不要，只虑其任事过急耳。"⑬

元直赴台就职途中，经过省会福州。福建某高级官员在席间对元直说："海徼无事，署中多暇，正可饮酒赋诗耳。"元直却严肃地答道："奉命为巡使，惧难称职，何言饮酒赋诗也。"⑭一句话，竟令对方尴尬得说不出话来。

八年（1730 年）正月，元直抵台莅任。他在所上的第一道章奏中便明确表示："臣等职司巡视,惟务洁己奉公、察吏安民,固不敢多事以滋扰,亦不敢畏事以养奸。"但是,雍正帝对他还不完全放心,在折上批道:"凡事当知过犹不及,一切事宜稽察择中评理料情而为之。"⑮要求他对一切事都应把握适度,灵活处理。

怎样办事才不过度,这使元直十分为难。原来,自康熙末年在台湾府设立巡察衙门以来,"历任巡臣,办事各殊","无画一之规"。有的认真巡查,有的则把自己当做客人,闭门不办事,一切全听道府摆布。元直是个不肯苟且偷安的人。他正月下旬到台,二月即出巡各地,四月回署。对于民生疾苦,地方利弊,无不关心。然而,他辛勤劳碌的结果,却换来了道府县地方官对他的戒备和忌恨。他们害怕元直发现辖区内的问题以后径直向皇帝上奏,这很不利于他们照旧当官,便纷纷制造舆论,说元直侵犯了他们地方官的权力。福建督抚也以元直侵权上奏。元直进退维谷,"择便就安,则退诿托于坐镇;兼综博核,则勤职疑于侵官"。⑯为使自己"既可免因循退缩之咎","复不虑侵越纷纠之失",他于同年六月上了一道"恭请敕书以明职掌、以专责成"的奏折,"祈皇上赏给敕书一道",以便行使巡查之责。雍正帝览奏大怒,批评元直此举"可谓肆妄之至"。⑰

与此同时,元直还上了一道奉命观测本年六月初一日日食食分情况的奏章。日食,封建帝王都把它看作是"上干天和,垂象示儆"。雍正帝认为,无论何人,对待日食的正确态度,都应当是"寝寐之中,时刻修省","共相勖勉,以凛天戒"。然而,元直见当地日食食分不多(预报九分,实食四分),便以庆幸的心情表示"踊跃欢忭,为天下生民额庆"。这又招来了雍正帝的斥责:"似此言祥瑞,实可谓无知妄论也。"⑱

同年七月,雍正帝决定撤换元直,改任兵科掌印给事中高山为巡台(汉)御史兼理学政。部议拟予元直降三级处分。十一月,高山

抵台接任时,元直却早已于一个月前离台还乡了。从此,元直一直
蛰居在家达二十七年之久,直至老死。卒年七十三岁。

　　据传说,元直从宫中一老内臣处得知,雍正帝曾对诸大臣慨
叹:"人故难得。如李某,乃能真实任事,但刚气太逼人。"[19]元直认
为这是知己之言,铭记至死。

　　元直在家闲居时,仍很注重人品和气节的修养。当初,他在翰
林院任职时,与同事孙嘉淦、谢济世、陈法的关系都很好,"一时都
下有四君子之称"。[20]后来,他得悉孙嘉淦在承审谢济世冤案时,竟
不顾天理良心,偏袒那个诬陷属员的湖南巡抚许容,便与嘉淦疏远
了。元直曾在一首"咏臧烈妇碑"的诗词中写道:"君不见,须眉男子
图敹粥,不知人间有羞耻"。[21]这犹如利剑般的语言,可能就是针对
那无视真理的人而发的。

注:

①　罗邦彦:光绪《高密县志》卷 7,《选举志》,《李元直》。按:"元真"改"元
　　直",可能是避胤禛之讳。

②　《碑传集》卷 55,袁枚《巡视台湾监察御史李公元直墓志铭》载:元直于
　　雍正八年(1730年)被解职后,"家居二十七年,卒年七十三"。据此推
　　算,元直生卒年应为 1686—1758 年,即如正文所示。

③　王照青:民国《高密县志》卷 15 下,《艺文补编》,《胡万年书侍御李公元
　　直事》。

④　同注①卷 8 上,《人物志》,《李华国》。

⑤⑥⑦⑧　李桓:《国朝耆献类征初编》卷 135,《谏臣》3,陈宏谋撰《(李元
　　直)墓表》。

⑨　同注②《墓志铭》。

⑩⑪⑫　同注⑤。

⑬⑭　同注③。

⑮ 中国第一历史档案馆辑:《雍正朝汉文硃批奏折汇编》,江苏古籍出版社 1991 年版,第 17 册,第 778 页。

⑯ 同上书,第 18 册,第 969 页。

⑰ 同上书,第 18 册,第 970 页。

⑱ 同上书,第 18 册,第 971 页。

⑲ 同注③。

⑳ 同注⑤。

㉑ 罗邦彦:光绪《高密县志》卷 9 下,《艺文志》,《诗》。

胡 定

韩恒煜

胡定,字登贤,又字敬醇,①号静园,②广东南雄府保昌县(今广东省韶关地区南雄县)人。雍正十一年(1733 年)进士,改庶吉士,授检讨。乾隆五年(1740 年)转陕西道监察御史。八年(1743年),因参劾湖南巡抚许容挟私诬陷属员谢济世而名震朝野,成为乾隆时期的著名言官。

谢济世是湖南粮储道道员。乾隆七年(1742 年),他发现衡州府衡阳县知县李澎和长沙府善化县(今长沙县)知县樊德贻在征赋时,"浮收斛面,多索票钱"。他便将李澎的家丁胥役拘捕枷责,并将李、樊作弊情形禀告巡抚许容,请予参究。孰知李、樊都是许的心腹。一年前,许为儿子完婚时,樊还顶许用"半价"代买过珠宝首饰绸缎。许岂肯查办他们。为包庇二人,更为了保护自己,许容竟于同年十一月一再上疏诬陷谢济世"营私剥民"、③"贪纵淫酗",④请予严惩。乾隆帝览奏,信以为真。加上谢济世又曾因参劾田文镜而被雍正帝流放过。于是,他立即将济世革职,令湖广总督孙嘉淦前往湖南会同许容严审。

消息传出,舆论哗然。了解内情的湖南百姓"遍贴谤帖"于街头,为济世鸣冤。京城人也纷纷传论许容"妒贤嫉能",为济世抱不平。以上情形,引起了胡定的注意。他仔细调查了事件真相,对那

些"作恶罔上以行其私者"十分厌恶。⑤八年二月,在得悉漕运总督
顾琮转给都察院的咨文内有揭露谢济世案情的重要材料后,他即
时呈上了参奏许容"怀挟私心,诬参属员"的奏折。⑥

在这之前,乾隆帝曾收到都察院都御史刘统勋引用顾琮咨文
参劾许容的奏折,其中,揭发了一些重要事实。原来,谢济世在被革
职以前,已将所捕衡阳县丁役的口供及有关证据交付长沙知府张
琳立案,并通详湖南布政使张灿、按察使王玠、禀报巡抚许容。各衙
门都有册籍存档。济世革职后,粮储道由岳常澧道道员仓德代理,
档册也随付仓德代管。许容、张灿、张琳一伙人为制造伪证,早已将
原档册一一修改、更换,唯独粮储道衙门尚保存原档。张灿便利用
王玠升任四川布政使路过岳州的机会,让他带信给仓德,令仓德也
如法将原"文移""改换"。⑦仓德不肯同流合污,立即将此事报告给
正在湖南审案的湖广总督孙嘉淦。孙这时已下决心徇庇许容,不愿
明辨是非。他批令仓德要"婉曲善处"不要过于认真,并说"审时不
问此款",不追究张灿强迫仓德作伪证的事。⑧仓德见孙不能主持
公道,便将此事通详上司顾琮。顾琮转咨都察院。随后,便出现了
上述刘统勋参劾许容的奏折。

起初,都察院的奏折并未引起乾隆帝的重视。胡定上奏以后,
使乾隆帝突然联想到"言路"与"封疆"的关系来。因为谢济世曾担
任过御史,胡定对事件的调查十分详细、具体,上奏又很迅速。所
以,他怀疑胡定参奏巡抚许容是"有心袒庇"前御史谢济世,并与谢
"彼此暗通信息"。于是,他决定增派户部侍郎阿里衮前往湖南会同
孙嘉淦"彻底审明"此案,并让把胡定"带往看审"。⑨经过阿里衮多
方查证,案情逐渐明朗。闰四月,孙嘉淦被取消了会审资格,许容、
张灿被解任,张琳、李澎、樊德贻被革职收审。六月,案情大白。谢
济世获得平反,官复原职。许容一伙人都分别受到了应有的处罚。

胡定的一片忠诚这才得到乾隆帝的理解。他说:"若止为谢济世辨白冤抑,其事尚小。因此察出督抚等之挟私诬陷、徇隐扶同,使人人知所儆戒,此则有裨于政治,为益良多。胡定著交部议叙。"⑩风险过后,胡定便成了当时赫赫有名的直言敢谏的人物。

不久,胡定转兵科给事中,负责巡视西城。在居民中,他察访出著名好的和突出差的两类人,将他们的姓名、事迹及表现分成"善"、"恶"两榜公布在街头,⑪让人们从中受到教育。他办理居民诉讼,总是十分认真、及时,从不拖延。只要有人来讼,他可以随时放弃吃饭、睡眠,即刻传讯判结。西山卧佛寺发生了盗窃案,办案人误以本寺僧人自盗了结。胡定经过了解,查出了真盗,从而使被冤抑的僧人得到了昭雪。后来,他因母亲年迈,请假回乡为母亲养老送终。孝服期满后,改任福建道监察御史。他到任不久,即上折参奏台防同知,"风烈如故"。⑫

京城崇文门是由户部管理的税关,专管征收进京客商的百货税。它的主管官名为"监督",一般都由内务府大臣及户部尚书、侍郎兼任。下属主要帮办人员也由内务府司员充当。内务府是专管皇室事务的机构。它的官员权力通常都比一般政府官员大。由它管辖下的税吏胥役更是狐假虎威,对进出关人的需索敲诈都比其他税关苛刻。甚至各省督抚进京觐见皇帝,也逃不过崇文门税吏的勒索。大家明知受剥削也不敢声张,这已是公开的秘密。胡定了解到各地税关(其中也包括崇文门税关)对商民的额外剥削,即呈上了一道请敕严禁各关浮收税课的奏折。

胡定揭露说:"崇文门征税,有挂锤、顶秤诸名,百斤作百四五十斤。税额虽未增,实已加数倍。杂物自各门入,恣意需索,更数倍于税额。外省各关,如杭州北新关,自南而北十余里,稽察乃有七处,留难苛索,百倍于物价。"对于胡定的奏折,乾隆帝持保留态度。

他认为，"外省关课，应令督抚严察"。至于崇文门税务，一直都是海望负责。海望"尽收尽解，尽行入官，……。如定所奏种种苛索，朕信其必无"。[13]一句话，便把胡定的奏折否了。

海望是满洲贵族，历任总管内务府大臣、户部侍郎、内大臣、署户部尚书、办理军机大臣等要职。早在雍正初年他任内务府郎中时，即已兼充崇文门监督，一直长达十几年之久。乾隆帝对胡定所奏不作调查，就表示"信其必无"，显然是对海望的袒庇。然而，胡定却因此被冠以言官奏事不实的罪名遭"褫职下狱"。[14]案定以后，他被罢官回乡。二十二年（1757年），乾隆帝南巡，胡定自家乡赶赴杭州接驾。皇帝在感动之余，又赐复他原衔。胡定一直闲居在家。卒年七十九岁。著有《双柏庐文集》。

注：

① 钱仪吉：《碑传集》卷56，《胡定》。

② 阮元等：同治《广东通志》卷197，《艺文略》9，《双柏庐集》。

③ 李桓：《国朝耆献类征初编》卷136，《谏臣》4，《胡定》。

④ 《清高宗实录》卷179，中华书局1985年影印《清实录》第11册，第307页。

⑤ 同注③。

⑥ 《乾隆朝上谕档》第1册，第833页。

⑦ 《清高宗实录》卷184，《清实录》第11册，第375页。

⑧ 《乾隆朝上谕档》第1册，第839页。

⑨ 同注⑥。

⑩ 《乾隆朝上谕档》第1册，第863页。

⑪⑫ 同注①。

⑬ 《清史稿》卷291，《海望》。

⑭ 同注①。

海　望

罗崇良

海望,姓乌雅氏,满洲正黄旗人,生年不详,死于乾隆二十年(1755年)。他是雍乾两朝颇有政绩的大臣。

雍正元年(1723年),海望由护军校转为内务府主事,寻迁户部员外郎,因办事得力,深受雍正帝器重,四年,被擢为户部郎中,充任崇文门监督。

八年(1730年)六月,海望晋升为总管内务府大臣,九月,管理户部三库,因办事实心用力,深受雍正帝赏识,赐戴二品顶带。不久,他同两江总督高其倬为雍正帝寻卜陵地,奉旨议叙升二级。九年七月,他任户部侍郎,仍兼管内务府事,八月,被授为内大臣。

十年(1732年)八月,浙江总督程元章奏:"海宁县今年夏秋潮势自东而西,浸入仁和县界,石、草各塘坍卸无常,势甚危险。"①大学士等请选派大臣前往通盘筹划,以垂永久。雍正帝即命海望同直隶总督李卫去勘查浙江海塘。海望首先细查海塘形势,于十一年四月上疏说:"海塘情形,其门户有三,省城东南龛、赭两山之间,名曰南大潭;禅机、河庄两山之间,名曰中小潭;河庄山之北、宁邑海塘之南,名曰北大潭。今南大潭早已淤成平陆,数十年前,水由中小潭出入,后渐徙流北大潭,年来北大潭之桑田庐舍,已成沧海。若欲遏江海之狂澜,仍归中道,恐非人力所能为者。查海宁东南有尖山耸峙,镇锁海口,其西有小山,俗名塔山,相去百余丈。现今江水大溜,紧贴北塘,直趋尖山、塔山之间,而海潮激塘,护沙日刷。若于尖、塔两山之间,俟冬初水落,修建石坝,设法堵塞,使江水海潮仍向外行,则北岸护沙可望复涨。至于仁、宁二邑海塘,自华家弄以东、尖山以西一带塘工,有草塘、条石塘、块石塘不等。内有大学士朱轼于巡抚任内,修建石塘五百丈,完固无损,又新建之条石塘,尚属整齐,其余易于圮烂。而石块旧塘,亦易于坍塌,殊非经久奠安之计,似应改建大石塘,庶可垂诸永远。再请于海塘之内,添筑土备塘一道,比之旧塘再高五、六尺,务于今年秋汛以前,上紧遄筑完工。万一风潮泛溢,有此备塘抵御,似可以卫护民生,咸成乐土。"②海望的上述意见,深受雍正帝赞同。他说:"朕思尖、塔两山之间,建立石坝以堵水势,似类挑水坝之意,所见固是。"③遂交部照海望所奏而行。海望为保证海塘工程的顺利进行,随后又奏请四事:一、管工人员,工竣日分别议叙;二、工价银米兼发,于米贱之地买运搭放;三、增设海防兵备道一员,总辖塘工,同知一员与旧设一员分辖,守备二、兵一千备调遣;四、新设道驻海宁,同知驻仁和,与守备分驻海宁东西,分防塘汛。部议如所请。④八月,海望又查出以前海塘未固是"由监修之员每多草率所致",为此,他"请敕浙江驻防将军、副都统,就近选派旗员协同监修",⑤雍正帝应允。

　　十三年(1735年),振武将军傅尔丹虐兵婪索事发,海望奉旨赴北路军营,拿解傅尔丹来京治罪。他在执行此项任务时,发现被发遣在鄂尔坤的人犯,"在彼种地,并无实济,且恐日久之后,人数渐多,致生事端",为此,他奏请将人犯"改发他处"。但雍正不以为然,批驳海望说:"鄂尔坤见有大兵驻扎,岂有不能弹压之理,此奏不合。"又命总理事务王大臣及军机大臣等议覆。而这些人"并无定议之语,殊有观望之心"。⑥八月,雍正帝病危时,召庄亲王允禄,果亲王允礼,大学士鄂尔泰、张廷玉,领侍卫内大臣丰盛额、纳亲及内大臣户部侍郎海望至寝宫,赐御笔亲书密旨,由宝亲王弘历继帝位。

乾隆即位后,海望奉旨在总理事务处协同办事,并署户部尚书。九月,乾隆帝命总理事务处及军机处大臣再议覆海望要求改发鄂尔坤人犯问题。王大臣等"仍然复游移其说,而介在两岐"。乾隆帝斥责众大臣说:"王大臣等尚未知皇考圣意也。朕伏思皇考之意,盖以此等发遣之犯,原系身获重罪之人,今发往军前种地者,乃保全之大恩,令其效力赎罪耳。若其中果有情罪冤抑、不应发往者,乃办理刑名大臣之错误,自应声明具奏,宽释其罪,于理情理允协。若本无冤抑之情,只因其不善开垦,遂而改发内地,以兵丁代之,是获罪之重犯,又不肯急公趋事者,转得遂其侥幸之心矣。且兵丁等平时职业,惟在骑射当差,耕种之事,非其所素习。若以不能力田为辞,则将迁移内地之民,往耕边塞之地呼?此事之断不可行者。若以此不应聚集多人,则将嗣后发遣之犯,改发他处,尚属可行。似此已发之犯,岂有更改他处之理!且无论大军在彼尽足弹压,即彼处无兵,亦毫无可虑者。若以伊等不能耕种,则自应令该将军大臣等,严加督率,定为赏罚之条,以示惩劝。况耕种本非难事,非工作技艺之可比,若肯用力,人人能之。其所以苟且因循,未收实效者,皆因该管官员疏忽怠玩之所致也。海望心地纯良,但识见平常,且有固执己见之处,伊所陈奏,岂可尽以为是?尔等之意,想以朕降特旨,将海望署理户部尚书,且不时召见,遂起观望之心,将伊陈奏之事向奉皇考申饬者,仍复含糊议覆,甚属不合。""向后当以为戒。"⑦乾隆帝的长篇批驳,再次拒绝了海望的建议,同时也批评了众大臣游移态度。

十月,海望实任户部尚书,兼议政大臣。他见鄂尔坤军营数万官驼闲游无用，特上疏：若将闲游官驼拨给台站蒙古等，令其运米，则运价大省，于蒙古生计亦有裨益。王大臣等议复，可如所请而行。乾隆二年（1737年）四月，泰陵工竣，海望奉旨优叙，得云骑尉世职。

乾隆三年（1738年）四月，户部侍郎鄂善面奉乾隆谕旨，为解决通州地区民食困难问题，令"各省粮船，将所带土宜改带米石，并买旗丁余米，以济民食"。海望回奏："查粮船准带土宜一百二十六石，原以惠养旗丁。""今将土宜全数改带米石，运通接济粜卖，固为妥事，但携带货物，亦属通商交易之道，势难令全数改带。且江、浙二省粳米价昂，似于平粜无益。"至于买旗丁余米问题，"所存各船余米，皆系旗丁船行月等项回南食米，在所必需，难再行议价收买"。因此，要立即执行乾隆帝谕令是有困难的。但是，海望最后也提出，"江西、湖广二省，糙米值贱，宜于丰收之年，酌量动帑，采买数万石存贮，陆续带运，仍给与负重银两。"⑧乾隆勉强同意。四年，海望晋为太子少保。

五年（1740年）正月，海望与准噶尔部来使哈柳洽谈贸易事宜。哈柳"曾恳取道喀尔喀，未蒙许可"，海望与哈柳最后定议：来京贸易必须"从内地"，即由肃州（今甘肃酒泉）经西安至京；贸易的时间及人数，"按俄罗斯例，定期四年，自备资斧，贸易一次，人数毋过二百；至肃州贸易，亦定期四年，毋过百人"；"还期悉定限八十日"；贸易货物及价格，"除禁物外，俱听其买卖，不得强抑"；"货物堆积减价，按定例"；"凡贸易之年，先期以起程之日，与何日可入境，报知驻边大臣转达部院，奉拨章京、笔帖式等照看料理"；至于由内地至京道远，"需费较多，或马力罢乏，如尔更以请"，可以恩赏。其次，"如噶尔丹策零别有具奏事件，遣使来京，令减仆从，由驿站递送，不得私携货物。"军机大臣与乾隆帝都同意海望的意见。军机大臣议复："准噶尔部人性本狡诈,不肯安分,若路经喀尔喀,恐日久生事。"乾隆帝谕曰:"喀尔喀之路,勿令行走。若伊等从内地来京贸易,马力不足,恳恩奏请酌量赏给马匹之处,再行办理。"⑨

六年(1741年)二月,御史赵青藜奏请停止捐监,经大学士、九卿会议,认为"事属难行,应仍其旧",乾隆已降旨依议。而海望则奏称:"外省收捐繁难,赴捐之人甚少。原议各省捐贮谷数,共应三千余万石,今报部者,仅二百五十余万石,合计尚不足十分之一。"像这种状况,无法达到纳粟贮仓、备荒发赈的目的。他提议,"不若且停止各省之捐谷,仍照九卿原议,在部交银,将所收之银扣抵各省买谷银款。俟仓贮充盈之后,将应停止之处,再行请旨。"乾隆帝谕曰:"外省捐谷繁难,且有弊窦,不若在部投捐之易,诚如海望所奏,朕亦知之。嗣后仍准在部收捐折色,至于外省收捐本色之例,亦不必停止。在内在外,悉听士民之便。地方积谷不厌其多,赈恤加恩亦所时有,正未易言仓贮充盈也。"⑩

海望长期任崇文门监督,征税之事众说不一。七年,御史胡定奏言:海望对"崇文门货物上税,有挂锤、顶秤名目,每百斤必作百四五十斤,税额虽未明增,实已加至数倍;其零星货物,由各门入者,任意需索,更有数倍于税额者。"而乾隆帝不以为然,说"海望系皇考及朕简用之大臣,岂不知国体而但知言利者比?其管理崇文门税务,不过尽收尽解,尽行报官,不似先前之入私囊,因而见其独多耳。朕即另派大臣管理,想亦如其数也。若如胡定所奏苛索种种,朕可以信其必无,何为如此过甚之词耶?崇文门税务不必另议。"⑪

十年,由于海望精力衰退,乾隆帝免去他办理军机事务。十二年二月,调任礼部尚书,兼管乐部、太常寺、鸿胪寺事。十三年署户部尚书,十四年复任户部尚书。

十六年（1751年）四月，海望为解决修建京外厂座的各工匠夫役及厂座附近四乡的居民"艰于买食"问题，上疏：查安河之丰益仓，除支放外，尚余米四万余石，该处与圆明园相近，请于此项米石内，拨给一万石，令此等夫役既能"就近籴买"，又能集中劳力赶修工程，"似属两便等因，奏准在案。"但随后，由于赶修工厂，各工夫役日复加增，食米增多，于是，五月十一日，海望等又奏请，"于丰益仓余米内，再赏拨一万石，令各工匠夫役人等，就近籴领。"乾隆帝同意海望等人所请，共拨出三万石米救济匠夫市民。海望此项提议，使得各工夫役及市民等，"均沾市价平减之惠"，"俱欢欣赴仓籴米食用，与工程黎庶均有裨益。"⑫

十七年（1752年）四月，海望与侍郎三和等奉旨查奏两郊坛宇工程，所发物料银过多，自请严议，当革职，诏从宽留任。十九年（1754），以海望在侍郎任内，承审盐商王会民匿课行私一案，误以未完作完，议革职，诏留任。二十年（1755年），海望因患痰症而卒，赐祭葬，谥勤恪。

注：

①　《清世宗实录》卷127，中华书局1985年影印《清实录》第8册，第664页。

②③　同上书，卷130，《清实录》第8册，第687页。

④⑤　《清史列传》卷16，《海望》。

⑥　李桓：《国朝耆献类征初编》卷16，《海望》。

⑦　同注④。

⑧　《清高宗实录》卷67，《清实录》第10册，第82页。

⑨　同上书，卷109，《清实录》第10册，第622页。

⑩　同注④。

⑪⑫　台湾故宫博物院辑：《宫中档乾隆朝奏折》第一辑，第230页。

蔡 世 远

赫治清

蔡世远，字闻之，福建漳浦县人，因世居梁山之麓名梁村，故学者又称梁村先生。他生于康熙二十一年三月十一日（1682 年 4 月 18 日），卒于雍正十一年正月初九日（1733 年 2 月 22 日），①是清代前期著名的理学儒臣，乾隆帝在藩邸时的专职老师。

蔡世远出身于理学世家，始祖元鼎，生于唐末五代乱世，隐居不仕，以文章自娱。宋初，屡征不出，讲学大帽山，生徒至者千人，学者称蒙斋先生。他"以理学为有宋开先"，②"独开辟性宗，不由师授，谓圣人道在六经，不讲明义蕴，亦糠秕耳"。③著有《中庸大学解语》、《孟讲义》、《九经解》等。高祖宗禹，字宝元，明万历二十九年（1601 年）进士，曾官刑部郎，以病辞归后，讲学西湖书院。他继承乃父大壮坚持的"主敬工夫"，"以力行为宗，家中一遵古礼，居丧不作佛事，传为家法"。④有《史记一家言》、《杜诗句释》行世。曾祖一橙，字廷黄，万历三十四年（1606 年）举人，雅志经学，"世守程朱门户"，对濂、洛、关、闽之书，"敬此如神明"。⑤著有《四书提旨》、《诗经会解》、《布衣心图注》等。一橙有三子，长而烜、次而烷，皆顺治朝进士，第三子而煜，字邦贡，一字季湛，即世远祖父。而煜，郡庠生，曾师事黄道周，"下笔为书，古文辞风骨，辄与之肖，道周心重之"。⑥世远父名璧，而煜第三子，字君宏，号武湖，九岁善属文，二十二岁补博士弟子员，二十五岁选于庠，贡入太学，两试均为第一，名重都门。因三藩之乱，滞留京师五载。康熙十六年（1677年）返故里，在家授徒以资奉养。他"于经史子集多所博览，而四书讲解及制义一途，研究尤精"。他在漳浦"倡正学而主文风者垂三十年"，虽"屡困场屋，而淡于得名，四壁萧然，而廉于取义"，声价日重，却从未通谒官府。名吏陈汝咸多次造访，请他出山，他都婉言谢绝，直到四十五年（1706年）才官罗源教谕。四十六年（1707年），张伯行任福建巡抚，为振兴理学，于九仙山麓建鳌峰书院，聘名士订先正理学书以惠来者，得悉蔡璧善于教人，便聘为书院长。其时，"四方绅士闳博俊又良逸者，咸萃于斯，共相切劘理学、经济诸书"他总其大纲，编订周敦颐、程颢、程颐、张载、朱熹理学名著六十种。蔡璧一生以教书育人为己任，认为"天下治乱在人才，人才之盛衰由学校，学校之责任在官司"。其教人，大都在"笃伦理，严义利，日本此而行之，古人不难至。论学以躬行为本，不以空说性命为高。读书要归于根柢厚，返求诸身而自得之，不以词章自炫"。世远兄弟三人，蔡璧不曾为他们请家庭教师，皆自教之，凡"经传子史及宋儒诸书，各以次授。每日限以工程，而使之体认，曰返之于身心，可以寡过，措之笔下可以为文，如是而已"。世远选庶吉士后，他致信提醒，"质直而好义，圣人所嘉。但下二句不云乎，'察言而观色'，虑以下人英气不可胜，此中有涵养工人，非教儿谄也"。临终时，他还嘱咐世远："嗣后，苟有余禄，祭田确宜从厚。又曰重钱财轻兄弟，我知汝无是也，用财有道耳。人子所以显扬其亲者，孝经志之，不徒在爵位之崇高也"。⑦

　　世远母亲吴氏，是一位贤淑孝顺、勤劳节俭的女性，世远无论在家或是入仕做官，她都谆谆告以大义，尝说："汝等须诚以物，躬谦以待人，廉以养德，毋以诈御物，毋以气加人，毋取一毫非分之有。"世远每有钱财收入,她都从容问其由来,并说:"吾欲汝等食菜根,无忘先人遗训也。"⑧

　　世远出身在这样一个素有家教的书香门第,从小就受到了家庭给予的封建伦理道德教育,对他后来的成长产生了重大的影响。他的家学渊源,也是其来有自的。

　　蔡世远"幼禀家学,笃志程朱",⑨十二三岁,"即卓然自命为古人,敦践履,分别义利,博览经史,为有用之学"。十八岁补弟子员,"先后学使者以国士待之,或引以自助,巡历校课,出所刻扣斋初集古文示士子,咸骇叹,以拟贾长沙。"⑩康熙四十四年(1705年),举乡试。四十六年(1707年),张伯行抚闽,延聘蔡璧主持鳌峰书院,召各郡县士子来学,讲明正学,宣示儒宗。世远"应时而出,升堂入室,得仪封(张伯行)之真传"。⑪他自入使院,参与刊校先儒遗书,"缀文序述,多属笔焉"。⑫世远议论慷慨,自为诸生,即以民物为己任。及从伯行游,吏疵民病,知无不言,言无不尽,深得伯行赏识,奖诲日加。

　　四十八年(1709年)二月,参加礼部会试。时大学士李光地、吏部左侍郎张廷枢分任会试正、副考官。世远受知二人,中式第八名,同考官见其文,"疑为宿学",实不知他年方二十八岁。三月殿试,光地又大力推荐,赐进士出身,改翰林院庶吉士。李光地是声望卓著的理学名臣,正以程朱之学教后进。世远"故熟宋儒书,既见文贞公,志益定,卓然以圣贤为必可学"。⑬从此,二人便结下了深厚的师生情谊。是年冬,光地摄行郊天之礼,斋宿天坛,独召世远与之交谈良久,并鼓励说:"子抱经济何不尽言之?"世远因得尽吐衷言,"欲策之以经世之务",两人"质论商确,过夜分"。⑭四十九年(1710年),世远请假省亲,光地以《游杨立雪图》赠行,感慨说"吾道南也"。⑮五十年(1711年),丁父忧。五十二年(1713年)冬,服阕,返京师。时朝廷下令，凡翰林、科道官在假者，一并致休。有人认为，世远请假省亲不久，即遭父丧，可向吏部自陈，争取不在休致之列。世远说："吾闻古者受爵而让，未闻投牒以自申也。"⑯他毅然放弃了争取返任的努力。五十四年（1715 年），李光地奉旨承修御纂《性理精义》。经光地推荐，世远参加了他引以为"人生至乐无逾于此"⑰的分修工作。当时，桐城派鼻祖方苞也应邀参与其事。经光地介绍，世远与方苞遂定交。书成，世远造访方苞，谋处所。方苞说："天果不废子之学，何患无周行坦步? 而出以编书，复官去牒请一间耳。"⑱于是，世远请辞光地南归。五十六年（1717 年），世远回到家乡后，旋被福建巡抚陈璸延请出掌鳌峰书院。世远"夙尚气节，敦孝弟，好语经济，而一本于诚"。⑲他手定《学约》，躬行率先，大力推广程朱理学，"凡课授子弟，以及从游之士，皆令读《小学》，讲期必与经书性理参讲"。⑳于是，"闽士慨然感兴于正学，而知诵章之为末也"。㉑后来成为乾隆朝的理学名臣雷鋐，就是见他所著《学约》而笃好之，从宁化来到鳌峰书院学习，成为世远著名门人。康熙后期，福建儒风大振，理学复兴，鳌峰成为"人材渊薮，九郡之英咸萃"，㉒是和蔡氏父子相继出掌鳌峰书院，大力推广理学分不开的。李绂说，他们"父子相继为全闽学子师，前此未有也"。㉓

　　世远家居期间，秉承父辈遗训，修订族规，置大小宗祭田，孤寡老弱病疾，每月都有饩粟，乡人大为感化。他又大力正风俗，劝禁赌博，以致"环居三百余家，二十年无博戏者"。㉔邑令请他至学宫讲学，环听者千百人，漳浦民风为之大变。

　　五十七年（1718 年），李光地病逝。世远为失去恩师座主悲痛不已，写下了一篇充满感激怀念之情的祭文，说："世远成进士，吾师荐之。天子特命读书中秘，嗣是惠训不倦。迪我者，不徒在语言文字之间。期我者，有出于功名爵禄之外。"他还说，"世远服习宋

儒之书，历有年所。自吾师启其钥而发其覆，生平学识始有依归"。㉕

六十年（1721 年），台湾爆发声势浩大的朱一贵反清起义，漳、泉为之震动。世远一面组织乡兵以保其境；一面致书闽浙总督满保，劝勿妄杀。书称："台湾吾故土故民，但为一时胁驱所迫，伏望严饬将士，并移檄施、蓝二公，约以入台之日，不妄杀一人，则武惠之仁风复见于今，永无虞诩朝歌之悔矣。"㉖朱一贵起义被镇压下去后，他又寄书满保，劝其选贤能，兴教化，和兵民，"新垦散耕之地，不必按籍编粮，恐扰其乐生之计。"㉗

雍正元年（1723 年）六月，清世宗特召世远入都，授编修，入直上书房，侍皇四子弘历、皇五子弘昼等读书。十一月，迁侍讲。二年（1724 年），充日讲起居注官。四年（1726 年）五月，授右庶子。十一月，迁侍讲学士。五月，擢内阁学士。七月，充经筵讲官。六年（1728 年），授礼部右侍郎。

七年（1729 年）二月初七日，世宗拟在福建设观风整俗使，命蔡世远偕同籍京员会议。世远直言不讳地指出，漳、泉文武官员因功骤擢通显，子弟骄悍，无所凛畏。皇上澄叙官方，兴民俗，责成巡道加意整饬，"但人有贤愚，或鄙劣薄行，致玷士类，其乡民又多因忿互争，种种恶习，虽畏戢一时，未必洗心涤虑。"他合疏奏请设观风整俗使一员，"防范化导，于风俗人心有益"。㉘雍正帝采纳了他的建议，下旨允行，于二月初九日，命内阁学士刘师恕往任之。

八年（1730 年）七月，世远转任礼部左侍郎。八月，福建总督高其倬奏劾他的长子长汉违例私给船照，请严治。雍正帝将高其倬原疏示世远。世远疏言，长子长汉于七年冬天来京参加会试，至今仍在京邸，所给船照，不知何人所为。"但有臣官衔图书，非臣族姓，即臣戚属，请敕督抚尽法惩治，并请交部严鞫"。㉙部议以失察族姓家人,降二级调用。十年(1732年)十二月,特旨复原官。

世远入朝后,主要工作是教读皇子。当时,同为皇子师者,还有福敏、朱轼、徐元梦等人。由于他们均为执政大臣,事务繁忙,因而不能朝夕在侧。惟世远整天伴读,成了一名专职教师。

世远是一位崇拜宋儒的纯正理学家,他"以漳浦名儒,追紫阳之正学",[30]无论修身养性,或治平之道,一以程朱为训,视仁义正中为宗旨。他称:"宋朝当理学昌明之会,周程张朱,比肩而起,德性学问之功,昭昭若揭天壤。"他认为,"使程朱得大用于世,隆古之治可复","不尊朱学,尤漓而政教亦坏"。[31]因此,教读皇子的内容,自然不出这一套。他常以"天地性命之奥,道心人心危微之判,尧舜禹汤文武周公孔孟周程张朱之心传,从容陈奏"。[32]凡进读四书、五经及宋五子书,"必进而引之身心,发言处事,所宜设诚而致行者;观诸史及历代文士所述作,则于兴亡治乱、君子小人消长、心迹异同,反复陈列,三致意焉"。[33]

蔡世远学识渊博,"经史百家,贯乎胸中,而大道了然"。[34]他"忠信正直,学足以达其言,诚足以致其志"。[35]他入直内廷,长达十年,每天早出晚归,不避寒暑,尽心尽力教读,因而赢得了诸皇子的敬佩,和他们建立了深厚的师生情谊。雍正十年(1732年)冬,他积劳成疾,一病不起。皇四子弘历多次派人问视,先后写下《冬日寄蔡闻之先生》、《立春前五日以诗代书问蔡先生病》等诗篇。"伫待春风重坐卧,新知旧学总商量。""寄诗正值韶华近,可与宜春帖子同"。[36]正当弘历殷切期盼恩师来年新春康复时,世远却溘然逝世。

十三年(1735年)九月,弘历即帝位,诏谕:"原任礼部侍郎蔡世远学问素优,自雍正元年在内廷行走,勤劳敬慎,于经义文词,悉心研究,多所裨益。应加恩以示笃念旧劳之意。"[37]部议加赠礼部尚书,致祭,谥文勤。乾隆四年(1739年),诏入贤良祠。四十四年

（1779 年），高宗作怀旧诗《三先生三首》，深切怀念福敏、朱轼、蔡世远三位老师。《闻之蔡先生》云："先生长鳌峰，陶淑学者众。奉命训吾曹，风吟而月弄。虽未预懋勤，八载寒暑共。尝云三不朽，德功言并重。立言亦岂易，昌黎语堪诵。气乃欲其盛，理乃欲其同。因以书诸绅，未敢妄操纵。德功吾何有，言则企该综。呜呼于先生，吾得学之用。"乾隆帝在诗序中还说，他在藩邸就读，"所从之师虽多，而得力于读书之用，莫如闻之先生"。"先生谓当以昌黎为宗，且言惟理足可以载道，气盛可以达辞，至今作文资其益。"⸹ 六十年（1795 年）二月，八十五岁高龄的乾隆帝，对自己冲龄时的恩师仍念念不忘，加赠太傅，并说："福敏启蒙，蔡世远教以古文作法，从此肆力，学业益进。当年久侍讲帷，敷陈启沃，福敏、蔡世远两师傅之力为多。"㊴

蔡世远以"忠孝廉洁、端方正直之名闻于天下"。㊵他知人善用，好善乐施，认为"自古圣贤，莫不以好善为心"。㊶他见人有一言一行之善，见居官者行一良法，施一美意，牢记在心，不敢忘却。凡"士有志行及文艺之优，必躬礼先焉。知其贤，则思随地而开通之，汲汲如有所负然"。㊷他对"为善如不及敬爱贤者，视贵势蔑如也"。㊸立朝期间，不少乡试、会试、殿试，读卷校阅，他多参与，从不以权谋私。他说："我辈诵法古人，安肯以文衡作商贾之行，辱名丧心？"㊹雍正二年（1724 年），他实授分校乡、会两试，识拔不少真才实学之士，公正贤名，享誉朝野。他尝说，治术关于学术经济，通于性命，大臣以身任事，应有公清之操，恺恻之怀，明通之识，强毅之概，儆惧之心。亲民之官，"以廉为基，以仁为本"，要时刻想着百姓疾苦。担心百姓不丰足，应"劝农桑，课节俭，轻徭役，广积蓄，遇有故则赈贷之"。担心百姓不收敛、不安定，应"教孝弟，敦睦姻，惩诬黠，息争讼，以事至者，诲谕之，又加详焉"。凡"结欢上官，不体下情者,民之蠹也"。⑤

　　蔡世远一生清介廉洁,淡泊明志,所得禄赐,一半用于接济族姻、故旧,妻子敝衣粗食,"视窭人或甚焉"。⑯雍正十年(1732年)九月,他给居福建老家的长子信中谆谆告诫:"家中须节用为先,每日食用,须有限制,轻用不节,其害百端。"但他同时又教育儿子,"切不可鄙啬为心,凡义所应用,不可有一毫吝心"。而自家用度,即便是纸笔油盐,以至细小微物,都要爱惜。"只以求田问舍为心,人品最下。耻恶衣恶食,志趋卑鄙之甚者"。⑰

　　蔡世远长期致力于教育,是一位强调躬行实践的教育家。他认为,"凡为师者,非徒教人以文也,必使之笃伦理,严义利,驯致为有用之儒"。⑱"凡讲学,不在辨别异同,贵能自得师,知得一事便行一事,……以力行为贵,徒讲解剖判,皆肤词也"。⑲他在《答鳌峰书院诸生》书中说,他"日相谆切者,大抵以立志为始,以孝弟为基,以读书体察、躬行克己为要"。⑳他尝对学者说,"当为第一等人。俗儒溺时,文希富贵,不自计树立若何,此鄙陋之至,无足与论。即读书只供作文,讲学不务躬行,皆可耻也"。㉑他鼓励年轻学子,"直捷要学圣人,可以操之自我。眼前立大志向,定大规模,随所读之书,身体心验,随所行之事,迁善改过,开其学识,使益宏裕,养其德器",坚定不移而已。他认为,"学必先于义利之辨","义即天理,利即人欲,当认得透彻,断得斩截。……学业有一毫不本中心发出,或拾前人成语,要使见者称为有志,此便是浮外"。㉒他最痛恨读书人为求取功名,"剿袭撮摘,以涂有司之目。侮圣人之言,莫此为甚"。㉓他极力推崇程颐的"主敬"之说,提倡专心致志、严肃认真的治学态度,强调"惟立志既坚,躬行又力,居敬穷理,心极清明,以此克己,气极勇决,更日加涵养,自然德成而学就"。㉔

　　蔡世远著有《二希堂集》、《古文雅正》、《鳌峰学约》、《朱子家礼辑要》,俱刊行于世。《二希堂集》十五卷。所谓"二希堂"者,指蔡世远"尝慕宋儒范希文(范仲淹)、真希元(真德秀)之为人,因名堂以志之"。⑤他自称:"学问未敢望朱文公,庶几其真希元乎! 事业未敢望诸葛武侯,庶几其范希文乎!"⑤名二希堂之旨即此。乾隆帝在藩邸时,曾为此书作序,赞扬蔡世远"实为有用之儒",其文"溯源于六经,阐发周、程、朱、张之理,而运以韩、柳、欧、苏之法度,所谓蕴之为德行,行之为事业,发之为文章者","固足继昌黎之踪,而抗欧、苏"。⑤此外,另有《性理精要》、《历代名臣言行录》、《合族家规》、《汉魏六朝四唐诗》等著作,未及刊行。

注:

① 蔡世远卒年,各书记载不一。李绂《穆堂初稿》卷25,《经筵讲官礼部左侍郎漳浦蔡公墓志铭》说:"雍正十一年正月九日,礼部侍郎漳浦蔡公卒于京师邸第……公生于康熙壬戌三月十一日,得年仅五十有二。"方苞《方望溪全集》卷10,《礼部侍郎蔡公墓志铭》称:"卒于雍正十一年正月朔后八日。"李桓辑《国朝耆献类征初编》卷69,《卿贰》29,录饶学曙撰《蔡世远传》,亦作"雍正十有一年正月卒"。可是,该书同卷《蔡世远》所录国史馆本传,《清史列传》卷14《蔡世远》、《清史稿》卷290《蔡世远》传,均说雍正十二年(1734年)正月卒。李元度《国朝先正事略》卷14《蔡文勤公事略》更具体记载:蔡于雍正"十二年正月八日薨,年五十有二"。戴逸教授在其所著《乾隆帝及其时代》一书中,亦称"蔡世远死于雍正十二年"(中国人民大学出版社1992年版,第75页)。蔡世远撰《先妣吴太君行状》云:"壬戌,世远姓生"(《二希堂集》卷9)。《清世宗实录》卷127,"雍正十一年癸丑春正月壬辰"条下载:"予故礼部左侍郎蔡世远祭葬如例"。于此可知,蔡世远的亲密朋友李绂、方苞所记蔡氏之生卒是确凿可信的,即生于康熙二十一年三月十一日(1682年4月18日),卒于雍正十一年正月初九日(1733年2月22日)。

②　蔡世远：《二希堂集》卷 9，《墓表志铭行状》，《先考武湖君行状》。

③　陈汝咸：康熙《漳浦县志》卷 16，《人物下》。

④⑤　沈定均：光绪《漳州府志》卷 29，《人物二》。

⑥　同上书，卷 32，《人物五》。

⑦　同注②。

⑧　《二希堂集》卷 9，《先妣吴太君行状》。

⑨　唐鉴：《清学案小识》卷 5，《翼道学案》，《蔡梁村先生》，商务印书馆 1947 年版，上册，第 127 页。

⑩　李绂：《穆堂初稿》卷 25，《经筵讲官礼部左侍郎漳浦蔡公墓志铭》。

⑪　同注⑨。

⑫⑬　同注⑩。

⑭　《二希堂集》卷 10，《祭文》，《祭座主安溪李文贞公文》。

⑮　李元度：《国朝先正事略》卷 14，《名臣》，《蔡文勤公事略》，岳麓书社 1991 年版，上册，第 424 页。

⑯　方苞：《方望溪全集》卷 10，《礼部侍郎蔡公墓志铭》。

⑰　同注⑭。

⑱⑲　同注⑯。

⑳　《二希堂集》卷 8，《书》，《与郑鱼门侍讲书》。

㉑　同注⑯。

㉒　同注⑭。

㉓　同注⑩。

㉔　同注⑯。

㉕　同注⑭。

㉖　《二希堂集》卷 8，《与总督满公论台事宜书》。

㉗　同上书，卷 8，《再与总督满公书》。

㉘　李桓辑：《国朝耆献类征初编》卷 69，《卿贰》29，《蔡世远》录国史馆本传。

㉙　同注㉘。

㉚ 《御制乐善堂全集定本》卷 8,《记》,《二希堂记》。

㉛ 陆言:《政学录初稿》卷 8,《蔡世远》。

㉜ 弘历:《〈二希堂集〉序》。

㉝ 同注⑯。

㉞ 佚名:《〈二希堂集〉序》。

㉟ 同注⑯。

㊱ 《御制乐善堂全集定本》卷 26,《今体诗》。

㊲ 同注㉘。

㊳ 《清高宗御制诗四集》卷 58,《怀旧诗二十三首》,《三先生三首》,《闻之蔡先生》。

㊴ 同注⑮。

㊵ 福彭:《〈二希堂集〉序》。

㊶ 唐鉴:《清学案小识》卷 2,《传道学案》,《张孝先先生》,商务印书馆 1947 年版,上册,第 41 页。

㊷ 同注⑯。

㊸ 同注⑩。

㊹ 同注⑳。

㊺ 同注㉛。

㊻ 同注⑯。

㊼ 《二希堂集》卷 8,《壬子九月寄示长儿》。

㊽ 同上书,卷 8,《与林于九》。

㊾ 同上书,卷 8,《与李巨来同年》。

㊿ 同上书,卷 8,《答鳌峰书院诸生》。

(51) 同注⑩。

(52) 《二希堂集》卷 8,《寄宁化五峰诸生》。

(53) 同注⑳。

(54) 同注(52)。

(55) 同注㉚。

㊶　雷铉:《〈二希堂集〉附跋》。

㊷　同注㉜。

秦蕙田

韩恒煜

秦蕙田，字树峰，一字树灃，号味经，江苏常州府金匮县（今无锡市）人，康熙四十一年十月十九日（1702年12月7日）生，乾隆二十九年九月初九日（1764年10月4日）死。①他累官至刑部尚书，又是著名的经学家。学者尊他为味经先生。

蕙田出身于无锡名门大族，书香世家。先祖为宋代文学家秦观。祖父秦松龄是清初诗人，顺治进士，康熙时官至左谕德，擢侍从讲幄。曾与理学家汤斌讲求性命之学。有《毛诗日笺》、《苍岘山人诗文集》等著述。②父秦道然亦工诗，著有《泉南山人诗集》等。道然为康熙四十八年进士，官至礼科给事中，曾任康熙第九子、贝子允禟府邸总管。雍正初，允禟因与允禩结党而遭到残酷打击，道然也被牵连入狱。蕙田随侍其父于羁所，"日闻庭训于忧患中"。③父子俩在狱中论经治学。道然撰成《困知私记》。蕙田所获教益亦颇深。乾隆元年（1736年），蕙田登一甲第三名进士，被授予翰林院编修，入直南书房。这时，年近八十的道然已身陷囹圄长达九载。蕙田为救道然出狱，向乾隆哀哀陈情，乞以身赎父罪。乾隆下特旨将道然宽释，并尽免其旧欠赎罪罚款。蕙田对乾隆感激万分。他的孝行也被人们传为佳话。

六年（1741年），蕙田充顺天武乡试副考官。七年，在阿哥书房行走。八年，历迁侍讲、右春坊右庶子、通政使司右通政、内阁学士。十年（1745年），迁礼部右侍郎。当时，礼部正承旨修会典，蕙田奉命校阅礼书。十二年（1747年）五月，丁父忧，去职。在家居丧期间，蕙田"杜门读礼"，并与青年时代的读经会友吴鼎共同"发凡起例"，开始编撰大部头的《五礼通考》。④十三年四月，服满，改任礼部左侍郎。十五年（1750年）十月，调刑部右侍郎。十六年五月与十七年九月，两次充殿试读卷。十七年（1752年），改左侍郎，协理国子监算学。十九年，充经筵讲官，二十二年（1757年）正月，升工部尚书兼理乐部大臣，四月，署刑部尚书，五月，充殿试读卷。

工部对于各处大小工程有派员查估、承修、查验之责。"因工程有难易繁简，各员遂不无营求趋避"，以致堂官难以按工程需要合理委派属员。蕙田为解决难题，提出将造价在二百两以内工部有权委派的工程，排列成一百两以上、三十两以上、三十两以下三个等次，分别在满郎中与员外、满主事、笔帖式中"名签掣派"（到部不足一年及曾经记过的属员无资格参加）。掣定后，即登记于名簿内。堂官留心考绩，有实心任事，工程妥协又能节省钱粮者，"记功一次"；依限竣工，工程如式者，注明"如式"字样；若草率，违限，不合式者，"记过"，并取消其以后参加掣派的资格。如有不据实估工、承修、查验，甚至侵冒工价者，"即行指参"。⑤乾隆览奏，命如所议施行。二十三年（1758年）正月，任刑部尚书。

乾隆时期是清代封建地主制经济高度发展的时期。这时，破产农民空前增多。其中不少人四处流移乞食，"城市村落，所在多有"。有的人甚至沦落为盗贼。例如，当时江南颍州破产贫民"流入楚省，百十为群，行窃拒捕"，就曾给湖北地区的社会治安带来麻烦。在蕙田看来，"各省流丐"都是"逃盗之源"。因此，他疏请将各省流丐全部"递解回籍"，以便"清狱讼，息事端"。乾隆则认为，与其"一一拘查押送,责成原籍保甲等收管","不若就所在地方设法查禁尚属简便易行"。于是,谕各省大吏,嗣后遇流丐在境,务必令地方官督率保甲人等留心访察,"如有逞强不法者,即严拿惩治"。如此,"既不必解送纷繁,亦不致漫无约束矣"。⑥

同年十月,刑部核复福建题报的郭端殴伤黄睿身死一案,在将郭拟罪之后,又"声请留养"。乾隆对此十分不满,认为这是司法官员"徒博宽厚"虚名而不顾"姑息以致纵恶养奸"。因此,他通谕司法部门必须"临事悉心检核,一归平允",以达到"明刑弼教"之目的。⑦

二十四年(1759年)九月,刑部堂官(包括汉尚书秦蕙田在内)因对御史观成挟嫌诬奏民人张九违禁踩曲一案拟罪"失伦",受到乾隆的严厉申斥。不久,又因对浙江假官案犯童汝德拟罪失当,受到批评。乾隆指出造成此案错判的原因,"皆因例注滋繁","律意转晦,司谳者因注语而误会本律"所致。⑧为此,刑部奉旨专门对假官案犯的量刑问题重新议定了律文。

同年十一月,蕙田与观保、钱汝诚、孙灏奉旨"磨勘"顺天等五省乡试卷。乾隆发现他们对顺天试卷中的"制艺"文应当重视却未予重视。"其中词句纰缪者不一而足,甚至不成文义"。⑨乾隆认为以上所暴露出来的问题,都是因顺天学政观保只知"以词章小技仅与士子争字句之长"造成的。他批评了观保,并谕令各省学政都务必重视"制艺",从而"使衡文、作文者咸以正风尚、厚人心为务"。⑩

二十五年三月与二十八年三月,蕙田两次充会试正考官。二十六年(1761年)冬,蕙田利用公余时间主编的宏篇巨著《五礼通考》共二百六十二卷全部完成。二十八年(1763年)九月,蕙田与刘纶承旨校正韵书告成。乾隆钦定其名为《音韵述微》。十月,蕙田晋衔太子太保。

二十九年(1764年)四月,蕙田因病,请解任,未获准。八月中旬,复请解任。乾隆许其回籍养病,但刑部尚书之任不必开缺。九月初九日,蕙田病逝于归途沧州。

蕙田告病归退不久,乾隆于九月五日发现满尚书舒赫德拟判的两宗"缓决"案十分不妥,批评舒赫德是想"乘汉尚书之南归而亟亟改其章程,以博宽厚之名"。舒赫德则回奏他所办两案皆"有例可援",并非骤改旧章。于是,乾隆即"面谕"舒赫德,"将十年以来此种案犯,有经督抚列入情实,而刑部九卿驳改缓决者,前后凡有若干案,即速查明核实复奏。"⑪经过一番挑剔的审视,乾隆未发现不妥。蕙田处理案件,大体宽严得当,只可惜未给乾隆留下宽免罪犯的机会,以致乾隆悻悻地发出感叹:"竟不令朕宽免一人矣。"⑫

九月十七日,秦蕙田遗疏上闻。乾隆除照例予以恤典外,另赏给治丧银一千两。因蕙田"奉职西曹,恪勤素著"⑬,赐谥文恭。三十年(1765年),乾隆南巡至无锡秦氏园林"寄畅园"时,还以"养疴旋里人何在,抚境怅然是此间"的诗句表达了对蕙田的追念。⑭

蕙田一生酷好经学,登进士之前,即在家乡与顾栋高、吴鼎、吴蕭、蔡德晋诸人共同发起"读经会",聚而论经。通过十余年的读经问难答辩,蕙田积累了大量心得笔记。入仕后,又利用在内廷及礼部办公之便,遍览典章,使学问日以增广。蕙田认为:"儒者舍经以谈道,非道也;离经以求学,非学也。"因此,尊经,穷经,就是他孜孜以求的目标。他在官员任上,"皆以经义治事"。公务之暇则"闭户著书"。《五礼通考》就是他穷经治礼的大荟萃,也是他三十八年里(即从雍正二年成立"读经会"算起,至乾隆二十六年成书时止)所费心血的结晶。该书在编辑过程中,"博谘当时通儒",广泛吸取了学界的精晶。⑮蕙田的同学、著名文学家方苞之侄、直隶总督方观承"凤精三礼",与蕙田"邮签往来,多所启发",是该书的"同订"者。

参校者除吴鼎外,还有卢见曾、宋宗元、钱大昕等人。蕙田在任刑部尚书期间,"事繁少暇",是钱大昕"实襄参校之役",才促成了该书"早为卒业"。⑯

《五礼通考》共二百六十二卷,分七十五门类。无论从体例或内容看,它都是徐乾学《读礼通考》的续辑和发展。徐《考》惟详丧葬一门(属凶礼)。秦《考》则在凶礼之外,增辑了吉、嘉、宾、军四礼,共成五礼。此外,还涉及乐律、天文、算法、地理等等。《五礼通考》分门别类,考证经史,"原原本本,具有经纬,非剿窃饾饤挂一漏万者可比"。当时学人认为,它在学术史上的地位,比宋代名家陈祥道所作的《礼书》"有过之,无不及"。⑰

此外,蕙田还著有《味经窝诗文类稿》二十八卷,《周易象义日钞(笺)》及《地理元宗》、《天玉解义》(地理类)等。

蕙田博学多闻,穷经之外,凡音韵、律历、医方、数术,无不通晓。乾隆朝著名词臣梁诗正曾评论蕙田"如鹰隼横空,飞而食肉;又口若悬河,辩才无碍"。⑱这无疑是对秦蕙田才学形象的真实写照。

注:

① 钱大昕:《潜研堂文集》卷42;《秦蕙田墓志铭》。

② 秦缃业:(光绪)《无锡金匮县志》卷21。《儒林》。

③ 徐世昌:《清儒学案小传》卷7,《味经学案》。

④ 秦蕙田:《五礼通考》自序。

⑤ 《清高宗实录》卷543,中华书局1986年影印《清实录》第15册,第903页。

⑥ 同上书,卷560,《清实录》第16册,第102页。

⑦ 同上书,卷572,《清实录》第16册,第275页。按:"留养",即犯死罪者系独子,其亲年老在七十以上,或有残、疾需要侍奉者,可恩请准其不死,存留养亲。

⑧　同上书,卷597,《清实录》第16册,第652页。

⑨　《乾隆朝上谕档》第3册,第372页。

⑩　同上书,第369—370页。

⑪　《清高宗实录》卷718,《清实录》第17册,第1005页。

⑫　同上书,卷718,《清实录》第17册,第1012页。

⑬　同上书,卷719,《清实录》第17册,第1014页。

⑭　光绪《无锡金匮县志》卷首,《宸翰》。按:"寄畅园"为秦氏别墅,园亭秀
　　美,景色绮丽。它坐落在无锡县惠山寺左。始建于明代正统年间。康熙
　　南巡,屡驻跸于此。乾隆十六、二十二、二十七、三十、四十五、四十九年
　　南巡,都曾游览此园,并有赐诗。

⑮　同注③。

⑯　同注④。

⑰　永瑢:《四库全书总目》卷22,《经部》、《礼类》4,中华书局1965年6月
　　第1版,第179页。

⑱　毛庆善编:《湖海诗人小传》卷5,《秦蕙田》。

汪 辉 祖

陈祖武

汪辉祖,字焕曾,号龙庄,晚号归庐,浙江萧山人。生于雍正八年十二月十四日(1731年1月21日),卒于嘉庆十二年三月二十四日(1807年5月1日),终年78岁。①他一生作幕三十余年,精于幕学,有一代名幕之誉。晚年一度为官,廉正务实,称为循吏。

萧山为绍兴属县,士多习幕,明清皆然。辉祖的父亲汪楷,早年即曾学幕,后经商起家,捐资授官,出任河南淇县典史。晚年解任,南走广东,依然寄人篱下。乾隆六年(1741年),病卒旅邸,辉祖年仅十二岁。丧父之后,家境清贫,全靠其生母及继母针织以维持生计。在窘困的条件下,汪辉祖艰难求学,于乾隆十一年(1746年)考入县学。连应乡试,皆告败北。十七年(1752年),其岳父王宗闵代理金山知县,招入幕署,处理文书事宜。从此,揭开了汪辉祖幕宾生涯的第一页,时年二十三岁。

乾隆十八年(1753年),王宗闵调常州,代理武进知县。辉祖偕行。一年后,改依常州知府胡文伯。二十年(1755年),胡升任江苏督粮道,辉祖偕往常熟。当时的州县幕署,幕友多寡不一,大致依所司职事,有刑名、钱谷、书记、挂号、征比之分。五者之中,若就地位轻重论,则数刑名、钱谷为首,尤以刑名最重。职分不同,所获报酬亦甚悬殊,往往司刑、钱者一岁所得,即可抵其他三类数年的收入。②佐幕数年,汪辉祖渐知其中利病,于是幕事闲暇,留意刑律。自乾隆二十五年(1760年)起,改依长洲(今苏州市)知县郑毓贤,专司刑名。翌年,再投浙江秀水(今嘉兴市)知县孙尔周幕。之后,辗转平湖、仁和(今杭州市)、乌程(今吴兴县),皆专司刑名。

三十三年(1768年)七月,赴杭州应乡试,中式第三名举人。时年三十九岁。自十八岁初入秋闱,科场沉浮,已然九度。翌年正月,入京应礼部会试,落第而归。迄于四十年(1775年)正月,四上公车,终以二甲二十八名进士如愿以偿。正待授官,忽得家书,惊悉继母病故,遂报丁忧回乡。丧事过后,相继佐幕慈溪、海宁、平湖、乌程、龙游(今分属衢县、金华)、归安(今吴兴县)等地,以精于刑名之学著称浙中。

寄人篱下,频易寒暑,至乾隆五十年(1785年)辞归安幕事返乡,汪辉祖佐幕业已三十四年。其间游江苏九年、浙江二十五年,择主而就凡十六人。乾隆末年,清王朝盛极而衰,伴随世风日下,幕风亦颓然不振。乾隆初,凡为幕者,无不唯律是遵,依律阐义,是非皆有根据,丝毫不敢上下其手。由于世风尚俭,佐幕所获,司刑名者岁入至多不过白银二百六十两,司钱谷者不过二百二十两。一时号称“董三百”的松江名幕董某,索价亦不过三百两。而二十七年以后,幕宾年薪渐增,至五十年前后,已高达八百两。③同佐幕所获的激增形成强烈反差,则是吏治与幕品的堕落。即以当时的浙江论,巡抚只图传唤方便,每每多留知府常住省城行馆,乃至知县亦往往有三、四十人稽留省寓。如此众多的闲官,无所事事,则相聚饮酒、赌博,甚至狎妓宿娼,毫无顾忌。幕主如此,幕宾亦然。佐人为治,本当以公事为己事,“留心地方,关切百姓”,而浙中幕友多不以此为务。其上者“斤斤焉就事办事,仅顾主人考成”,其下者“昧心自墨,已为利薮,主人专任其咎”,④幕学幕品每况愈下,不可收拾。

　　当此颓局,汪辉祖不禁为之心寒。恰好此时史部颁文,令未有官职的乾隆四十年进士赴京谒选。于是他决意弃幕入官。为此,汪辉祖应其外甥孙兰启之请,将近三十年佐理刑名的为幕经验稍事整理,于乾隆五十年(1785年)八月至十月间,撰为《佐治药言》、《续佐治药言》二卷。所录凡六十六则,每则字数多者五六百,少者二三百。言出心扉,得自亲历,于幕品幕学多甘苦之言,成为当时及后世佐幕为治的必读佳作。

　　乾隆五十一年(1786年)春,汪辉祖取道杭州,登舟赴京,舟过苏北,适值久旱重灾,饿殍遍野,卖儿鬻女,饥人相食。目睹此一惨状,他悽然运笔,写下《哀塾师》、《鬻妇行》、《鬻孤篇》诸诗,抒发无限的同情和忧虑。诗中有云:"人命贱若此,得毋吏职亏。救荒无良策,自古重嗟咨。"⑤五月初抵京,八月授官湖南永州府宁远县知县。翌年二月,汪辉祖携家眷赴任。行前,撰《座右箴》一则以自警,箴中有云:"官幕异势,毋恃汝能。躁急易误,碎琐谁胜。惟勤惟俭,以渐以恒。上下协一,庶无怨憎。"⑥三月抵长沙,拜谒巡抚及布政使、按察使诸上司。时任按察使恩长,满洲人,才大心细,每涉命案,以防诬告为由,多主开棺验尸,属下不敢进一言。汪辉祖于谒见时,竟然当着在场的十余名知县,就此提出异议。他认为"检骨极惨",主张应从制止诬告入手,"先示谕禁,以杜讼源。"⑦恩长虽表示"此言甚有理",但亦因此埋下了日后名挂弹章的种子。

　　宁远辟处湘南,地瘠民贫,素称难治。恶丐扰民为地方一大祸患。汪辉祖上任伊始,顺应民意,对之严加惩治。宁远多丐,结邦强乞,以"老猴"为头目的丐帮,为祸尤烈。"老猴"来自广西,绰号飞天蜈蚣,其妻称飞天夜叉,久居岩穴,党徒四布,无恶不作。汪辉祖侦知"老猴"行踪,暗布罗网,一举擒获。飞天夜叉,闻风夜遁,党徒星散。不出半月,恶丐绝迹,丐患消除。与恶丐交相为祸,讼师唆讼是宁远的第二大害。南乡讼师黄天桂,绰号智多星,其弟黄天荣,绰号霹雳火,狼狈为奸,唆讼乱法。一如惩治"老猴",汪辉祖在查实黄氏兄弟劣迹之后,将黄天桂绑缚公堂,当众审理,凡唆讼一事,责打二十大板。二十余日过去,黄犯悔罪取结,其弟携眷逃窜。惩一儆百,深得民心。

汪辉祖治宁远,勤政为民,除害安良,以移风易俗为己任。不出三年,政声远播,有"湖南第一好官"⑧之誉。乾隆五十五年(1790年),私盐案起,他处乱不惊,实事求是,又为地方百姓办了一桩好事。宁远例食淮盐,而邻境蓝山、临武诸县例食粤盐。粤盐路近价贱,淮盐路遥价昂,加以山峦阻隔,交通不便,淮商难以入境,往往购淮盐一斤的费用即可购粤盐八斤,因而宁远百姓多违例食粤盐。时值淮盐壅滞,督抚下令缉捕私盐。令下,宁远盐价陡涨,由每斤制钱二十二三文增至五十文,甚至一文钱仅能购得盐水一杯。于是人心惶惶,民情浮动。汪辉祖从实际出发,毅然为民请命,指出:"政在利民,术须裕课。宁远每年额销淮盐一千三百一十四引,向来虽有此数,历无水程到县,亦并无销引报文。是淮盐仅系空名,而粤私久资实用,与其民食无引之盐,不若官办有引之课。"进而主张:"循照郴、桂二属之例,将宁远应行一千三百一十四引,改为粤盐引。"⑨未待上司批复,他即颁布告示,规定零盐不及十斤,民得贩卖,官不收捕。由于民困得纾,人心趋于稳定,湖广总督毕沅因之接受既成事实,下令弛禁零盐,并戏称汪辉祖为"莽知县"。⑩

同年九月,因道州(治所在今道县)知州病故,汪辉祖奉命卸任宁远,代理知州。十月,又接按察使命,令赴桂阳查办命案。一则因干练仵作难觅,再则道州积欠亟待处理,此事遂搁置下来。加以十二月初,赴江华代验命案,跌伤左足,就更无法及时赶往桂阳。结果,同按察使的积怨暴发,最终导致弹劾罢官。五十六年(1791年)

正月,汪辉祖呈请解任调理。六月,抱病赴长沙接受审查。虽经两度会审,确认实系伤病,但按察使执意弹劾,指责汪辉祖庇护同乡,有意规避,必欲疏请遣发新疆。后幸得长沙、衡州(治所在今衡阳)诸知府从中斡旋,弹劾风波始以革职了结。

五十七年(1792年)四月,汪辉祖结束四年的知县生涯,启程离湘,历时月余,返抵故里。时年六十三岁。罢官归来,家有耕田八十余亩,自足有余,于是他息足杜门,潜心于著述之中。五十八年(1793年)六月,辉祖总结四年为吏经验,一如先前著《佐治药言》体例,开始撰为《学治臆说》、《续说》、《说赘》。书成,与旧著《药言》不胫而走,深得内外大吏王杰、阮元等激赏,一再刊行。阮元于此有云:"余读《学治臆说》、《佐治药言》,未尝不掩卷太息,愿有司之治若汪君也。"又说:"士人初领州县,持此以为治,虽愚必明,虽柔必强。"⑪

汪辉祖以章学诚、邵晋涵为友,得友朋启发,喜治史学,尤留意于诸史名姓异同。早先著有《史姓韵编》六十四卷、《九史同姓名略》七十二卷。归里以后,重加订补,汇为《二十四史同姓名录》一百六十卷。晚年,专意元史,以明初所修《元史》仓促成书,"事迹舛阙,音读歧异",发愿"纠谬拾遗"。于是自嘉庆元年(1796年)动笔,至五年(1800年)脱稿,撰为《元史本证》五十卷。全书以证误、证遗、证名为类,取《元史》自为佐证,对其讹误一一梳理,原原本本,多可信据。嘉庆七年(1802年)刊行,一时著名史家钱大昕欣然撰序,赞许道:"专以本史参证,不更旁引,则以子之矛刺子之盾,虽好为议论者,亦无所置其喙。悬诸国门以待后学,不特读《元史》者奉为指南,即二十三史皆可推类以求之。"⑫

汪辉祖为人笃实,从善如流。自嘉庆元年起,接受友人王宗炎建议,将生平行事依年条记,撰为《病榻梦痕录》、《梦痕录余》凡三卷。录中所记,既有个人亲历,又有师友学行,兼及时事风俗,知人论世,足资取材。在众多的清人年谱中,汪氏之作,无愧上乘。汪辉祖故世后,所著《学治臆说》、《续说》、《说赘》及《佐治药言》、《续佐治药言》和《病榻梦痕录》、《梦痕录余》并《双节堂庸训》,合为《汪龙庄先生遗书》刊行。

注:

① 此系按农历计算,若依公历,则为 77 岁。

② 汪辉祖:《佐治药言·勿轻令人习幕》。

③ 汪辉祖:《病榻梦痕录》卷上,五十六岁条。

④ 同注③。

⑤⑥ 汪辉祖:《病榻梦痕录》卷上,五十七岁条。

⑦ 同上书,卷下,五十八岁条。

⑧⑨ 同上书,卷下,六十一岁条。

⑩ 王宗炎:《汪龙庄行状》,载《元史本证》卷末附录。

⑪ 阮元:《研经室二集》卷 3,《循吏汪辉祖传》。

⑫ 钱大昕:《元史本证序》,载《元史本证》卷首。

沈 起 元

吴伯娅

沈起元，字子大，江南太仓人，生于康熙二十四年（1685 年），卒于乾隆二十八年九月（1763 年 10 月）。他是清中期一位有政声的官员。

起元的父亲名受弘，号白漊先生，岁贡生，通经术，有诗名，隐居授徒，著有《白漊集》。起元自幼颖悟出众，十二岁便能诗能文，倍受父亲的疼爱和器重。父亲满怀期望地说道"此儿需我自教也"，① 毅然辞掉馆业，闭门督课，尽心培养其子。

起元不负父望，康熙五十九年（1720 年），乡试中举。翌年中进士，改翰林院庶吉士，以父病乞归。雍正四年（1726 年），未散馆被授吏部验封司员外郎，寻兼考功。当时，清廷严六部缺主之禁，不自首者死。直隶学政缺主事发，起元争论道："学政衡文，缺主不能舞弊，与六部不同，宜减死为流。"②清廷采纳了这一建议。

雍正五年（1727 年），起元以知府指分福建。总督高其倬令权福州府，随调摄兴化、莆田。这是起元首次担任地方政务，他"廉洁自好，刻意为民，遇事一本至诚，而才识足以行之"。③当时，雍正帝听说福建仓谷多有亏空，遣四大臣率调选府县官六十余人前往查办。官吏被弹劾的占百分之五十，其余的都离职待查。代理者为得官位，较计升合，颇为苛烦。起元不随波逐流，独持公正平和之道，在当地受到好评。粮道李玉铉叹道:"近日闽省惟建宁、兴化为光天化日矣!"④

莆田有黄、陈二姓,讦讼累年,结帮互殴,有南北党之称。福建巡抚和按察使恐酿成祸乱,准备全部逮捕,各置重典。起元不迎合上司,率兴大狱,而是详察其情后,仅责两人而释放其余。他上报道:"衅由主者,惩之毕矣,余不足问也。"⑤

福建巡抚常安兼理海关事务,竟要求各关口差役每年交纳三千两白银。起元不怕得罪上司,大胆陈诉,请求革除此弊,并革除洋船规例银数千两。常安有家奴守关,因浮收糖税未成,扣押二十多条船不准通行。起元得知后,立即赶往现场,责令按定额收税,放船通行,并将此事告诉常安,常安不得不召家奴切责。从此,常安属下不敢妄为。

起元不仅主持正义,办事公道,而且注重文化教育事业。由于福建人不善官音,清政府曾令督抚设法教习。而起元所在的兴化,土音尤其诘屈,读书了不可辨。为此,起元特建正音书院,选福建人中通官音者为师,集诸生以四声教正经书,使之转相教授,收到了较好的效果。总督采纳他的方法,颁行于诸府。

清初曾严行海禁,不许民人出洋经商。后来,随着国内政治稳定、经济发展,这一情况有所改变。尤其是福建的福、兴、漳、泉、汀五府,因地少人多,无田可耕,经总督高其倬于雍正四年奏准弛禁后,出洋经商者逐渐增多。但为不让内地商人羁留外国,高其倬令出洋者亲戚邻里具结立状,定往返期限,逾者连坐。起元认为这种做法很不妥当,坦率地向总督指出:"此法立,将一船不得行。"因为出洋者生死疾病无常数,货物利钝无常期,这岂是内地亲戚邻里所能预料,而为之具结担保的呢?总督如无开洋之示,商人无怨。如今开禁,多有造船、制货者,费用很大,忽以结状相阻,是明诱之而暗害之,商人必怨。而且,出走南洋需要北风,如今立春已半月,即使结得具状,而北风不来,船只不能行。商人失业,聚集厦门,或为盗贼,后果难以预料。起元的分析引起了其倬的警觉,急问解救之策。于是起元提出,仅令出洋商人自己具状,以三年为期,逾期不归者不许回籍,即以此状咨部。其倬欣喜,依议而行。

定例验放商船,由兴泉永道和泉防同知掌管。出洋船只水手人数多寡,则视梁头大小而定。商人苦于纳税,大辄报小。待出口船不得行,便求增加船夫。泉防同知驰启督抚议增水手。起元认为此启大误。因为船夫定额工部所颁,督抚不能增,势必咨请部示,彼此驳诘不已,何时得了?不久众商具牒,请求验放,并表示联舟共济,免增水手。同知固执己见,要等督抚命令放行,才肯放行。起元急切地说道:"南风起矣!众商惧不得行,故为此请,再固执必生他变。"⑥同知不得已,只得放行。而出洋众商果已纠集多人,袖藏瓦石,汹聚公门。起元的建议,避免了一场恶性事件的发生。督抚两院接到同知启后,正仰天愕然,计无所出,得知起元所为,大喜过望,再三嘉奖。海口商民更是转忧为喜,欢声雷动。

起元在福建的所作所为,充分体现了他的胆识才干和务实精神。吏部侍郎史贻直奉使至闽,甄别府县官员,举荐起元为牧守第一。不久,起元受命代理台湾知府。

台湾田地一甲相当于十一亩,赋分上、中、下三则。上则一甲收谷八石,中则六石,下则四石,比内地田赋沉重数倍。然而向多隐占,民不甚困。当时,清政府推行丈量法,占田者不得隐匿。高其倬想将台湾田赋全部照内地下则起科,以使台民安居乐业,但又恐田赋不及原额,招致部驳。起元赴台之前,其倬特就此事与之商议。对此,起元留心已久,他提出令旧甲仍按旧额纳赋,而丈出者则视内地下则起科。俟隐占既清,再将旧甲重赋通均于新田轻赋之上,赋不亏而民无累。其倬深以为然。

起元留心世务，治理有方，对于官爵黜陟，却视若浮云。他刚刚抵达台湾，便遇生番越狱之事。前任知府表示："狱匙未交，是我责也。"起元说道："守印已受，是我责也。"⑦二人争开失察职名。他们的谦让大度，颇为上司欣赏，二人皆免于追究。不久台湾遭遇飓风之灾，海船庐舍被毁坏，人民多漂溺。起元单骑巡视，赈济流民，多所全活。

正当起元政声日著之时，却遭到诬讦。在他赴台湾之前，福建同安县民辛氏因与颜氏有仇，自杀其弟妇陷害于颜。按察使潘体丰未能察明，具狱上报。起元受命复审，审直其冤，为颜氏平反。此事引起了潘体丰的忌恨，他罗织罪状，讦告起元。雍正八年（1730年），起元被部议降四级用。不久，他引疾归里。

乾隆元年（1736年），起元应召入京，被授为江西驿盐道。这是一个有利可图的肥缺，而起元却能保持廉洁，拒绝商人馈赠。第二年，他被授为河南按察使。离赣赴任之时，商人以千金相送，仍被起元谢绝。

任职豫省，起元再展鸿图。当时河南多盗，半由流丐。起元檄州县递送回籍，盗案顿减。乾隆二年（1737年）夏天，河南大雨成灾，水淹四十余县。饥民四处逃荒，布政使欲加以阻拦。起元反对道："民饥且死，奈何禁其它徙？"⑧令将灾民安置于未被水诸县，给以口粮，使之不出豫境。不久，属吏报告，盐枭拒捕伤人，已抓获二十余人，法皆当斩。起元认真审讯，查清除五名外，其余都是饥民。他请于巡抚雅尔图，斩三人，流放二人，其余的杖遣而已。旧例，凡有人命案凶手未获的，州县官员必须在三个月内作出是仇还是盗的结论。有司欲避处分，常含混具结。抓住凶手后则牵强附会，以与前结一致。起元认为此弊必须革除。他向巡抚详细陈明，具折请免,得旨允行。

作为按察使,起元办案有方。但他清醒地认识到,要使社会安定,不能仅靠刑法,而必须大兴文教。巡抚雅尔图令府、州各立书院,由起元总理其事。起元首先从教导士子开始,教其省身克己之学。后又请求立章善坊,令各州县举孝子、悌弟、义夫、贞妇,列名坊上。他还采访事实,著《章善录》刊行。这一系列措施,收到了较好的效果,史称"一时风动"⑨。其间有兄弟二人,争讼累年,"忽大悔,让财产,友爱终身"。⑩

乾隆七年(1742年),起元迁直隶布政使。直隶政烦吏猾,素称难治。起元莅任后,事无巨细,亲自过问,"又绝盐纲之例馈,却库封之羡余,省州县解项之苛烦,宽盗案三月之率结,声名益振。"⑪

八年(1743年)夏天,直隶大旱。总督高斌方自江南视河工返回时,起元迎谒于途,商议赈事。高斌欲迟至十一月开始放赈,起元焦急地说道:"饥民朝不谋夕,岂能久待?请先普赈一月,再查户口分别加赈。"高斌面有愠色,冷言道:"必如此,尔自奏之。"⑫总督的态度不能改变起元的忧民之心。他苦言于清河道方观承,求其代向总督进言。高斌终于同意了他的请求。在赈济的实施过程中,有县令倡言赈户不赈口。起元愤怒地斥责道:"一户数口,止赈一、二,是且杀七八人矣。"⑬他移檄各州县,务令灾民俱得实惠。

户部尚书海望奏清理直隶旗地,有司违限,奉旨严饬。高斌命起元弹劾几名州县官,以应付朝命,解脱自己。起元不同意,正色道:"旗地非旦夕可清,州县方灾,何暇及此?必欲劾官,请自藩司始。"⑭劾官之事因此作罢。

九年(1744年),起元转光禄寺卿,并稽查右翼宗学。职事较简,公余之暇,起元潜心读书,勤奋著述。十一年(1746年)至十三年(1748年),高宗先后去五台、木兰,巡狩山东,起元皆奉命扈从。

　　十四年(1749年),起元以疾告归。在家乡,他主持书院,授徒
为生。二十二年(1757年)高宗南巡,起元接驾,得赐缎匹、墨刻。二
十七年(1762年),高宗再次南巡,赐起元缎匹,并谕道:"尔年老在
家休养,不必常来侍候。"⑮次年,起元去世,终年七十九岁。

　　起元自少覃心理学,认为学须知行合一,从五伦起。张伯行、李
绂都是他的座主,张主朱,李主陆、王。起元则认为孔门弟子自颜曾
外,入门各异,同归于闻道。今但守定经书,实实做人,不必高言做
圣,尤严义利之辨。自为诸生,起元不妄取一非义之物。历任脂膏,
而萧然四壁,未尝置屋一椽,买田一亩。其为官之道,被誉为心切爱
民,而以宁静不扰为主。归田后,他授徒自给。晚年则闭门不出,日
诵先儒书,病中犹手抄明道《语录》。临终时,他坦然说道:"生平学
力无住手处,年来日夕检点身心,仰不愧,俯不怍,或庶几焉。"⑯嘉
庆九年(1804年),起元被题祀乡贤祠。他的著作有《周易孔义集
说》、《敬亭诗文集》等。

注:

①　袁枚:《小仓山房文集》卷8,《光禄寺卿沈公行状》。

②　《清史列传》卷75,《循吏传》2,《沈起元》。

③　王昶:《春融堂集》卷65,《沈起元传》。

④　钱仪吉:《碑传集》卷84,彭绍升:《故中大夫光禄寺卿前直隶布政使沈
　　公起元事状》。

⑤⑥　同注②。

⑦　同注①。

⑧　同注④。

⑨　《清史稿》卷300,《列传》87,《沈起元》。

⑩　同注④。

⑪　同注③。

⑫　同注②。

⑬⑭　同注④。

⑮⑯　同注②。

齐 召 南

樊克政

齐召南，字次风，号琼台，晚号息园，浙江天台人。生于康熙四十二年正月十一日（1703 年 2 月 26 日），乾隆三十三年五月二十三日（1768 年 7 月 7 日）去世。他是清代乾隆前期的著名学者之一。

召南的父亲名燝，是一位秀才。母亲张氏出身于一个以家学渊源闻名本县的书香门第，幼时曾诵习《孝经》、《四书》。召南是他们的第二个儿子。在他小时候，父母亲对他们兄弟的学习抓得很紧，白天，父亲亲自教他们阅读经书；夜间，母亲则考查他们学习的情况。在家学的培育下，召南九岁已能背诵五经，"乡里称神童"。后来，他与兄长周南一起"出就外傅"，"青灯布被，攻苦连日夕"，①学习十分努力。十六岁时，他考取县学生。二十二岁考取拔贡。在他考取拔贡后，提督学政何世璂对他十分赏识，曾当众称赞他说："此我朝奇士。当以王姚江（指王守仁）一辈相待也！"②

雍正七年（1729 年），他参加乡试，考取副贡生。十一年（1733年），雍正下诏恢复博学鸿词科。次年，他被浙江总督程元章、学政帅念祖荐为博学鸿词，于乾隆元年（1736 年）到京，参加在保和殿举行的考试，名列二等第八名，被授翰林院庶吉士，并被命充任《大清一统志》纂修官。次年散馆，授检讨。此后十年间，他历任右春坊

右中允、左春坊左中允、翰林院侍读、侍讲学士,并历充武英殿校勘
经史官、《明鉴纲目》馆纂修官、日讲起居注官、《大清会典》纂修官、
《续文献通考》馆纂修官等。十三年(1748年)夏,他被命在上书房
行走,并升任内阁学士兼礼部侍郎,旋补授礼部右侍郎。同年九月,
又被命充任《续文献通考》馆副总裁官。

　　这年,乾隆曾得到一面宁古塔古镜。当他向廷臣了解这面古镜
的来历时,只有齐召南一人能"引证书史,罗缕具奏",讲明古镜的
原委及其款识。于是,乾隆不禁对他另眼相看,高兴地夸他:"不愧
博学鸿词矣!"③

　　十四年(1749年)四月二十九日,召南自圆明园上书房返回澄
怀园寓舍。当他骑马来到门口时,因马突然受惊而坠地,头部触石,
负重伤,顿时昏迷过去。乾隆闻讯后,特派太监探视,赐以药品,并
命蒙族医生为他进行治疗。这次受伤,使他半月"不省人事",两个
多月后,才能起立,④直到十月间,"行步犹艰"。⑤经过这场大病,
他"颇忘所记,书不能握笔",⑥加之母亲年迈,因此,请求解任回
籍。在得到允准后,他于次年五月,"于潞河挂帆",⑦南返故里。

　　十九年(1754年),他应闽浙总督喀尔吉善的聘请,出任绍兴
蕺山书院山长。次年,又应浙江巡抚周人骥的聘请,出任杭州敷文
书院山长。敷文书院位于杭州府城南门外的万松岭,始建于明代弘
治十一年(1498年),原名万松书院,后因康熙赐以"浙水敷文"的
御书匾额而改名。召南在这所书院任教长达十一年(其间,曾于乾
隆二十六年一度入京,参加祝贺皇太后的七十寿辰)。由于他很注
意"奖励后进",⑧因材施教,故而培养了不少人才。

　　三十年(1765年),召南因"风痰时发",⑨辞去了敷文书院山
长的职务,返归天台。他本想在家中安度晚年,孰料事与愿违,不久
之后,一场意外的飞来横祸突然降临到他的头上。事情是这样的:

召南有一位堂兄名叫齐周华，雍正年间吕留良案发生后，他曾因上书要求赦免吕留良的子孙，遭到监禁。乾隆即位之初，遇大赦得以释放。三十二年（1767年）十月，他向浙江巡抚熊学鹏献自刻著作《名山藏初集》等，求作序文。熊学鹏阅后，认为书中"语多悖逆谬妄"，[10]所以，他重又被捕，旋被乾隆下令凌迟处死。此案发生后，召南随即受到牵连，被以"徇隐近族齐周华逆词"[11]的罪名，革去原职，并被逮入京，下刑部狱。后乾隆虽将刑部为召南所拟"杖流"的处罚免去，下谕将其"递回原籍，并传旨令其闭户安分"，[12]但其大部分家产仍被抄没。经过这场惊吓，再加上旅途劳顿，召南心力交瘁，还家后仅一月，就在忧惧的心情中病故了。

　　召南性喜"宏搜博览"，[13]"自天文、律历以至山川、疆域、险阻要隘，了若指掌"，[14]并深研经史，谙熟掌故。他生平尤精于舆地之学。还在充任《一统志》纂修官时，该书总裁任兰枝就对他十分倚重，除命他承担该书河南、山东、江苏、安徽、福建、云南与外藩属国等部分的辑撰任务外，还将审订其他纂修官分别辑撰的书稿的任务，交由他来完成。也是在参与纂修《一统志》的期间，由于同馆前辈杨椿与王峻曾勉励他说："郦道元《水经注》征引虽博，而疏漏踳驳亦复不免，于今而欲成一大书，非君莫属"，[15]而他自己也认为《水经注》虽明于西北，却暗于东南后世学者又"从未有将中国所有巨浸经流。……用《水经》遗意，上法《禹贡》导川，总其大凡，……使原委了然，展卷即得"，[16]故立志撰写《水道提纲》。此书的撰写历时多年，直到他在敷文书院掌教时，仍"寒暑不辍，次第编纂"。[17]乾隆二十六年，该书最终定稿。全书共分二十八卷，"以巨川为纲，而以所会众流为目"，[18]详述全国河道的源流分合。由于此书在撰写过程中，曾参考内府所藏康熙时经大规模实测而编绘的《皇舆全览图》等图籍资料，故内容"颇为详核"。[19]刊行后，"风行海寓"。[20]召南的同时代人王杰曾称道此书"简而能周，博而有要"，并"有裨世用"。㉑后来，梁启超也赞许此书"特可观"。㉒英国李约瑟（Joseph Needham）在所著《中国科学技术史》中，论及中国古代水文地理学著作在世界古代水文地理学史上的贡献时，也曾提到该书。㉓

此外，召南的著作还有《尚书注疏考证》一卷、《礼记注疏考证》一卷、《春秋左传注疏考证》二卷、《春秋公羊传注疏考证》一卷、《春秋谷梁传注疏考证》一卷、《史汉功臣侯第考》一卷、《后汉公卿表》一卷、《历代帝王年表》十三卷、《明鉴前纪》二卷、《宝纶堂文抄》八卷、《宝纶堂续集》十八卷、《宝纶堂诗抄》六卷、《宝纶堂外集》十二卷等。

注：

①② 杭世骏：《道古堂文集》卷39，《资政大夫礼部右侍郎齐公墓志铭》。

③ 袁枚：《小仓山房文集》卷25，《原任礼部侍郎齐公墓志铭》。

④ 齐召南：《宝纶堂诗抄》卷5，《余自四月二十九日圆明园下直归澄怀园寓舍，……时八月初九日，和果亲王问讯坠马诗二首》。

⑤ 同注①。

⑥ 同注⑦。

⑦ 齐召南：《宝纶堂外集》卷7，《集杜诗上·漫书成五百字》自注。

⑧⑨ 同注①。

⑩ 《清代文字狱档》第二辑，《齐召南跋齐周华天台山游记案·苏昌熊学鹏奏齐周华著书悖逆及审拟折》，上海书店1986年影印本，上册第137页。

⑪ 《清高宗实录》卷801，中华书局1985年影印《清实录》第18册，第801页。

⑫ 同上书卷804，《清实录》第18册第846页。

⑬ 同注③。

⑭ 钱仪吉辑：《碑传集》卷32，秦瀛《礼部侍郎天台齐公墓志》。

⑮ 齐周南：《水道提纲》卷首，阮学浚：《序》。

⑯　同上书，卷首，齐召南：《水道提纲序》。

⑰　同上书，卷尾，戴殿海、戴殿泗：《跋》。

⑱⑲　永瑢等：《四库全书总目》卷 69，《史部》，《地理类》2，《水道提纲》，中华书局 1965 年版，第 616 页。

⑳　齐召南：《宝纶堂诗抄》卷首，阮元：《宝纶堂诗抄序》。

㉑　齐召南：《水道提纲》卷首，王杰：《序》。

㉒　梁启超：《中国近三百年学术史》，北京中国书店 1985 年版，第 320 页。

㉓　李约瑟：《中国科学技术史》第 5 卷，《地学》第 1 分册，科学出版社 1976 年版，第 42 页在提到《水道提纲》等中国古代水文地理学著作时，指出："欧洲似乎并没有与此类文献相当的地理著作。"

金　榜

樊克政

金榜,字辅之,又字蕊中,安徽歙县人,生于雍正十三年(1735年),嘉庆六年六月十一日(1801 年 7 月 21 日)去世。他是清代中叶一位著名的经学家。

金榜出身于一个官僚家庭。父亲长溥,于乾隆十三年(1748年)中进士,曾任吏部稽勋司主事。兄长云槐,初以举人任内阁中书,后中乾隆二十六年(1761 年)进士,官至浙江督粮道。金榜年少时即有志于"博学深造为通儒",①笃学不倦。他曾从桐城派三祖之一的刘大櫆学习诗文,又曾从江永学习经学,与戴震相交好,并与戴震一同成为江永众多门人中"尤得其传"②的著名弟子。

乾隆三十年(1765 年),亦即金榜三十一岁那年,乾隆南巡至江宁时,他因进献诗赋,被"特赐举人,授为内阁中书"。③旋北上赴京,到内阁就职,开始了京官生涯。

三十四年(1769 年)六月间,他被命入直军机处,充任军机章京。三十七年(1772 年),应会试,考中状元,被授翰林院修撰。

在任修撰期间,他曾于四十二年(1777 年)被派充山西乡试副考官,四十三年(1778 年)又曾被派充会试同考官。后因父亲去世,奔丧回乡,从此便再没有重返京师。④

在金榜乡居期间,有人曾劝他还朝为官,他笑着回答说:"富贵者，一日之荣也，所谓夏日之裘、冬日之箑，时过则无所用之者也。君子纵不获争光日月，或犹得比寿丘陵乎！"他认为通过仕途所取得的富贵，只不过是暂时的荣耀，并不具有永恒的价值。不言而喻，被他视为可以"争光日月"或"比寿丘陵"的事情，自然是指著书立说以留传后世了。正因为如此，这时他愈发废寝忘食地钻研经籍，"沈浸于著述"。⑤他为自己起了个别号"檠斋"。⑥要求自己：夜间读书，必须等一盏灯油燃尽才可终止。这样，他经常都要到三更半夜方能就寝。

金榜生平精于"三礼"之学，以东汉古文经学家郑玄为宗。由于他"以郑氏书为言礼者之舌人，而病贾、孔二疏不能补其漏疏，宣其奥密，非善译郑氏者"，⑦乃"采获旧闻，或撊秘逸；⑧著有《礼笺》十卷。乾隆五十八年（1793 年）冬，他在因患"髀痛"疾病，卧床不起的情况下，从该书稿中选录了数十篇，寄给安徽巡抚朱珪审阅。朱珪读后，深感这数十篇文字"词精而义赅"，"大而天文、地域、田赋、学校、郊庙、明堂以及车旗服器之细，罔弗贯串群言，折衷一是"，⑨乃于次年秋天慨然为之撰写了一篇序言。⑩接着，又由方起泰、胡国辅二人将这数十篇文字"依经叙录，厘为三卷"（凡《周礼》十五篇、《仪礼》十七篇、《礼记》十六篇，附图四及《地理志分置郡国考》、《论秦正答汪孝廉钢》二篇）⑪，于同年冬付刊。这就是流传至今的《礼笺》三卷本。至于金榜的《礼笺》十卷本书稿，则早已散佚了。

从《礼笺》三卷本来看，金榜虽然崇奉郑玄之学，但并不墨守。书中对于郑氏之失，敢于一再予以纠正。对此，他曾自我剖白说："《郑志》答赵商云：'悉信亦非，不信亦非。'斯言也，敢援以为治经之大法。"⑫姚鼐对《礼笺》所表现出的这种不盲目迷信郑学的精神深表赞赏。他在为《礼笺》所写《序》中说："修撰（指金榜）所最奉者康成，然于郑义所未衷，纠举之至数四。夫其所服膺者，真见其善而后信也,其所疑者,必核之以尽其真也,岂非通人之用心、烈士之明志也哉?"[13]此外,金榜的同时代人吴定还称赞该书:"详稽制度,卓然可补江、戴(指江永、戴震)之缺而尾随之,必传于后无疑也。"[14]后来,梁启超也曾赞誉该书是一部"精到的著作"。[15]

金榜不仅精于礼学,而且还深研易学。其治《易》,以虞翻为主,"欲为一家之言,属稿未定,授门人武进张惠言太史"。[16]张惠言禀承其说,著有《周易虞氏易》等。金榜本人的易学遗稿《周易考占》一卷,则于光绪间被徐乃昌辑入《积学斋丛书》。

另外,金榜还"精医学",[17]并擅长书法。据载,他"书法二王,又精篆籀"。[18]其楷书也曾被著名书法理论家包世臣在所撰《国朝书品》中列入"佳品"。[19]

注:

① 钱仪吉辑:《碑传集》卷50,吴定:《翰林院修撰金先生榜墓志铭》。

② 同上书,卷133,王昶:《江慎修先生墓志铭》。

③ 《清高宗实录》卷732,中华书局1985年影印《清实录》第18册,第60页。《清史稿》卷481,《列传》268,《金榜》,《清史列传》卷68,《儒林传》,《金榜》,记此事为"乾隆二十九年",误。

④ 此据钱仪吉辑:《碑传集》卷50,吴定:《翰林院修撰金先生榜墓志铭》。江藩《国朝汉学师承记》卷5,《金榜》,谓其"散馆后,即乞假归,徜徉林下,著书自娱"。按乾隆三十七年壬辰科修撰、编修、庶吉士系于乾隆四十年四月散馆(据《清高宗实录》卷981)。如依江说,则金榜当于乾隆四十年"乞假归,徜徉林下",但据《清高宗实录》卷1036、法式善:《清秘述闻》卷16载,金榜于乾隆四十二年、四十三年分别曾任山西乡试副考官与会试同考官,可知江说有误。

⑤ 同注①。

⑥ 据马步蟾:道光《徽州府志》卷11之3,《儒林》,《金榜》。

⑦　金榜:《礼笺》卷首,朱珪:《序》。

⑧　同上书,卷首,《序目》,金榜自序。

⑨　同注⑦。

⑩　其时,朱珪已调任广东巡抚。参阅钱实甫编《清代职官年表》第 2 册,《巡抚年表》,中华书局 1980 年版,第 1643 页。

⑪　金榜:《礼笺》卷首,《序目》之尾,方起泰、胡国辅附记。

⑫　同上书,卷 3,《禘》。

⑬　同上书,卷首。

⑭　同注①。

⑮　梁启超:《中国近三百年学术史》,北京中国书店 1985 年版,第 189 页。

⑯　马步蟾:道光《徽州府志》卷 11 之 3,《儒林》,《金榜》。

⑰　刘声木:《桐城文学渊源考》卷 3,《金榜》。

⑱　许承尧:民国《歙县志》卷 7,《儒林》,《金榜》。

⑲　见包世臣:《安吴四种》卷 12,《艺舟双楫》。

翁 方 纲

樊克政

　　翁方纲,字正三,一字叙彝,号忠叙,又号覃溪、彝斋、苏斋,直隶大兴(今属北京市)人。生于雍正十一年八月十六日(1733 年 9 月 23 日),嘉庆二十三年正月二十七日(1818 年 3 月 3 日)去世。他是清代中叶一位著名的学者。

　　方纲祖父麐标,曾任昆山、齐东县丞。父大德,岁贡生,"熟于隆、万诸家文",①依靠教授生徒为生。外祖父张嗣琮,廪贡生,"笃守宋五子学",②"爱蓄法书名帖",③曾主管京师城东育婴堂二十年之久。他家里有一间书室,专门存放书籍与法帖。方纲自幼从父读书习文,每当随母亲去外祖父家时,则常常钻入书室,好奇地"翻阅书帖"。④这使他从小就萌生了对书法的浓厚兴趣。

　　方纲小时候家境清贫。他十二岁那年,补顺天府学生员。七月的一天,当他即将和其他新生员一起去顺天知府官署"簪花"⑤时,突然下起了大雨,由于家里穷得连一件雨衣都没有,他只好披着一张油纸出门。⑥困苦的境遇磨练了他的意志,促使他更加发奋攻读。十四岁时,他入首善书院肄业,⑦第二年就考取了举人。十六岁时,父亲去世,临终前,仍勉励他"好好读书"。⑧他果然不负父亲的期望,四年后的乾隆十七年(1752 年),就在他结束了在首善书院的学业后不久,便考中了进士。

他中进士后，"钦点翰林院庶吉士"，⑨被命学习清书（满文）。十九年（1754年）散馆时，在正大光明殿举行考试，试题是翻译陶渊明的《桃花源诗》。他写完卷子后，乾隆正巧从他身边走过，问他有没有写完，顺便拿起卷子来看了一遍，又问了他的姓名，然后说了句满语："牙拉赛音。"⑩意思是："甚好也。"于是，他被"御定第一等一名"，⑪授职编修。此后十年间，他历任右春坊右中允、左春坊左中允（仍兼编修）、翰林院侍读，并充任过江西乡试副考官、湖北乡试正考官与会试同考官，又曾兼充过日讲起居注官与《续文献通考》纂修官。

二十九年（1764年）七月，他被任命为广东学政。一去之后，连任三届，为期长达八年。三十六年（1771年），他因"失察生员年貌册"，⑫受到降三级调用的处分。同年冬离粤北上，次年抵京。

三十八年（1773年），清廷开设四库全书馆。他被命充任《四库全书》纂修官，旋又授职编修。在四库馆期间，他与朱筠、钱大昕、桂馥、黄易、丁杰等人"时相过从讨论"，⑬并常去琉璃厂书肆访书，所收金石拓本日渐增多。此后直到五十年（1785年）间，他曾历任国子监司业、司经局洗马、詹事府少詹事兼翰林院侍讲学士、詹事府詹事兼翰林院侍读学士，并曾兼充文渊阁校理、三通馆纂修官、文渊阁直阁事等，还充任过顺天乡试副考官。

五十一年（1786年），他被外放江西学政，五十四年（1789年）还京，被授内阁学士兼礼部侍郎。旋又于五十六年（1791年）再次外放山东学政，任职到五十八年（1793年）七月。回京后仍到内阁办事。

六十年（1795年），他被降职为内阁侍读学士。嘉庆四年（1799年），授鸿胪寺卿。六年（1801年），被派往马兰峪守护裕陵。九年（1804年），"奉命以原品休致回籍"，⑭重返北京。此后，他在京度过了一生中最后十余年的时光。

方纲生平博学多闻。其学"尤邃于金石文字",⑮精于鉴赏。他在任广东学政期间,撰有《粤东金石略》九卷、卷首一卷、附《九曜石考》二卷,后又撰《两汉金石记》二十二卷。王昶曾称赞其《两汉金石记》"剖析毫芒,参以《说文》、《正义》,几欲驾洪文惠而上之"。⑯

在经学方面,他曾与丁杰、王聘珍一同校订朱彝尊的《经义考》,共补正一千零八十八条,汇编为《经义考补正》十二卷。又著有《礼经目次》一卷、《春秋分传系年表》一卷、《十三经注疏姓氏》一卷、《通志堂经解目录》一卷。晚年,他在守护裕陵时,还撰有《易附记》十六卷、《书附记》十四卷、《诗附记》十卷、《春秋附记》十五卷、《礼记附记》十卷、《大戴礼附记》一卷、《仪礼附记》一卷、《周官礼附记》一卷、《论语附记》二卷、《孟子附记》二卷、《孝经附记》一卷、《尔雅附记》一卷。

他在经学研究中,力倡"考订之学以衷于义理为主"⑰之说。他曾说:"考订者为义理也,其不涉义理者亦有时入考订,要之以义理为主也。"⑱因此,他反对"嗜博嗜异而不惟义理之是求",⑲主张"勿区汉学、宋学而二之"。⑳针对当时钱载指斥戴震"破碎大道"的言论,他还曾指出:"诂训名物,岂可目为破碎?学者正宜细究考订诂训,然后能讲义理也。……今日钱、戴二君之争辨,……究必以东原说为正也。……然其(指戴震)曰圣人之道必由典制名物得之,此亦偶就一二事言之可矣。若综诸经之义,试问《周易》卦爻象乘承比应之义,谓必由典制名物以见之可乎?《春秋》比事属辞之旨,谓必由典制名物见之可乎?"㉑他的这类见解,实为清代后来汉、宋兼采之说的先声。

方纲一生还创作了六千多首诗篇。其论诗,创"肌理"说。他曾说:"义理之理,即文理之理,即肌理之理也。……士生今日,经籍之光,盈溢于世宙,为学必以考证为准,为诗必以肌理为准。"[22]他所说的"肌理",主要指经术、学问。所以,他还曾提出:诗应"以经术实之",[23]强调:"诗自宋、金、元接唐人之脉而稍变其音,此后接宋、元者全恃真才实学以济之",[24]并且说:"考订训诂之事与词章之事未可判为二途"。[25]在这种观点的指导下,其诗作"自诸经注疏以及史传之考订、金石文字之爬梳者,皆贯彻洋溢于其中"。[26]论者称之为"以学为诗"。[27]他的这种诗论与诗歌创作实践,对后来的宋诗运动有一定影响。

他还是一位著名的书法家,与同时代的刘墉、梁同书、王文治有"四大书家"[28]之称。其书法"初学颜平原,继学欧阳率更,隶法史晨、韩敕诸碑"[29],"行书出于元章、山谷之间",[30]尤精蝇头小楷。"八十余,犹日作蝇头楷书以自课"。[31]他自四十岁后,每年元旦,都要用西瓜子仁一粒"书坡公'金殿当头紫阁重'绝句一首"。[32]六十岁后,每年元旦,则"以胡麻(即芝麻)十粒粘于红纸帖,每粒作'天下太平'四字"。[33]又能"于一粒胡麻上,作'一片冰心在玉壶'七字",[34]被人称作"神技"。[35]

方纲还热心于培养与提携后学。刘台拱、凌廷堪、孔广森、王聘珍、冯敏昌、吴嵩梁等著名学者、文士都曾"从之游"。[36]曾到他寓所,从他学诗的"著录弟子","不卜百十辈"[37]"后进一篇之美,称道不去口"。[38]所以,他被人视为当时京师士大夫中,与朱珪、纪昀齐名的一位"以宏奖风流为己任"[39]的人物,并赢得了不少后学的赞誉。他晚年罢官家居后,尤为声名远播,不仅被后学推崇为海内骚坛的"鲁灵光",[40]而且还受到朝鲜学者的尊敬。朝鲜学者金秋史在方纲八十岁那年,不仅"写佛经寄祝",[41]而且还在他生日那天,为他"作祝嘏诗课"。[42]

嘉庆二十三年元旦,年已八十四岁的方纲,同往年一样,照例将十粒芝麻粘在红纸帖上,一粒接着一粒地写着"天下太平"四个字。当写到第七粒时,他感到眼睛十分疲倦,再也写不下去了。他只好搁下笔,叹了一口气,说:"吾其衰矣!"[43]果然,就在这个月临近月底的时候,他终于走完了自己的人生途程。他一生著述宏富,除了上面已提到的著作外,其个人著作还有《复初斋文集》三十五卷、《复初斋集外文》四卷、《复初斋文集补遗》一卷、《复初斋诗集》七十卷、《复初斋集外诗》二十四卷、《米海岳年谱》一卷、《元遗山先生年谱》一卷、《翁氏家事略记》一卷、《石经残字考》一卷、《焦山鼎铭考》一卷、《苏米斋兰亭考》八卷、《帖经举隅》三卷、《杜诗附记》二卷、《苏诗补注》八卷、《石洲诗话》八卷、《小石帆亭著录》六卷等,总计六十余种。

注:

① 翁方纲:《复初斋文集》卷6,《先大夫文稿册尾记》。

② 同上书,卷6,《先外祖手迹记》。

③④　翁方纲:《翁氏家事略记》,乾隆五年条。

⑤ 同上书,乾隆九年条。按,清代、府、州县于接到学政发来的新生员名单后,要通知新生员于某日齐集于官署大堂,设宴簪花。参见商衍鎏《清代科举考试述录》,三联书店1983年版,第16页。

⑥ 参见汪兆镛辑:《碑传集三编》卷36,张维屏:《翁覃溪先生年谱稿》,乾隆九年条。

⑦ 参见翁方纲:《翁氏家事略记》,乾隆十五年条。

⑧ 同上书,乾隆十三年条。

⑨ 同上书,乾隆十七年条。

⑩⑪　同上书,乾隆十九年条。

⑫ 同上书,乾隆三十六年条。

⑬ 同上书,乾隆三十八年条。

⑭　同上书,嘉庆九年条。

⑮　钱泳:《履园丛话》卷6,《耆旧》,《覃溪阁学》,中华书局1979年版,上册第146页。

⑯　王昶撰、毛庆善编:《湖海诗人小传》卷15,《翁方纲》。

⑰　翁方纲:《复初斋文集》卷7,《考订论上之一》。

⑱　同上书,卷6,《自题校勘诸经图后》。

⑲　同注⑰。

⑳　同上书,卷7,《考订论中之一》。

㉑　同上书,卷7,附录《与程鱼门平钱戴二君议论旧草》。

㉒　同上书,卷4,《志言集序》。

㉓㉔　同上书,卷8,《神韵论下》。

㉕　同上书,卷4,《蛾术集序》。

㉖　汪兆镛辑:《碑传集三编》卷36,《翁方纲传》("国史馆儒林传稿")。

㉗　徐世昌辑:《晚晴簃诗汇》卷82,《翁方纲》,《诗话》。

㉘　窦镇:《国朝书画家笔录》卷2,《翁方纲》。

㉙　同注⑯。

㉚　法式善:《存素堂文集》卷3,《跋覃溪先生临文待诏书》。

㉛　黄彭年等:同治《畿辅通志》卷226,《列传》34,《翁方纲》。

㉜㉝　翁方纲:《翁氏家事略记》卷尾,英和附记。

㉞　同上书,嘉庆十九年条,英和按语。

㉟　姚永朴:《旧闻随笔》卷2,《翁覃溪学士》。

㊱　同注㉖。

㊲　梁章钜:《藤花吟馆诗抄》卷首,翁方纲:《藤花吟馆题词》。

㊳　李元度:《国朝先正事略》卷42,《文苑》,《翁覃溪先生事略》。

㊴　同注㉖。

㊵　张维屏:《国朝诗人征略》卷34,《翁方纲》。

㊶㊷　翁方纲:《翁氏家事略记》,嘉庆十七年条,英和按语。

㊸　同注㉜。

邵 晋 涵

樊克政

邵晋涵,字与桐,一字二云,号南江,浙江余姚人,生于乾隆八年(1743年),嘉庆元年六月十五日(1796年7月19日)去世。他是清代中叶一位著名的学者。

晋涵出身于书香门第。祖父向荣,是清初著名学者邵廷采的从弟,曾从廷采"问古文法"。[①]于康熙五十一年(1712年)会试中式,"复试被黜",[②]做过定海、镇海教谕,著有《冬余经说》、《四书章句偶融》、《冬余笔记》、《冬余文略》、《冬余诗略》。叔祖坡,康熙四十一年(1702年)举人,曾主蕺山书院。父佳铣,增广生,曾读书蕺山书院,从坡问业,"甚嗜书,……善属文",[③]授经为生,"晚喜诂易"。[④]母亲袁氏,是吕章成的外孙女。吕章成于南明鲁王时官待诏,"尝改切梁周兴嗣《千字文》,纪有明一代事实训初学"。[⑤]袁氏"幼受章句于母氏,益以家学见闻,故于明史尤熟"。[⑥]在这样的家庭环境中,晋涵自幼即深受谈经说史与赋诗为文的熏陶。特别是祖父任镇海教谕时,还曾把他带在身边,亲自课读,经常"举经史疑义、前贤故实相告",[⑦]对他的学业进步,帮助尤大。与此同时,由于生长浙东,他自幼还"习闻蕺山、南雷诸先生绪论",[⑧]深受启迪。而自南宋以来,"浙东儒哲讲性命者多攻史学"[⑨]的传统,自然也对他有着潜移默化的影响。

十一岁时，他从族兄升陛受经。由于天资聪颖，又能刻苦努力，第二年即"遍通五经"。[⑩]乾隆二十四年（1759 年），十七岁的晋涵补县学附生。三十年（1765 年），他参加本省乡试，以第四名中举，"五策博洽冠场，佥谓非老宿不办"。[⑪]而当晋涵前往拜谒乡试副考官钱大昕时，大昕意外地发现，他才不过二十三岁。大昕"叩其学，渊乎不竭"，[⑫]不禁对他大加赞赏，"拊掌曰：'不负此行矣！'"[⑬]

三十六年（1771 年），晋涵应会试，中进士，因未授职而南归。这年九月，他参加会试时的房师朱筠出任安徽学政。此后不久，晋涵即前往太平安徽学政官署，充当朱筠的幕客。其时，章学诚、洪亮吉、黄景仁也在朱筠幕中，晋涵与他们结为知交，与学诚论史，尤为相得。

三十八年（1773 年），清廷开设四库全书馆。由于大学士刘统勋的荐举，他奉调至京，"充《四库全书》纂修官，补选庶吉士"，[⑭]与戴震、周永年、余集、杨昌霖一同入馆编校，时称"五征君"。[⑮]在馆中，他分工编校史部书籍，史部诸书的提要大多由他撰稿。

四十年（1775 年），他被授翰林院编修。四十五年（1780 年），曾一度被派充广西乡试副考官。五十六年（1791 年），升任左春坊左中允。旋"擢侍讲，转侍读，历左庶子"。[⑯]嘉庆元年，迁翰林院侍讲学士，兼充日讲起居注官。此外，在这二十余年间，他还曾兼充过咸安宫官学总裁，《万寿盛典》、国史馆、三通馆纂修官，国史馆提调官，并由兼充文渊阁校理升兼充文渊阁直阁事。

他一向体质赢弱，"又兼诸馆，晨入暮出，复以其暇授徒自给"，[⑰]于是身体渐渐不支。嘉庆元年春，他终于病倒了。后"疾且愈矣，医者误投药，遂不起"。[⑱]终年五十四岁。

晋涵生平博闻强记，好学不倦。虽"清赢如不胜衣，而独善读书，……寒暑舟车，未尝顷刻辍业，于四部七录无不研究"。[⑲]其学尤长于史。这除了表现在他曾为《四库全书》史部书籍撰写提要以外，还主要表现在以下几件事情上：

一是编校《旧五代史》。由宋人薛居正等所撰的《旧五代史》，本与欧阳修的《新五代史》并行于世。自金章宗泰和七年（1207 年）"诏学官止用欧阳修史"之后，《旧五代史》传本渐趋湮没。明朝时，"惟明内府有之，见于《文渊阁书目》，故《永乐大典》多载其文，然割裂淆乱，已非居正等篇第之旧"。清修《四库全书》时，因找不到《旧五代史》原本，晋涵等馆臣便将《永乐大典》各韵中所引《旧五代史》文，"甄录条系，排纂先后"，[20]"复采《册府元龟》、《太平御览》、《通鉴考异》、《五代会要》、《契丹国志》、《北梦琐言》诸书以补其缺，并参考《新、旧唐书》、《东都事略》、《宋史》、《辽史》、《续通鉴长编》、《五代春秋》、《九国志》、《十国春秋》及宋人说部、文集并碑碣尚存者，以资辨证"，[21]经晋涵"一手勘定"，[22]这部失传已久、多达一百五十卷的史书，重又"依原本卷数勒成一编"。[23]乾隆四十年，此书缮写本进呈朝廷后，被列于《二十三史》。后来，梁启超曾称赞此书"为后此辑佚家模范"。[24]

二是撰著《南都事略》。晋涵对《宋史》十分不满，认为该书"前后之复沓牴牾，不一而足"，[25]"自南渡以后，尤为荒谬，以东都赖有王氏《事略》（指《东都事略》）故也"。[26]为此，他撰著《南都事略》，以接续王偁的《东都事略》，"篇目悉依王氏之例"；[27]并打算"别出心裁，更为赵宋一代全书，其标题不称《宋史》，而称《宋志》"。[28]钱大昕曾赞誉《南都事略》"词简事增，过正史远甚"。[29]不过，据晋涵弟子章贻选云：该书并未完稿，至于《宋志》则仅"有草创"[30]之稿。

三是审订《续资治通鉴》。晋涵的同时代人毕沅在编著《续资治通鉴》一书完稿后，因对该稿本仍不满意，曾特地请晋涵进行审阅、校订。晋涵乃"出绪余为之，覆审其书，即大改观"。毕沅读过晋涵的审订本后，"大悦服，手书报谢，谓迥出诸家绪鉴上也"。不过，据章学诚云：毕沅"旋薨于军，其家所刻续鉴，乃宾客初定之本"。㉛至于晋涵的审订本则下落不明。

在经学方面，晋涵也有独到的研究。其于经，深于《春秋》三传与《尔雅》，"覃精诂训"。㉜他认为，"《尔雅》为五经之辐辏"，东晋郭璞的《尔雅注》"能详其形声，辩其名实，词约而义博，事赅而旨远"，而北宋邢昺的《尔雅疏》则"多掇拾《毛诗正义》，掩为己说，间采《尚书》、《礼记正义》，复多阙略，南宋人已不满其书，后取列诸经之疏，聊取备数而已"。㉝为此，他接受房师朱筠关于作一新疏，与郭璞先后发明，以嘉惠后学的建议，历时十年，三四易稿，撰著了《尔雅正义》二十卷。该书以郭注为主，兼采汉犍为舍人、刘歆、樊光、李巡、孙炎、梁沈旋、陈顾野王以及唐裴瑜诸家佚注，分疏于下；并"据唐石经暨宋椠本及诸书所征引者，审定经义，增校郭注"；又博考齐、鲁、韩诗，马融、郑玄之《周易注》、《尚书注》，以及诸经旧说，对郑注所云"未详"者予以补充；还广泛征引《易》、《尚书》、《周礼》、《仪礼》、《礼记》、《大戴礼》、《春秋》三传、周秦诸子与汉人著述，"与郭注相证明"。不仅如此，书中还基于"声近之字义存乎声"的见解，因声求义，"取声近之字，旁推交通，申明其说"；并针对草木虫鱼鸟兽之名古今异称的状况，"详其形状之殊，辨其沿袭之误"。㉞该书于乾隆五十三年（1788年）刊行后，钱大昕、王鸣盛、卢文弨、洪亮吉、孙星衍、焦循、章学诚、段玉裁均盛加称许。㉟此外，阮元也曾指出，该书"远胜邢书"，㊱后来，梁启超也曾说：该书"在清学史中应该特笔记载"。㊲

晋涵又能诗文，钱大昕曾称赞其诗文"渊博奥衍，自成门户"。㊳其著作尚有《孟子述义》、《谷梁正义》、《韩诗内传考》、《皇朝大臣谥迹录》、《輶轩日记》、《方舆金石编目》、《南江札记》、《南江文抄》、《南江诗抄》等。

注：

① 钱仪吉辑：《碑传集》卷 128，朱筠：《邵先生墓表》。

② 黄云眉：《邵二云先生年谱》"祖向荣"条。

③ 章学诚：《章氏遗书》卷 16，《文集》1，《皇清例封孺人邵室袁孺人墓志铭》。

④ 邵友濂等：光绪《余姚县志》卷 23，《列传》15，《邵佳铣》。

⑤⑥ 同注③。

⑦ 陈康祺：《郎潜纪闻二笔》卷 2，《邵二云幼时之逸事》。

⑧ 钱大昕：《潜研堂文集》卷 43，《日讲起居注官翰林院侍讲学士邵君墓志铭》。

⑨ 章学诚：《章氏遗书》卷 18，《文集》3，《邵与桐别传》。

⑩ 洪亮吉：《卷施阁文甲集》卷 9，《邵学士家传》。

⑪⑫⑬ 同注⑧。

⑭ 邵晋涵：《南江文抄》卷 4，《广西乡试录序》，嘉庆间刊本。

⑮ 戴璐：《藤阴杂记》卷 2，北京古籍出版社 1982 年版，第 18 页。

⑯ 李元度：《国朝先正事略》卷 35，《邵二云先生事略》。

⑰ 同注⑩。

⑱⑲ 同注⑧。

⑳ 永瑢等：《四库全书总目》卷 46，《史部》，《正史类》2，《旧五代史》，中华书局 1965 年版，第 411 页。

㉑ 薛居正等：《旧五代史》卷首，《御制题旧五代史八韵》自注，上海古籍出版社影印《四库全书》本。

㉒ 同注⑩。

㉓ 同注⑳。

㉔ 梁启超：《中国近三百年学术史》，中国书店 1985 年版，第 263 页。

㉕ 邵晋涵：《南江文抄》卷 3，《宋史提要》，嘉庆间刊本。

㉖　引自章学诚:《章氏遗书》卷18,《文集》3,《邵与桐别传》所附章贻选按语。

㉗　钱大昕:《十驾斋养新余录》卷中,《南宋史略》。

㉘　同注㉖。

㉙　同注⑧。

㉚　同注㉖。

㉛　同注⑨。

㉜　阮元:《揅经室二集》卷7,《南江邵氏遗书序》。

㉝㉞　邵晋涵:《尔雅正义》卷首,《尔雅正义序》。

㉟　参见黄云眉:《邵二云先生年谱》乾隆五十年条与乾隆五十五年条。

㊱　同注㉜。

㊲　梁启超:《中国近三百年学术史》,中国书店1985年版,第194页。

㊳　同注⑧。

尹 会 一

韩恒煜

尹会一,字元孚,号健馀,直隶保定府博野县(今属河北省)人。康熙三十年三月初五日(1691 年 4 月 3 日)生,乾隆十三年七月十五日(1748 年 8 月 8 日)死。①他历任襄阳府、扬州府知府、两淮盐政、河南巡抚、江苏学政,因提倡理学、推崇母训而闻名。中年以后,潜心于理学著述,被学者尊奉为健馀先生。

会一三岁丧父,家境贫寒,全仗寡母李氏将其抚育成人。雍正元年(1723 年)以前,他先在邻县祁州(今安国县)任塾师约七年。后又为顺天学政吴士玉、陈世倌作幕共七年。在与祭颜元(习斋)入乡贤祠时,会一得到颜元弟子李塨的赏识,被夸成是个"不肯自混于俗"的"北方少俊"。②雍正元年,会一应会试落榜,幸遇雍正令搜选落榜试卷中人才,才得入选。二年(1724 年)成进士,被分至吏部考功司内用为额外主事。翌年,任主事。五年(1727 年),升员外郎,并充广西副考官。同年四月至十年(1732 年)三月,出任湖广襄阳府知府。其间,曾三度兼任荆州府知府,一度署理襄郧道。

在荆襄,他用公帑修筑了被汉水冲毁的十里护城石堤(老龙堤);政务之暇,亲自向诸生授课;为贫生购经史百家书藏于书院供其学习,并题其书院堂额为"推训堂",意在以李氏母训推广及于众人;访诸葛亮隆中旧址,建草庐于其上,以昭示后人。荆州石首县灾民聚众欲劫仓谷、县令出逃，会一甘冒"擅动仓谷"的风险，单骑前往发仓赈饥。

九年十月，扬州知府出缺。湖广总督迈柱奉旨挑选"能吏"前往调补。会一被荐，于十年闰五月莅扬州任。

扬州民俗奢华，会一则事事导以节俭。夏秋淫雨成灾，会一为确保甘泉县农田不被淹没，竟争得总河的帮助，"违例"泄去邵伯湖溢水。赈灾中，他严惩了"索饥民票钱"的某泰州地保，③使灾民都能得到正常救济。同时，为地方修桥梁、建津渡、浚河流、济贫民，受到百姓的普遍好评。十一年（1733 年）三月，会一因捕获钦点要犯而受议叙，加一级。同年五月，升补两淮都转运使仍兼知府事。

十二年（1734 年），两淮盐政高斌前往巡视，送给会一一部朱熹所纂的《小学》书令其学习。高斌十分崇尚程朱。会一受高斌影响，从此，更笃志于"正学"，步入中年"一以朱子为宗"的阶段。④十三年（1735 年），会一集资建成扬州安定书院，为诸生延师讲授《小学》及康熙时张伯行所纂的《近思录集解》。⑤乾隆元年（1736 年）三月，高斌调任江南河道总督，两淮盐政即由会一署理，并仍管运使事。十月，加衔都察院左都御史。

当时，江南督抚镇标营伍都设有"生息银两"，以资助生活困乏的营兵，唯与两淮都转运使密切相关的扬州城守及仪征奇兵营没有"生息银两"。会一仿照前例，也发给二营二千银两为本银，供其生息使用。会一认为，两淮盐，私贩多，是由于灶户私卖余盐所致。他奏请"出官钱收买（余盐），存贮场内"，然后"照原价给商配引"。⑥结果，私贩大为收敛。淮扬运河按定例应于冬月挑浚。乾隆恐挑河期间盐船不能转运，影响民食，谕令将盐预运贮存。对此，会一陈奏盐务三条：一、为避免灶户乘机抬价，请暂留邵伯镇南段五六里运河不挑，以抢运淮盐，运毕，可于翌年三月挑浚，无误运漕；

二、预运盐堆贮,遇空气潮湿,多有溢耗,请分别按六七八月份不同耗率,给盐商每引加盐二十五斤、二十斤、十五斤、十斤不等,以免商本亏折;三、丙辰、丁巳纲盐课因系新颁引盐,不能按定例于九月奏销,请求展限。乾隆览奏,令下部议行。

二年(1737 年)三月,乾隆召会一入觐,命署广东巡抚。会一以母老实难远行辞谢。于是,改署河南巡抚。

河南是著名理学家程颢、程颐的故乡,自宋至清,理学传播最盛。会一莅豫,立志要继续振兴理学。他兴学校,为士子刊刻《孝经》、《大学衍义》、《近思录辑要》、《文献通考纪要》等书令其诵习。并令各州县分四乡立社学,每半月一次召集诸生讲论德义。会一十分崇拜汤斌。汤斌在老师孙奇逢的指导下编有《洛学编》。会一则步汤斌之后,为之增订《续洛学编》。[⑦]为提高汤斌的历史地位,会一还专折题请汤斌从祀孔庙。由于乾隆内心深处对汤斌曾为康熙太子胤礽侍讲之事十分反感,未予谕允。

会一常说:"治法不本于三代,皆苟道也"。[⑧]在施政方面,会一"治法"的核心内容就是儒家的重农桑、行仁政、宽刑罚。

二年五月,因河南歉收,会一及时奏请缓征与发仓平粜,并提出"不拘存七粜三之例",[⑨]按实际需要决定发仓谷之多少。闰九月,会一因受御史参劾秋审过于宽纵,被部议销级。

十月,他条陈农桑四事:一、豫民耕耘播种,尽失天时,拟遍谕农户按时耕作,勿误农时。如工本不足,许借给仓谷,待秋后补还;二、豫民一夫所耕田数自七八十亩至百余亩,力不聚,工不专,亩产不如南方高。拟劝谕田主多招佃户,量力授田,一佃所耕田数限三十亩以内,如此,则可望高产。况且,多招佃户,还可减少游民;三、河南多盐碱沙地,村尾沟头篱边屋角又多隙地,拟劝民就所宜之树木,随处种植,一年内成活者,据实奖赏;四、河南盛产棉花,因豫民家中有机杼能纺织者绝少,棉花多被商贾贩往江南,拟劝民集资或贷支公款制造机杼,令民报名给领,一年后还贷,并广劝妇女各勤纺织,互相仿效。乾隆览奏,批谕道:"酌量而行,不可欲速,不可终怠,若民不乐从,尤不可绳以法也。"⑩

不久,会一实任河南巡抚。

本年,会一经核实,奏请将辉县原按水田科则征粮而又不得水利的一千八百余亩田赋,改为按旱田科则纳赋,共减赋银一百六十六两多。

三年(1738年)五月,会一闻直隶歉收,直督李卫拟派员来豫采买粮食。鉴于上年因李卫派员至豫买米造成豫省粮价上扬,会一奏请本年拟由本省代为籴麦十万石径交其领运回直。如此,则河南市价可平,直省亦可免采买之烦。乾隆认为如此办理甚好,批准了会一的陈请。十月,因保举之教官多于他省,被部议销去一级。

十一月,奏补仓谷事宜。会一提出,豫民惯食小麦及粱、荞、菽、黍等杂粮。今办理籴谷补仓,谷价昂贵。拟令地方官参酌谷价,折收杂粮存贮。来春先尽杂粮籴借,秋后易谷还仓。乾隆认为很好,同意施行。同时,会一还奏准将前任官员虚报的豫省前三年劝首隐地三千五百多亩赋额豁除;又将祥符等三十三州县额征班匠等银一千五百四十二两摊入地粮内征收。年终,会一奏报本年劝民种树,已栽活各种树木共计一百九十一万余株。乾隆欣喜,传谕各省督抚都向会一学习。

四年(1739年)夏,黄河、沁水并涨,沿河五十七州县灾情严重。会一上疏自劾罢官。乾隆不许,命其认真办理灾后赈恤事宜。会一除题请蠲缓截漕外,并"刊发赈恤事宜十六条"令所属认真奉行。其主要内容,既有一般常用的缓征、减粜、留漕、贷仓粟、给籽种、施药物、为流亡者建棚舍、劝富民周济、免米税以吸引商贾贩来外粮、兴工代赈等方法,又揉有会一的创造,如:选社学中有干才之诸生监督协办赈务;令省内各属随地收留离乡求食的灾民,勿使外流他省,待来岁耕作时资送还乡。

那年,河南不仅灾害严重。同时,又有新乡人民发起暴动,伊阳女教首"一枝花"领导教民造反。乾隆对会一很不满意,嫌他"谳狱弭盗,多未妥协","所办赈务之事亦未尽善,实少干济才能,不胜巡抚之任"。十一月,当御史宫焕文参奏会一时,乾隆遂将会一解任。几天之后,又以会一"为人忠厚谨慎,非有心误公",⑪改授都察院左副都御史。

五年(1740年)五月,会一发现新颁上谕与不久前所奉面谕相互矛盾,令人无所适从,即上奏道:"前面奉谕旨,'各部司官年力老迈不能办事者,概行沙汰休致。'今又奉旨,'江西饶州府知府张钟年老,著照例以京员补用'。""现在沙汰年老司员,而忽有是旨,不惟无以服现在沙汰各员之心,且旬日之间,纶綍互异,何以昭画一之法守乎。伏恩皇上日理万机,虽聪明天纵,岂能纤毫不遗。拾遗之任,责在臣工。嗣后请仿封驳之遗意,凡降谕旨,例行复奏,务令述旨之大臣斟酌无异,始行颁发。"乾隆览奏,似难迸发出闻谏则喜的情愫。他勉强批复道:"此奏甚是。著内阁存记。至张钟可否仍补员外之处,大学士会同该部验明具奏。"⑫

同年闰六月,会一以母老多病,请假回乡"终养"。经谕允,即驰归博野。

会一母子一直相依为命,从未分离过,会一极其推重母训,母亲也时刻以古圣贤之教导关心、支持着儿子、子孝母贤的美名,在他们生活过的地方广为传播。会一惟此次任京官不能奉母同行。获准回乡"终养"后,会一即在家乡专筑"健馀堂"侍母养病,"朝夕诵述经书故事以悦亲心"。"暇时与生徒讲学",与诸友精研朱子学说,会一自号"健馀",即源于此。⑬这时,与会一经常论学的有湖广总督孙嘉淦、顺天学政钱陈群、直隶总督高斌。高斌因公事经过博野,还专程至尹家登堂拜母。八年(1743年)十一月,乾隆闻会一母贤,特赐予堂额、楹联、诗幅以示表彰。

在"终养"期间,会一作成《健馀札记》4卷,《读书永言》3卷、编成《续北学编》3卷,⑭君臣士女《四鉴录》16卷。同时,他还为族人建宗祠、祖庙,立义仓、义学,置祭田、义田、学田、塾田,使乡人的物质与文化生活都有所改善。

九年(1744年)七月,母病逝,会一按古礼居丧。十一年(1746年)闰三月,会一丧期未满,即奉旨补工部侍郎。十月,会一释服,赴京到任才五天,又奉命提督江苏学政。

会一到任后,首先去无锡金匮谒道南祠,⑮诣东林书院讲学。他不向全省士子发布学政条约,却颁示"秀才样子五则"令诸生遵守。闻居士是镜(字仲明)讲学于舜山书院,会一亲访之,并荐于朝。

十二年(1747年),升任文渊阁大学士的高斌奉命往江南办事,会一几次与他论学都深受其影响。如:选定梁溪高紫超《小学纂注》为善本,令诸生学习;尊宝应朱泽沄为唯一的"今世笃信朱子能躬行实践者",将朱的神主从祀于道南祠;编辑《道南编》(未成书),重订《小学纂注》与《近思录集解》。这都是在高斌启发下实行的。

当年五月,会一为"鼓励穷经之士",他奏请改变过去考试生员时士子与学政都不重视复试"经解"的状况,主张在向礼部册报生童时,应"另期发问经义,有能答不失指者,即以'经解'二字印记卷面。衡其文艺,酌予补廪入泮"。"其不在册者,原系凭文拔取,不必令补经解"。⑯此奏即奉旨交部议行。这对那些"好文"的江苏士子说来,无疑是沉重的打击。

会一"以小学立教,吴中士子多烦言"。对此,会一听从高斌的意见,"不为所摇惑",仍旧坚持以"小学一书为修身大法,做人样子","不遗余力"地向诸生灌输。⑰

十二年八月,在金陵,会一以极其谦恭的态度欲拜桐城派文学家方苞为师,方苞却借故扫墓,入九华山以避之。

十三年(1748 年)五月,会一奉旨补授吏部右侍郎,仍留江苏学政任。七月十五日,因患间日疟,病逝于松江试院。十四年二月,乾隆遣使谕祭。十六年,准入祀乡贤祠。后又分别入祀江苏、河南名宦祠。江南人士又奉其从祀于无锡道南祠。

乾隆四十六年(1781 年),长子尹嘉铨不满足于其父已享有的荣誉,为会一请谥,又请以汤斌、范文程、李光地、顾八代、张伯行并尹会一皆从祀于孔庙。乾隆怒责其谬妄。嘉铨因此被绞死。

尹会一的著述已由其长子及门人整理汇辑成《尹健馀先生全集》传世。其中,除正文已述者外,尚有《健馀文集》十卷,《尹少宰奏议》十卷,《吕语集粹》四卷,《读书笔记》六卷,《抚豫条教》四卷,《尺牍》四卷。末附吕炽撰《尹健馀先生年谱》三卷。

注:

① 吕炽:《尹健馀先生年谱》卷上。

② 方苞:《望溪先生集》卷 11,《尹会一墓志铭》。

③ 同注①。

④ 吕炽:《尹健馀先生年谱序》。按:"正学"是清朝统治者极力扶植的程朱理学与经学的通称。其它学派则为不正之学,要受打击。高斌是乾隆的亲信大臣,字右文,号静轩,高佳氏,满洲镶黄旗人。康熙二十年生,乾隆二十年卒。历任内务府郎中管苏州织造、两淮盐政兼署江宁织造、江南河道总督、直隶总督、吏部尚书、大学士、内大臣。

⑤ 《近思录》是朱熹所编的周敦颐、程颢、程颐、张载理学著作选集。《近思录集解》则是张伯行为上述著作所作的诠释。

⑥　同注①。

⑦　《洛学编》是一部专为中州地区的重要理学家和经学家而写的纪传体
学术史著作,它始自汉,止于明,会一《续洛学编》增入汤编之后六十六
年来的理学家共七人。(见《健馀先生文集》卷2,《续洛学编序》)

⑧　同注②。

⑨　《国朝耆献类征初编》卷77,《尹会一》。

⑩　《尹少宰奏议》卷3,《敬陈农桑四事疏》。

⑪　《乾隆朝上谕档》第1册,第477页。

⑫　《清高宗实录》卷117,中华书局1985年影印《清实录》第10册,第711
页。

⑬　《尹健馀先生年谱》卷下。

⑭　《北学编》是清初魏一鳌在老师孙奇逢指导下专为畿辅地区的重要经
学家和理学家所作的纪传体学术史著作,自汉至明,共列有董仲舒、孔
颖达、邵雍、刘因等三十余人。会一增订《北学编》是为续魏书而作。(见
《尹健馀先生文集》卷2,《续北学编序》。)

⑮　道南祠是主祀宋代理学家杨时的祠宇。杨时,字中立,号龟山先生,师
承程朱,讲道于无锡东林庵十八年。后人即在东林为其建祠祀之。

⑯⑰　同注⑬。

梁 诗 正

韩恒煜

梁诗正,字养仲,养中、养正,号芗林,浙江杭州府钱塘县(今杭州市)人,康熙三十六年二月初四日(1697 年 2 月 24 日)生,乾隆二十八年十一月十四日(1763 年 12 月 18 日)卒。①诗正出身进士,由翰林晋内阁学士,历任刑部、户部、吏部侍郎,户部、兵部、吏部、工部尚书,官至东阁大学士兼翰林院掌院学士。他一生以诚朴事君,不傍门户,唯恭唯慎,因此得到信任;又以文才出众而常侍内廷,是乾隆所宠爱的五大词臣之一。

诗正原是平民子弟。雍正五年(1727 年)登一甲三名进士,任翰林院编修。十年至十三年,先后充山东乡试正考官、会试同考官、上书房行走、日讲起居注官,迁侍读,晋侍讲学士。在上书房行走时,曾为宝亲王(即乾隆帝)及諴、和两亲王侍讲读。一次,他正为宝亲王作擘窠大字,恰逢雍正前来巡视。雍正让他勿拘礼节,继续将大字作完。墨汁沾污了他的袍袖,雍正又让宝亲王将他的袍袖曳起。为此,诗正受宠若惊。他对雍、乾父子感恩至切,铭刻肺腑。这段经历,也为他日后发迹官场提供了机遇。

十三年(1735 年)八月,雍正去世。十一月,诗正的母亲也在家乡病故。嗣皇帝乾隆赏与诗正治丧银五百两。乾隆元年(1736 年),又召尚在服孝期间的诗正来京,入直南书房兼懋勤殿行走,并赐与外城住宅一所。②三年(1738 年)六月,诗正除服,即补侍读学士。十月,充顺天武乡试正考官。十二月,迁内阁学士,充经筵讲官。③四年(1739 年)正月,升刑部右侍郎。五月,调户部右侍郎。十一月,转左侍郎。六年(1741 年)三月,充皇清文颖馆副总裁。六年十月至七年十月,兼吏部右侍郎。七年,兼御书馆行走,奉命纂《叶韵汇辑》。十年(1745 年)五月,晋升户部尚书。十二年(1747 年)六月,充《续文献通考》总裁官。

户部是管理全国田地、户籍、税赋、俸饷、财政收支的职能机构。诗正为一部之长,凡事能通观大局,"综核利弊",坚持以"有裨民生、有益国计"为准则。④六年春,他发现因"八旗兵饷浩繁"与"各省绿旗兵饷日增"⑤而造成的财政入不敷出问题比较严重,即向乾隆提出了"请及时变通"的建议。其方案:一是将内地八旗闲散人丁"分置边屯,以广生计";二是对绿旗兵丁定额定编,遇有空缺,"量停募补","以减冗额"。⑥

八旗是清朝政权的重要基石。清初,统治者为了始终保持旗人的支柱作用,规定他们只能做官当兵习武,不许从事工、农、商等职业。在经济生活方面,将他们全部包养下来,官给俸,兵给饷,俸饷之外又按等级配给旗地供其取租。旗人一直处于优越的地位。但是,由于人口的自然增殖以及封建制度下强凌弱、富欺贫的结果,到康熙中叶以后,旗人内部原有的贫富差距越来越大,许多人陷入了债务缠身、衣食不维的困境。雍、乾时,问题日趋严重。尽管统治者曾从国库中调拨出数以百万、千万计的银两来多方设法恢复旗人的优越地位,但都无济于事。相反,政府因此所背的财政包袱却愈来愈重。有人提出移内地八旗闲散人丁至黑龙江宁古塔一带分驻耕种,或建议"将在京(闲散)旗人移往兴盛二京等处耕种"。⑦但都未能实行。诗正鉴于以上情形,这时又重新提出这一问题。他指出：要解救旗人穷乏，"非屯田不可"。"若不使（旗人）自为养，而常欲官养之。势有不能。"⑧他以发展的眼光分析道："虽见在（国力）尚可支持，而数百年后，旗户十倍于今，以有数之钱粮，赡无穷之生齿。使仅取给于额饷之内，则兵弁之关支不足供闲散之坐食。欲增给于额饷之外，则民赋断难稍加。国用在所必需，待养者众，固无余财给之。户口日繁，京师亦无余地处之。惟有酌派户口，散列边屯，使世享耕牧之利；以时讲武，且可充实驻防。"⑨建议虽十分恳切，但却被婉转拒绝了。乾隆只采纳了"量停募补"绿旗兵丁一项。⑩

此外，诗正还疏请乾隆"以节俭为要。慎勿兴土木之功、黩武之师，以为持盈保泰之计"。⑪可惜未得到理解。"当时人皆咎其言利"。直到嘉庆时，国库告匮，人们追溯往事，才佩服他的"远识"。⑫

十三年（1748年）四月，诗正改任兵部尚书。当时，正是清军平定大金川土司叛乱的关键时刻。诗正负责调拨台站军需。十四年（1749年）二月，金川报捷，诗正因此晋衔太子少师。十一月，奉旨兼管吏部尚书。十二月，兼翰林院掌院学士，并协办大学士，充日讲起居注官。

十五年（1750年）正月，诗正补吏部尚书兼教习庶吉士。五月，他因将带领翰林引见的名单顺序"临期越次更换"，以及"偏徇"好友姚范、陈兆仑将其列入"京察一等"而受到御史欧堪善的奏参。⑬当时，乾隆正为加强皇权大力惩创位尊权重的顾命老臣张廷玉及其势力，对大臣招权植党之事十分敏感。他览奏后，即亲自召集军机大臣兼管吏、户部事务的大学士傅恒等人查问。结果证实诗正带领引见"并无徇私更换之处"；⑭京察偏徇姚、陈只不过是"小小瞻徇情面"。至于"招权植党之事，可以信其必无"。⑮但是，乾隆也没有忘记警告诗正应借此"得以知所儆省"。⑯

　　同年七月，御史储麟趾参劾原四川学政朱荃母死匿丧。因朱荃是张廷玉的儿女亲家。乾隆便借题发挥，对张廷玉及其势力再行打击。诗正虽非张党，却因"未将朱荃之事详悉陈奏"，⑰回答乾隆询问时态度又不明朗，以致被革职，从宽留任，并免去翰林院掌院学士。十二月，按制度，乾隆仍恩赏其子敦书廪生，分工部学习。

　　十六年（1751 年），诗正以父年八十，请求探亲。乾隆许其随从南巡，回乡度假一个月。十七年九月，父失明，诗正获准辞职为父养老。他居家两年，奉旨与原著作者沈德潜合作编成《西湖志纂》一书十二卷。⑱二十年（1755 年）。当乾隆借故惩治鄂尔泰党羽鄂乐舜等人时，诗正表露了"从不与"外界"交接"的姿态，⑲使乾隆比较满意。二十二年（1757 年），乾隆再度南巡时，诗正赶赴淮阴迎接。因居乡"安静可嘉"，⑳受恩赐在家食俸。后来，乾隆还寄去自制诗一百八十余首命诗正和以进呈。二十三年（1758 年）六月，诗正父逝，居丧。九月，乾隆特命他署工部尚书。因葬事未毕，未赴任。二十四年（1759 年）春，调署兵部尚书，准在紫禁城内骑马。八月，充顺天乡试正考官。二十五年（1760 年）七月，教习庶吉士。九月，除孝服，实任兵部尚书、协办大学士。二十六年（1761 年）正月，再度兼任翰林院掌院学士，充经筵讲官。五月，改任吏部尚书。二十七年（1762 年）充顺天乡试正考官。二十八年（1763 年）六月，晋升东阁大学士仍兼翰林院掌院学士。九月，获赐内城住宅一所。十月，晋太子太傅衔。十一月，猝死于寓所。当时，其子敦书远在贵州。乾隆命内务府派员为诗正办理后事。赏给内库银一千两治丧，并派皇五子前往奠醊。加赠诗正太保，入祀贤良祠。赐祭葬。予谥文庄。启殡日，谕令沿途二十里内官弁皆赴舟次吊奠，并遣人护送灵榇平安归里。

　　诗正在内廷行走最久，经常随侍乾隆左右。无论在朝或出巡，凡撰拟御制表文,恭上徽号册宝,制定典礼仪注及文颖、续文献通考各馆体例,重要文稿,多出其手。阅殿试、朝考、散馆、召试各卷,屡由他担任,他的文章、诗赋、书法更为乾隆所喜爱。除一般文字游戏外,八年正月,乾隆在重华宫召大学士、翰林等赐宴联句,特命他书写以供刻石;七月,登山海关澄海楼观海,只召张照及诗正二人联句;九年,赴翰林院重葺落成典礼赋诗,对侍郎诗正的赏赐规格与尚书相等。诗正奉命选编的《唐宋诗醇》、《秘殿珠林》、《石渠宝笈》,也都得到好评。

诗正个人已刊著作有《矢音集》五卷。

注:

① 杭世骏:《道古堂文集》卷39,《大学士赠太保文庄梁公墓志铭》。

② 宅在南城珠市。据《湖海诗人小传》王昶撰文:"公居正阳门外杨梅竹斜街内(额名)'清勤堂',盖御赐也。"

③ 据杭撰墓志铭记载,诗正于三年冬晋内阁学士时,曾"兼礼部侍郎"。查官修《清史列传》及《实录》无此内容,故从略。

④ 王昶:《春融堂集》卷61,《太子太保东阁大学士梁文庄公行状》。

⑤⑥⑦ 《清高宗实录》卷143,中华书局1985年影印《清实录》第10册,第1055页。

⑧⑨ 《清史列传》卷20,《梁诗正》。

⑩ 同注⑤。

⑪⑫ 昭梿:《啸亭杂录》卷8,《舒梁阿三公远见》。

⑬ 《清高宗实录》卷365,《清实录》第13册,第1027页。

⑭ 同上书,卷365,《清实录》第13册,第1029页。

⑮ 《乾隆朝上谕档》第2册,第454页。

⑯ 同注⑬。

⑰ 《清高宗实录》卷369,《清实录》第13册,第1074页。

⑱　《宫中档乾隆朝奏折》第 6 辑,第 896 页,乾隆十八年十一月二十八日
梁诗正奏。

⑲　同上书,第 13 辑,第 560 页,乾隆二十一年正月二十六日梁诗正奏。

⑳　同注④。

章 学 诚

陈祖武

章学诚,字实斋,号少岩,浙江会稽(今绍兴)人。生于乾隆三年(1738 年),卒于嘉庆六年(1801 年),终年 64 岁。他生当经学考据风靡朝野的时代,独以"史学义例,校雠心法"的探讨而高视阔步。虽然因之终身知音难觅,志不得伸,但是却以所著《文史》、《校雠》二通义,于身后百余年得后世学者表彰,推为一代史学大师。①

会稽章氏,于偶山道墟聚族而居。学诚的祖父如璋,有过候选经历的资格,"惇行隐德,望于乡党"。②父镳,为乾隆元年(1736年)举人,七年(1742 年)成进士,十六年(1751 年),授官湖北应城知县。翌年,章镳携家眷赴任,学诚时年 15 岁。青少年时代的章学诚,既不聪颖,又体弱多病,学业根基打得并不好。直到 14 岁,《四书》亦未读完。随父宦居湖北之初,童心未歇,玩愒时日,犹不知讲习举业。二十一年(1756 年),其父因断狱失当罢官,往日积蓄皆用以补偿亏空,旅资匮乏,贫不能归,一家只得在应城侨居下来。家境的变迁对章学诚是一个沉重打击,从此他发奋求学,纵览群书,尤其对史籍格外用心。用力专一,学业易进,"史部之书乍接于目,便似夙所攻习然者,其中利病得失,随口能举,举而辄当"。③学诚毕生讲求"史学义例",根柢就奠定于此时。

雍正、乾隆间,偶山章氏亦有寄籍京师者。学诚的族兄垣业,居京四世,成为族人赴京的投靠去处。乾隆二十五年(1760年),学诚北游,即依以参加顺天乡试。虽然他于史学情有独钟,宛若天赋,但科举考试毕竟不是以史学取人,因而章学诚在科场中的接连失败就成了不言而喻的事情。二十七年(1762年),再度落第,总算在国子监觅得一个入学资格。入监读书,本当习举业而谋功名,而章学诚恃其熟读史籍,“意气落落,不可一世”,④为学全然不被举业所拘络。结果每逢监中考试,他皆黜列下等,成为师生的耻笑对象,“视为怪物,诧为异类”。⑤三十年(1773年)乡试,又遭挫折。所幸阅卷官沈业富慧眼识人,将他推荐给翰林院编修朱筠做学生。朱筠见章学诚古文写得好,于是欣然收为弟子,还把他接进私宅。从此,章学诚得以跻身京城学术圈中,时年28岁。

当时的京城,正值江南学者戴震北游,倡言“今之学者,毋论学问文章,先坐不曾识字”,考据训诂,蒸蒸日上。章学诚有幸向戴震请益,戴氏大言以告:“予弗能究先天、后天,河洛精蕴,即不敢读‘元亨利贞’;弗能知星躔岁差,天象地表,即不敢读‘钦若敬授’;弗能辨声音律吕,古今韵法,即不敢读‘关关雎鸠’;弗能考三统正朔,周官典礼,即不敢读‘春王正月’。”一席高论,令章学诚震动异常,深感“我辈于《四书》一经,正乃未尝开卷卒业,可为惭惕,可为塞心”。然而一个人的为学路数一旦形成,要改也难。因此,他一方面反省先前的为学病痛,自认“好立议论,高而不切,攻排训诂,驰骛空虚”,另一方面则决意一如既往,究心史籍义例,“遍察其中得失利病,约为科律,作书数篇,讨论笔削大旨”。⑥适逢国子监纂修监志,于是他便以监生而成为预修者。

屈身国子监,转眼就是五年。其间,科场失意,老父病卒,接着来京,谋食无着,弄得他十分拮据。乾隆三十六年(1771年)秋,朱筠出任安徽学政,迫于生计,章学诚脱离监志局,随行南下。朱筠幕府,多集一时学术俊彦,如邵晋涵、洪亮吉、黄景仁等。学诚 与之朝夕共处,论学问难,深得交友之益。诸友之中,他与邵晋涵最称莫逆。晋涵为浙东先哲邵廷采后人,博瞻通贯,尤以史学名世。学诚少承庭训,服膺邵廷采之学,认为邵氏所著《思复堂集》,"盖马、班之史,韩、欧之文,程、朱之理,陆、王之学,萃合以成一子之书,自有宋欧、曾以还,未有若是之立言者也"。⑦共同的为学旨趣,使学诚与晋涵结为终身挚友。

作幕江南,学业日进。自乾隆三十七年(1772 年)起,章学诚以探讨"文史校雠"为职志,"上探班、刘,溯源《官》、《礼》,下该《雕龙》、《史通》,甄别名实,品藻流别",⑧开始从事《文史通义》的著述。此书结撰之初,他即把著述规格定得很高,力图用以挽救流弊,造福后世。所以,初成数篇,送请京中著名学者钱大昕审阅,学诚于此指出:"学诚从事于文史校雠,盖将有所发明。"又说:"惟世俗风尚,必有所偏。达人显贵之所主持,聪明才俊之所奔赴,其中流弊必不在小。载笔之士,不思救挽,无为贵著述矣。"⑨于是他不畏时趋,自此矢志而往,终身以之,《文史通义》遂成为实现其以"学术经世"理想的凭借。

三十八年(1773 年)二月,安徽和州(治所在今和县)拟修州志,章学诚应聘前往主持修纂事宜。对于方志的编纂,章学诚早就留意,深思熟虑,历有年所,逐渐形成个性鲜明的主张。还在入国子监求学之初,他即撰文与同监友人讨论修志问题。之后,其父预修湖北《天门县志》,他又代为撰序,且成《修志十议》一篇。所论涉及方志属性、义例、编纂方法、机构建置等。他认为"志为史体",一方志书,系为供国史取材而作,因此,作为史书,应当"据事直书","宜得史法"。⑩他指出:"邑志虽小,体例无所不备。"主张方志的编纂,以外纪、年谱、考、传四体为主干,"广收以备约取"。⑪为了确保纂修质量，他还提出了设置"忘乘科房"的建议。他说："当事者欲使志无遗漏，平日当立一志乘科房，佥掾吏之稍通文墨者为之。凡政教典故，堂行事实，六曹案牍，一切皆令关会。日录真迹，汇册存库，异日开局纂修，取材甚富。虽不当比拟列国史官，亦庶得州闾史胥之遗意。"⑫

《和州志》的编纂，是章学诚方志主张的一次实践。莅任之初，他据其一贯主张，首先拟定了编纂凡例。《志例》撰就，适逢戴震南下，主持浙东金华书院讲席。于是学诚携稿入浙商榷，殊不知因为学术主张不同，竟演为二人间一场激烈的舌战。这场舌战，争论的焦点乃在方志的属性。戴震认为："夫志以考地理，但悉心于地理沿革，则志事已竟。侈言文献，岂所谓急务哉！"进而断言："沿革苟误，是通部之书皆误矣。"章学诚针锋相对，指出："方志如古国史，本非地理专门，如云但重沿革，而文献非其所急，则但作《沿革考》一篇足矣。"又说："若云但考沿革，而他非所重，则沿革明显，毋庸考订之州县，可无庸修志矣。"因此，学诚一反戴震之说，强调："考古固宜详慎，不得已而势不两全，无宁重文献而轻沿革耳。"⑬论战不欢而散。之后，章学诚撰专文加以记录，攻驳戴震为学为人，遂成他针砭时弊的一个重要内容。章、戴间的学术是非，亦成为乾嘉学术史上的一桩公案。

北返和州，正值清廷《四库全书》开馆，挚友邵晋涵已应召入京。九月，朱筠因故失官，调京供职书馆。幕主北去，同仁星散，继任安徽学政秦潮又不以章学诚方志主张为然，《和州志》的纂修半途而废。四十年（1775年）秋，只好悻悻北归。

离京不过四年，由于《四库全书》的开馆，人才荟萃京城，考据训诂，如日中天，风气已然大变。章学诚圆凿方枘，投靠无门。虽得朱筠、朱棻元诸前辈帮助，总算在国子监得了个典籍的官职，但要据以维持一家十余口生计,也确有困难。于是他再度离京觅食。之后十余年,章学诚辗转畿辅,相继在定州定武书院、永平敬胜书院、肥乡清漳书院和保定莲池书院主持讲席,应聘纂修《永清县志》。其间,于乾隆四十二、三年,连捷乡会试,只是因进士列名靠后,为二甲第五十一名,故未得授官,归班候选。

寄人篱下,客随主迁,在连年的转徙之中,章学诚艰难地从事于《文史通义》和《校雠通义》的撰写。所成《校雠通义》稿四卷,竟被窃于觅食途中。五十二年(1787年)春,他赴京谒选。本来可望补一知县,终因视仕宦为畏途而掉头南下,于同年冬投靠河南巡抚毕沅。毕沅爱才若渴,一时俊杰如洪亮吉、凌廷堪、武亿等,皆在其幕府之中。章学诚毛遂自荐,深得礼重。翌年二月,根据毕沅的安排,他前往归德(治所在今商丘),主持文正书院讲席。流寓京城的家眷,随之迁至河南。

毕沅之召章学诚入幕,是打算发挥学诚的特长,让他主持编写卷帙浩繁的《史籍考》。章学诚如鱼得水,纵情遨游。入幕伊始,即拟就《论修史籍考要略》一篇,确定了取法朱彝尊《经义考》,"少加变通,蔚为巨部,以存经纬相宜之意"⑭的编纂原则。同时提出了古逸宜存、家法宜辨、剪裁宜法、逸篇宜采、嫌名宜辨、经部宜通、子部宜择、集部宜裁、方志宜选、谱牒宜略、考异宜精、板刻宜详、制书宜尊、禁例宜明、采摭宜详等十五条凡例。经毕沅认可,遂开局修书。

历经奔波,初获安居,章学诚沉浸在无限的愉悦之中。春播夏耘之后,丰收的金秋时节迎面而来。以《史籍考》的纂修为起点,章学诚的著述事业与日俱进,迈入一个最为成熟的阶段。其后短短一年,《史籍考》的编纂已然走上轨道,先前失窃的《校雠通义》稿,经多方收集,又成校订稿三卷。文思泉涌,佳构连篇,正在精心结撰的《文史通义》,因之而不断充实。也正是在此一期间,章学诚"六经皆

史"的思想趋于成熟。在给京中友人孙星衍的信中,他如此写道:
"愚之所见,以为盈天地间,凡涉著作之林,皆是史学。六经特圣人
取此六种之史,以垂训者耳。"⑮

　　五十三年(1788年)秋,毕沅调任湖广总督,章学诚取道亳州
(今安徽亳县),随至武昌。翌年再往亳州,应聘主持纂修《亳州志》。
继《和州》、《永清》二志之后,《亳州志》是章学诚方志主张的又一次
重要实践。这部州志丰富和发展了他先前的方志主张,使编纂体例
更趋完备。其所充实发展处,主要有二:一是人物表,二是掌故。五
十五年(1790年)春,《亳州志》稿成。对于这部方志稿,章学诚甚为
得意,不惟取与《和州》、《永清》二志相比,认为旧稿"一半为土苴",
而且居然宣称:"此志拟之于史,当与陈、范抗行。义例之精,则又
《文史通义》中之最上乘也。世人忽近贵远,自不察耳。后世是非,
终有定评。如有良史才出,读《亳志》而心知其意,不特方志奉为开
山之祖,即史家得其一二精义,亦当尊为不祧之宗。"⑯后来,他据
其修志实践,将自己的方志学主张加以归纳,遂成著名的《方志立
三书议》。学诚在其中写道:"凡欲经纪一方之文献,必立三家之学,
而始可以通古人之遗意也。仿纪传正史之体而作志,仿律令典例之
体而作掌故,仿文选、文苑之体而作文征。三书相辅而行,阙一不
可。"⑰

　　自《亳州志》竣稿,迄于乾隆五十七年,章学诚一直客居武昌。
一方面继续致力于《史籍考》的编纂,另一方面则协助毕沅审订《续
资治通鉴》书稿。同时,还为《文史通义》增写了若干有关史学的重
要篇章,诸如《答客问》、《报黄大俞先生书》、《释通》、《史德》、《与邵
二云论修宋史书》、《书教》、《方志立三书议》等等,从而确立了他作
为杰出史家的地位。之后,章学诚又主持修纂《湖北通志》。五十九
年(1794年)春,书稿初成。时值清高宗巡幸天津,毕沅北上朝觐,

志局中风波陡起。湖北巡抚惠龄轻薄章学诚文,志局中人揣度上峰意向,纷进谗言,志稿竟遭全盘否定。四月,毕沅回任,章学诚奉命撰文澄清真相。虽经据理力争,无奈九月毕沅调职,降任山东巡抚,章学诚被迫离楚。数年辛劳,遂告付诸东流。

　　是年冬,章学诚返回故里。一生远游,垂老还乡,时已57岁。晚年的章学诚,因《史籍考》迁延时日未能竣稿而深为痛惜,于是待家事料理稍定,依然就馆近省,以期得遂夙愿。六十年(1795年)正月,毕沅复任湖广总督。章学诚闻讯,原拟于翌年春再赴武昌,续修《史籍考》。然而此时的湖广,干戈扰攘,战火正炽,毕沅统军在外,早已无暇顾及文事,赴楚依毕遂成空想。嘉庆二年(1797年)七月,毕沅在湖南辰州(治所在今沅陵)病故,《史籍考》的编纂失去依托。之后,章学诚转而寻求浙江巡抚谢启昆的帮助。翌年,如愿以偿,他自毕沅故里江苏镇洋(今太仓)取回书稿,携赴杭州,编纂工作一度恢复。可惜好景不长,一年后,谢氏调任广西,纂修事宜又告中辍。其后,章学诚眼疾失明,病魔缠身,无力再理书稿,《史籍考》功败垂成。迄于六年(1801年)十一月赍志而殁,仅留下他代谢启昆拟就的《史考释例》一篇。全篇共列凡例二十五条,较之十余年前创稿,更加详尽和成熟。所录史籍,以类相从,作纪传、编年、史学、稗史、星历、谱牒、地理、故事、目录、传记、小说和制书等十二部五十七目。全书卷帙亦比先前大为增加。嘉庆三年(1798年)毕沅弟子史善长辑《弇山毕公年谱》,记《史籍考》为一百卷,[⑱]而学诚撰《释例》,则增至三百二十五卷。惟学诚故世,书稿散佚,如今这部遗稿是否尚在人间,已不得而知。

　　章学诚毕生治史,"辨章学术,考镜源流",[⑲]于史籍评论、目录、方志、谱牒诸学多所建树。他以能文著称,尤善攻驳辩难之文,既以之接武刘知几、郑樵而独步一时,亦因之失于苛求而暴其学养之未醇。所著生前多未刊行,临终,嘱遗稿整理事于友人王宗炎。王氏合《文史》、《校雠》二通义及文集等为三十卷。道光间,《文史》、《校雠》二通义初刊。迄于光绪中,屡经重刻。民国初,吴兴嘉业堂主人刘承干辑所见学诚遗著五十卷,题为《章氏遗书》刊行。其中除《文史》、《校雠》二通义外,尚有《方志略例》、《文集》、《湖北通志检存稿》、《外集》、《湖北通志未成稿》等,《信摭》、《乙卯札记》、《丙辰札记》、《知非日札》等,统以《遗书外编》附录其后。1985 年,文物出版社据以排印,增辑佚文,改题《章学诚遗书》出版。有此一编,章学诚著述大体网罗,于读者最称方便。

注:

①　胡适著、姚名达订补:《章实斋先生年谱》。

②　章学诚:《外集》2,《刻太上感应篇书后》。

③　章学诚:《文史通义》外篇 3,《家书》6。

④　章学诚:《文集》4,《庚辛之间亡友传》。

⑤⑥　章学诚:《文集》7,《与族孙汝楠论学书》。

⑦　章学诚:《文史通义》外篇 3,《家书》3。

⑧　章学诚:《外集》2,《与严冬友侍读》。

⑨　章学诚:《外集》2,《上辛楣宫詹书》。

⑩　章学诚:《方志略例》2,《答甄秀才论修志第二书》。

⑪　章学诚:《方志略例》2,《修志十议》。

⑫　章学诚:《方志略例》2,《答甄秀才论修志第一书》。

⑬　章学诚:《方志略例》1,《记与戴东原论修志》。

⑭　章学诚:《校雠通义》外篇,《论修史籍考要略》。

⑮　章学诚:《文史通义》补篇 3,《报孙渊如书》。

⑯　章学诚:《文史通义》外篇 3,《又与永清论文》。

⑰　章学诚:《方志略例》1,《方志立三书议》。

⑱　史善长:《弇山毕公年谱》卷末,《跋》。

⑲　章学诚:“《校雠通义》内篇 1,《自叙》。

崔　述

陈祖武

　　崔述,字武承,号东壁,初为直隶大名府魏县(今河北魏县)人,后因漳水泛滥,魏县淹没,并入大名县,于是又称大名人。生于乾隆五年七月二十九日(1740 年 9 月 19 日),卒于嘉庆二十一年二月初六日(1816 年 3 月 4 日),终年 77 岁。他一生怀才不遇,颠踬仕途,虽生前黯然无闻,但却以所著《考信录》而享盛名于后世,成为晚近古史辨派的先驱。

　　魏县崔氏,为一方望族。顺治、康熙间,屡世科甲,曾有仕至布政使者。而崔述一支,虽亦以"文学行谊,风流儒雅"①传家,但祖孙相继,久困场屋,始终未得一振。他的曾祖绪麟,以举人而做过大城县儒学教谕。之后,每况愈下。其祖濂仅是一名武秀才。其父元森,五应顺天乡试而不中,垂老始获贡入太学,终未赴京,徒具其名而已。不过,于穷僻之乡,也还称得上是书香人家。所以,崔述自幼即在家随父读书识字。迄于十四岁,由《四书》而渐及《诗经》、《周易》、《尚书》,有了初步的经学根柢。崔父所教,方法独异,必熟读经文数十遍,始得经传合读。此一方法对崔述一生为学影响甚大,"于古人之言,无所必于从,无所必于违,唯其适如乎经而已",②终成他毕生考信经史的根本方法论。

　　乾隆十九年(1754 年),崔述与其弟迈同至大名应童子试,时年十五岁。榜发,兄弟皆喜得录取,崔述且荣登榜首。翩翩少年,才气风发,因之博得大名知府朱璜赏识。于是自翌年起,崔氏兄弟双双进入府署晚香堂,与朱家子弟共学。

大名求学,岁月如驰,转眼四历寒暑。其间,因漳水泛滥,魏县于乾隆二十三年(1758年)十月废置,并入大名。崔述一家,居室器物皆付东流,困居茅屋,清贫更甚。然而晚香堂中,书声不绝。数年过去,崔氏兄弟学业大进,眼界一开。二十七年(1762年)秋,联袂中举,崭露头角于顺天乡试。述时年二十三岁,其弟迈仅二十岁。翌年春,再度入京,初应礼部会试,兄弟皆遭败北。从此,落第厄运横亘于前,竟使崔述兄弟终生不得逾越。

二十九年(1764年)春,崔述西入潼关,抵邠州(今彬县)迎娶完婚。其妻成静兰,字纫秋,为邠州州判成怀祖女。怀祖亦系大名人,以能诗闻名乡里。在家学濡染之下,静兰亦善吟咏,知书达理。崔述喜得同好,新婚燕尔,夫唱妇随,沉浸在融融愉悦之中。翌年,夫妻返乡。漳水肆虐如故,大名知县秦学溥,买屋于礼贤台畔,迎崔述一家入新居。此后,虽家贫未改,但一门之中,或唱和,或联句,以诗解愁,苦中怡然。

迫于生计,自乾隆三十一年(1766年)起,崔述奔走衣食,出外执教谋生。三十六年(1771年),其父病逝。之后数年,丧事接踵。先是爱子夭折,继之老母亡故,到四十六年(1781年)六月,并称"二凤"的崔迈,不堪穷愁,也撒手人寰,诀别而去。"北堂日暖思萱草,南浦春回忆棣华",③料理完诸多丧事,崔述化悲痛为力量,发愤自励,潜心著述,翻开了他人生途程中的新篇章。

早在三十岁时,崔述即已开始究心六经,发愿结撰《考信录》。他认为,"圣人之道,在六经而已矣。……六经以外,别无所谓道也。"可是宋明以来,"诸儒类多撦拾陈言,盛谈心性,以为道学,而于唐、虞、三代之事罕所究心"。入清以后,"浅学之士动谓秦、汉之书近古,其言皆有所据",因而"矜奇者多尊汉儒而攻朱子,而不知朱子之误沿于汉人者正不少也"。④于是本司马迁"学者载籍极博,犹考信于六艺"⑤之教,决意以六经为依据,梳理先儒笺注,正讹辨伪,存唐、虞、三代道统于天下。考订孔子生平行事的《洙泗考信录》和澄清上古历史的《补上古考信录》,成为他最先致力的两个课题。

《考信录》的结撰,发轫于孔子生平行事的考订。崔述谙熟《论语》,每以先儒高谈性命,却不去考察孔子生平事迹为憾。他认为这正是导致沿讹踵谬,"伪学乱经","邪说诬圣"的根源。因此,为护卫六经,护卫孔子,护卫"圣道",他自乾隆四十八年(1783 年)起,撰写《洙泗考信录》,试图做一部可信的《孔子传》。撰著之初,崔述便确立了一个指导思想,即"三代以上,经史不分,经即其史,史即今所谓经⑥。由此出发,他考订古史的工作皆以儒家经典为准绳,后儒传注则取其与经意相符者,否则弃而不取。至于传说失实之词,则据经传加以纠正。在这样一个原则之下,尧舜以前诸帝,即传说中的伏羲、神农、黄帝等,崔述以"经既无文,传亦仅见,易于伪托,无可考验"⑦,而统统摒除于道统之外。为此,他在撰写《洙泗考信录》的同时,又结合进行《补上古考信录》的著述。

五十六年(1791 年),《洙泗》、《补上古》二录初稿完成。《考信录》的结撰正待深入,吏部的一纸公文,在崔述平静的著述生活中顿时激起波澜。按照清廷规定,凡落第举人,可视科名先后、地区远近等,获得拣选官员的资格,然后根据安排赴京候选。崔述、崔迈兄弟,五度会试而不第,都获得了拣选知县的资格。惜崔迈未待吏部征召,即已逝世。这样一个久盼不至的机会,终于降临到崔述头上,于是潜沉心底的禄仕之念骤告勃然。五十七年(1792 年)秋,他告别老妻,赴京候选,时年五十三岁。官员候选、名额有限,加以陋规甚多,并非人人皆能如愿。崔述的此次候选,即告失望。然而令他欣慰的是,结识了来自云南的举人陈履和。萍水相逢,同处逆旅,崔述的《洙泗》、《补上古》二录和《正朔》、《禘祀》二通考,使陈氏佩服而拜师受业。短短数月,朝夕切磋,相视有如父子。十二月,师弟依依作别,虽此后即无缘再会,但书札往复,心心相印,共同成就了《考信录》的撰著和刊行。在清人的师弟交谊中,崔述与陈履和的诚笃如一,留下了一段有口皆碑的佳话。

经历四度候选,嘉庆元年(1796年)正月,崔述总算如愿以偿,得了个福建罗源知县的官职。同年四月,他携眷南下,六月抵闽,七月到任。为官伊始,即碰到一桩棘手的命案。案发邻县宁德、霞浦,与罗源本不相涉,而两县当局欺崔述以老书生新任,遂转案于罗源处理,经过近一年调查,真相得白,崔述亲笔拟文,据实详辨,两邑以邻为壑的图谋终未得逞。罗源地处沿海,又值交通要冲,素称难治。连年以来,海盗出没,不得安宁。地方不良之辈,每每诬指他人为盗,借以邀功请赏。三年(1798年)六月,因之而有黄玉兴上控案的发生。

黄玉兴本罗源渔户,屡屡擅拘闽南商船,诬为海盗。崔述几经审理,得其实情,数度将无罪商民释放。黄氏兄弟耿耿于怀,遂与同县武举郑世辉勾结,在郑父策划之下,状告崔述“擅释巨盗”。状纸送至福州,闽浙总督魁伦据以怒斥崔述,令其交代实情。崔述将审理诬指海盗各案一一详陈,断然表示:“卑职焉能杀人媚人!”⑧魁伦见此语大为恼火,打算报请朝廷处分,幸而巡抚汪志伊从中斡旋,矛盾未为激化。同年十一月,魁伦丁忧去职,黄、郑二氏掀起的风波才算平息。

四年(1799年)春,他奉调闽西南上杭县,代理知县。上杭虽地阔多讼，难治倍于罗源，但关税收入颇丰，人皆目为利薮。崔述抵任，不以关税中饱私囊，而是将所余数千两白银全部移作缉拿海盗之用。当初随他赴任的吏胥，因之大为不满，散布流言，声称好端端一个上杭县，竟让崔述给弄坏了。五年（1800年）五月，新知县到任，崔述返归罗源。为官五年，上司掣肘，吏胥作梗，早起晚睡，兢兢业业，终日皆在谨小慎微之中。崔述一介书生，穷于应付，志愿难遂，早在抵闽一年，即有辞官还乡之想。经历黄玉兴控案的打击，他向抚按各官正式请求辞职，为巡抚汪志伊好言挽留。由上杭回任，崔述辞官意决，六年（1801年）十月，以求捐主事为名，获准离任。

辞官获准，喜释重负，崔述欣然自题一联云："向山野藏其迂拙；把功名付与英豪。"⑨七年（1802年）春，夫妻相偕，取道仙霞关离闽。仙霞岭半山有关帝庙一座，庙柱有联"进来福地非为福；出得仙霞即是仙"。崔述夫妻二老自庆得离危地，至庙前酌酒相贺，他续题联语云："进来福地非为福，当自种福，以脱危机；出得仙霞即是仙，莫更求仙，致生妄想。"⑩

返乡之后，崔述先住大名，不久迁往安阳西山，后再迁彰德府城（今安阳），把晚年的岁月全部献给了著述事业。十年（1805），《考信录》三十六卷脱稿。后迭经修订，终在十九年（1814）年成为定本。全书包括《考古提要》二卷、《补上古考信录》二卷，是为《前录》；《唐虞考信录》四卷、《夏考信录》二卷、《商考信录》二卷、《丰镐考信录》八卷、《洙泗考信录》四卷，是为《正录》；《丰镐考信别录》三卷、《洙泗考信余录》三卷、《孟子事实录》二卷、《考古续说》二卷、《附录》二卷，是为《后录》。此时崔述已是七十五岁高龄。同年四月，老妻成静兰病逝。失此甘苦与共的闺中老友，对崔述是一莫大打击。他自知不久人世，遂于翌年九月自订全集总目，将毕生所著合为九函，凡三十四种八十八卷，遗嘱妥为保存，留待陈履和北游转交。崔述一生所著,除《考信录》之外,尚有《王政三大典考》、《读风偶识》、《古文尚书辨伪》、《论语余说》、《五服异同汇考》、《易卦图说》等,诗文杂著,结为《无闻》、《知非》二集和《莜田剩笔残稿》。

二十一年(1816年)二月,崔述溘然长逝。闰六月,陈履和抵彰德,唯有稽首枢前,捧书恸哭。陈履和以刻崔述著书为毕生事业,鞠躬尽瘁,死而后已。自嘉庆二年(1707年)初刻于江西广丰,迄于道光五年(1825年)病故,历年为其师刻书凡十九种五十四卷。

崔述之学,非汉非宋,据经考古,自辟蹊径,在乾嘉时代,可谓独步一时。由于他昌言疑古,不合时尚,所以故世之后,其学不传。迄于晚清,表彰其学者寥若晨星,而肆意诋诼者亦有其人。直到本世纪初,陈履和刻本在日本标点排印,始在国内激起反响。先是刘师培撰《崔述传》,继之胡适为其做年谱,徐世昌录崔氏学术于《清儒学案》,于是崔述之名大起。顾颉刚、洪业等,于表彰崔述学术用力尤勤,或检佚文于书堆,或访残篇于故里,合崔迈、成静兰遗著为一书,终于编成卷帙浩繁的《崔东壁遗书》。经数十年整理点校,于1983年6月,由上海古籍出版社出版。

注:

① 崔述:《考信附录》卷1,《家学渊源·先段垣公行状》。

② 同上书,卷1,《赠陈履和序》。

③ 崔述:《莜田剩笔残稿》,《骈语间存·先慈及弟服除后题》。

④ 崔述:《考信录提要》卷上,《释例》。

⑤ 司马迁:《史记》卷61,《伯夷列传》。

⑥⑦ 崔述:《考信录提要》卷下,《总目》。

⑧ 陈履和:《崔东壁先生行略》,载《崔东壁遗书》卷末,《附录》。

⑨⑩ 崔述:《莜田剩笔残稿》,《骈语间存·罗源卸事后志喜》。

郑　燮

吴伯娅

郑燮,字克柔,号板桥,扬州兴化人,生于康熙三十二年十月二十五日(1693 年 11 月 22 日),卒于乾隆三十年十二月十二日(1766 年 1 月 22 日)。他是清代著名的书画家、文学家,人称"扬州八怪"之一。

他的先祖世居苏州,明朝洪武年间始迁居兴化城内。祖父名湜,字清之,曾是管教育的小官。父亲名之本,字立庵,号梦阳,廪生,家居授徒,先后有学生数百人,皆有所成就。外祖父汪翊文,奇才博学,隐居不仕。这种充满文学气氛的环境,对郑燮有一定影响。成名之后,郑燮曾感慨地说道:"板桥文学性分,得外家气居多。"①

祖父在世时,家庭尚属小康,后来逐渐衰落,日趋清寒。郑燮自幼便蹇运当头,三岁时,生母撒手人寰,离他而去,幼小无知的他"登床索乳抱母卧,不知母殁还相呼"。②幸有乳母费氏,对他十分慈爱。时值岁饥,费氏自食于外,而服劳于内。每日清晨,背负郑燮入市,以一钱换一饼,置于燮手,然后再操持他事。此种恩情令郑燮终生难忘,中进士后,他曾写下《乳母诗》,满怀深情地咏道:"食禄千万钟,不如饼在手。"③

郑燮相貌不佳,但聪敏勤奋。童年时期,他随父学习,养成了良好的读书习惯。每读一书,必千百遍。舟中、马上都不忘读书。甚至当食忘匕箸，对客不听其语，皆因在记书默诵。少年时期，他读书于真州（江苏仪征县）毛家桥。那是一个环境优美的地方，竹林成阴，水浅沙明，鲦鱼游戏于竹根杂草之间。他常常在竹林中闲步，孕育出独特的文采。

青年时期，他师从邑中前辈陆种园，学习填词。同塾的有王竹楼、顾桐峰。这段时期的求学问业，给他打下了坚实的基础。他曾写诗描述道："种园先生是吾师，竹楼、桐峰文字奇。十载乡园共游憩，壮心磊落无不为。"④

康熙五十四年（1715年），郑燮与徐氏结为伉俪，后育有二女一子。添丁本是家庭喜事，加口则成经济负担。为生活所迫，郑燮曾设塾于真州江村。然而，尽管他多才多艺，却不足养家糊口，以致陷于"爨下荒凉告绝薪，门前剥啄来催债"⑤的困境。三十岁时，穷愁潦倒的郑燮又遭丧父之痛。悲伤之余，回想自己几年落拓、一事无成的经历，面对愁苦无言的贤妻、啼饥号寒的儿女，他一筹莫展，愁肠欲断，含泪写下《七歌》，痛苦地叹道："呜呼眼前儿女兮休呼爷，六歌未阕思离家。"⑥

雍正二年（1724年），郑燮出游江西，在庐山结识了无方上人。第二年，他北上进京，"喜与禅宗尊宿及期门、羽林诸子弟游，日放言高谈，臧否人物，无所忌讳，坐是得狂名。"⑦然而，尽管他喜与佛教人士交往，却不信佛，不奉道，有着自己的理想和追求。在《燕京杂诗》中，他明确表示："不烧铅汞不逃禅，不爱乌纱不要钱；但愿清秋长夏日，江湖长放米家船。"⑧

雍正六年（1728年），郑燮回到家乡，读书于兴化天宁寺。第二年完成《道情》十首初稿。此时的他，博学多才，身怀三绝，"曰画、书、诗。三绝之中三真，曰真气、真意、真趣也"。⑨可惜这一切并不能改变他的贫困生活和坎坷命运。他又遭发妻病逝的沉重打击。带着一颗破碎的心,他来到扬州,卖书画为生。

生活的道路终于出现了转折。雍正十年(1732年),四十岁的郑燮在南京中举。珊珊来迟的功名使他悲喜交加,他提笔赋诗,诉说衷肠:"忽漫泥金入破篱,举家欢乐又增悲。一枝桂影功名小,十载征途发达迟。何处宁亲惟哭墓,无人对镜懒窥帷。他年纵有毛公檄,捧入华堂却慰谁。"⑩随后,他来到镇江焦山,潜心苦读。

乾隆元年(1736年),郑燮进京会试,考中进士。金榜题名时,他全然没有中举时的惆怅心情。他挥毫作画,创作了《秋葵石笋图》,并在画上题诗一首,自豪地声称:"牡丹富贵号花王,芍药调和宰相祥。我亦终葵称进士,相随丹桂状元郎。"⑪然而,得意春风并未给郑燮带来一官半职。没有期限的候缺待选,促使他南归扬州,重操旧业。

在扬州,自称为"康熙秀才、雍正举人、乾隆进士"的郑燮,以诗书画闻名,笔墨代耕,广泛交游,与许多文人学士结为朋友。其间他复与顾万峰相遇。老友重逢,千言难尽。万峰特赋诗相赠,由衷地赞道:"郑生积学晚有名,感念平生意凄恻……读尔文章天性真,他年可以亲吾民。"⑫

乾隆六年(1741年),郑燮再次进京,受到慎郡王允禧的礼遇。允禧,字谦斋,号紫琼道人,爱好文学,喜交名士。他曾亲自写信请郑燮赴宴,席间又挽起衣袖,割肉相奉。并意味深长地说道:"昔太白御手调羹,今板桥亲王割肉,后先之际,何多让焉。"⑬第二年,郑燮被任命为山东范县知县。临别之际,他向慎郡王赠诗拜辞,慎郡王则赋诗相送。

年过半百的郑燮终于踏上了仕途。由于来自社会底层,饱经生活的磨难,他有着鲜明的惜贫爱民思想,立志作一个为老百姓办实事的好官。知范县五年,他"爱民如子,绝苞苴,无留牍。公余辄与文士觞咏，有忘其为长吏者。"⑭他对范县百姓充满感情，离任之后，还写诗说道："范县民情有古风，一团和蔼又包容；老夫去后相思切，但望人安与岁丰。"⑮

脱贫为宦，郑燮难以忘记过去，难以忘记患难与共的亲友。遥望故乡，他垂涕叹道："可怜我东门人，取鱼捞虾，撑船结网，破屋中吃秕糠，啜麦粥，擎取荇叶蕴头蒋角煮之，旁贴荞麦锅饼，便是美食，幼儿女争吵。每一念及，真含泪欲落也。"⑯因此，他委托前来探亲的堂弟持俸钱南归，挨家比户，逐一散给。他还在致堂弟的信中，语重心长地说："愚兄平生最重农夫，新招佃地人，必须待之以礼。彼称我为主人，我称彼为客户，主客原是对待之义，我何贵而彼何贱乎？要体貌他，要怜悯他；有所借贷，要周全他；不能偿还，要宽让他。"⑰

乾隆十一年(1746年)，郑燮调任山东潍县县令。当时潍县饥荒十分严重，道殣相望人相食。郑燮心急如焚，不俟申报便欲开仓赈贷。有人劝阻，郑燮厉声说道："此何时？俟辗转申报，民无孑遗矣，有谴我任之！"⑱他发谷若干石，令饥民领券借给。随后，又以工代赈，修城凿池，招远近饥民就食赴工，籍邑中大户开厂煮粥轮流供应。他还尽封积粟之家，责其平粜，救活无数。秋天，潍县又歉收，他捐廉代输，将饥民借券付之一炬。第二年，潍县饥荒仍未结束，清政府遣大学士高斌赴潍放赈。郑燮不辞辛苦，相随而行。郑燮的救灾之举，赢得了普遍的赞誉。

荒年惨景，深深刺痛了郑燮的心。目送饥民出关觅食，他含泪写下了《逃荒行》；得知饥民返乡后的家庭变故，他又作了《还家行》。这两首诗字字泪，声声悲，诉说了民间疾苦。在送给巡抚包括的一幅竹画上，郑燮还题诗道："衙斋卧听萧萧竹，疑是民间疾苦声；些小吾曹州县吏，一枝一叶总关情。"⑲反映了他的爱民深情。

郑燮于民事纤悉必周。一日夜行,他听到茅屋传出读书声,得知韩梦周贫而好学。他颇为器重,时给薪水。后梦周成进士,对他深为感激。郑燮不仅爱才惜士,而且在处理诉讼时,也为穷人伸张正义,"右婪子而左富商"。[20]

尽管郑燮在潍县颇有建树,"有循吏之目",[21]但十年的仕宦生涯使他深感官场黑暗,无法实现自己"得志泽加于民"的理想。老年失子,更令他苦不堪言。因此,他产生了归田之意。在《思归行》一诗中,他愤愤问道:"何以未赈前,不能为周防?何以既赈后,不能使乐康?何以方赈时,冒滥兼遗忘?"[22]在《满江红·思家》一词中,他直抒心声:"我梦扬州,便想到扬州梦我……何日向,江村躲?何日上,江楼卧?有诗人某某,酒人个个。"[23]

乾隆十八年(1753年),郑燮"以岁饥为民请赈,忤大吏,遂乞病归。去官日,百姓痛哭遮留,家家画像以祀"。[24]郑燮则画竹辞别士民,并在画上题诗道:"乌纱掷去不为官,囊橐萧萧两袖寒;写取一枝清瘦竹,秋风江上作渔竿。"[25]

两袖寒风的郑燮重返扬州后卖书画自给。在《初返扬州画竹第一幅》的题画诗中,他以淡泊的心情写道:"二十年前载酒瓶,春风依醉竹西亭;而今再种扬州竹,依旧淮南一片青。"[26]由于他的书画有"真趣",所绘兰、竹、石尤其精妙,随手题句,观者叹绝,因此世人争爱,求索无休。

郑燮的追求本为"画兰画竹画石,用以慰天下之劳人"。[27]然而他毕竟年老体弱,谋生不易。既苦于终日写字作画,不得休息。又恨恶徒附庸风雅,强逼硬索。乾隆二十四年(1759年),在拙公和尚的建议下,他自定润格,坦率直言:"大幅六两,中幅四两,小幅二两,扇子斗方五钱。凡送礼物食物,总不如白银为妙;公之所送,未必弟之所好也。送现银则中心喜乐,书画皆佳。礼物既属纠缠,赊

欠尤为赖账。年老体倦,亦不能陪诸君子作无益语言也。画竹多于买竹钱,纸高六尺价三千。任渠话旧论交接,只当秋风过耳边。"㉘

言虽如此,但本色未变。郑燮"尝置一囊,储银及果食,遇故人子及乡人之贫者,随所取赠之"。㉙他又爱才重情,与诗人袁枚未曾谋面,传言其死,竟不待核实,痛哭不已。乾隆二十八年(1763 年),两淮盐运使卢见曾招名士泛舟红桥。袁枚与郑燮相见,感而赋诗道:"郑虔三绝闻名久,相见邗江意倍欢。遇晚共怜双鬓短,才难不觉九州宽。红桥酒影风灯乱,山左官声竹马寒。底事误传坡老死,费君老泪竟虚弹。"㉚

郑燮生有奇才,诗言情述事,恻恻动人;词吊古摅怀,尤擅胜场。书画则被评价为"板桥作字如写兰,波磔奇古形翩翩。板桥写兰如作字,秀叶疏花见姿致。下笔别自成一家,书画不愿常人夸。颓唐偃仰各有态,常人尽笑板桥怪。"㉛后来郑燮与李禅、金农、高翔、汪士慎、黄慎、李方膺、罗聘同被称为"扬州八怪"。

乾隆三十年(1765 年),郑燮逝世,终年七十三岁。有《板桥诗钞》、《词钞》、《家书》、《题画诗》行于世。1962 年,中华书局上海编辑所整理出版了《郑板桥集》。1979 年上海古籍出版社对《郑板桥集》作了增补修订,再次重版。

注:

① 郑燮:《郑板桥集》,《补遗》,《板桥自叙》,上海古籍出版社 1979 年版,第 176 页。

② 同上书《诗钞》,《七歌》,第 32 页。

③ 同上书,《诗钞》,《乳母诗》,第 68 页。

④ 同注②书,第 33 页。

⑤ 同注②。

⑥　同注④。

⑦　李桓:《国朝耆献类征初编》卷 233,郑方坤:《郑燮小传》。

⑧　郑燮:《郑板桥集》,《诗钞》,《燕京杂诗》,第 54 页。

⑨　钱林:《文献征存录》卷 5,《郑燮》。

⑩　郑燮:《郑板桥集》,《诗钞》,《得南闱捷音》,第 44 页。

⑪　同上书,《附录》,《郑板桥年表》,第 249 页。

⑫　顾万峰:《瀣陆诗钞》,《赠板桥郑大进士》。

⑬　郑燮:《郑板桥集》,《补遗》,《板桥自叙》,第 186—187 页。

⑭　梁园隶:咸丰《重修兴化县志》卷 8,《人物志》,《仕迹》,《郑燮》。

⑮　郑燮:《郑板桥集》,《补遗》,《赠范县旧胥》,第 199 页。

⑯　同上书,《家书》,《范县署中寄舍弟墨》,第 8—9 页。

⑰　同上书,《范县署中寄舍弟墨第四书》,第 13 页。

⑱　同注⑭。

⑲　郑燮:《郑板桥集》,《题画》,《潍县署中画竹呈年伯包大中丞括》,第 156 页。

⑳　钱仪吉:《碑传集》卷 103,法坤宏:《书潍县知县郑燮事》。

㉑　《清史列传》卷 72,《文苑》,《郑燮》。

㉒　郑燮:《郑板桥集》,《诗钞》,《思归行》,第 100 页。

㉓　同上书,《词钞》,《满江红·思家》,第 139 页。

㉔　叶恭绰:《清代学者像传》,《郑燮》。

㉕　郑燮:《郑板桥集》,《题画》,《予告归里,画竹别潍县绅士民》,第 156 页。

㉖　同上书,《题画》,《初返扬州画竹第一幅》,第 157 页。

㉗　同上书,《靳秋田索画》,第 165 页。

㉘　同上书,《补遗》,《板桥润格》,第 184 页。

㉙　同注㉑。

㉚　袁枚:《小仓山房诗文集》卷 14,《投郑板桥明府》,上海古籍出版社 1988 年版,第 315 页。

㉛　蒋士铨:《忠雅堂诗集》卷 18,《题郑板桥画兰送陈望亭太守》。

袁　枚

吴伯娅

袁枚,字子才,号简斋,又号随园老人,浙江钱塘(今杭州市)人,生于康熙五十五年三月二日(1716 年 3 月 24 日),卒于嘉庆二年十一月十七日(1797 年 12 月 4 日)。他是清代著名的诗人。

袁枚出生于一个幕僚家庭。祖父袁锜、父亲袁滨、叔父袁鸿皆以贫游幕四方。姑姑沈君夫人知书达礼,孀居娘家,待他如母。幼时,袁枚天资聪颖,好听长者谈古事。姑姑经常给他讲稗官野史,使他"未就学,而汉、晋、唐、宋国号人物,略皆上口"。①七岁时,他跟随史先生学习《论语》、《孟子》。九岁,读《离骚》等古诗,学作诗文,从此对诗赋文学产生了浓厚的兴趣。

随着年龄的增长,袁枚对于书籍的热爱和对知识的渴求愈趋强烈。他在诗中记述说,"我年十二三,爱书如爱命。每过书肆中,两脚先立定。苦无买书钱,梦中犹买归。"②无钱买书,他便设法相借。书籍到手,则废寝忘食,刻苦攻读。

由于袁枚聪明好学,十二岁就考中了秀才,十五岁补廪生,十八岁受知于浙江总督程元章,被送入万松书院学习。当时书院山长为古文名家杨绳武,袁枚以所作《高帝》、《郭巨》二文向他请教。杨绳武阅后赞道:"文如项羽用兵,所过无不残灭。汝未弱冠,英勇乃尔。"③

二十一岁那年,袁枚离开家乡,前往广西,投奔叔父袁鸿。当时,袁鸿正在巡抚金鉷的幕中。他带袁枚去见金鉷。金鉷面试《铜鼓赋》,袁枚挥笔立就,文彩瑰丽,甚得金鉷赏识。不久,清廷诏开博学鸿词科,金鉷力荐袁枚,称他"奇才应运,卓识冠时",④并馈赠银两,遣人护送至京。

这是袁枚人生道路上的一个重要转折点。为此,他对金鉷充满感激之情。临行时,他吟诗辞别道:"万里投知己,千秋见伟人。扫门才授赞,倒屣已迎宾。……诏举通经士,惭非珥笔臣。毅然标姓氏,直自奏枫宸。计吏争供具,材官尽捧轮。办装钱络绎,祖饯酒温醇。……桂岭三秋月,长安一路尘。拜辞先洒泪,图报屡看身。"⑤

进京之后,袁枚与同时受荐的一百九十三人同试于保和殿。虽然没有考中,但他在与试者中"最为年少,兼有美才,一时名满日下。"⑥乾隆三年(1738年),二十三岁的袁枚应顺天乡试,得中举人。第二年荣登进士,改翰林院庶吉士。少年得志,袁枚颇为自豪。在《入翰林》一诗中,他兴奋地写道:"弱水蓬山路几重?今朝身到蕊珠宫。尚无秘省书教读,已见名笺字不同。斑管润生红药雨,锦袍香散玉堂春。国恩岂是文章报,况复文章尚未工。"⑦

然而,三年后,这种志得意满的心情烟消云散。因满文考试不及格,散馆时,他被改发江南,出任知县。骤从翰林清贵外放知县,这对酷爱文学、享有声誉的袁枚来说是个意外的打击。离京赴任之时,他怀着沉重的心情赋诗辞别同年,叹道:"三年春梦玉堂空,珂马萧萧落叶中。生本粗才甘外吏,去犹忍泪为诸公。"⑧

抵达江南之后,袁枚初试溧水县。莅任之初,他一时还摆脱不了心中的惆怅。在《谒长吏毕归而作诗》中,他坦率地写道:"初持手版应官去,大府巍巍各识荆。问到出身人尽惜,行来公礼我犹生。书衔笔惯字难小,学跪膝忙时有声。晚脱皂衣归邸舍,玉堂回首不胜情。"⑨

不过,他毕竟出生于幕僚之家,父、祖的娴熟律例对他不无影响。因此,他很快就适应了新的环境,并立志做一名循吏。父亲担心他年少,无吏才,匿名访诸野,听到的回答都是,"吾邑有少年袁知县,乃大好官也"。⑩父亲深感欣慰。不久,袁枚自溧水移知江浦,继而调沭阳,后又调至江宁。前后六年,历任四县,在江南颇有政声。

他认为作为一名地方官,应当严束家奴吏役,使官民无壅隔,则百弊自除。因此,他终日端坐堂上,任吏民白事,有小讼狱,立即判遣,从不稽留。他还广设耳目,搜集地方上盗贼及恶少姓名,将他们带到衙门对质,使之不能隐匿。然后公布姓名,允许他们三年内如不再犯,可消除前罪。这一措施收到了显著的效果,史称"奸民皆敛迹"。⑪

方山溪洞外,两氓争地,无契券,讼久不能断。袁枚见案牍山积,笑道:"此左氏所云,晋郑之间有隙地,玉畅、顿邱是也。讼久则破家,吾当为汝了之。"⑫他尽去旧牍,别给符券,使各自开垦升科。积年陈案,因此了结,闻者皆叹服。

有商人贩布,乘船江行。途中,舟触战船,一名士兵溺水而亡。众兵缚控舟子,兼及乘客。袁枚心知过失杀人无罪,而连累乘客则必然倾家荡产。于是,他令船主乘风张帆作触舟状,纵之而去,以埋葬钱发兵完案。即抚恤了士兵,又避免了事态的恶性发展。

侍郎尹会一督学江宁,有两骑冲其前麾,自称亲王家奴,县尹不敢问。袁枚毫不畏惧,立即擒治。经审问,得知他们是为大将军投书总督的。搜其篚,又发现十余封通关节的信。袁枚将这些书信全部焚毁,将家奴重杖遣去。

　　江宁将军遣厮役张升收租。张升仗势欺人，狂据无状，私囚周家之子。袁枚得知后，略加诘问，张升竟狐假虎威，目无法纪，任意偾张，以致于"坐狱之乡亭尽骇"。[13]袁枚怒不可遏，立即杖决，严厉打击了恶厮的嚣张气焰。随后，他上书启知江宁将军，正气凛然地宣称："枚初离书舍，便领雷封。虽有爱民之心，未知事上之道。……此枚所以不及上闻遽加杖决也。"[14]

　　乾隆十三年（1748年），江南受灾。铜井民运米至吴门，被劫上告。袁枚认为灾荒期间尤应谨慎行刑。他召劫米之魁询问，得知乃土人遏粜，并非抢劫。于是，他谕以情法，追米还主，妥善地处理了这一事件。

　　在江南六年，袁枚有勇有谋，显示了杰出的断案才能，受到民众的爱戴，"市人至以所判事作歌曲，刻行四方。"[15]他在《上两江制府请停资送流民书》、《上陈抚军办保甲状》、《复两江制府策公问兴革事宜书》中，针对江南的实际情况，就救灾抚民、加强治安、整顿漕运、办好社仓、倡导文教等问题，提出了很好的建议。他还总结任州县官的经验，写成《州县心书》一卷，被一些地方官引为借鉴。

　　当时尹继善任两江总督，对袁枚的才能颇为欣赏。恰值高邮知州职缺，尹继善保荐袁枚升任此职，部驳不准。袁枚难免心生不快，又逢母亲患病，因此他乞病告归，奉养老母。在《上尹制府乞病启》中，他明确表示："在朝廷无枚数百辈，未必遽少人才；在老母抚枚三十年，原为承欢今日。情虽殷于报国，志已决于辞官。"[16]

　　此时，袁枚年仅三十三岁，政声日起，却抽身宦海。人们深感惊异，纷纷挽留。对此，袁枚写诗作答，"当今人才车斗量，三公九卿交相治。苟与一官人人办，非某不可闻有谁。登山临水少年事，果然衰老将焉归？三十休官人道早，五更出梦吾嫌迟。云归云出亦偶尔，必问所以云不知。"[17]

　　乾隆十七年（1752 年），袁枚再起，被派往陕西，以知县用。在陕西，他与总督黄廷桂志趣不一，上书万余言，石沉大海，宦意顿消。当年，父亲去世，他回家守制，并上书请求终养老母。十九年（1754 年），清廷批准了他的要求。袁枚从此结束了仕宦生涯，时年三十九岁。在《喜终养文书部复已到》一诗中，他愉快地表示："一纸陈情奉板舆，九重恩许赋闲居。身依堂上衰年母，日补人间未读书。花竹千行环子舍，牙籤四面绕吾庐。此中便了幽人局，门外浮云万事虚。"[18]

　　任江宁知县时，袁枚曾以三百金买下小仓山麓废弃的隋园，稍加整理，加名为随园。辞官以后，他悉心经营随园，多次修造改建，使之成为一所闻名遐迩的园林。他优游于园中，专心从事诗文创作。"四方士至江南，必造随园，投诗文无虚日。"[19]因此，袁枚的文学成就及其影响越来越大。

　　他曾自豪地声称："我自挂冠来，著述穷朝昏。于诗兼唐宋，于文极汉秦。六经多创解，百氏有讨论。八十一家中，颇树一帜新。"[20]确实，与同时代人相比，袁枚颇有特色，"自成一代风骚"。[21]他敢于公开承认自己好味好色好货，蔑视传统观念，追求个性解放。他天才横逸，写下了大量情真意切的诗文，享誉文坛，广有知音。他大力倡导"性灵"说，强调诗歌创作性情要真，笔性要灵，在思想内容方面不受封建正统思想和伦理道德的约束，在艺术形式方面不受传统格调的限制。他不顾人们的非议，广招女弟子，辑刻《随园女弟子诗选》。在《随园诗话》中博采闺秀之作，大力宣传女诗人。他珍重友情，不以穷通生死易心，为亡友沈凤司扫墓，三十年如一日。好友程晋芳欠他五千银两，程死后，他前往吊祭，当场将债券烧掉，并抚恤其家属。他热爱大自然，年逾六十，仍远行出游，曾至天台、雁宕、黄山、匡庐、罗浮、桂林、南岳、潇湘、洞庭、武夷、丹霞、四明、雪窦、尽享山林之乐。

乾隆六十年(1795年)，袁枚八十岁。回顾自己的一生，他不无自得，写诗吟道："自笑将开九秩筵，挽诗翻在寿诗先。刚修禊事倾三雅，再宴琼林欠四年。潇洒一生无我相，逢迎到处有人缘。桑榆晚景休嫌少，日落红霞尚满天。"[22]两年之后，他病逝于家中。

袁枚一生为宦不及十年，"仕虽不显，而备林泉之清福，享文章之盛名，百余年来无及者"。[23]他的诗文流传甚广，上自朝廷公卿，下至市井负贩，皆知贵重；远至海外，近至闺门，俱喜吟读。不过，名盛而胆放，才多而手滑，其神道碑、墓志铭诸文，不免有失实之处。著名诗人、学者赵翼评价他道："其人与笔两风流，红粉青山伴白头。作宦不曾逾十载，及身早自定千秋。群儿漫撼蚍蜉树，此老能翻鹦鹉洲。相对不禁惭饭颗，杜陵诗句只牢愁。"[24]他与蒋士铨、赵翼被并称为乾隆三大家，并为三家之首。他的主要著作有《小仓山房诗文集》、《随园诗话》等。

注：

① 袁枚：《小仓山房文集》卷5，《亡姑沈君夫人墓志铭》。

② 袁枚：《小仓山房诗集》卷32，《对书叹》。

③ 袁枚：《小仓山房续文集》卷35，《杨文叔先生文集序》。

④ 袁枚：《小仓山房外集》卷5，《谢金抚军荐举博学鸿词启》。

⑤ 袁枚：《小仓山房诗集》卷1，《荐鸿词北上辞别桂林中丞》。

⑥ 李桓：《国朝耆献类征初编》卷234，《袁枚》。

⑦ 袁枚：《小仓山房诗集》卷2，《入翰林》。

⑧ 同上书，卷3，《改官白下留别诸同年》。

⑨ 同上书，卷3，《谒长吏毕归而作诗》。

⑩ 李元度：《国朝先正事略》卷42，《袁简斋先生事略》。

⑪ 《清史列传》卷72，《文苑传》3，《袁枚》。

⑫　钱仪吉：《碑传集》卷 107,孙星衍：《故江宁县知县前翰林院庶吉士袁君枚传》。

⑬⑭　袁枚：《小仓山房外集》卷 5,《擅责旗厮谢岱将军启》。

⑮　《清史稿》卷 485,《列传》272,《袁枚》。

⑯　袁枚：《小仓山房外集》卷 5,《上尹制府乞病启》。

⑰　袁枚：《小仓山房诗集》卷 5,《示送行吏民》。

⑱　同上书,卷 10,《喜终养文书部复已到》。

⑲　同注⑩。

⑳　袁枚：《小仓山房诗集》卷 20,《送嵇拙修大宗伯入都》。

㉑　黄金台：《木鸡书屋文三集》卷 6,《袁简斋先生传》。

㉒　袁枚：《小仓山房诗集》卷 36,《八十自寿》。

㉓　同注⑪。

㉔　袁枚：《小仓山房诗集》,《题辞》,赵翼：《读随园诗题辞》。

沈 德 潜

吴伯娅

沈德潜,字确士,号归愚,长洲(今江苏苏州市)人,生于康熙十二年十一月十七日(1673年12月24日),卒于乾隆三十四年九月七日(1769年10月6日)。他是清中叶著名的诗人,与乾隆帝关系密切,有"殿上君臣,诗中僚友"①之称。

德潜的祖父名钦圻,邑学生,有诗名。父亲名钟彦,课子有方。康熙二十六年(1687年),德潜的母亲病逝时,钟彦只有三十四岁。他担心继母不慈,儿女受累,决意不再续娶。他父而兼母,辛勤操持内外事务,督课德潜甚为严格。经书制义,口授指画,一字一句,务求详悉。德潜年少,偶有倦怠,便受到责打。为使德潜早日成才,钟彦特聘施星羽为师,后来,又命德潜从蒋觉周游。

康熙三十三年(1694年),德潜补博士弟子员。此时,他风华正茂,能诗能文,在当地已小有名气。然而,在以后的乡试中,他却屡遭失败,久挫场屋。几十年过去了,始终榜上无名,耗去了青春,染白了双鬓。但他不改初衷,刻苦自励,"偃蹇青衫,咿唔一室"。"里巷之士目笑而去之,甚者揶揄诋讪,摇手戒子弟勿复效其所为"。②其父理解他,支持他,"凡遇岁科乡试,必同往,纤悉皆先为料理"。③乾隆元年(1736年),清廷开博学鸿词科。年逾花甲的德潜受荐至京,仍不能如愿。他怀着失望的心情僦舟南归,行至黄河,遭风溺水。虽侥幸保得一命，所携物品却荡涤无余。

"山重水复疑无路，柳暗花明又一村。"乾隆三年(1738年)，六十六岁的德潜终于考中举人。第二年，金榜题名，荣登进士。刑部尚书尹继善久闻其名，欣赏其学行，特倡言于廷，指为"老名士"。因此，德潜被选入词馆，成为翰林院庶吉士。三年后，授编修。

乾隆帝爱好诗文，在此之前曾读过德潜诗作，颇为欣赏。引见时，他令德潜和《消夏十咏》。诗成之后，乾隆十分满意。从此，乾隆每有诗作，便命德潜赓和，多所激赏。德潜由此迅速升官晋级。八年(1743年)，他迁左中允，后又迁侍读、左庶子、侍讲学士，充日讲起居注官。九年(1744年)，充湖北乡试正考官，迁少詹。十年(1745年)，晋詹事，充武会试副考官。

十一年(1746年)三月，德潜任内阁学士。八月，请假归葬。乾隆谕不必开缺，命给三代封诰，并赐诗宠行，称："我爱德潜德，醇风挹古初。"④此诗在文坛宦海引起反响，侍郎钱陈群和道："帝爱德潜德，我羡归愚归。"⑤一时传为佳话。

德潜的际遇，产生了一定影响。有的人把进献诗作看成是升官晋爵的捷径，竞相进献。为此，乾隆特谕道："朕向曾留心诗赋，不过学问中之一事，时于几余遗兴，偶命近臣属和。""沈德潜优升阁学，朕原因其为人诚实谨厚，且怜其晚遇，是以稠叠加恩，以励老成积学之士"，而不是"因进诗优擢"。"若谓朕进用人才，沾沾于文艺之末，雕章琢句，专事浮华，此风一炽，必有借手捉刀，希图侥幸者，岂不玷玉堂而贻羞文苑耶"。⑥

面对荣华富贵，德潜尚能保持清醒。假满还朝之前，他写下了《誓墓文》，昭告于父亲灵前："自今以往，惟有益砥廉隅，坚持晚节，以完有所不为之行。倘所守变迁，干时媒进，营私嗜利，忮长忌贤，是貌为君子，而实阴柔小人之归也。"⑦

十二年(1747年)四月,乾隆命德潜在上书房行走。六月,德潜假满赴职。乾隆高兴地赐诗道:"朋友重唯诺,况在君臣间。我命德潜来,岂宜遽引年?泷冈表阡罢,白驹来贲然。即此至性胝,令我愈以怜。"⑧不久,德潜被提升为礼部侍郎,第二年充会试副考官。因年老体衰,受命以原衔食俸,仍在上书房行走。

十四年(1749年),德潜请归,奉诏原品休致,赐人参官帛,命校御制诗稿,校毕起行。诗稿进呈后,乾隆高兴地赐诗道:"清时旧寒士,吴下老诗翁。……近稿经商榷,相知见始终。"⑨陛辞时,乾隆又谕道:"尔归享林泉之乐,与乡邻讲说孝弟忠信,便是尔之报国。我五十寿时,一定来京拜祝。"⑩

回到家乡,德潜应聘主持紫阳书院。他不以高官名宿自居,平易近人,好贤乐善,训导诸生,孜孜不倦。门生王昶满怀钦佩的心情,称赞道:"风示学者,和平温厚,满座春风。"⑪

十六年(1751年)二月,乾隆南巡,德潜迎驾于清江浦。乾隆向他询问民间疾苦,赏缎帛参貂,谕在籍食俸,又赐诗道:"水碧山明吴下春,三年契阔喜相亲。玉皇案吏今词客,天子门生更故人。"⑫十一月,德潜进京祝皇太后六十寿辰。乾隆召见赏物,赐"德艺清标"额。德潜进诗集求序,乾隆欣然应允,于坤宁宫手书以赐。在序中,他称德潜之诗,远陶铸乎李白、杜甫,近伯仲乎高启、王士祯。还说德潜受非常之知,而其诗亦当世之非常者,故以非常之例赐序。第二年正月,乾隆再次召见德潜,赐诗命和,并赏"鹤性松身"⑬堂额,为德潜八十称寿。

二十二年(1757年),乾隆再次南巡,加德潜礼部尚书衔,并叠前韵赐诗道:"前席何曾隔六春,三千里不间疏亲。星垣帝友岂无友,吴下诗人尚有人。"⑭乾隆还向德潜访求学者名流,并拿出御诗多首,命他唱和。

　　二十六年(1761年)，德潜进京祝皇太后七十寿辰。乾隆命集在朝诸王文武及致仕大臣年七十以上者为九老，共三班，德潜列致仕九老之首。德潜进所辑《国朝诗别裁集》，请御制序文。乾隆见德潜将降清之臣钱谦益的诗列于最前，又将身陷文字狱的钱名世的诗选入，并对慎郡王直书其名，颇为不满。他命儒臣重新校订，并在序中批评德潜道："且诗者何？忠孝而已耳。离忠孝而言诗，吾不知其为诗也。谦益诸人，为忠乎？为孝乎？德潜宜深知此义。今之所选，非其宿昔言诗之道也。岂其老而耄荒？……此书出，则德潜一生读书之名坏，朕方为德潜惜之。"⑮

　　尽管有此不快，君臣之间仍然关系密切。第二年乾隆南巡，德潜与钱陈群迎驾于常州，同受赐诗。时值德潜九十高龄，乾隆特赐"九帙诗仙"额，并命和御诗多首。三十年(1765年)乾隆南巡，德潜迎驾于武进，诏加太子太傅，食正一品俸，赐御制诗篇，并赐其孙维熙为举人。

　　乾隆对德潜的恩宠，颇令世人称羡。著名诗人袁枚感叹道，皇上四巡江南，"望见公，天颜先喜。每一书接，必加一官，赐一诗。嗟乎！海内儒臣耆士，穷年兀兀，得朝廷片语存问，觉隆天重地。而公受圣主赐诗至四十余首，其他酬和往来者，中使肩项相望，不可数纪。"⑯著名文臣钱陈群认为，"国家当隆盛之时，必有敦庞艾福之臣，或以经术见优，或以文章取重"，"代有其人"。但未有"如沈公之遇之奇也"。⑰德潜自己也不无得意，在《九十咏怀》一诗中，他自豪地写道："不受人恩受主恩，桑榆返照似朝暾。"⑱

　　然而，时隔不久，德潜便受到怀疑。当时乾隆下令将钱谦益的《初学集》、《有学集》严行查禁，收缴销毁。乾隆认为沈德潜、钱陈群二人工于声韵，收藏各家诗集必然很多；沈德潜又曾将钱谦益的诗作选列《国朝诗别裁集》之首，既然对钱诗加以奖许，必于其作多所珍惜；或其门人弟子狃于锢习，尚欲奉为瓣香，以为德潜齿宿爵尊，可以隐藏庇护，怂恿存留。三十四年（1769 年）八月，乾隆谕两江总督高晋、浙江巡抚永德说：若沈德潜、钱陈群家中尚有钱谦益《初学集》、《有学集》，未经呈缴，即速遵旨缴出，与二人毫无干涉，断不必虑及前此收藏之非，妄生疑畏。"设或不知警悟，密匿深藏，使悖逆之词，尚留人世，此即天理所不容，断无不久而败露之理。纵使二人不及身受其谴，宁不为其子孙计乎？朕于奖善惩恶，悉视其人之自取，从无丝毫假借。钱陈群尤所深知，而沈德潜则恐不能尽悉矣。"⑲令高晋、永德将此旨就近密谕沈德潜、钱陈群二人。

乾隆的这番话，对年近百岁、久受恩宠的德潜来说，无疑是个意想不到的打击。九月七日，德潜病逝于家中，终年九十七岁。两江总督高晋上报德潜死讯，并回奏德潜家中并未缴钱谦益诗文集。乾隆深为轸惜！晋赐太子太师，令入祀乡贤祠，谥文悫，又御制诗道："平生德弗愧潜修，晚遇原承恩顾稠。寿纵未能臻百岁，诗当不朽照千秋。饰终宣命加优典，论定应知有独留。吴下别来刚四载，怅然因以忆从头。"⑳

四十三年（1778 年），江南东台县民讦告已故举人徐述夔《一柱楼集》诗词悖逆。集内载有德潜为述夔所作传记，称其品行文章皆可为法。乾隆得知后勃然大怒，指责德潜久蒙圣恩，"理宜饬躬安分，谨慎自持，乃竟敢视悖逆为泛常，为之揄扬颂美，实属昧良负恩！且伊为徐述夔作传，自系贪图润笔，为囊橐计，其卑污无耻，尤为玷辱缙绅！使其身尚在，虽不至与徐述夔同科，亦当重治其罪"。㉑因此，德潜被追夺阶衔，罢祠削谥，平毁墓碑。

突如其来的风波虽将德潜的尊荣荡涤一空，却不能完全磨灭他在乾隆心目中的文学地位。四十四年（1779 年）御制《怀旧诗》，德潜被列于五词臣之末。乾隆在诗中写道："东南称二老，曰钱沈则继。并以受恩眷,佳话艺林志。而实有优劣,沈踏钱为粹。……其选国朝诗,说项乖大义。制序正厥失,然亦无诃励。仍予饰终恩,原无责备意。昨秋徐案发,潜乃为传记。忘国庇逆臣,其罪实不细!用是追前恩,削夺从公议。彼岂魏征比,仆碑复何日?盖因耄而荒,未免图小利。设曰有心为,吾知其未必。……可惜徒工诗,行阙信何济。"㉒这首诗既充分地表现了乾隆对德潜的不满和愤恨,也曲折地反映了乾隆对德潜诗学成就的肯定。

德潜的诗"专主唐音,以温柔为教,如弦匏笙簧,皆正声也"。㉓他不仅在当时的中国享有盛誉,而且名传海外,"日本、琉球走驿传索沈尚书诗集"。㉔他的著作有《归愚诗钞》、《归愚文钞》等等。但是,他倡导"格调"说,给清代诗歌的发展带来了消极影响。

注:

① 袁枚:《小仓山房文集》卷3,《太子太师礼部尚书沈文悫公神道碑》。

② 沈德潜:《归愚全集》,《九十寿序》,顾镇:《恭祝大宗伯归愚沈公九十寿序》。

③ 沈德潜:《归愚文钞》卷20,《先府君行述》。

④ 《清史列传》卷19,《大臣画一传》,《沈德潜》。

⑤ 李元度:《国朝先正事略》卷18,《名臣》,《沈文悫公事略》。

⑥ 《清高宗实录》卷277,中华书局1985年影印《清实录》第12册,第622页。

⑦ 沈德潜:《归愚文钞》卷20,《誓墓文》。

⑧ 同注④。

⑨ 钱林:《文献征存录》卷5,《沈德潜》。

⑩ 同注⑤。

⑪ 沈德潜:《归愚全集》,《八十寿序》,王昶:《恭祝宗伯沈夫子八十寿序》。

⑫ 同注④。

⑬　《清史稿》卷305,《列传》92,《沈德潜》。

⑭　同注④。

⑮　沈德潜:《国朝诗别裁集》卷首,《御制沈德潜选〈国朝诗别裁集〉序》。

⑯　同注①。

⑰　钱仪吉:《碑传集》卷32,钱陈群:《赠太子太师大宗伯沈文悫公德潜神道碑》。

⑱　沈德潜:《归愚诗钞余集》卷6,《九十咏怀》。

⑲　《清高宗实录》卷841,《清实录》第12册,第240页。

⑳　同注④。

㉑　同注④。

㉒　同注④。

㉓　同注①。

㉔　同注⑨。

李 调 元

吴伯娅

　　李调元，字羹堂，号雨村，晚年别号童山老人、蠢翁，四川绵州罗江（今四川德阳市）人，生于雍正十二年十二月初五日（1734 年 12 月 29 日），卒于嘉庆七年十二月二十一日（1803 年 1 月 14 日）。他是清代中叶著名的诗人、学者、戏曲理论家。

　　他出生于一个仕宦之家。父亲化楠，乾隆七年（1742 年）进士，曾任浙江余姚、秀水县令，顺天府北路同知。从弟鼎元，乾隆四十三年（1778 年）进士，官至兵部主事。从弟骥元，乾隆四十九年（1784 年）进士，曾任翰林院编修。调元于乾隆二十八年（1763 年）中进士。因此，他曾自豪地声称："一门四进士，得第年俱二十九。"①

　　幼儿时期，调元便聪敏好学。他五岁入塾，七岁就能应题答对。一天，客人来访，调元正手持蜘蛛网捕蜻蜓。客人见状，要他对句"蜘蛛有网难罗雀"。当时天将下雨，蚯蚓出土。调元应声对道"蚯蚓无鳞欲变龙"。客人听后，大为惊喜。从此，调元享有神童之誉。十二岁时，他便有吟稿问世，名为《幼学草》。

　　乾隆十六年（1751 年），其父北上谒选，临行时语重心长地对调元说道："从来纨绔习气，大半皆望捐纳，不肯读书。汝如不秀才，不必来任所，吾断不汝捐也。"②调元铭记在心，苦读于涪江书院。第二年，他参加州、院考试，皆为第一，遂入邑庠。

科举之路从来不是平坦的大道。乾隆十八年（1753年），调元乡试落第。初次受挫，锐气未减。他赴浙江父亲任所，在进士李虹舟的教授下，刻苦攻读，准备再次拼搏。三年后，他又一次失败。再度受挫，仍未气馁。他重赴浙江，先后受业于编修徐君玮、郎中查梧冈，并从陆宙冲学画。在《春蚕作茧》诗中，他的"不梭还自织，非弹却成圆"一句，被著名文臣钱陈群赞为"此名句也！"③

二十四年（1759年），调元回川参加乡试，三月到成都补岁考。向例补考者皆附三等末，而四川提学史怀堂因欣赏他的文章，破格将他列入一等，再试拔置第一。史把调元的试卷交给诸生传阅，赞赏说："吾考试三年，未尝见秀才如此者。"④当天就给调元戴上红花，送至锦江书院学习。调元也很高兴，写诗道："归山重扫读书床，一路寒山木叶黄。游浙有师皆老宿，归川无试不高庠。扫窗已见蛛悬网，翻盎先看鼠自忙。一秀才回诗已贵，吟笺才写被人藏。"⑤

在锦江书院，调元与何希颜、张鹤林、姜尔常、孟鹭洲、张云谷以文字相高，被称为"锦江六杰"。当年乡试，锦江书院有十八人中举。调元名列第五，其余五杰也榜上有名。

第二年，调元会试落第。二十六年（1761年），清廷开万寿恩科，调元被取为中书。从此，调元与毕沅、祝德麟、王文治、赵翼、程晋芳诸名士相唱和，并因善画而被称为"小李将军"。

二十八年（1763年），调元再赴会试，诗题为《从善如登》。调元的"景行瞻泰岱，学步笑邯郸"一句，受到考官的好评。副总裁德定圃拟置第一。大总裁秦蕙田认为"此卷才气纵横，魁墨非元墨也。"⑥取为第二。殿试时，调元获二甲十一名，被点为翰林院庶吉士。

考中进士，置身翰林，调元十分高兴，确信可酬读书之志。他博览群书，勤于著述，先后撰写了《夏小正笺》一卷、《左传官名考》二卷、《春秋三传比》二卷、《十三经注疏锦字》四卷等书。三年后散馆，他被改授吏部文选司主事。

文选司的职责之一，是进呈循怀簿，百官升降签帖履历，朔望更换，以便御览。宫内有太监一员，专司出纳，在乾清宫门外，午时交接有定限。然而，太监承直事繁，有时不能按时而出。因此，有的司员不得不讨好太监，否则难免受诃。调元上任后，诸城员外郎刘公塝以旧规相劝，建议对太监略作打点。调元不同意，严正说道："此公事，安用贿？且无故私谒，独不畏交结近侍乎？"⑦内掌太监高云从见李调元不循旧规，深为不满，每逢交簿，故迟不出。有一天，延至申时，高氏始出，且出言不逊。调元忍无可忍，厉声说道："余位虽卑，朝廷官也，有罪自有国法，汝何得擅骂？"⑧扭其衣欲面圣评理。高氏不得不有所收敛。

身为京官，位居下僚，调元工作繁忙，生活清苦。在《文选司厅壁记》一文中，他详细记述了当时的景况，感叹六部之事，最繁剧者无如铨曹。每日早出晚归，紧张劳累。逢春遇夏，帝在圆明园，则起更早，归更晚。雨泥之霑湿，暑热之蒸薰，从不言苦。他勉励自己"以利天下，以济民生，乃不怍于人，不愧于天"。⑨

三十四年（1769年），调元丁父忧归里。三十六年（1771年）服阕入京，仍补吏部主事。他一如既往，既尽心公职，又抽暇读书，挥毫撰述。三年后，在一次考试中，他的"南国人堪忆，东平语不忘"之句，深受大学士程景伊赞赏。不久，他充广东乡试副考官，差竣回京，被提升为吏部考功司员外郎。

四十一年（1776年）二月，乾隆东巡，调元受命扈随。对此，他深感荣幸，赋诗记行。在《自潞河至白河作》一诗中，他写道："扈跸今兹始，邮签报两河。沙平春水阔，海近夜帆多。马色团云锦，人声杂玉珂。几时冰始泮，已觉晓风和。"⑩然而，风云难测。回京之后，他这种轻松愉快的心情便烟消云散。

湖北巡抚陈辉祖咨补监利典史,遭到考功司的议驳。调元认为议驳失当,并将画押销掉,因而得罪了朗中永保。京察时,永保串通大学士舒赫德、阿桂,将调元填入"浮躁"。遭此打击,调元心情沉重。在《将归剑南留别京中诸子》的诗中,他叹道:"十亩田园归去来,图书万卷手亲开。并无天厄谁当怨,岂有人挤自不才。宦志已经尽销铄,君恩苦未报涓埃。他时曝背柴门下,长望南山献寿杯。"⑪

正当苦闷惆怅之时,调元迎来了新的转机。引见时,乾隆见他年富力强,便询问居官如何?因何事填入"浮躁"?并令军机大臣传吏部堂官明白回奏。吏部尚书程景伊奏道:"该员意在两议,并无别情。且该员办事尚属勇往。"⑫乾隆认为调元"敢与堂官执持,似有骨气",⑬谕令仍任吏部员外郎。调元喜出望外,兴奋地写下诗句:"恩纶一日共传来,万口喧呼喜色开。自分戴盆天失望,谁知撤烛帝怜才。重衔纸尾惭新署,再着新冠拂旧埃。儿辈亦知叨异数,团圞共话涕盈杯。"⑭

四十二年(1777年)八月,他升任广东学政。陛辞时,乾隆对他说道:"汝乃朕特拔之人,当勉力报效。"⑮同年十一月他抵达广东,第二年年初,便开始奔波于全省,考试各府所属生员。每次考试,他都严加审核,以杜幸进。每次会见士子,又总是严切教戒,要他们敦伦立品,谨遵学规。

学使任满,调元回京复命。四十六年(1781年)正月被提升为直隶通永道。四月,奉檄观察承德府属当年秋潦,调元单车就道,多所平反。九月,他又奉旨赴天津催漕。

宦海险恶。时隔不久,调元又遭狂风恶浪。四十七年(1782年)五月,他奉旨送《四库全书》一份赴盛京,行至卢龙,遇到风雨,书箱淋湿。调元参奏卢龙知县郭棣泰不精心照料,玩误差务。永平知府弓养正得知后勃然大怒,讦告调元扰累属员,滥索供应。十二月,经代理直隶总督英廉题参,郭棣泰、弓养正被罢官。李调元也被革职逮问,次年二月遣发伊犁。起程时,好友陈华国追至涿州话别。调元感慨系之,挥泪写到:"塞外行程将动,百里故人趋送。孤馆话三更,但道一声珍重。谁共?谁共?惟有月明随辇。"⑯

直隶总督袁守桐得知调元的遭遇后,深为惋惜,代为面奏。他称赞调元"学问尚好,彼处称为才子",⑰又以其母年老为由,请求赎解。乾隆批准了他的请求。调元以一万两银子,得以赎罪免解。此时他宦意全无,决心南归故乡。

五十年(1785年),调元回到罗江。从此,他寄情于山水之间,倾心于梨园之乐,遨游于书海之中,埋头著述。在《醒园遣兴二首》的诗中,他对自己归田后的生活作了如下描述:"笑对青山曲未终,倚楼闲看打渔翁。归来只在梨园坐,看破繁华总是空。生涯酷似李崆峒,投老闲居杜鄠中。习气未除身尚健,自敲檀板课歌童。"⑱

调元不仅热爱戏曲,还"性好金石,尤喜藏书"。⑲早在青年时代赴浙江求学之时,他就遍购古今书籍数万卷,以舟载回家乡,造"万卷楼"收藏。后来又不断添置,收藏愈富,为"四川藏书第一家"。⑳这些书籍凝聚着他多年的心血,连结着他的生命。他曾写有《西川李氏万卷楼藏书约》,嘱子孙倍加珍惜。

嘉庆五年(1800年)四月,当地土匪何士选等火焚万卷楼,将藏书化为灰烬。当时调元正在成都,闻讯后痛心疾首,悲伤地哭道:"烧书犹烧我,我存书不在。譬如良友没,一恸百事废。"㉑归家之后,他扫葬其灰,建为书冢,赋诗祭道:"不使坟埋骨,偏教冢葬书。焚如秦政虐,庄似陆浑居。人火同宣榭,藜然异石渠。不如竟烧我,留我待何如!"㉒遭此巨痛,悲愤成疾,不久便与世长辞。

　　调元一生博学多才，著作甚多。群经小学，诗词曲话，皆有撰述。史称"蜀中撰述之富，费密而后，厥推调元"。㉓他的诗文，天才横逸，不假修饰。曾作《南宋宫词》百首，被公认为不亚于厉鹗。归田后，他与袁枚、赵翼、王文治齐名，人称"林下四老"。㉔朝鲜使臣徐浩修见其诗，极为敬服，特写信求其著作而去。他关心民间文艺，对戏曲艺术十分推崇，认识到戏剧具有巨大的教育作用。他是促使昆腔传入四川的关键人物。他的《雨村曲话》和《剧话》，在中国戏曲理论批评史上有一定的地位。除此之外，他还收辑自汉迄明蜀人著述罕传秘籍，汇成丛书，名为《函海》。表彰先哲，嘉惠后学，深受人们称赞。

注：

① 李调元：《童山诗集》卷 24，《喜凫塘成进士》。

② 李调元：《童山文集》卷 18，《诰封奉政大夫同知顺天府北路事石亭府君行述》。

③ 李桂林：嘉庆《罗江县志》卷 24，《人物》，《李调元》。

④ 冯传业：同治《罗江县志》卷 24，《艺文志》，杨懋修：《李雨村先生年谱》。

⑤ 李调元：《童山诗集》卷 4，《试毕仍归鹄鸰寺》。

⑥⑦⑧　同注④。

⑨ 李调元：《童山文集》卷 9，《文选司厅壁记》。

⑩ 李调元：《童山诗集》卷 18，《自潞河至白河作》。

⑪ 同上书，卷 19，《将归剑南留别京中诸子二首》。

⑫ 李调元：《童山文集》卷 2，《奏差广东学政折子》。

⑬ 《清高宗实录》卷 1171，中华书局 1985 年影印《清实录》第 23 册，第 700 页。

⑭ 李调元：《童山诗集》卷 19，《五月二十九日蒙恩复官恭纪仍用前韵》。

⑮ 同注④。

⑯ 李调元:《童山诗集》附卷下,《蠢翁词》下,《如梦令》,《陈华国闻予出京由务关追至涿州旅店话别》。

⑰ 李调元:《雨村诗话》卷9,《袁清恪》。

⑱ 李调元:《童山诗集》卷26,《醒园遣兴二首》。

⑲ 李桓:《国朝耆献类征初编》卷212,《李调元》。

⑳ 同注③。

㉑ 李调元:《童山诗集》卷40,《闻万卷楼火和潘东庵三十韵》。

㉒ 同上书,卷42,《书冡二首》。

㉓ 《清史列传》卷72,《文苑》3,《李调元》。

㉔ 同注③。

刘 大 櫆

王 凌

刘大櫆,字才甫,一字耕南,号海峰,安徽桐城陈家洲(今属枞阳)人,生于清康熙三十七年(1698 年),乾隆四十五年十月初八日(1780 年 11 月 4 日)去世。①他是著名的散文家,是清代影响最大的散文流派桐城派的代表人物之一。

大櫆出身于一个士人家庭。曾祖父日耀,字发伯,明崇祯时以贡士廷试,官歙县训导。祖父姓,父柱,都是县学秀才。刘氏家境本较富裕,至大櫆辈兄弟姊妹共七人,"家以娶妇嫁女而益贫"。②

大櫆"状貌丰伟",③"修干美髯,能引拳入口"。④在家庭熏陶下,他自幼好学,自云"总角作文夸蒨峭,同侪咋舌称工妙"。⑤他曾受业于同乡吴直,"经术百氏之书无所不读,而工为词章。"⑥雍正初年,内阁大学士吴士玉至桐城,与大櫆相遇于旅舍,见到他的文章,大为称赞,于是约他游历京师。雍正五年(1727 年),大櫆携文入京。京师王公贵人"皆惊骇其文",⑦尤其得到同邑名士、礼部侍郎方苞的赏识和揄扬。方苞对人说:"如苞何足言耶?吾同里刘大櫆乃今世韩欧才也"。⑧大櫆由此名声大著,"天下皆闻刘海峰"。⑨

但是,在科举中,大櫆却并不顺利。雍正七年(1729 年)、十年(1732 年),两次应顺天府试,都只登副榜贡生,始终未中举人。有人要荐举他为贤良方正,大櫆推辞不就。乾隆元年(1736 年),经方苞荐举,大櫆应博学鸿词科,临试时,被大学士张廷玉所黜。事后,张廷玉得知大櫆才学,深为惋惜,因此在乾隆十五年(1750年),特以经学荐举。但经学并不是大櫆的特长,所以仍未被录用。这时,大櫆以文名著京师,许多学政竞相邀请到幕中阅文。不久,他便离开京师,去游历天下名山胜水,并"为歌诗,自发其意"。[10]在这个时期,他写了不少游记,写景抒情颇觉清峻质朴,可算作他的天真忘怀之作。

大櫆早年曾"负旷世之才",[11]抱经世致用之志,自称"素非山林逸遗之士",[12]"常思以泽及斯民为任。"[13]但他"客游京师八九年,皇皇焉求升斗之禄而不可得",[14]又"与缙绅之士相背而趋,终无遇合"。[15]屡试不第,仕途无望的境况使他心情抑郁不快。在与友人的信中他写道:"仆赋资椎鲁,又生长穷乡,不识机宜,不知进退,惟知慕爱古人,务欲一心进取,而与世俗不相投合。心甚方,虽凿之不圆;舌甚钝,虽磨之不利。单身孑立,无亲旧以为攀援,无钱财以资结纳,无华颜软语以媚悦贵人耳目。日在京师,与缙绅大夫相接见,而舛戾乖违不得其欢心,而只逢其怒气。自分委泥涂,填沟壑,蓬累终身,无复悔恨。"[16]这些话充满了怀才不遇、愤世嫉俗的情绪。

乾隆二十六年(1761年),大櫆已六十二岁,才难得地做了个小学官安徽黟县教谕。对此,他不无伤感地说:"年已晚暮,始为博士于黟。博士之官,卑贫无势,最为人所贱简。"[17]因此,在登程时他写诗道:"惨淡趋程急,崎岖怨路长。青春成过客,白首向殊方。志业全芜没,朋交半死亡。更闻猿啸苦,清泪不成行。"[18]凄苦心境,溢于言表。在黟县任职期间,他"开导生徒,提倡诗文宗旨。阖郡名流皆为拊席。"[19]三年后,他又到了歙县,主持问政书院。黟、歙之士,多从受业。几年后,他去官居枞阳江上,以读书授徒为乐,从学者日益增多,凡"经其指授,多以诗文成名",[20]其中尤以入室弟子姚鼐、吴定最为有名。

大櫆不仅政治上不得志,在个人生活上也很不幸。他曾娶妻吴氏,生子三人,都相继夭折,后过继兄大宾(字奉之)之孙符琭为长子介后。他晚年贫病居家,自言"自今以往,无意尘世,长为农夫,荷锄拾穗"。[21]他终年八十三岁。大櫆对自己失意落魄的一生,曾在病中作诗叹道:"未遂平生志,空山寄此生。诗书方入梦,老病已侵入。一息谁能懈,千秋未可论。从今凭懒漫,高卧过三春。"[22]

"桐城派"写作的基本理论是从方苞开始建立的。大櫆师事方苞而又有补充和创新,在"桐城派"古文理论方面是承先启后的人物。他在方苞"义法"论的基础上,进一步探求散文的写作形式和技术问题,颇有新的阐发,主旨见于所著《论文偶记》。他认为"义理、书卷、经济者",是"行文之实",好比"匠人之材料","若行文自另是一事","古人文字可告人者惟法耳"。这就是说,作文必须具有充实的思想内容,但作文之"法",也具有相对的独立意义。他所谓的"法",主要是指写作技巧,包括结构条理、运用材料,锤炼语言等。在他看来,这些都应当讲究。但是他又认为,艺术的深广涵义,不仅仅停留在"法"上,"若不得其神而徒守其法,则死法而已"。于是他又拈出"神气",作为论文的极致。"气",可以说是语言的气势,"神",则是"气之精处",是形成一种独特风格的最本质的东西。离开"神"而言"气",不免流于虚矫、矜张、浮滑和浅易。所以说,"神为主,气辅之"。他以为古人高妙的文法正是指以神运气,以气行文,不恃法度而又不离法度的境界。他还提出作文的具体要求:贵奇、贵高、贵大、贵远、贵简、贵疏、贵变、贵瘦、贵华、贵参差、贵去陈言、贵品藻等,这些艺术见解都是在以"神气"为极致的前提下立论的。然而"神气"毕竟太抽象了,于是他又提出于音节以求神气,于字句以求音节的方法，认为神气、音节、字句三者的关系是"神气者文之最精处也；音节者，文之稍粗处也；字句者，文之最粗处也"。这样从字句到音节，从音节到神气；由粗到精，由表及里；从浅近具体之处入手，以进窥古人文法高妙之处，就构成了刘大櫆自成体系的散文艺术论。所以，刘大櫆的贡献在于结合散文语言结构的特点，在艺术技巧上作了相当深入的探讨，把有关诗歌音调的理论移植过来。但脱离内容，为艺术而艺术则是他理论的根本弱点。总起来看，大櫆的文论只是进一步发展了桐城派崇古、拟古的形式主义理论。这在他的诗文中都有所表现。

大櫆的散文多为应酬之作，文章内容也多是宣扬儒家的封建伦理思想。但个别篇章议论颇有见识，如《游万柳堂记》一文，通过三次游览万柳堂所见，抒发了对权贵"朘民之膏，以为苑囿"的不满，被誉为"感寄高远，而文境奇创"之作。[23]但这类文章在他的文集中并不多见。一般说来，他的文章法度谨严，气势恣肆，而《观化篇》尤为奇诡，近似《庄子》文风。但过于重视古人的腔调，摹古未化则是他文章的最大弱点。由于大櫆先后得到方苞、姚鼐的推崇，使他在桐城派后学中往往得到过高的评价。后人说他的文章，能"兼集庄、骚、左、史、韩、柳、欧、苏之长"[24]是言过其实的。

大櫆以散文著称，但也创作了不少诗歌，前人说他"诗格亦高，为文名所掩"，[25]并誉其诗"能包括前人，熔诸家为一体，雄豪粤秘，挥斥出之"。[26]今存有大櫆古、今体诗共九百余首，众体兼备，而重在今体。其内容较少触及社会现实中的矛盾，多为一般应酬之作。有不少诗篇表达了空有抱负而得不到际遇的感慨。他多用比兴手法把这种思想情绪从登山临水、吊古伤今、与人唱和、独自沉吟等作品中或浓或淡地表现出来。在他的诗作中，七绝、歌行写得较有特色，如模仿民歌作的《秦淮竹枝词》四首，写得清新自然、颇有情韵;《淮阴寓楼》,描写下相城的水光帆影,宛然在目;《焦山》,则写得别开生面。在《山居早春》、《江村独宿》中,描写乡村风味、贫士生涯,清新贴切,尚无拟古之病。大櫆还常以"国士"、"义士"自比,希望干出番事业来。他认为人生在世,应该"生则为国干,死当为国殇。"[27]以"捐身赴敌场"[28]为荣,以作"寒号虫"[29]为耻。因此他写的《从军行》、《塞下曲》,多慷慨之音。无怪有人说他"诗胜于文,"[30]是不无道理的。

　　大櫆著有《海峰诗文集》、《论文偶记》、《古文约选》、《历代诗约选》等书。

注:

①　关于刘大櫆的卒年,《清史列传》(参见注㉔)和《碑传集》(参见注③)均作乾隆四十四年,而《三续疑年录》据《刘氏家谱》作乾隆四十五年,今从后说。卒月、日仍据《碑传集》吴定作墓志铭。

②　刘大櫆《海峰诗文集》,《文》4,《谢氏妹六十寿序》。

③　钱仪吉辑:《碑传集》卷112,《校官》下,吴定:《刘先生大櫆墓志铭》。

④　《清史稿》卷485,《列传》272,《文苑》2,《刘大櫆》,中华书局1977年版,第44册第13377页

⑤　刘大櫆:《海峰诗文集》,《诗》2,《治游行》。

⑥　金鼎寿:道光《桐城续修县志》卷15,《儒林志》,《刘大櫆》。

⑦　同注③。

⑧⑨⑩　钱仪吉辑:《碑传集》卷112,《校官》下姚鼐:《刘海峰先生传》。

⑪　吕子珏等:道光《黟县志》(据吴甸华嘉庆原本)卷4,《职官志》,《名宦》,《刘大櫆》。

⑫　刘大櫆:《海峰诗文集》,《文》3,《与盐政高公书》。

⑬　同上书,《文》2,《程易田诗序》。

⑭　同注⑫。

⑮　同注⑬。

⑯　刘大櫆:《海峰诗文集》,《文》3,《答周君书》。

⑰　同注⑬。

⑱　刘大櫆:《海峰诗文集》,《诗》6,《赴黟县》。

⑲　同注⑪。

⑳　孙雨航辑:《近四百年来安徽学人录》卷2,台北1965年版,第28页。

㉑　刘大櫆:《海峰诗文集》,《文》10,《祭吏部侍郎尹公文》。

㉒　同前书,《诗》6,《病中书感》。

㉓　王文濡评:《明清八大家文钞》第3册,《刘海峰文钞》,1924年版。

㉔　《清史列传》卷71,《文苑传》2,《刘大櫆》。

㉕　李元度辑:《国朝先正事略》卷41,《刘海峰先生事略》。

㉖　李桓辑:《国朝耆献类征初编》卷253,《刘大櫆》,《国史馆本传》。

㉗㉘　刘大櫆:《海峰诗文集》,《诗》1,《感怀六首》。

㉙　刘大櫆:《海峰诗文集》,《诗》1,《送姚道冲归里》。

㉚　李富孙:《鹤征后录》卷6,《随园诗话》中程鱼门语。

王 贞 仪

韩恒煜

　　王贞仪,字德卿,祖籍安徽泗州府天长县,寓居江苏江宁府上元县(今南京市)。乾隆三十三年(1768年)生,嘉庆二年(1797年)卒,年仅三十岁。她是一位精通天文历算,兼谙医学,喜爱文辞诗赋,学贯中西、才华出众的青年女学者。

　　贞仪出身书香门第。父锡琛精医,祖母董氏知书达理。祖父者辅,字惺斋,曾任幕僚、知县、知府,学识渊博,酷好读书,家中藏书多达七十五橱。①贞仪在祖父、母的教育下,自幼爱学习,善思考。祖父对她影响尤深,不仅教她为诗、作文章,还"细训以诸算法"。"既长,学历算,复读家藏诸历学善本十余种,潜心稽究十余年不少倦"。②正当贞仪埋头书案孜孜以求时,不料祖父却获罪罢官,遣戍吉林,后来终死戍所。那时她才十四岁。经此突然事故,贞仪不仅家事中衰,困沛无常,家中藏书散失殆尽,而且,从此"苦无师承并无所问难质疑者之人。虽或有得,而终不能精。尝自怅然"。③

　　遭此严重打击,贞仪奋学向上之心仍未少殆。在随侍祖母、父、伯奔丧吉林期间,她拜识了祖父挚友陈侍御之妻卜老夫人,向卜"执女弟子礼"。同时,她又向一位蒙古阿将军的夫人学习骑射,经过苦练,已能"发必中的,跨马如飞"。④十六岁时,她随长辈扶榇回到江南,后"又侍祖母及父亲自都中至关西","西游临潼,而复历

吴、楚、燕、越（粤）之地"，加上前次"东出山海"，先后"经行不下数
万里"。⑤十八岁回天长旧居一载。十九岁再回南京。几年的周游，
使这位好学的少女大开了眼界，增长了许多在闺房中难以获取的
知识。泰山、华山等名山的巍峨，山海关、潼关的雄伟，三江、五湖的
壮阔，都给她留下深刻记忆。沿途名胜古迹、民俗物产更使她感慨
系之。以上种种，都反映在她的诗、词、赋中。她的诗"皆质实说理
不为藻采"。⑥与某些无病呻吟、矫揉造作的诗人不同，她能够关心
劳动人民的疾苦，敢于揭露社会的黑暗和腐败，堪称为有独立人格
和敏锐思维的女诗人。在《饲蚕词》、《题捣练图》中，对劳动妇女的
艰辛和不幸，她寄予了极大同情。在《富春道中时值荒旱感成一
律》中，对地主富户及封建官府在"千田无复有青黄，赤地空遭旱魃
殃"的灾荒年月，不顾人民死活，依然逼租摧粮，她作了无情的抨
击，并为"逃民大抵填幽壑，野哭安能达上方"⑦而叹息。这情怀和
胆识，都是她同时代、同年龄的闺友所不能企及的。几年周游，还造
就了她勇于求真的性格，对她一生影响极大。后来她追忆道："忆昔
游历山海区，三江五岳快攀途。足行万里书万卷，尝拟雄心胜丈
夫"。"始信须眉等巾帼，谁言儿女不英雄"。⑧原来她在少女时期就
已下定决心，要在重男轻女的世俗偏见下，以一个巾帼女子做出同
须眉男儿一样的业绩来。

　　贞仪回到金陵后，一直住到二十五岁出嫁。这几年是她潜心究
学的最佳时期。除了与"宇内才媛闺秀"如胡慎容等人继续"朝千
诗、暮百艺"地"投赠答和"⑨外，她把主要精力都投放在"习历、习
算"、"研究句股测量方程之术"⑩上。贞仪认为，以上学问与人民的
生活关系密切，"审方面势，覆量高深，探求远近，或纪年岁，或定星
辰，或较钧两，或测地形"，"固生民日用之所不能废也"。因此，她十
分喜爱这方面的书籍，"恒废寝食以求之"。⑪为了求得真知，明辨

是非,她常与人争论。"凡目前之意所牴牾者,辄必攻辩"。为此,她往往被女友们误解成"闺中狂士",⑫受到冷遇。

她不仅认真钻研书本,而且,尽可能因陋就简地作些力所能及的实验,以证实书中的道理。一次,她读张衡《灵宪》有关月食的学说,"思之及旬不得其解"。⑬到元宵夜张灯时,别人都在赏灯,她却利用亭中悬挂的大晶灯与东西两侧的大圆屏镜上下左右不停地移动,以模拟太阳、地球、月球的运行轨道,终于悟出了月食的奥秘。

在封建统治者提倡熟读四书五经、以八股取士的时代,士子们大多热衷科举,不愿学习历算等自然科学。愿学的,又怕它艰深难懂,望而却步。偶有学者,或不得要领,或故意把它神秘化。贞仪针对人们对自然科学的歧视、误解和畏学情绪,一再指出它对民生的重要影响,并陆续编写出一些"其义约而达、其理简而显"的、使初学者"无虑难知"的入门书。⑭她最推崇清代天文学家和数学家梅文鼎。以梅氏《历算》为本并参照它书,她撮要编成《历算简存》(即《术算简存》)五卷;又抱病将梅氏《筹算》七卷中乘、除、平方、立方、开方等八目"损繁指奥",⑮述成《筹算易知》一卷。贞仪还将自幼所习天文历算心得汇编成《象数窥余》四卷,并附绘图象,"务求其理众晓,且简直明晰而不疑于用"。⑯可惜这些著作都未流传下来。此外,她还撰写了后来收进她文集中的《月食解》、《岁差日至辨疑》、《盈缩高卑辨》、《黄赤二道辨》、《地圆论》、《地球比九重天论》、《岁轮定于地心论》、《日月五星随天左旋论》等。

她学科学,同时,也注意在日常生活中运用科学,并提醒人们尊重科学。在得知女友患病,药不对症时,她及时为女友修正庸医所开的药单。她常常用所学的天文、气象知识"观天星,言晴雨丰歉辄验"。⑰对于"葬师"们用迷信的"风水"观为人选择坟地的作法,她敢于驳斥。对于为死者"请僧延道、设醮升天、焚资寄冥"的愚昧行为,她敢于指责。尤其不能容忍达官显宦之家在灾年不顾"人困于饥馑",宁用巨资修寺庵、"助香火"、祀鬼神而不作救贫济乏的有益赈恤。她甚至断然拒绝了某崇奉神佛的宦眷延她为其《心经》作序的再三请求,反劝其远僧尼、重现实、"自悔自戒"。⑱

在王氏众兄弟姐妹行中,贞仪的大姐也爱好数学,她与贞仪通信,有的通篇都是探讨三角几何题。妹静仪亦聪慧好学,能用铜片铁线仿造"洋式小自鸣钟",一月余即可制成,"虽不能准定时刻,而拨之亦传声响"。⑲贞仪有这样的姐妹为伴,尽管物质生活是"家少负郭田,十口空罄瓶,虽亦役仆婢,操作必自行",⑳但是,精神生活却很丰富多采。

贞仪既生长在封建社会,她也难免要受到传统礼教的约束。尤其在卜老夫人的反复训导下,她不得不"循雌伏之理",㉑向封建的妇道就范。写出作品,她不敢轻易示人或刊出,"唯守内言不出之训,以存女子之道"。"故凡自闺中知己而外,讲学究正者无复有他"。㉒而闺中名媛才女,又"不足以究深学,知大道"。㉓凡此种种,使她"见闻有限,耳目局隘",㉔从而影响到她治学的广度与深度。为此,她很痛苦,在压抑与矛盾中,常常喊出发自肺腑的呼声:"夫同是人也","六经诸书……岂徒为男子辈设哉?"㉕

二十五岁时,贞仪与宣城詹枚(字文木)结为伉俪。婚后夫妻恩爱,吟唱相和,但因"分职中馈",操持家务,她已无暇治学,"遂半废笔墨"。㉖"或间有所作,亦复深自韬晦,竞业自矢,妇职自修,常惧有少得罪于舅姑,贻讥于内外"。同时,她也为自己的成绩常招致旁人忌恨而苦恼。"誉始兴而毁旋起","须眉之辈其忌刻排挤则更有甚焉"。㉗这些,都限制了她聪明才智的充分发挥。詹枚深深为她惋惜,建议她将所有文稿自辑成集,然未能如愿。

嘉庆元年(1796年)春,贞仪在宣城士子夏乐山的恳请下,在丈夫的热情支持下,开始编辑文集。经过一番焚删,她将文稿中"可存者十之二三"收为《德风亭集》("德风亭"系贞仪先人旧居名)。是集录缮成,果然又有男士操起"妇人女子唯酒食缝纫是务,不当操管握牍吟弄文史翰墨为事"的老调,攻击她不该好"名"。这次,贞仪竟不顾一切地公开驳斥了所谓"好名"的说法,她毅然以"毁我誉我不妨两任之"的态度,勇敢捍卫了她"言所欲言"[28]的事业。

集成以后,贞仪却因疟疾复发,卧病不起,在嘉庆二年(1797年)秋后谢世。数年后,詹枚亦随她而去。二人未留下子女。

贞仪生前曾嘱詹枚将全部手稿交给女友钱与龄,希望能替她发表。但贞仪死后六年,手稿仍藏于缣囊"珍贮之,未尝示人"。钱侄仪吉因访姑得见贞仪诸稿本,然"不获遍录其书",仅得《术算简存》五卷"序而识之"[29]后经几度辗转,《德风亭初集》十三卷(钱仪吉见到的是十四卷)才在清亡后五年(1916年)由金陵蒋国榜刊布于世。她的其它著作还有:《星象图释》二卷,《重订筹算证讹》、《西洋筹算增删》、《女蒙拾诵》、《沉疴呓语》各一卷,《文选参评》十卷,蒋氏当时已难于觅见;另有《德风亭二集》六卷、《绣纼余笺》十卷,亦不知下落。

贞仪现存的科学著作,大部分是以梅文鼎学说为宗批驳各种谬误的天文学论述。乾隆时期,官方观测天文和制定历法的指导学说基本上是浑天说和地心说。西方先进的日心说虽已传入我国,但不占支配地位。在民间,居统治地位的宇宙观是天圆地方的盖天说。许多人不理解在圆形的地球上人怎能立足生存,不理解月食何以产生,更不了解地球的大小和日、月、行星的实际运行。贞仪吸取了中西天文学家各种学说的精华,写出了《地圆论》、《月食解》等著作,对以上问题作了辨疑解惑。她指出:"天体浑圆,地亦如之,正居中央。"[30]在天与地之间,因有"大气举之",所以天与地能各居其位,生活在地球上的人也不会倾跌、掉落。她还具体指出了中国在地球上的位置"偏居赤道北北陆近顶";[31]地球周长以二百五十里为一度,共三百六十度;地球是宇宙的中心,周围顺序以月(月球)、辰星(水星)、太白(金星)、日轮天(太阳)、荧惑(火星)、岁星(木星)、镇星(土星)、列宿天(众星天)、宗动天(恒星天空)九重"相包如轮"[32]不停地绕地球转动。并举出了各星与地球的距离。她的宇宙观,与托勒密的地心说很相近。那时,她虽然已接触到主张以太阳为中心的宇宙日心说,但还不能理解和接受,当然更不会有现代人的天体宇宙知识。另外,牛顿的万有引力定律还未传入我国,她对人能附着于地球而不脱落的道理,也不可能作出科学的解释。尽管如此,她的天文知识和宇宙观在当时的中国还是居于先进行列的。

在医学方面,她虽无专著,但从她为父锡琛《医方验钞》所写的跋中,却可以看出她对医德的首重,对"病"、"脉"、"方"三者辩证关系的科学阐述,以及"虽有神方不如治病于未起"[33]的卫生防疫主张,都很有见地,颇知门径。

在封建社会,知识妇女的成就大多表现在诗词歌赋绘画艺术方面。像她这样通晓历算、全面发展的不多。见诸记载的更是寥若晨星,屈指可数。其中除班昭继成兄班固《汉书》八表天文志未竟之篇,被传为千古美谈外,影响之大仅次于班昭的就算王贞仪了。因此,清代数学家钱大昕、著名学者钱仪吉都认为,王贞仪在妇女界的学术地位为"班惠姬之后一人而已"。[34]

注:

① 王贞仪:《德风亭初集》卷8,《敬书先大父惺斋公读书记事后》。

②③ 同上书,卷5,《岁差日至辨疑》。

④ 同上书,《小传》。

⑤ 同上书,卷 4,《答胡慎容夫人》;又同书卷 12,《题女中丈夫图》诗注。

⑥ 同注④。

⑦ 王贞仪:《德风亭初集》卷 10。

⑧ 同上书,卷 12,《题女中丈夫图》。

⑨ 同上书,《自序》。

⑩⑪ 同上书,卷 1,《象数窥余自序》。

⑫ 同上书,卷 4,《上卜太夫人书》。

⑬ 同上书,卷 7,《月食解》。

⑭ 同上书,卷 1,《历算简存自序》。

⑮ 同上书,卷 1,《筹算易知自序》。

⑯ 同注⑩。

⑰ 钱仪吉:《衎石斋记事稿》卷 3,《术算简存序》。

⑱ 王贞仪:《德风亭初集》卷 4,《答方夫人第一书》、《再答方夫人书》。

⑲⑳ 同上书,卷 12,《见仲妹静仪遗字感赋》。

㉑ 同注⑫。

㉒ 王贞仪:《德风亭初集》卷 4,《答白夫人》。

㉓ 同上书,卷 1,《周夫人诗集序》。

㉔ 同注⑩。

㉕ 同注⑫。

㉖ 同注⑨。

㉗ 王贞仪:《德风亭初集》卷 4,《上徐静雍夫人书》。

㉘ 同注⑨。

㉙ 同注⑰。

㉚ 同注②。

㉛ 王贞仪:《德风亭初集》卷 5,《盈缩高卑辨》。

㉜ 同上书,卷 6,《地球比九重天论》。

㉝ 同上书,卷 8,《敬书家大人医方验钞后》。

㉞　同注⑰，观陈作霖:《上元江宁乡土合志》卷 5 第 8 章第 2 节,"嘉定钱宫詹大昕以(贞仪)为班昭以后一人而已"。

梅瑴成

吴伯娅

梅瑴成,字玉如(玉汝),号循斋,安徽宣城人,生于康熙二十年(1681年),卒于乾隆二十八年(1763年),是清代杰出的数学家和有一定影响的官员。

他出生于一个科学世家。祖父文鼎是清初著名的数学家、历算家、天文学家,被誉为清朝"算学第一"、"历算第一名家",在中国科技史和世界数学史上占有重要地位。父亲以燕,字正谋,康熙三十二年(1693年)举人,在数学上颇有心得,被文鼎赞为"能助余之思也"。①瑴成自幼聪明颖悟,跟随祖、父学习历算,进步甚速,文鼎曾欣喜地说过:"童乌出吾家矣!"②。

康熙帝热爱科学,曾读过文鼎的《历学疑问》,奖论有加。四十四年(1705年)二月,康熙南巡至德州,曾向巡抚李光地询问文鼎近况。四月十九日,在御舟中召见了文鼎,并对李光地说道:"历象算法,朕最留心,此学今鲜知者,如文鼎,真仅见也。其人亦雅士,惜乎老矣!"③连日赐御书扇幅,赐珍馔,临别,特赐"积学参微"四个大字。

五十一年(1712年),康熙得知瑴成能承家学,特召入内廷。于是,瑴成以生员供奉蒙养斋,参与汇编御制天文、乐律、算法诸书,并任《数理精蕴》、《历象考成》分纂官。五十三年(1714年),康熙赐毂成举人,赐文鼎《律吕正义》一部,语重心长地对毂成说道:"汝祖留心律历多年,可将《律吕正义》寄一部去,令看。或有错处,可指出。夫古帝王有都俞吁咈四字,后来遂止有都俞,即朋友之间,亦不喜人规劝。此皆私意也。汝等须极力克去,则学问自然长进,可并将此意写与汝祖知之。"④第二年,毂成又被赐为进士,改翰林院庶吉士,散馆授编修。

明代数学家不理解立天元术。毂成曾读《授时历草》,内有求弦矢之法,先立天元一为矢。元朝学士李冶著《测圆海镜》,即用天元一立算。但因传写有误,算式讹舛,殊不易读。因此明代数学家唐荆川指出:"艺士著书,往往以秘其机为奇。所谓天元一云尔,如积求之云尔,漫不省其为何语。"⑤明代另一位数学家顾箬溪则言:"细考《测圆海镜》,如求城径,即以二百四十为天元,半径即以一百二十为天元。即知其数,何用算为?似不必立可也。"⑥对顾箬溪的论断,毂成颇不以为然,却又无以为解。在内廷,康熙向他授以借根之法,并谕道:"西人名此书为《阿尔热八达》,译言东来法也。"⑦毂成受而读之,发现其与立天元一之术颇为相似。带着这个问题,他复读《授时历草》,焕然冰释,认定立天元一即西方数学的借根方,两者名异而实同。于是,毂成著论阐扬,使前代绝业一旦复显。

康熙六十年(1721 年)夏,《数理精蕴》、《历象考成》编撰完毕,毂成请假归省,逾月即遭祖父之丧。毂成含泪营葬,服除赴阙。雍正即位,甄别翰林,毂成被列为一等,留馆兼任《明史》纂修官。作为一名科学家,毂成本不愿为史官,但《明史》总裁官认为《时宪》、《天文》两志,非专家不能为。毂成欣然受命,负责《天文》、《历志》的续修工作。《历志》半系文鼎之稿,但屡经改窜,讹舛甚多。毂成认真进行增删改正。在呈《明史》总裁的信中,他还提出了两条重要的意见。第一,《天文志》不宜入《历志》,拟仍旧另为一编。因为历以钦若授时,置闰成岁,其术委曲繁重,其理精微,为说深长。且明朝二百七十余年,沿革非一事,造历者非一家,皆须入志。尽管尽力删削,仍不免卷帙浩繁,若再加入《天文志》,则恐冗长不合史法。第二,《天文志》例载天体、星座、次舍、仪器、分野等事。《辽史》谓天象千古不变,历代之志天文者近于衍。其说似是而非。因为天象虽无古今之异,而古今之言天者,则有疏密之殊。更何况恒星去极,交宫中星、晨昏隐现,岁岁有差,怎能说千古不变呢?今拟取天文家精妙之法著于篇,其不足信者拟削之。他的意见受到总裁的重视。

雍正七年(1729年),瑴成改御史,补江南道。当时,通州漕务弊端严重,瑴成受命前往巡视。他三月抵通,九月复命,半年之内便使"仓外无粒米,河无滞舟,漕弊肃清"。⑧雍正八年(1730年),瑴成转工科给事中,九年(1731年)三月,迁光禄寺少卿,八月迁通政司参议。

乾隆元年(1736年),瑴成任顺天府府丞,二年,充增修时宪算书馆总裁官。三年(1738年)十月,提督步军统领鄂善参奏顺天武闱冒名代考四案。乾隆愤怒地批道:"武闱乡试,大典攸关。赵大武等辄敢代倩作弊,目无法纪,著交部严审定拟具奏。科场设立稽查各员,原拟防范弊端。今代倩竟至多人,伊等毫无觉察。著将稽察之御史,及顺天府办理科场大员,交部严加议处。"⑨瑴成以失察顶冒,被降一级调用。

四年(1739年),瑴成补光禄寺少卿,总管算学。当时,社会上流传的梅文鼎著作,为兼济堂刊本《梅氏历算全书》。瑴成认为该书编校不善,特撰《兼济堂历算书刊谬》,指出其在命名、凡例、目录序次、算法诸书和历法诸书上的谬误。后来他又另刻承学堂刊本《梅氏丛书辑要》,将文鼎的著作按算术、代数、平面几何、平面三角、立体几何、球面三角、天文历法等内容分类排列,较为科学。

作为一名学有专长的官员,毂成不仅勤于政务,潜心科学,而且积极上疏建言。五年(1740年),他疏言:"举人会试,所领恩给盘费,间因患病、事故半途而返,或到京不能入场者,部臣恐其假托冒领,概行追缴。连年累月,追求不已,情殊可悯。恳自己未科以前概免核追。"⑩疏上,部议查明实系丁忧、患病及力不能完者准豁免,其余仍旧追缴。六年(1741年),毂成又疏言,"臣见两江总督那苏图请禁无印朱票一疏,窃思无印之票固宜禁止,而印票不销,蠹役持以吓诈乡愚,流毒更甚。请差票事竣即销,上司时加查察,违者揭参。"⑪部议从之。不久,毂成迁鸿胪寺少卿。

鸿胪寺是掌管朝会与国家宴会赞导礼仪的机关。皇帝"常朝"召见官员与"大朝"庆贺典礼,都由鸿胪寺先期传知各衙门,至期会集,排定班次行礼。乾隆七年(1742年),正一真人张遇隆遣人到鸿胪寺投递职名,欲随班恭祝万寿。毂成不知此人应否随班,应列何品,便行查礼部。结果得知张遇隆应列左都御史下,侍郎前。毂成对此深感惊异。他认为道家滥侧班联,不合典礼,应该厘正。于是,他上疏直言,指出正一真人袭自明初,清廷仍而不革可以,假以礼貌可以,但让其入班行礼,俨然与九卿并列,则大大有碍于观瞻。因为张氏之袭乃假以冠带约束黄带,如同僧人的僧录、僧纲,虽有品级,怎能与臣工为伍?他请求敕部定议,嗣后正一真人不必令入班行。乾隆令下部议行。八年(1743年)、九年(1744年),毂成又分别就引见官员的礼仪、生员赴寺具呈等事上疏,都受到清廷的重视。十年(1745年),毂成迁通政司右通政,不久,擢宗人府府丞。

十二年(1747年)四月,毂成迁都察院左副都御史。十一月,他再次就正一真人的待遇问题上疏,提出道教本属异端,而符箓更道教旁门。正一真人秩视二品,原系前明弊政,仍而不改已非所宜,况又加至光禄大夫,官阶极品,封及三代,实锡类之旷典。又说:孔子之圣,后裔只袭公爵;颜、曾、思、孟所袭,不过博士,儒林已不胜其荣。今正一真人所袭,远过大贤,几与圣裔无别,应该改变。疏下部议,正一真人不许援例请封,授秩正五品。瑴成此举在社会上产生了一定的影响,时人赞为"虽谓之古大臣可矣。"⑫

十三年(1748年)正月,瑴成疏劾浙江按察使万国宣对贡生陈学愈逼死尼僧一案,不行详究,草率地以尼僧畏罪自尽结案,将陈学愈开释。经刑部郎中德福前往审查,沉冤始雪。万国宣以玩法纵奸,草菅民命,被交部严加议处。乾隆还特称赞梅瑴成"据实纠参,所奏甚是"。⑬半年之后,瑴成被提升为刑部右侍郎。上任伊始,便发生了生员樊显自刎一案。经过调查,瑴成与巡抚方观承共同上奏,提出"山东学政陈其凝,于生员樊显自刎一案,暧昧不明。非令该员到案,难成信谳。"⑭经乾隆的允准,陈其凝被解任受审。瑴成往同方观承会鞫,查清了陈其凝纵子及仆吏串通舞弊的事实,依法惩处。

十五年(1750年)九月,瑴成升任左都御史。翌年,他疏劾山东巡抚准泰,在承审房铉冲突仪仗一案时,擅引乾隆十三年谕旨,一面具题,一面正法。但瑴成的疏劾与事实不符。因为准泰先经面奏,外间无从知晓,其后,准泰又在折中详细奏明。因此,乾隆批评瑴成未经详阅,遽劾准泰,实属深文吹求。但同时又指出瑴成因事立言,恐开挟私泄忿之端,意在防微杜渐,所奏未可尽非。

十七年(1752年)三月,和亲王弘昼因查仓未能尽心,被宗人府议处。宗人府以革退都统或罚都统俸饷两请具奏,被乾隆斥为瞻徇取巧,命都察院严察议处。都察院也有意从重惩处弘昼。乾隆很不满意,指责他们又属观望,全不实心。为此,瑴成被革职留任。

同年十一月,瑴成充任经筵讲官。然而时隔不久,他被卷进了特吞岱被劾案。十八年(1753年),尚书、步军统领舒赫德疏劾巡城给事中特吞岱行止卑污,刘裕泰竟为之请于堂官,列衔赠额。瑴成因与此案有牵连,部议降三级调用。乾隆谕道:"特吞岱卑污狼籍,乃梅瑴成于召见时屡次称荐,且倡议给匾,刘裕泰又复自行书写,是此案皆起于梅瑴成。况伊年已衰老,著以原品休致。"⑮瑴成从此结束了仕宦生涯。

二十二年(1757年),乾隆谕道:"左都御史梅瑴成自皇祖时以算学效力内廷,经朕擢用,洊历正卿。今谢事家居,年近八十,著加恩照原品级在家食俸。"⑯二十七年(1762年),乾隆南巡,瑴成迎驾于清江浦。乾隆称赞他年过八旬,而神明不衰,居乡亦复安静,洵属升平耆瑞。有感于瑴成家计清素,诸子内亦无通籍之人,乾隆特加恩赏瑴成之子梅钘为举人,并赐瑴成御诗一首。"无欲有精神,趋迎清浦滨。闭门惟教子,下榻不延宾。能驻西山日,引恬江国春。推恩缘念旧,皇祖内廷臣。"⑰二十八年(1763年),瑴成逝世。乾隆命照原衔予祭葬如例,谥文穆。瑴成的著作有《增删算法统宗》十一卷;《赤水遗珍》一卷,《操缦卮言》一卷。

注:

① 《清史稿》卷506,《列传》293,《畴人》1,《梅文鼎》。

② 钱林:《文献征存录》卷3,《梅瑴成》。

③ 同注①。

④ 李元度:《国朝先正事略》卷33,《梅定九先生事略》。

⑤⑥⑦ 《清史稿》卷506,《列传》293,《梅瑴成》。

⑧ 章绶:光绪《宣城县志》卷15,《名臣》,《梅瑴成》。

⑨ 《清高宗实录》卷79,中华书局1985年影印《清实录》第10册,第243页。

⑩⑪ 《清史列传》卷17,《大臣画一传档正编》14,《梅瑴成》。

⑫ 李桓:《国朝耆献类征初编》卷73,《梅瑴成》。

⑬　《清高宗实录》卷 307,《清实录》第 13 册,第 26 页。

⑭　《清高宗实录》卷 323,《清实录》第 13 册,第 332 页。

⑮⑯⑰　同注⑩。

明 安 图

曹江红

明安图,字静庵,蒙古正白旗人,约生于康熙三十一年(1692年),卒于乾隆二十九年(1764 年)。他是清代著名的数学家、天文学家、地理学家。

明安图自幼学习算学,大约于康熙四十九年(1710 年)前后被选入钦天监当官学生,专门学习天文、历法、数学。这时,康熙帝正热衷于提倡自然科学技术,他常有机会以官学生的身份入宫听讲,"受数学于圣祖仁皇帝"。①由于他刻苦学习,成绩优异,颇受康熙帝的器重。五十一年(1712 年)五月,康熙帝驾幸热河避暑山庄,明安图及大数学家梅文鼎之孙梅瑴成、钦天监五官正何君锡之子何国柱、何国宗、原任钦天监监副成德等人扈从侍直。

五十二年(1713 年),明安图满业,留钦天监任时宪科五官正,直至乾隆二十四年(1759 年),他的日常工作,一是编订时宪书及主持时宪书满蒙文本翻译,二是推算日月五星运行及进呈关于天文现象的报告。

康熙五十二年(1713 年),清政府组织编修大型自然科学书籍《律历渊源》。该书历时十年,至雍正元年(1723 年)完成。全书包括《历象考成》、《律吕正义》、《数理精蕴》三大部分,共一百卷。明安图参与了该书的"考测"工作。

雍正六年(1728 年)十二月十八日,明安图与钦天监监正明图向朝廷预报说:"己酉年正月十七日壬戌望月食,京师月食十六分二十四秒,十七日丑正二刻十二分初亏,卯正二刻五分复圆"。②果然,在雍正七年(1729 年)正月十七日,北京地区出现了月食,预报十分准确。

雍正八年(1730 年),钦天监奏报说:《历象考成》"推算时宪七政,觉有微差,盖《考成》按西法算书算定,而其法用之已久,是以日月行度、差之微茫,渐成分秒,若不修理,恐愈久愈差"。③奉旨准其修订。明安图参加了《日躔月离表》修订工作。他是当时唯一会使用此表的中国人。

乾隆二年(1737 年),署吏部尚书顾琮奏称:修订后的《日躔月离表》"并无解说,亦无推算之法","若不增修明白,何以垂世将来,则后人无可推寻,究与未经修纂无异"。还说:"如《历象考成》内倘有酌改之处,亦令其悉心改正。"他建议以戴进贤为总裁,徐懋德、明安图为副总裁,"令其尽心考验,增补图说,务期可垂永久。"④经过五年的努力,至乾隆七年(1742 年),《历象考成后编》终于完成。明安图是主要编写人之一。这部书的主要改进之一,是在我国历法中正式采用刻卜勒第二定律。

乾隆九年(1744 年)十月,钦天监主持编修《仪象考成》一书,至乾隆十七年(1752 年)十一月完成。全书共三十二卷,内容是讲天文仪器,内有大量星表。该书的星表是十八世纪世界上记载星表最多的。这些星表由刘松龄(A. de Hallerstein)、鲍友管(A. Gogeisl)"率同监员明安图等,详加测算,著之于图。"⑤

乾隆二十一年(1756 年),新疆天山以北准噶尔部叛乱已经平定,为了补充《时宪书》关于新疆一些地方二十四节气太阳出入时刻及补绘《皇舆全图》的新疆部分,清政府决定派左都御史何国宗和明安图率领一支测量队前往新疆。这次测量的经纬点很多,测绘范围为天山以北和东南的广大地区,测量每个地方二十四节气时刻及太阳出入时刻。测量数据都载入了乾隆二十二年(1757年)编订的乾隆二十三年(1758年)《时宪书》。

乾隆二十四年(1759年),新疆天山以南的战事平息后,乾隆第二次派测量队前往新疆,完成从康熙以来的测绘全国地图的任务。这次测绘工作由明安图主持,测量的范围很广,自哈拉沙尔以西迄于叶尔羌(今莎车)、和阗新疆内附诸境,命使测量,一如准部。二十五年(1760年)三、四月间,明安图完成测量任务回到京城,以功升任钦天监监正。同年十月编订的乾隆二十六年(1761年)《时宪书》中,增加了这次测绘的二十六个经纬点。乾隆年间绘制的《乾隆内府舆图》,也第一次详细绘出了我国新疆地区及葱岭以西中亚一部分地区的地图。人称:"乾隆舆图之所以胜于康熙舆图者,其精彩全在准部、回部,即今之新疆省及其迤西小部分也。"

二十七年(1762年)秋,明安图随乾隆皇帝去热河,恰好遇上日食。乾隆问明安图复元时刻,他立即与人推算,并很快将结果告知乾隆。

二十八年(1763年)十一月,明安图病退。他的儿子明新,字景臻,在天文数学方面也有很高的造诣。还有两个学生,一个叫张肱,字良亭,曾经在钦天监担任过夏官正职;另一个叫陈际新,字舜五,在钦天监任过灵台郎,后升任监正,著有天文书《北极高度表》。

明安图在天文、地理测绘方面取得的成就,与他深厚的数学造诣是分不开的。特别是他对三角函数和反三角函数的幂级展开式问题,进行深入研究,获得了丰硕成果。在编写《律历渊源》时,明安图担任"考测"。法国传教士杜德美(P. Jartoux 1668—1720)向中国学者介绍了三个无穷级数公式,但却没有加以证明。明安图花费了三十余年心血,刻苦钻研,把中国古代传统数学与当时传入的西方数学相结合,创立了割圆连比例法和级数回求法,不仅证明了杜德美传入的三个公式,而且得出有关弦、弧、矢和半径相互关系的另外六个公式,即"弧背求通弦"、"弧背求矢"、"通弦求弧背"、"正弦求弧背"、"通矢求弧背"、"矢求弧背"。所谓割圆连比例法,就是把弧等分、利用连比例的方法,推算弧与弦的关系。他在自述中说:"以上九法,皆至精至密,任有圆线求直线,有直线求圆线,虽推至无穷,靡不合也。"⑥

明安图的数学成就主要总结在《割圆密率捷法》一书中。他的学生陈际新说这部书"计其次弟相求以至成书,约三十余年。"⑦该书共四卷,卷一为"步法",罗列了所得到的各无穷级数公式,即圆径求周、弧背求正弦、弧背求正矢、弧背求通弧、借弧背求正弦余弦、借正弦余弦求弧背等十三术。卷二为"用法",系各公式在数学和天文学问题上的应用,包括角度求八线二题、直线三角形边角相求二题、弧线三角形边角相求三题等三部分。卷三为"法解上",包括分弧通弦率数求全弧通弦率数法解八题、弧背求通弦法解、通弦求弧背法解、弧背正弦相求法解等四部分。卷四为"法解下",包括分弧正矢率数求全弧正矢率数法解共八题、弧背求正矢法解、正矢求弧背法解、弧矢相求法解、弧矢弦正余互用法解、借弧背求正弦余弦法解、借正弦余弦求弧背法解等七部分。卷三、卷四实际上是阐述各公式的证明方法。这部书,明安图临终前只完成草稿,后由陈际新、张肱、明新于乾隆三十九年(1774年)最后完成。明安图的成就和所创立的方法,对于幂级数研究产生了很大的影响。有不少数学家继续使用和发展了这种方法。如后来徐有壬的《割圆八线缀术》,戴煦的《求表捷术》,左潜的《缀术释明》等书,都属于这种方法的使用与发展。

注：

① 《清史列传》卷 71，《文苑》2，《明安图》。

② 中国第一历史档案馆藏：《钦天监题本》，雍正六年十二月十八日。

③ 《清文献通考》卷 256，《象纬》1。

④ 《御制历象考成》，《奏议》。

⑤ 《仪象考成》，《奏议》。

⑥ 明安图：《割圆密率捷法》卷 1。

⑦ 同上书，卷 3。

林 爽 文

赫治清

林爽文,福建漳州平和县人,寓居台湾,生于乾隆二十一年(1756年),卒于乾隆五十三年三月初十日(1788年4月15日),是台湾天地会大起义的著名领袖。

林爽文出身在世代耕种之家,父林劝因"贫不聊生,于乾隆三十八年挈妻子渡台,雇工于彰化",①遂移居该县大里杙庄(今台中县大里乡)。林劝有四子,爽文居长,他成年后即充当县衙捕役,被斥革后在家耕田并"赶车度日"。②爽文慷慨好结纳,"凡系于狱者,爽文皆脱囊资之,以是倾动其乡人"。③

乾隆四十八年(1783年),福建平和县人严烟来到彰化,以卖布为业,秘密传播天地会。天地会是以歃血盟誓、焚表结拜兄弟为其组织形式的著名秘密结社。乾隆年间,它在福建、广东等省迅速发展起来。四十九年(1784年)八月,爽文在溪底阿密里与严烟结识,二人一见如故,多次往来熟悉。爽文因"时常听见漳、泉两府设有天地会,邀集多人,立誓结盟,患难相救",④便向严烟要求入会。严烟见他"为人慷慨,不吝钱文,就便引他入会",⑤并告之"凡要入这会,须设立香案,在刀剑下鸣誓,遇有事情,同教之人大家出力,公同帮助"。⑥随后,爽文又约林泮、林领、林水返等一同加入。在严烟主持下,爽文等摆设香案,跪拜天地,歃血饮酒,焚表盟誓,结为异姓兄弟。其誓词称："今因广东省凤花亭、高溪庙、马溪庙明主传宗，今夜插（歃）血拜盟，结为同胞兄弟，永无二心"，"本原异姓缔结，同洪生不共父，义胜同胞共乳，似管鲍之忠，刘、关、张为义"。⑦严烟还传与爽文等三指诀并五点二十一洪字暗号，以为同会联络暗号。

乾隆二十三年（1758年），清政府放宽了大陆居民赴台的禁令。从此之后，闽粤沿海一带贫苦人民渡海赴台谋生者大量增加，其中尤以漳、泉、潮、惠四府地区最多。渡台闽、粤籍民人，主要从事佃耕、佣工、驾船、捕鱼、商贩贸易、赶车度日，绝大多数人生活十分艰苦。他们离开故土，来到陌生地方，倍感异乡的孤独，渴望同乡兄弟相帮。标榜江湖义气的天地会，自然对他们产生了巨大的吸引力。

台湾与大陆横隔大海，波涛汹涌。康熙统一台湾之初，升调官员都视台缺为畏途。经过数十年的开发，至乾隆中后期，台湾已变成了物产丰饶的宝岛。福建督抚，"遇有台湾缺业，不问属员才具是否相宜，多以私人调补，而得缺之员，从不以冒险渡海为虞，反视为利薮"。⑧"到任后利其津益，贪黩无厌"⑨"以宦为贾，舞弄文墨，剥民肌膏，三年报罢，满载而归"。⑩他们巧立名目，敲榨勒索，光娄索陋规，每年竟至盈千累万。台湾镇总兵柴大纪，在任不到两年，所得陋规银一万六千七百余圆，总计贪污赃银五万余两。知府孙景燧，任内亏空白银高达十万两之多。台湾吏治极端腐败，引起百姓愤慨，他们对贪官污吏恨之入骨。当林爽文在大里杙庄等地传播天地会时，当地穷苦百姓纷纷加入。五十年（1785年）除夕，大里杙天地会众在庄西厂地酿酒为乐，"酒酣，共谋曰：'我庄中当推一人为主，以一号令。插剑于地，攒土为香，共拜之，剑仆者，即天所与也！'"时共五十余人，以齿序拜。至爽文，而剑适仆。由是庄中群无赖推戴之矣。"⑪五十一年(1786年)时,台湾天地会已经"声势联络,直通四邑",⑫并形成南北两大中心;南路以凤山庄大田、庄大韭兄弟为首;北路以彰化大里杙林爽文为首,下分三房,爽文为长房,蔡福为次房,叶省为三房,各有党徒数百人。

五十一年(1786年)六月底、七月初,诸罗天地会首领杨光勋,为争夺家产和其弟杨妈世反目,起意纠约七十五人结拜添弟会,天地会要目蔡福、叶省、张烈、赖荣、黄钟均为其中核心成员。杨妈世亦结雷公会与之相抗。一时间,双方剑拔弩张,大有一触即发之势。官府得到报告,于闰七月初四日派人将杨妈世和他父亲杨文麟以及添弟会黄钟、雷公会黄冷等拿解审办。台湾道永福、知府孙景燧闻民间结会树党,便密饬文武员弁会营缉治。初六日,诸罗石溜班汛把总陈和将天地会张烈捕获。杨光勋侦知,立即邀何夜等四十四名添弟会党徒持械赶赴斗六门倪二饭店,将正押解赴县的张烈劫走,并杀死陈和及多名兵丁。永福、柴大纪闻讯,立即督率兵役前往镇压,将杨光勋等人相继拿获处死。张烈、蔡福、叶省、赖荣等天地会要目及其他会众,纷纷逃匿大里杙庄,请求爽文予以保护。

大里杙距县城二十余里,"逼近内山,枕溪面田,田多蓄水,惟一径可达。藏奸匿宄,吏不敢问"。⑬杨光勋案暴露后,"会党入大里杙,逾啸聚抗法不可制"。⑭八月十五日,林爽文为进一步加强内部团结,抗御官兵袭击,邀约林泮、林水返、林领、何有志、王芬等人在庄内车轮埔歃血拜盟,共饮血酒,立誓有难相救,遇事相帮。同时,令大家分头发展党徒,集结人马,广积粮食,储备银钱,"将所有积聚,供给众人,并将会内的殷实人家,也都攒凑出来大家食用"。⑮

新任彰化知县俞峻,闻爽文在大里杙结拜天地会图谋起事,又窝藏张烈等人,便派差役前去搜捕。爽文自恃该处地僻人众,不服拘拿。十一月初七日,柴大纪巡阅营伍途经彰化,俞峻等请柴大纪亲率兵丁前往大里杙，勒令交出爽文和张烈等。柴大纪派中营游击耿世文领镇标三百人驰赴彰化，会同北路协副将赫生额及知府孙景燧等往捕。十一月二十日，六七百名清兵在距 大里杙六里的大墩（今台中市）扎营。与此同时，俞峻带领县役前往附近各村庄搜捕，声言如敢违抗，即烧庄剿洗。他们"各处查办，衙役等从中勒索，无论好人、歹人，纷纷乱拿"，⑯大肆焚毁民房，劫掠财物，弄得民怨沸腾，哭声载道。爽文遂愤然竖旗举事。十一月二十七日，他率领二千余名党徒向大墩清营发起攻击，副将赫生额、游击耿世文、知县俞峻等当场毙命。次日，起义军乘胜前进，队伍迅速发展到三、四千人，并于二十九日一举攻克彰化县城，知府孙景燧、理番同知长庚以下官员均被杀死。爽文"以巾缠头，服短衣，缚裤，乘高头马"入城，开仓济食，释放所有囚徒。随即建号"顺天"，自称盟主大元帅，设官分职，授大将军、左右都督、军师、元帅、副元帅及同知、知县等。出榜安民："今统雄兵猛士，诛杀贪官，以安百姓。贪官已死，百姓各自安业。惟藏留官府者死不赦！"⑰

爽文在彰化草创政权之后，除留下三、四百人驻守县城外，立即兵分两路，南北进击。十二月上旬，相继攻克诸罗（今嘉义县）、淡水（今新竹县），所过之处，百姓"香案叠叠，唧唧相迎"。初八日，爽文在淡水发布安民告示："顺天盟主林，为祝天沥示，以安民心，以保农业事。""今据台湾皆贪官污吏，扰害生灵，本帅不忍不诛，以救吾民，特兴义兵，当天盟誓，不仁不义，亡于万刀之下。""本帅严谕军伍，不许丝毫妄取"，若损坏百姓财物，"失一赔二，焚茅赔瓦"，号召军民加强团结，勿"致伤和睦"。⑱

爽文揭竿举义不久，曾派陈天送携带他的书信前去南路联络，约庄大田、庄大韭兄弟响应起义。在爽文起义军节节胜利的鼓舞下，庄大田迅速聚集二、三千人，于十二月十三日一鼓作气攻下凤山县城。捷报传来、爽文异常兴奋,再次派人约大田会攻府城。年底,两军在大穆降胜利会师,对府城形成四面包围之势。眼看府城指日可下,不料清统治者抓住义军多来自漳籍的特点,利用台湾粤籍、泉籍人狭隘地域、宗族偏见和分类械斗恶习,挑起各地粤人和泉人对起义军的仇恨,并从中大量招募乡勇,组成地主武装"义民"。这些"义民"不仅大大充实了府城的防御力量,而且,他们与官军勾结,四处袭击起义军后方,致使爽文无法集中全力迅速攻克府城,甚至连彰化、诸罗等县城也相继重落敌手。

是年除夕,爽文设坛杀牛豕祭旗,告众曰:"今日岁除,城中必无备,众兄弟当努力攻城,不克,誓不归矣!"同时密遣人潜入城中,"以枯籐蘸油积城下,谋火城"。⑲次日黎明,爽文率众进攻大东门。台湾道永福督率兵丁及"义民"拼死抵御,同知杨廷理,游击郑嵩等又从小东门、小南门分股杀出,起义军左右两面突遭夹击,死伤无数,急退至蔗林中藏匿,被火烧死以千计。加之前夜突降大雨,谋烧府城的计划又不果,因而进攻府城顿受挫折。

林爽文起义,半月之间,拥众十万,连下数城,起义风暴几乎席卷台湾全岛。消息传至大陆,闽浙总督常青急调福建水师提督黄仕简、陆路提督任承恩、海坛镇总兵郝壮猷等率军渡海救援,妄图从台湾南北两路夹击,一举扑灭起义军。爽文闻官兵将至,即舍城而争险要之地,从府城撤围,回师彰化,巩固大里杙根据地。他沿大里杙南掘壕二千余丈,壕内垒土垣,以所获枪炮列其内。又在斗六门、庵古坑、集集埔、水沙连各要隘竖立木栅,以石筑墙,分众把守,并规定山田义军"收其一而民得其九";水田义军收其二,"民得其八"。由于大里杙、猫雾捒一带,皆膏腴之地,起义军粮食供应以是充足。为了迎击清朝援军,爽文召集各部首领,再次号召:"自今以后,各兄弟生同乐,死同归,有异心,天罚殛之。"⑳他又亲自为牺牲的将士痛哭哀悼，厚恤其家，设场招僧道诵佛事，超度南路阵亡各首领。

五十二年（1787年）三月，庄大田采取诱敌深入、声东击西战略，在凤山大败清军郝壮猷部，歼敌一千五百余名。乾隆帝闻讯，大为震怒，下令将郝壮猷于阵前正法，黄仕简、任承恩革职拿问治罪，并飞调新任湖广总督常青赴台亲自坐镇指挥。但常青抵台后并没有能扭转战局。相反，爽文趁凤山大捷的有利形势，约庄大田再次会攻府城。三月二十七日，爽文合南北各部人马，号称十万，对府城发起进攻，旌旗招展，枪炮如雨，杀声震天，清军纷纷溃败，退守入城。由于庄大田部庄锡舍临阵叛变投敌，二攻府城之役再告失败。随后，爽文便全力攻打诸罗。六月中旬，爽文亲率部众万余人袭击诸罗四门，昼夜围攻，又攻盐水港、鹿仔港，以断府县饷道。七月初一日，爽文以顺天大盟主名义，发布"悬赏擒拿逆首事"告示："本盟主因文武贪污，剥民膏脂，爰举义旗，共灭剿除，以快民心。讵叛匪黄奠邦等串同残官柴大纪，鼓谋煽惑尔等军民，猖狂抗拒，累害万姓涂炭。兹本盟主现在亲统雄兵亿万，勇将数千员，会同南路统师迎围攻困，诸罗虽未破陷，不过釜底游鱼，苟延一息，指日便可歼除。"他号召诸罗城内官兵、"义民"，"亟速猛省回头，勿执器械，空手撤逃出城，归庄安耕，勿得惊惶。如能将残官柴大纪生擒献功者，不论官兵义民，各省人等，俱皆赏银二万元。""倘再执迷不悟，仍然助匪为虐者，不日天兵一到，玉石俱焚，许时脐弗及矣！"[21]是时，爽文已将诸罗城全面包围，常青曾四次派兵前往救援、都未能解诸罗之围。他紧急呼吁朝廷派兵增援、再简派大员来台督办军务。

八月初，乾隆帝命陕甘总督、协办大学士福康安为将军，偕参赞大臣海兰察等前往台湾征剿。十一月初，福康安抵台后，便集中优势兵力进攻爽文军，以解诸罗之围。面对号称十万之众、装备优良、训练有素的清军,爽文连遭败绩,被迫撤围,转战至斗六门,在与清军多次激战失败后,又退保大里杙。十一月二十六日,大里杙落入清军之手,爽文率余部走内山集集埔、水里社等高山族聚居地区继续战斗。十二月初,爽文被迫退至小半天。清军步步进逼,紧追不舍,爽文残部数千人悉遭捕杀,年底时,他身边仅剩一、二百人,弹尽粮绝。五十三年(1788年)正月初四日,爽文等不幸在老衢崎被俘。随后,南路起义军旋被清军扑灭,庄大田等亦被俘获。至此,历时一年多的林爽文天地会大起义终于失败。

林爽文被俘后,旋即槛送北京,于乾隆五十三年三月初十日(1788年4月15日),在北京菜市口英勇就义。

注:

① 佚名:《平台纪事本末》,中国人民大学清史研究所等编清史资料丛刊《天地会》(五),中国人民大学出版社1986年版,第191页。

② 《林爽文供词》,刘如仲、苗学孟编《台湾林爽文起义资料选编》,福建人民出版社1984年版,第218页。

③ 同注①。

④ 同注②。

⑤ 《天地会》(一),第116页。

⑥ 同上书,第111页。

⑦ 同上书,第161页。该书所录盟书誓词"盟主传宗",实为"明主传宗"之误。

⑧ 《天地会》(二),第97页。

⑨ 《清高宗实录》卷1295,中华书局1986年影印《清实录》第25册,第383页。

⑩ 中国第一历史档案馆藏:《台湾档》,乾隆五十二年正月二十三日上谕。

⑪ 同注①。

⑫　道光《彰化县志》卷 11,《兵燹》。

⑬　杨廷理:《东瀛纪事》,《天地会》(五),第 171 页。

⑭　嘉庆《台湾县志》卷 5《军志》。

⑮　《天地会》(二),第 229 页。

⑯　同注②。

⑰　《天地会》(五),第 194 页。

⑱　《天地会》(一),第 153 页。

⑲　《天地会》(五),第 199 页。

⑳　同上书,第 208 页。

㉑　《天地会》(一),第 155 页。

苏四十三　　田　五

张捷夫

　　苏四十三，撒拉族，甘肃循化人，生年不详，乾隆四十六年（1781年）战死。他是乾隆年间撒拉族农民起义的领袖。

　　撒拉族信奉伊斯兰教，其社会历史和伊斯兰教有密切关系。而不同教派的出现与斗争，是和不同社会生产关系与阶级关系联系在一起的。元代，定居在西北的撒拉族、回族，主要从事农业生产，土地占有比较分散，内部阶级对抗还不十分突出。所以，宗教的组织形式是分散的教坊制，每个教坊都是独立的，彼此没有隶属关系。明清时期，随着教长地主的出现和土地日益集中，便出现了门宦制度。它是一种以家族为基础的地主兼教长的封建特权制度。门宦掌教是世袭的，管辖许多教坊。各个教坊的教长，要由门宦掌教任命，惟掌教之命是从。教民对掌教更是"服从惟谨，虽令之死，亦所心甘"，①俨然一封建土皇帝。门宦制度的出现，加速了农民的破产，阶级矛盾不断尖锐。农民为了生存，不得不进行反抗。而这种反抗首先表现在新教派的出现及其反对门宦制度的斗争。

　　新教的创始人是安定县（今定西县）回民马明心。他为反对门宦对教民的压迫剥削，"别纂一经，名曰卯路"，②并于乾隆二十六年（1761年），首先在循化撒拉族中传播。苏四十三将马明心请至家中，拜为师，并协助马明心宣传和发展新教。新教"慨然欲革除门宦制度"，提出"道者公也，岂为一家私有？教规者，随时变通者也，不宜胶柱鼓瑟，乃就心所得而欲言者"，③反对门宦在宗教上、政治上、经济上的特权，所以得到了广大贫苦教民的拥护，发展很快。许多人纷纷背离老教，崇信新教。而老教不甘心退出历史舞台，把新教诋之为邪教，进行排斥和迫害，遂起争端，不断造成流血事件。在新老两教的斗争中，地方官府始终采取了偏袒老教、敌视新教的不公正态度。乾隆二十七年（1762年），循化营游击将马明心驱逐出循化，不许宣传新教。

马明心被逐后，其弟子贺麻路乎、苏四十三继续传播新教，并自建礼拜寺三座，与老教门宦分庭抗礼。乾隆三十四年（1769年），循化十二工老教总掌教韩哈济，以新教不遵教规具控。循化厅同知张春芳将新教所建三寺查封，不准新教单独礼拜。新教不服，上诉到省。而陕甘总督明山却不容分说，将贺麻路乎发往乌鲁木齐给兵丁为奴。

老教勾结官府一再打击迫害新教，使苏四十三怒不可遏。他与清水工的韩二个等人，"散家财，多造鸟枪藏于家，"④准备和老教决一雌雄。此后若干年内，新老两教常因诵经不同发生冲突，但尚未酿成大规模流血事件。乾隆四十五年（1780年）九月，打速古庄有丧事，两教因诵经之事再次发生冲突。新教有一人被老教打伤，数日后而死。新教诉讼官府，循化厅裁断以半命罚服。新教不服。苏四十三、韩二个等新教首领，一面不让死者家属领尸，以示抗议；一面杀牛羊，约会草滩坝等八工新教信众，令备器械，决心为死者报仇。此后数月内，两教冲突愈演愈烈，互有杀伤。四十六年（1781年）正月十二日，苏四十三、韩二个率千余人，包围清水工河东庄，勒令老教首领韩三十八投降。韩不从被杀。苏四十三头戴"大红顶，自称回王，韩二个以下，皆蓝白顶，立旗号"。⑤接着，苏四十三又率

众围攻老教居住的白庄、红庄、张哈庄、里长庄、上拉便庄,令老教
缴械归降。

韩三十八被杀以后,其子赴省城兰州告状。陕甘总督勒尔谨派
兰州知府杨士玑、河州协副将新柱赴循化查办。杨士玑、新柱先派
候补通判谢桓传讯苏四十三。苏四十三拒绝赴案。三月十八日,杨
士玑、新柱率兵到循化。苏四十三为探听消息,派新教徒"佯为老教
出迎"。新柱扬言:"新教若不遵法,我当为汝老教作主,尽洗之。"苏
四十三、韩二个"闻是言,反志益急。"⑥当日,他们即在张哈工杀牛
羊,商议举事。

当晚,新柱宿白庄,杨士玑宿起台堡。有老教徒至白庄公馆告
变,新柱以为妄言,不予理会,所带枪支器械,皆束骡驮未解,无任
何戒备。夜间,苏四十三、韩二个率千余人袭击白庄公馆,将新柱处
死。次日黎明,又赶赴起台堡。堡中虽闻讯有所戒备,但堡内守兵
加上杨士玑所带的六十名兵丁,总共不足二百人,当然不是苏四十
三的对手。午时,苏四十三攻破起台堡,杀死杨士玑。随后,苏四十
三率众直趋河州。

勒尔谨闻讯,急调固原、凉州(今武威)、甘州(今张掖)、西宁、
肃州(今酒泉)等五镇官兵三千人,前往镇压。而苏四十三行动迅
速,不等官兵到达,便于三月二十一日,一举攻下河州,处决了知州
周植、都司李琦等人,并打开监狱,将监犯全行放脱。但韩二个不幸
在攻城时中弹身死。

三月二十三日,苏四十三获悉师傅马明心在安定被捕后解往
兰州,于是,便放弃河州,立即进军兰州,营救马明心。河州距兰州
三百余里,苏四十三避强就弱,操小道快速前进,沿途受到广大回、
汉等族人民的热情帮助。二十四日到达洮河西岸时,渡船已被官役
打破,附近洪济桥、唐家川等处回族农民,扎筏渡他们过河。还有许

多人拿起刀枪，参加了苏四十三的队伍，沿途发展到三千多人。二十五日，苏四十三率部到达兰州西关。守卫兰州的官军，闻风丧胆，紧闭城门，不敢迎战。苏四十三为阻止官军增援，下令烧毁黄河浮桥，然后枪炮俱发，猛烈攻城，并射书城中，要求释放马明心。甘肃布政使王廷赞挟持马明心登上城墙，以死威逼马明心劝苏四十三退兵。马明心宁死不从，被当场杀害。义军"怒啸而起，攻益激"。⑦

苏四十三围攻兰州，使清廷大为震惊。乾隆即令大学生阿桂，佩钦差大臣关防，从河南工地星夜驰骋，急赴兰州督师；命户部尚书和珅、领侍卫内大臣海兰察、护军统领额森特等，率京师健锐、火器营兵各两千人，分批起程；令西安将军伍尔泰、陕西提都马彪率满汉官兵，就近前往；随后，又令四川、河南、山西、河北、蒙古、新疆、宁夏等地，分别派兵赴援，企图以人海战术将苏四十三消灭。

四月，当伍尔泰、马彪率军到达兰州后，总督勒尔谨忘乎所以，妄奏半月之内即可将苏四十三消灭，无需京师禁旅和其他各省援兵。乾隆信以为真，遂令各路官兵停止赴兰州。但伍尔泰、马彪等人见苏四十三的部队作战勇敢，又占据险要地势，便望而生畏，万余兵力皆营于城东，与苏四十三隔城相持，莫敢先战。勒尔谨更"安坐署中，一筹莫展"。⑧

乾隆见此事系新、老两教互相"争教仇杀起衅"，认为两教"必非合伙"，"或杀一剿一，以分其力，未尝不可"。⑨于是，他一再谕令："此案办理关键，现在总以帮扶老教，灭除新教，把老教作为前躯，新教剿灭自易"。⑩和珅、海兰察到达兰州后，遵照乾隆的旨令，大力武装老教，让他们充当前锋，进在前，退在后。老教听信乾隆的所谓"以公报私"，⑪作战远比官军勇敢。不久，新教的重要阵地之一龙尾山失守。苏四十三见官军陆续集结，兰州又久攻不克，便率部进踞兰州城西面的华林山。

华林山地势险要，东、西、北三面俱系陡崄，北面又逼临黄河，其势俱难仰攻，只有西南面稍为平坦，可以通行。苏四十三在这里修筑防御工事，设大卡一座，卡外挖壕，"深至数丈"；壕外安设木栅，"纵横排立，密布如鹿角"；同时又把卡栅下面的通道挖断，使官军"马兵不能驰骋"。⑫官军从正面进攻，因工事遮挡，"眼光既不能远及，手足更无舒展"；从侧面攀援而上，"俱为枪石所中，滚下山坡"。⑬所以，多次发动进攻，非但未能攻入，反而死伤惨重。四月十九日的进攻，被打死九百多人，其中包括总兵图钦保、游击爱星阿、刘杰三等。为此，乾隆大骂勒尔谨饰词具奏，致使京师及各省官兵撤回，以贻误军机罪，将他拿交刑部治罪。

四月下旬，阿桂到达兰州后，指挥各路官兵对华林山发起多次进攻。苏四十三顽强抗击，一再挫败官军。五月十八日，打伤侍卫内哲森保、守备马得；闰五月初三日，打伤副将保兴、都司王保、守备关联昇、阿拉善三等台吉诺依多普、参领达克巴；初九日，打死三等侍卫齐勒泰及满、汉，土兵七十多人，打伤领侍卫内大臣海兰察；十五日，打死阿拉善佐领根丕尔、先锋托伦泰。阿桂见硬攻不能凑效，便改变战术。他依仗官军人多饷足，制定了一个对华林山层层设卡、处处为营、步步紧逼的封山围困计划，把华林山包围得水泄不通；又将山上使用的两眼水井用石土填塞，断绝山上水源。

苏四十三进踞华林山，虽然凭高据险，能一时阻击官军的进攻，但却经不住长时间的围困。特别是水源被断绝以后，人们渴得"不能出声，惟解胸怀，以心贴地，即予以水饮，亦不能下咽，徐徐灌润，始能言语"；"骡马牛驴数百，倒毙净尽"。苏四十三令"在山上挖井，掘至十余丈，不能得水"；⑭下山抢水，由于官军封锁严密，也未能实现。面对如此严重的形势，苏四十三曾几次组织突围，均未成功。

六月上旬，各地奉调官兵陆续到齐，中旬开始对华林山发起总攻。由于山上多日断水，义军战斗力受到严重削弱。当阿桂指挥数万官兵蜂拥而上的时候，义军抵挡不住，伤亡严重。苏四十三也在战斗中中弹身亡。

苏四十三死后，余部退入山顶的华林寺，继续和官军博斗。"虽死伤颇多，尚拼命支持，不肯溃散"；许多人"负伤甚重，苟延残喘，俱尽力抗拒，不肯束手就缚"；有人身上"中箭五、六支，尚持石奋击"。[15]最后，官军火烧华林寺，义军全部死难，"无一降者"。[16]

苏四十三起义失败后，清朝统治者对循化新教进行了疯狂地镇压，凡成年男子，全部被杀害，妇女遣送伊犁给兵丁为奴，男孩遣送云南监毙。循化九工新教共九百七十六户，皆剿尽无余，村落荡然无存。

田五，又名田富，回族，甘肃伏羌县（今甘谷县）人，生年不详，乾隆四十九年（1784年）四月战死。他是继苏四十三起义后甘肃回民起义的领袖。

田五也是马明心的徒弟。他目睹清朝统治者对新教的血腥镇压，义愤填膺，发誓要为马明心、苏四十三等新教弟兄报仇。就在苏四十三起义失败的同年冬天，他便和红涝坝回民李自党、界牌庄回民马海龙等人，开始组织队伍，在通渭县境内的石峰堡修筑工事，打造刀矛，准备再次起义。

乾隆四十九年四月，田五把队伍分屯于伏羌县的鹿卢山、静宁县的底店山、潘龙山等处，分头把守要害，并与靖远县城的回民约定，五月十五日同时行动。由于红涝坝保正李应得告密，田五便决定提前于四月十五日发难。这天，他率领三百余人，从盐茶厅（今海源）小山地方出发，乘人不备，一举攻占盐茶厅城西面的西安州营堡,随后攻打靖远县城。

乾隆闻报,非但不自责对新教的疯狂屠杀,以致官逼民反,反而认为在处理苏四十三事件善后事宜时,未能将新教"歼绝根株,以致复萌余孽",痛斥陕甘总督李侍尧"难辞办理不善之咎"。他一面调兵遣将,一面谕令扶植老教公报私仇,并赏给告密的李应得"外委虚衔顶带,以示奖励"。⑰

四月下旬,固原提督刚塔率兵到达靖远,在老教和土司兵的配合下,对义军发起攻击。双方激战两天,田五不幸腹部中箭,伤势严重。他为不落入官军之手,自刎身亡。队伍一时溃散。

五月上旬,通渭县回民马四娃等人,在石峰堡重新集结队伍,并打进通渭县城,火烧了县衙大堂,打开监狱,救出了被关押的群众。县令王楼藏在县衙后院仓库的夹壁墙内,两天后被人发现,告以义军已撤出城外,才狼狈而出。乾隆骂他幸免偷生,实属可耻,将他撤职治罪。西安副都统明善奉命带一千二百满兵由静宁进剿,五月十二日,在高庙山遭到义军伏击,全军覆没。明善本人也被击毙。乾隆将李侍尧、刚塔撤职治罪,命兵部尚书福康安、领侍卫内大臣海兰察调兵会剿。随后,又命大学士阿桂前往视师。

六月七日,福康安、海兰察抵军,十一日,便以四千官兵对义军的重要阵地之一底店山发动突然袭击。义军迎战失利,伤亡数百人。马四娃遂将各阵地义军数千人,统统集中到石峰堡。

石峰堡虽然地势险要,并筑有坚固的工事,但马四娃将队伍集结到这里固守,无疑是重蹈苏四十三在华林山的覆辙。福康安、海兰察果然采取封山围困的战术,在石峰堡周围各山梁安营数十处;各营盘之间,又安设卡座,挖沟掘壕,将石峰堡死死围困。六月下旬,阿桂率京师禁旅两千人到达石峰堡以后,不断缩小包围圈,对石峰堡逐步逼近,并断其水道,使山上义军越来越困难。七月初,阿桂、福康安集中万余兵力,用大炮、火弹对石峰堡发起攻击。义军突围未成,和官军激战于石峰堡,三千多人壮烈战死。石峰堡终于被官军攻破,起义再次失败。

注:

① 慕寿祺:《甘宁青史略》,《正编》卷 18。

② 龚景瀚:《循化志》卷 8,《回变》。

③ 同注①。

④⑤⑥ 同注②。

⑦ 黄璟:道光《皋兰县续志》卷 5。

⑧ 《清高宗实录》卷 1129,中华书局 1985 年影印《清实录》第 23 册,第 91 页。

⑨ 同上书,卷 1127,《清实录》第 23 册,第 68 页。

⑩ 那彦成:《阿文成公年谱》卷 23。

⑪ 《清高宗实录》卷 1128,《清实录》第 23 册,第 82 页。

⑫ 同注⑩。

⑬⑭⑮ 那彦成:《阿文成公年谱》卷 24。

⑯ 魏源:《圣武记》卷 7,《国朝甘肃再征叛回记》。

⑰ 《清高宗实录》卷 1205,《清实录》第 24 册,第 123 页。

石　柳　邓

张捷夫

石柳邓，苗族，贵州松桃人，乾隆二年（1737年）生，嘉庆元年（1796年）十二月战死。他是乾嘉之际黔东湘西苗民大起义的领袖。

石柳邓出身于农民家庭，祖、父辈生计艰难，至柳邓持家时，稍见宽裕。一家八口人，有稻田十八亩，园地鱼塘二十余亩。他自幼好习枪棒拳术，有一身好武艺，经常到各地寻师授徒，有较多的社会联系。他为人正直，惜贫怜弱，乾隆五十九年（1794年），曾率众到与松桃比邻的秀川县，支持那里的苗民抗粮斗争，受到苗民的拥护爱戴。

石柳邓的反清行动，是当时黔东湘西苗族地区阶级矛盾和民族矛盾不断激化的结果。入清以后，随着清王朝在这里设官建治，地主经济迅速发展，土地兼并日益严重。地主、商人和驻防官兵，通过高利贷、不平等交易和代办田赋等手段，大肆抢占土地。苗民失去土地后，还要负担苛重的赋税差役，违者轻则罚钱，重则坐牢。同时，大量汉族农民移居苗区，虽然对汉、苗两族人民之间的经济文化交流有一定的促进作用，但也带来了新的矛盾。其中最突出的，就是与苗族人民争地。松桃厅原来只有西南部属汉民，"其他四至无非苗有"，但不久，多被汉人"夺占"；①湖南永绥，原来"环城外寸地皆苗,不数十年,尽占为民地"。②汉民占地"日渐其多,苗疆田地日渐其少",以致造成"苗众转致失业,贫困无度者日多"。③苗民自然气愤不满。再加上地方官府不作妥善处理,一味偏袒汉民,致使矛盾不断激化。

石柳邓号召苗民起事的口号是"为石满宜报仇"。乾隆五十二年(1787年),因汉人贩牛客商的牛只被窃之事,湖南凤凰厅勾补寨苗民石满宜等一百多人被杀害。此事在石柳邓心中,深深埋下了仇恨的种子。起义前,他经常向苗众宣传:八年前,"官兵杀我们苗子太多,如今要报仇"。④为使人"不察其有异志",他以"发癫"作掩护。所谓发癫,就是装作神灵附身,手舞足蹈,耍刀弄枪,口中念念有词,说"要出苗王","苗子要做官","要杀客家","夺回土地"。在他的宣传影响下,不长时间,几乎"各寨苗人都出了癫子"。⑤于是,黔东湘西苗地,一时形成了要造反、要报仇的强大呼声。与此同时,石柳邓还多次邀集各地苗人中有影响的人物,如湖南永绥厅(今花垣县)的石三保,乾州厅(今吉首县)的吴八月、吴廷举,凤凰厅(今凤凰县)的吴天半、吴陇登等人聚会,商讨起义事宜。乾隆五十九年(1794年)十二月,在凤凰厅鸭保寨聚会时,歃血结盟。翌年正月初四日,在永绥厅黄瓜寨聚会时,正式决定四厅同时起义的时间为二月初六日。据说这天是苗年的正月初一日,有吉祥之意。

石柳邓在松桃大寨寅制造火药、操练队伍的行动,被人告密。石柳邓为防不测,即速邀请各地起义首领到大寨寅聚会,决定将起义的时间提前为正月十八日。不料,正月十六日,松桃厅副将孙元清带兵包围了大寨寅。石柳邓率少数人仓促突围,逃到永绥厅土孔寨。他的妻子和其他亲属三十多人,被孙元清杀害。石柳邓在土孔寨聚集百余人,立即返回松桃,十八日,一举攻占大塘汛城,正式揭开了这次苗民大起义的战幕。二月五日,石柳邓包围清军重要据点正大营。二月二十五日,以一万多人进攻松桃厅城,激战三天三夜,未能攻下。闰二月初三日,石柳邓更集中数万之众,将松桃厅城层层围困。

石柳邓在松桃打响的同时,湘西方面也开始行动。正月十九日,永绥的石三保率众进攻永绥厅城。二十三日,将永绥副将伊萨纳、同知彭凤尧、镇筸总兵明安图等人率领的一千四百多名清军,全部消灭在鸭酉,随后包围厅城。乾州方面,声势也很大,吴八月等人率众进攻乾州厅城时,"火光照百十里",⑥将闻风逃窜的清军全部歼灭在两岔溪,二月二十四日,攻占乾州厅城。凤凰方面,由于清军援兵及时赶到,吴天半虽未能攻下厅城,但也夺取了麻阳、泸溪等县的许多城镇。四厅苗众同时揭竿而起,影响极大。贵州铜仁、镇远、思南、石阡,四川酉阳、秀山等地的苗民,也纷纷举兵响应,顿时"苗疆大震"。⑦

消息传到北京,乾隆皇帝即命云贵总督福康安、四川总督和琳、湖广总督福宁等,调集湘、黔、川、滇四省三万多兵力,分三路进剿。由于福康安、和琳两部南北夹击,石柳邓腹背受敌。三月,清军解松桃之围,焚烧苗寨二百余处。石柳邓被迫放弃黔东,率部向湘西转移,与永绥石三保合为一路。

起义初期,四路义军基本上是各自为战,缺乏统一指挥。石柳邓和湘西义军会师后,在乾州成立了以吴八月、石柳邓、石三保、吴天半为核心的领导机构,并根据官府大军压境的形势,制定了"专伺大营所向",避实就虚,节节阻击的作战方针。四月,当福康安进攻黄瓜寨时,石柳邓、石三保两支部队紧密配合,展开了激烈的战斗,打得福康安军丢盔弃甲,死伤遍野。当福宁偷袭乾州时,吴八月部在苟瑟岩进行伏击,歼灭清军六千多人。福宁本人"匿辎中以遁","仅身免"。⑧吴八月乘胜攻克浦市,逼近凤凰厅城镇筸。而驻守镇筸的按察使阿彰阿只是日擒无辜妇幼邀偿，不敢出战。义军出入无阻。五月，湖南提督刘君辅率军至鸭保，被义军包围。刘君辅虽侥幸逃脱，但已"身无完肤"。⑨六月，石柳邓、石三保再次围困永绥。驻防永绥的清军副将富志那，先后数次派人突围，都被义军截获。"城中拆屋为薪，煮糠作粥"。⑩

由于义军的顽强抗击，从四月清军进攻黄瓜寨起，直到七月，清军一直被阻于大乌草河边兜圈子，寸步不能进，反而"颇以暴雨山潦涨阻为辞"，⑪向朝廷敷衍塞责。八月，各路义军首领在乾州平陇举行会议，公推吴八月为吴王，石柳邓为开国将军、石三保为护国将军、吴天半为虎威将军，其他首领，也多有封号官衔，正式建立了苗族历史上第一个农民政权。

但不幸的是，就在这个农民政权诞生不久，义军遭到了一个重大损失。九月二十三日，英勇善战的年轻将领吴天半，在同清军作战时，兵败被俘。吴天半是这次苗民大起义的重要组织者和领导者之一，多次重创清军，威震朝廷。乾隆皇帝对他恨之入骨，甚至将他的名字由吴天半改为吴半生，"以示釜底游鱼，克期生擒之意"。⑫吴天半的牺牲，不仅使义军的士气受到严重挫伤，而且使敌人的气焰更加嚣张。一些混入起义队伍中的投机分子，在官府的封官许愿、百般引诱下，叛变投敌。十月，义军"首领"之一吴陇登和清军达成了一项罪恶交易。吴陇登许以"为清军响导，擒吴八月以献"；清军许以"奏赏官秩花翎"。⑬对于吴陇登的这一阴谋，石柳邓、吴八月虽不知详情，但对其行踪诡秘和动摇是有所察觉的。当福康安为促使吴陇登早日行动而派兵进攻吴陇登驻守的鸭保寨时，吴八月亲自率众赶到鸭保寨，一面协助吴陇登防守，一面监视他的行动。吴八月在鸭保寨打得清军狼狈不堪，吴陇登未得机会下手。乾隆皇帝立即谕令福康安、和琳，调集大量清军，重点围攻吴八月。吴八月寡不敌众,由平陇寨退到卧保寨。这时,吴陇登假装被清军打败,也退到卧保寨,要求与吴八月会合。吴八月未能识破他的阴谋,结果遭到了暗算。十一月三日,吴陇登诱获吴八月,缚送福康安大营,换取了五品顶戴。在吴陇登的影响和拉拢下,随后又有吴廷举、杨进元、石上进等人相继投敌。许多村寨头人,也纷纷向清军乞降。

吴八月被捕以后,石柳邓领导义军于十一月中旬,派兵数千人,夺取了吴陇登的老巢鸭保寨,又攻打了杨进元、石上进盘踞的伟者寨和下三岔坪。同时又作出了新的部署。由他本人坚守根据地平陇,组织反击;由石三保率领部分义军东进,攻打浦市,出湖南,与湖北的白莲教起义队伍汇合。但由于叛军在泸溪拼命阻击,石三保未能通过。

嘉庆元年(1796年)三月,石柳邓为协调各部,稳定军心,辅佐吴八月的儿子吴廷义为吴王,并多次击退清军的进攻。五月,清军统帅福康安死于军中,新提升为贵州提督的花连布也在铜仁被打死,清军产生了厌战情绪,遂有媾和罢兵之意。可就在这时,石三保又被叛徒出卖,在保靖哄哄寨被捕。起义领袖相继牺牲,造成了石柳邓孤军作战的局面,形势逐渐困难,东西两线相继被清军攻破。石柳邓为了集中兵力,坚持斗争,决定放弃乾州厅城,继续坚守平陇。

继任清军统帅和琳进入乾州后,一面练兵筹饷,准备攻打平陇;一面制定了所谓"善后六条",提出"苗地归苗"的口号。⑭这不仅受到了降苗的欢迎,也进一步涣散了义军军心。八月,和琳亲自统兵进攻平陇,企图擒献石柳邓,博取首功。但未至平陇,便染病身亡,由侍卫额勒登保接任清军统帅。湖广总督毕沅、湖南巡抚姜晟等人,以湖北同白莲教起义军的战事吃紧,再次奏请罢兵议和。但嘉庆皇帝不准。他谕令额勒登保,集中优势兵力,务必攻破平陇。九月，额勒登保以叛军作响导，分四路围攻平陇。石柳邓指挥义军，进行了艰苦的战斗。他们将所有通往寨子的道路刨断，于寨子周围砌筑石墙，密竖木栅，据山傍河，顽强抗击，使清军难以深入，一时出现相持状态。十月上旬，广州将军明亮、副都统鄂辉抵达军营，与额勒登保等，对平陇周围的形势，遍行查看，决定将后路兵力撤往南路，集中兵力从东南方向打开缺口。十五日夜，由明亮、额勒登保、鄂辉、德楞泰各统一支清军，同时向平陇发起攻击。遇有沟壕，则用口袋装土填塞；遇有木栅，则用火弹、火箭焚烧；遇有石墙，则用重炮轰击。义军不能阻挡，平陇失守，石柳邓率众退往平陇东北的贵鱼坡。

贵鱼坡山势陡峭，沟坎层叠，树木丛深。山顶之上造有大木城，前后左右，碉卡林立。清军不敢冒然追击，惟有搜捕附近苗寨，滥杀妇幼无辜。十一月，明亮等奏请：一面实施善后章程，一面陆续撤兵。嘉庆皇帝传旨斥责。他说："今石柳邓尚在负隅，并未畏惧兵威，投降乞命，而大兵遽撤，岂不转为苗众所轻。"⑮他训斥明亮等人"为浮言所惑"，还说此事"系何人主见，据实复奏"。⑯同时，嘉庆又谕令内阁，再于部库内拨银四百万两，分运湖南湖北，以充军需，务必将石柳邓擒获。

在嘉庆的严令急催之下，明亮、额勒登保等，重新部署兵力，十一月初，开始向贵鱼坡深山密林深入。石柳邓凭借险要地势，虽多次击退清军的进攻，但终究经不起长期围困。十二月上旬，清军终于攻上贵鱼坡。吴廷义被降苗捉获，送交清军。石柳邓浴血奋战，中枪身死，经降苗辨认，被寸磔示众。至此，历时两年的乾嘉苗民大起义，终于被清政府镇压下去。

注：

① 徐铉:道光《松桃厅志》卷 3,《疆域》。

② 魏源:《圣武记》卷 7,《乾隆湖贵征苗记》。

③ 阙名:《苗疆屯防实录》卷 4。

④ 档案:《陇久生供词笔录》,见中国第一历史档案馆等编《清代前期苗民起义档案史料》,光明日报出版社 1987 年版,中册,第 338 页。

⑤ 档案:《吴八月供词笔录》,同上书,下册,第 141 页。

⑥⑦⑧ 同注②。

⑨ 黄应培:道光《凤凰厅志》卷 12,《苗防》。

⑩ 董鸿勋:宣统《永绥厅志》卷 21,《剿抚》。

⑪ 同注②。

⑫ 《清代前期苗民起义档案史料》下册,第 51 页。

⑬ 同注②。

⑭ 《清代前期苗民起义档案史料》下册,第 262 页。

⑮ 《清仁宗实录》卷 11,中华书局 1985 年影印《清实录》第 28 册,第 169 页。

⑯ 《清代前期苗民起义档案史料》下册,第 329 页。

莎 罗 奔

张捷夫

莎罗奔,藏族,四川大金川(今金川县)人,生年不详,乾隆二十五年(1760年)五月病逝。他虽为边远土司,却因乾隆平定大小金川之役而闻名于世。

金川位于川西大渡河上游,分大金川与小金川,皆以水得名。此地为藏族聚居区,隋置金川县,唐隶维州,明代设置土司,颁给金川寺演化禅师印,清朝仍授原职。莎罗奔系金川土司嘉纳巴的庶孙。康熙六十一年(1722年),他以土舍身份带金川土兵随四川提督岳钟琪,征川北羊峒土司有功,被岳钟琪与四川巡抚色尔图委以副长官司职衔。雍正元年(1723年),川陕总督年羹尧为削弱金川土司势力,奏准设置大金川安抚司,而原来的金川土司则为小金川安抚司,使之互相牵制。莎罗奔为大金川安抚司安抚使。

土司制度带有浓厚的割据性,彼此之间互相掳掠攻杀习以为常。而年羹尧又处置不当,在设置大金川土司时,随意将大金川所属美同等寨划给了邻司鄂克什。莎罗奔不服,多次出兵攻打鄂克什。雍正三年(1725年),署川陕总督岳钟琪奏准将美同等寨归还大金川,问题才暂时得以解决。

大金川人听老人传说:从前,革布什咱、明正等地,原为金川属地,后来才设立土司的。对此,莎罗奔耿耿于怀,同这两个土司之间的矛盾尤为突出。乾隆四年(1739年),当川省官吏调集杂谷、梭磨、木坪、鄂克什等众土司围攻小金川时,莎罗奔乘机进攻革布什咱。清廷议将莎罗奔革职,在大金川实行改土归流。但署四川巡抚方显不以为然。他奏称:若将大金川改土为流,"非惟弹丸土司无裨尺寸,且所给印信号纸一经追取,即成无统属之生番,稍有违抗,又费经营"。①改土归流之议遂作罢。

莎罗奔秉性凶悍,不仅与邻司经常攻杀,对小金川也心怀不轨。他与小金川土司泽旺本为叔侄,但为控制小金川,竟将其女阿扣嫁泽旺为妻。阿扣放荡不羁,与泽旺之弟良尔吉私通。乾隆十年(1745年),莎罗奔勾结良尔吉,将泽旺劫至大金川,夺其印。后经川陕总督庆复严加申饬,始将泽旺放回。

乾隆十二年(1747年)正月,莎罗奔再次出兵进攻革布什咱的正地寨,二月进攻明正司的鲁密、章谷。四川巡抚纪山以章谷距川西军事重镇打箭炉仅四日路程,大为惊慌。他一面奏报清廷,一面令泰宁协副将张兴带兵前往弹压。张兴轻率少谋,官兵伤亡颇众。乾隆认为莎罗奔既受朝廷封赠,竟敢不遵约束,抗拒官兵,必须大加惩创,以"宣布皇威,以全国体"。②三月,特调贵州总督张广泗赴四川,统筹进剿。

四月中旬,张广泗抵达小金川官寨美诺。土司泽旺、土舍良尔吉呈递文禀,表示愿意听候调遣。张广泗未察奸情,令良尔吉带兵从征。张广泗经过两个多月的准备,于六月下旬,以三万多兵力,分七路同时向大金川发起攻击。莎罗奔为保存实力,不与官军正面交战,而是将各地土兵陆续撤至以官寨勒乌围、噶尔崖为中心的险要之地固守。所以,官军进攻初期,进展颇为顺利,共得碉寨数百处。但一入大金川腹地,便处处受阻,寸步难进。原来,金川之地,万山丛蠹,陡竣无比,隘口险要之处,皆设有碉楼。"碉楼如小城,下大巅细,有高至三四十丈者。中有数十层,每层四面各有方孔,可施枪炮。家各有之,特高低不一耳"。③为防备官军攻碉,莎罗奔又采取了周密的防御措施,"或于碉外掘壕,或于碉内积水,或护碉加筑护墙"等等,④以致枪炮俱不能破,就连所谓威力无比的九节劈山炮也无济于事。张广泗哀叹:"攻一碉,不啻攻一城。"⑤

其实,金川事件主要是土司之间的互相攻杀掳掠,并非莎罗奔成心发动叛乱。他既"未私立名号",⑥也不愿和官军作战。官军抵达金川后不久,他就多次派遣头人,赴军营及巡抚、提督衙门投禀乞降。但都遭到张广泗、纪山等人的拒绝。乾隆也谕令:"逆蛮反复狡狯,即使面缚归诚,尚难保其日后不复肆横。况此番官兵云集,正当犁庭扫穴,痛绝根株,一劳永逸,断无以纳款受降,草率了局之理。著传谕张广泗,务将莎罗奔擒获,明正典刑"。⑦

但事与愿违,半年过去了,战局竟不见有任何转机,况且冰霜严冷已近,作战更加困难。九月,乾隆谕令:"或且暂行退驻向阳平旷之地,令得稍为休息,俟气候融和,再加调官兵,厚集军威,以成一举扫除之计。"⑧但张广泗不同意撤退。他奏称:"官兵现已渡越雪山,进抵贼巢不远,若复退驻,贼必前往夺据,明春进攻为难。"⑨又说他已决定改由昔岭进攻,不久即可告捷。不料大话刚出口,驻扎在马邦的副将张兴、游击陈礼部,即被金川土兵歼灭,张、陈二人也未能逃生。

十三年(1748 年)二月,奉命前往督办粮运的兵部尚书班第抵达川西。他见大金川之地,纵不过二、三百里,横不过数十里,口不满万人,兵不过数千,而各路官兵已至五万,竟不能取胜,实属将帅无能。他认为"增兵不如选将",⑩特奏请重新起用大将军岳钟琪,并派重臣、才能在张广泗以上者经略军务。乾隆采纳了他的意见。四月,特命大学生讷亲为经略大臣,前往川西督师;岳钟琪加提督衔,统领军务。

五月底,讷亲抵达军营。他盲目轻敌,将张广泗同岳钟琪布署的进攻噶尔崖的五路官兵,合为三路,重点由昔岭进攻,并下令三日内攻克噶尔崖。进攻刚开始,就遇到金川土兵的顽强抗击,伤亡严重。但讷亲仍令强攻,结果,总兵任举、参将买国良阵亡。从此,讷亲不再轻言进兵。他见莎罗奔之所以能以少御多,皆因据险守碉。于是,他不顾官军的任务是什么,也依葫芦画瓢,命令官兵日夜筑碉,采取以碉逼碉的战术,企图"与之共险"。⑪这个决策,立即遭到乾隆的斥责。

军务陷入困境,将帅互相推诿诋毁。张广泗一方面"轻讷亲不知兵",明知筑碉为下策,却随声附和,"故以军事推让,而实困之"。⑫另一方面,他极力排挤岳钟琪,说"岳钟琪虽将门之子,不免纨袴之习,喜独断自用,错误不肯悛改,闻贼警则茫无所措,色厉内荏,言大才疏"。⑬讷亲则奏张广泗分路太多,偏徇黔兵,好恶不分,失于筹算,昧于地形,顿兵老师,专事欺饰,贻误军机。岳钟琪也密参张广泗误用小金川土舍良尔吉领兵,使奉调从征的各土司兵心怀疑惧,不肯效命。

出兵金川乃乾隆亲自决策,本来是为了宣示皇威,不料竟陷入如此进退维谷的境地,这使乾隆大为恼怒。以贻误军机罪,先后将张广泗、讷亲处斩。不过,此时乾隆也觉察到自己对出兵大金川的困难估计不足,颇悔轻率决策。正在考虑是否接受莎罗奔乞降,早日班师之时,大学士傅恒自请赴川经略军务。乾隆遂命傅恒为经略,并大量增调官兵,希图侥幸取胜。

十二月下旬,傅恒至军后,先将小金川土舍良尔吉、土目苍旺、土妇阿扣处死,以断内应,然后分析形势,将两年来战争的经过,如实向乾隆奏报,并提出厚集兵力,直攻中坚的作战方案。乾隆见到傅恒的奏报，"深悔从前不知其难，错误办理"。⑭他不仅认为讷亲、张广泗专事攻碉的战术不能奏效，就是傅恒厚集兵力，直攻中坚的方案，他也认为"万无可望成功之理"。于是，他"改过不吝"，⑮决意撤兵。经王大臣会商金同，十四年（1749年）正月初三日，乾隆正式降旨班师，召傅恒还朝。

傅恒为自荐督师，本想待大军齐集，用直攻中坚的战术，一举荡平金川。因此，对忽然招抚受降颇不情愿。正月中旬，莎罗奔遣头人将所俘官军兵丁送还，再次赴营乞降。傅恒提出：莎罗奔必须亲缚至营，方可贷以不死。他预谋当莎罗奔来降时，将他捉获，还朝献俘。为此，他奏请推迟回京日期，但乾隆不准。

正月二十日，莎罗奔呈递甘结，立誓遵守以下六条：一、永不敢侵扰诸番；二、供役比各土司黾勉；三、尽返所夺邻司地；四、向来误犯天兵，凶首擒献；五、送还从前所掠人口、马匹；六、照数献出枪炮军器等。傅恒仍以莎罗奔本人未经面缚而加以拒绝。莎罗奔无奈，转托绰斯甲布土司向岳钟琪乞降。岳钟琪轻骑简从，亲赴莎罗奔的官寨勒乌围，令莎罗奔及头人，依俗至经堂，立誓于佛前，随后至卡撒，报告傅恒。傅恒不便再固执己见。二月初五日，莎罗奔设坛除道，带领喇嘛、头人、焚香顶戴，作乐跪迎。傅恒升帐受降，宣布圣旨，宥之不死。莎罗奔感激涕零，表示革心悔过，永不滋事，并献古佛一尊、银万两。傅恒受佛却银，颁赉恩赏。莎罗奔叩称：愿以此银为傅恒"建祠诵经，子孙戴德"。"远近诸番观者如堵，莫不踊跃欣喜"。⑯次日，傅恒起程回京，由总督策楞办理善后事宜。

金川经过官军长达两年的围困，春不得耕，秋不得获，困苦不堪，一旦受抚，如释重负。为感谢乾隆撤兵之恩，要求进献番童、番女各十名，代其服役，被乾隆拒绝。策楞在处理善后事宜时，明显地偏袒革布什咱土司。莎罗奔虽然很不满意，但一时尚能克制。至乾隆二十年（1755 年），金川西面的孔撒、麻书二土司为争夺祖传孔卖宫寺院而操戈。革布什咱、大金川分别与孔撒、麻书有亲戚关系。先是革布什咱出兵援助孔撒，并抢占了通往打箭炉的道路。后来，莎罗奔应麻书土司请求，也以护亲为名，出兵助战。实际上是大金川与革布什咱再次开战。后经总督黄廷桂调解，才暂时平息。

　　乾隆二十三年（1758 年），莎罗奔之侄、大金川土舍郎卡为控制革布什咱，将其女嫁革布什咱土司色楞敦多布为妻，并勾结革布什咱所属丹多地方头人，夺取丹多。双方再次发生冲突。由于小金川出兵援助革布什咱，莎罗奔便串联布拉克底及庸中旺嘉勒土司，以兵三千，一举攻占革布什咱全境及小金川部分地区。四川总督开泰令明正、绰斯甲布、鄂克什、杂谷、党坝等九土司会攻大金川，并许诺攻占大金川以后，以瓜分其地犒赏。但双方相持两年多未见胜负。二十五年五月，莎罗奔即病逝，由郎卡承袭大金川安抚使。

注：

① 《清史稿》卷 308，《方显传》。

② 《清高宗实录》卷 284，中华书局 1985 年影印《清实录》第 12 册，第 708 页。

③ 李心衡：《金川琐记》卷 2。

④ 《平定金川方略》卷 3，乾隆十二年九月庚子。

⑤ 《清高宗实录》卷 300，《清实录》第 12 册，第 927 页。

⑥ 同上书，卷 290，《清实录》第 12 册，第 796 页。

⑦ 同上书，卷 301，《清实录》第 12 册，第 939 页。

⑧ 同上书，卷 299，《清实录》第 12 册，第 917 页。

⑨ 同上书，卷 305，《清实录》第 12 册，第 986 页。

⑩ 同上书，卷 309，《清实录》第 13 册，第 60 页。

⑪ 同上书，卷 318，《清实录》第 13 册，第 232 页。

⑫　魏源：《圣武记》卷7,《乾隆初定金川土司记》。

⑬　《清高宗实录》卷313,《清实录》第13册,第145页。

⑭　同上书,卷332,《清实录》第13册,第556页。

⑮　同上书,卷333,《清实录》第13册,第561页。

⑯　同上书,卷334,《清实录》第13册,第593页。

成衮扎布

蔡家艺

成衮扎布,姓博尔济吉特,喀尔喀赛音诺颜部人,生年不详,卒于乾隆三十六年(1771年)。他是和硕超勇亲王策凌长子,清中叶蒙古族将领。

成衮扎布人白皙,唇有微须,自幼随父转战漠北,颇知兵法,屡建战功。康熙五十九年(1720年),清军征准噶尔,扈从北路军前进,于格尔额尔格重创敌军,协擒准噶尔宰桑贝肯(一作贝坤)。雍正十年(1732年),小策凌敦多布率兵侵喀尔喀,复随策凌败敌于额尔德尼昭,以功获一等台吉。

乾隆元年(1736年),清廷议驻兵备边。成衮扎布请选喀尔喀兵驻库卜、克尔干、特斯干、卓克索等处,有事则入保,而将拜达里克、察罕廋尔、推河、塔密尔诸地所驻内地兵,悉撤还。此议受到清朝政府嘉奖,诏晋固山贝子,授喀尔喀副将军。不久,复荣封为世子。

乾隆十五年(1750年),策凌病死,诏袭扎萨克和硕亲王,兼喀尔喀齐齐尔里克盟盟长职,授定边左副将军,以"益励忠勤,勉成父志"。①

成衮扎布初为定边左副将军之时,适值准噶尔封建主内讧,彼此互相杀掠,篡夺相寻。广大准噶尔人民如陷水火,纷纷内徙。为维护边境安宁,成衮扎布奉命偕土谢图汗琳丕勒多尔济,各率兵三千驻防塔密尔。乾隆十八年(1753年),杜尔伯特三车凌(车凌、车凌乌巴什、车凌蒙克)内附,达瓦齐遣扎哈沁宰桑领兵二百驰击,由博尔济河追入喀尔喀界。当时,成衮扎布偕弟车布登扎布、格埒克巴木丕勒、车木楚克扎布等驻防乌里雅苏台。清廷谕令毋使达瓦齐脱逃。成衮扎布以"若即用兵追擒,伊等无知之辈,必以我乘彼内乱,意存攻伐,恐陆续来降人等,反致游移观望",②纵其归,因而,受到清廷敕责。诏命副都统达清阿竭力擒剿。然因彼此意见不合,未奏肤功。

翌年春,清朝政府命萨喇尔招抚乌梁海及扎哈沁众。为加强防御,成衮扎布奉命移北路军营于乌里雅苏台,率车布登、桑斋多尔济等驻屯鄂尔海、喀喇乌苏等地。嗣后,清廷借口其"办理诸务,委靡懦弱,致使喀尔喀等藐视,众心不服",③将其解职,仍授喀尔喀副将军。定边左副将军一职,以策楞补授。

乾隆二十年(1755年)春,清军征达瓦齐,自巴里坤和阿尔泰两路出师。成衮扎布疏请率兵扈从,遵谕偕塔尔玛善督兵屯田额尔齐斯。时军营马匹多由喀尔喀购买。成衮扎布顾虑道路迢遥,不能适时驱至,有碍进军,于是,檄所部将购买马匹,先由乌里雅苏台押解科布多,从而为清军顺利进军提供了有利条件。

七月,清军定伊犁,奉命撤屯田兵。会包沁总管阿克珠勒等叛通,偕塔尔玛善共引兵追击,缉叛军四十余,复斩肯哲颜达什、巴雅尔图等。

乾隆二十一年(1756年)六月,喀尔喀郡王青衮扎卜,托词"额林沁多尔济、达木巴扎卜等治罪之后,众心疑惧。而喀尔喀数年以来,皆以用兵为累",④"自军营逃归"、"将伊卡伦台站兵丁尽行撤回,并布散浮言",⑤发动反清叛乱。在青衮扎卜煽动下,喀尔喀一时变乱四起,"众扎萨克多为所惑",⑥北路文报中断。成衮扎布"首发其状"。⑦清朝政府为了迅速平息叛乱,仍授成衮扎布为定边左副将军,率师征讨,又召回西北两路清军,令哈达哈领兵协擒。

成衮扎布喜读木华黎兵书,每遇闲暇,手不释卷,展诵研读。因此,其行兵深得其法。他在未发兵之前,先遣侍卫巴图孟克、罗卜藏阿扎喇传檄诸部,宣布国家威德,使哲布尊丹巴呼图克图布谕,令各地百姓"勿为所惑",⑧以安众心。接着,又令杜尔伯特车凌、车凌乌巴什领兵前往乌梁海,切断其与乌梁海的联系,翦其羽翼;遣车布登扎布偕参赞大臣舒明领一队兵驻屯克木克木齐克,阻其逃往俄罗斯之路。然后自统兵发动凌厉攻势,直捣其驻牧地。由于成衮扎布灵活地运用了政治、军事攻势,结果叛乱很快就被平息,并在与俄国交界之杭哈奖噶斯地方将青衮扎卜弋获。从出师乌里雅苏台至青衮扎卜被擒,前后仅两个多月时间,受到乾隆的赞扬。

在青衮扎卜撤军台发动叛乱之时,绰罗斯汗噶尔藏多尔济、辉特汗巴雅尔等也相继反叛。阿睦尔撒纳见四卫拉特台吉纷起骚动,复从哈萨克窜归博罗塔拉,与诸台吉、宰桑会盟,"欲自立为汗"。⑨又率兵千名,向准噶尔、喀尔喀交界处移动,阴谋与青衮扎卜互相呼应。

清朝政府知阿睦尔撒纳一日不灭,则边境一日不安。于是在平定青衮扎卜叛乱后,决定继续追擒阿睦尔撒纳。诏授成衮扎布为定边将军,仍以兆惠为定边右副将军,自巴里坤出发,两路出师。兆惠自额琳哈毕尔噶前进,成衮扎布率兵由珠勒都斯一路前进。鉴于从前教训,成衮扎布等采取边行军边派绿营兵沿途进行屯垦办法,防止叛军"退回复踞旧地"。⑩会准噶尔诸部落"自相吞噬",扎那噶尔希杀噶尔藏多尔济,而台吉达瓦又杀扎那噶尔布。加上天气炎热,"痘疫盛行,死亡相望",⑪清军一路势如破竹,所向披靡。克勒特、乌鲁特、沙喇斯、玛琥斯诸鄂拓克皆抚降。清军很快又占领伊犁。阿睦尔撒纳见势不利，再次逃入哈萨克。定边右副将军兆惠派人向阿布赉宣示清廷旨意。阿布赉时与阿睦尔撒纳积衅，且渴望与中原地区互通市易，遂表示愿率哈萨克全部，"永为中国臣仆"，[12]并协擒阿睦尔撒纳。阿睦尔撒纳惊惧，率亲随八人潜逃俄国塞米巴拉丁斯克，后客死于托博尔斯克。

阿睦尔撒纳败亡后，伊犁乱定。成衮扎布奉诏班师，仍驻镇乌里雅苏台，复定边左副将军职衔。乾隆二十三年(1758年)，土尔扈特台吉舍楞、劳章扎布窜逃阿尔泰，他奉命往剿，旋又应召讨乌梁海宰桑恩克等，擒恩克及其众。二十九年(1764年)，因乌里雅苏台城圮，他主持筑修乌里雅苏台城。七年后卒，由其子拉旺多尔济袭扎萨克亲王。

注：

① 祁韵士：《皇朝藩部要略》卷6，《外蒙古喀尔喀部要略四》。
② 《清高宗实录》卷453，中华书局1985年影印《清实录》第14册，第910页。
③ 《清高宗实录》卷460，《清实录》第14册，第977页。
④ 《平定准噶尔方略》正编卷29，乾隆二十一年六月癸亥。
⑤ 同上书，卷30，乾隆二十一年八月壬子。
⑥⑧ 祁韵士：《皇朝藩部要略》卷7，《外蒙古喀尔喀部要略五》。
⑦ 《外藩蒙古回部王公表传》卷70，《传》54，《国朝耆献类征初编》卷首82。
⑨ 祁韵士：《皇朝藩部要略》卷13，《厄鲁特要略五》。
⑩ 《清高宗实录》卷536，《清实录》第15册，第770页。
⑪ 魏源：《圣武记》卷4，《乾隆荡平准部记》。
⑫ 嵇璜：《清朝文献通考》卷300，《四裔八》。

车布登扎布

蔡家艺

车布登扎布,姓博尔济吉特,喀尔喀蒙古赛音诺颜部人,生于康熙四十三年(1704年),卒于乾隆四十七年(1782年)。他是和硕超勇亲王策凌次子,清中叶蒙古族重要将领。

车布登扎布出身将门之后,自幼效力行间,历经磨砺,练就一身好武艺和超人胆识,初授一等台吉。雍正十年(1732年),准噶尔部骁将小策凌敦多布率兵三万窜犯喀尔喀,车布登扎布在其父策凌等指挥下,跃马弯弓,冲锋陷阵,多次同敌军进行激战,败敌于额尔德尼昭。就在这次战役中,他虽身披数创,犹力战。清廷嘉其勇,授辅国公,赐双眼孔雀翎。

乾隆十六年(1751年),授喀尔喀副将军参赞。翌年,因兄成衮扎布疏请,自辖一旗,授扎萨克。杜尔伯特三车凌内附时,随成衮扎布驻防乌里雅苏台等地。

十九年(1754年)春,散秩大臣萨喇尔招抚乌梁海,他奉诏率兵扈从,击乌梁海宰桑车根、赤伦等于察罕乌苏等地,擒车根及厄鲁特台吉齐木库尔,降其众;嗣复击札哈沁宰桑玛木特及通玛木特。获贝子品级。

越一年,清军议征达瓦齐,自巴里坤和阿尔泰两路出师。车布登扎布时无从征任务,遂偕协理台吉达什,由察罕呼济尔以三百骑倍道趋塔本集赛驻牧地（在斋尔一带），擒其宰桑齐巴汉。

清军抵伊犁，达瓦齐率众遁格登山。通路为伊犁河所阻，两路将军谋由博罗塔拉赴哈塔济勒渡。车布登扎布闻，寻渡口夺舟济大军，为追击达瓦齐提供了方便。清军袭格登山，达瓦齐败走南疆。车布登扎布偕达尔党阿领兵，追至奎鲁克岭始返。诏晋多罗贝勒。

清军定伊犁，清朝政府为使西北边境宁谧，欲"众建而分其力"，[①]"封四卫拉特，各为一汗，令自管辖"。[②]而阿睦尔撒纳，"必欲为四部总台吉专制西域。特欲出自朝命，则无后患，乃自昵于额驸科尔沁亲王，使与班第为难"。为了达到其不可告人目的，还"隐以总汗自处"，[③]擅诛杀、掳掠，擅调兵，不用定边左副将军印，自用浑台吉菊形篆印；复遣纳噶察致书哈萨克汗阿布赍，诡言自统蒙古、汉兵驻伊犁。时"同事者多不之察，独车布登扎布发其奸"，[④]将其种种不法行为，告之定北将军班第。

八月，阿睦尔撒纳举兵发动反清叛乱。汗哈屯乌梁海旧为准噶尔属，叛应之。准噶尔吉尔吉斯鄂拓克宰桑古尔班和卓携户千余潜往附。车布登扎布扈从定边左副将军哈达哈往剿，擒古尔班和卓等，歼其众。不久，复偕尚书阿里衮由伊什勒诺尔一路追击叛军，杀获无数。晋多罗郡王。

二十一年（1756年）六月，喀尔喀和托辉特部郡王青衮扎卜以土谢图汗部额璘沁多尔济被清廷处死，擅撤北路军台，携所属兵丁，"沿卡回至各游牧"，[⑤]又遣人至乌里雅苏台等地，"煽惑喀尔喀等"，[⑥]发动叛乱，与辉特台吉阿睦尔撒纳互相呼应。定边左副将军成衮扎布率师往讨。车布登扎布奉命偕参赞大臣舒明领兵驻克木克木齐克，堵其逃往俄国道路。十一月二十八日，青衮扎卜被擒。第二年春，成衮扎布奉诏自巴里坤领兵讨阿睦尔撒纳，车布登扎布奉命代署定边左副将军职，驻屯乌里雅苏台。

　　二十三年(1758年),清朝政府为了平定大小和卓木及哈萨克锡喇等叛乱,授兆惠为定边将军,车布登扎布为定边右副将军,分途驰击。车布登扎布率兵先至哈什、崆格斯,继而又进军博罗塔拉。哈萨克锡喇等率众千余逃往和落霍斯(即和尔郭斯,在乌兰乌苏西)等地,车布登扎布挥师击逐。哈萨克锡喇度不能脱,恃人多势众,引兵据险设伏。时清军诸将俱以兵寡势孤,请俟其走而击之。车布登扎布锐意麾兵急进,奋力冲击。结果,大败哈萨克锡喇军,擒鄂哲特,歼敌四百余名。乾隆赞其勇,诏以其父"超勇"号赐之,并赐金黄带。

　　击败哈萨克锡喇后,车布登扎布挥师自固尔班察尔进屯阿希布勒噶尔。会哈萨克将哈萨克锡喇党布库察罕缚献,于是,他请往南疆参加平定大小和卓木,策应兆惠军。诏驻伊犁,晋亲王品级。嗣以其在军日久,令暂回驻牧地休息。

　　二十四年(1759年)春,他奉命偕车木楚克扎布领兵千人越阿尔泰,追捕窜匿山林之准噶尔人,沿途侦缉阿巴噶斯、哈丹及绰罗斯台吉乌勒木济。后获悉兆惠等议进军喀什噶尔和叶尔羌,复欲领兵由塔尔巴哈台赴特穆尔图淖尔协剿。途中闻克叶尔羌,奉令经博罗塔拉驻伊犁,继续追寻逃匿的准噶尔人。车布登扎布对乾隆布置的这一新任务兴趣不大,因而执行不力、行动迟缓,战绩极微。诏回京述职,图形紫光阁。乾隆御制诗赞曰:"拍马弯弓,无敌所向。不曾读书,如古名将。和落霍斯,少胜众彼。超勇亲王,额驸之子。"[⑦]不久,因八世达赖强白嘉错"坐床",奉诏进藏照护。

　　三十六年(1771年),成衮扎布病逝后,他受命代署定边左副将军、盟长。在职二年,因族台吉贝子品级齐旺多尔济劾其假公济私,谋取个人利益,被革职。复因擅自展拓部族游牧界,被削亲王品级,命世袭郡王及扎萨克职。四十四年(1779年),被授为议政大臣,三年后去世。

注:

① 魏源:《圣武记》卷 4,《乾隆荡平准部记》。

② 《清高宗实录》卷 489,中华书局 1985 年影印《清实录》,第 15 册,第
143 页。

③ 同注①。

④ 《外藩蒙古回部王公表传》卷 71,《传》55。

⑤ 《清高宗实录》卷 516,《清实录》第 15 册,第 520 页。

⑥ 同上书,卷 517,《清实录》第 15 册,第 530 页。

⑦ 傅恒:《西域图志》卷首 4。

达 瓦 齐

蔡家艺

　　达瓦齐,卫拉特蒙古准噶尔部台吉,生于康熙六十年(1721年),卒于乾隆二十四年(1759 年)。

　　达瓦齐系准噶尔部名将大策凌敦多布之孙。乾隆十年(1745年),噶尔丹策零死,其次子策妄多尔济那木扎勒嗣位。那木扎勒"童昏无行,恣睢狂惑",[①]为其庶兄喇嘛达尔扎所杀。喇嘛达尔扎,"本噶尔丹策零外妇所生子",[②]为准噶尔诸台吉所轻。达瓦齐遂偕辉特台吉阿睦尔撒纳谋拥立噶尔丹策零幼子策妄达什(也称蒙库什、莫克什),遣二宰桑往策妄达什处商议,事"为喇嘛达尔扎所觉"。[③]喇嘛达尔扎杀策妄达什,疑达瓦齐有反意,便诳言议事,欲诱其往伊犁加害。达瓦齐知道事泄,不敢前往,与辉特台吉阿睦尔撒纳、沙克都尔、杜尔伯特台吉达什、和硕特台吉班珠尔等商议,谋内徙投奔清朝政府。达什、沙克都尔密将商议之事告喇嘛达尔扎。喇嘛达尔扎怒,遣宰桑鄂什尔、索诺木率兵往擒。达瓦齐畏惧,偕阿睦尔撒纳、班珠尔逃奔哈萨克,"寄迹延喘"。[④]喇嘛达尔扎以二人不除,终为后患,于是一面散其部众,一面遣台吉讷默库济尔噶勒和宰桑赛音伯勒克引兵追击。准噶尔军的强大军事攻势,给哈萨克族人民带来了巨大损失。左部哈萨克汗阿布赉畏惧,拟将达瓦齐等献出。达瓦齐闻,偕阿睦尔撒纳等潜回塔尔巴哈台,杀沙克都尔,并其众。复选精兵一千五百名，昼伏夜行，潜往伊犁，杀喇嘛达尔扎，"自立为台吉"。⑤

在达瓦齐和阿睦尔撒纳逃亡哈萨克草原期间，沙俄扩张主义势力企图策动达瓦齐和阿睦尔撒纳投靠俄国。乾隆十七年（1752年）夏，沙俄政府在给奥伦堡省长涅普留耶夫的指令中说，要竭力争取达瓦齐，"因为他是目前有希望控制全准噶尔族的人，而跟他在一起的另一个人（指阿睦尔撒纳——引者），因为是那里的准噶尔统治者的叔伯兄弟，为了往后的事……，应尽可能加以抚慰和召来奥伦堡。"⑥涅普留耶夫接到指令后，于当年秋派遣亚科夫列夫大尉到哈萨克草原寻找达瓦齐和阿睦尔撒纳，以便与之接触。因阿睦尔撒纳和达瓦齐已经返回准噶尔，阴谋没能得逞。

达瓦齐虽然出身显贵，但族贵而无能。"终日饮酒，事务皆废"。⑦属众纷纷逃亡。每遇危难，则檄阿睦尔撒纳为之调停。小策凌敦多布之孙讷默库济尔噶尔知其颟顸，欲与之构难，"分领准噶尔"。⑧双方俱檄杜尔伯特三车凌出兵。三车凌不知所从，集族众商议，皆言"依准噶尔非计也，不如归天朝，为永聚计"。⑨于是率众弃额尔齐斯越乌兰岭、乌英齐内徙。达瓦齐遣札哈沁宰桑玛木特率兵二百，追入喀尔喀汛界，为清军所逐。

大约在杜尔伯特三车凌内附后不久，讷默库济尔噶尔在准噶尔部分台吉支持下，率兵万人前往伊犁，与达瓦齐交战。达瓦齐败，遁走额敏（额米尔），往会阿睦尔撒纳。阿睦尔撒纳以计诱执讷默库济尔噶尔、送达瓦齐归伊犁。

自讷默库济尔噶尔被击败后，阿睦尔撒纳日渐骄横，曾多次言责达瓦齐，并请划地分辖：伊犁以北归其统管，博罗塔拉以南仍归达瓦齐。达瓦齐拒绝后，阿睦尔撒纳怒，侵掠伊犁北境鄂毕特鄂拓克，抢劫部众三千户。达瓦齐不甘，遣宰桑奇塔特、额布进、乌克图督兵向阿睦尔撒纳发动进攻,被败。复令车凌、巴雅尔往击,又败。又令宰桑布林引兵奋击,亦败。达瓦齐恼羞成怒,于乾隆十九年(1754年)夏,自率兵三万,直压额尔齐斯,令扎哈沁宰桑玛木特、噶勒杂特宰桑哈萨克锡喇率领厄鲁特、乌梁海兵八千名,东西夹攻,命沙克都尔曼济领兵三千收其畜群。阿睦尔撒纳被败,偕和硕特台吉班珠尔、杜尔伯特台吉讷默库率部内徙,投奔清廷。

清朝政府对达瓦齐最初并无兴师问罪之意,后因杜尔伯特三车凌、阿睦尔撒纳相继内附,"辄告准噶尔如水火状"。⑩于是始决计兴师。以为此际达瓦齐"力穷失据,且内难相寻,众心不服,失此不图,数年后,伊事务稍定,仍来与我为难,必致愈费周章"。⑪"与其费力于将来,不若乘机一举,平定夷疆,将车凌、阿睦尔撒纳安置原游牧处,使边境永远宁谧"。⑫

二十年(1755年)二月,清军自巴里坤和阿尔泰西路出师。西路军以永常为将军,萨喇尔为副将军;北路以班第为将军,阿睦尔撒纳为副将军。两副将军各以兵三千为前锋。大军所至之处,准军披靡,广大准噶尔人民携酪酮,献羊马,络绎道左,迎接清军。在准噶尔人民支持下,五月初五日,清军抵伊犁河。达瓦齐见众心离散,率万余骑走格登山。

格登山在今新疆维吾尔族自治区昭苏县境,山势崔巍,阻淖临崖。达瓦齐倚山据淖,企图负隅顽抗。五月十四日,清军抵格登山,严密包围。是晚,遣翼领喀喇巴图鲁阿玉锡、厄鲁特章京巴图济尔噶勒、新降宰桑察哈什等带兵二十二名袭其营。准军卒不及防,夜半惊起,自相踩躏。达瓦齐乘混乱之际,率众二千余遁。是役,其众被擒者有:台吉二十人,宰桑四人,宰桑子弟二十五人,部众近五千人。⑬

达瓦齐逃离格登山后,径奔天山南路库鲁克岭。定北将军班第等遣众分道驰击。乌什伯克霍集斯闻,于乌什附近诸岭扼设哨。侦达瓦齐谋奔喀什噶尔,便于途中设伏,遣弟携酒及马给迎之。达瓦齐至,伏兵齐出。达瓦齐与子罗卜札、宰桑爱尔齐、敦多克等皆被擒。

十月,达瓦齐被解送北京。清廷以其为绰罗斯台吉,"原无获罪天朝,其残酷暴虐,亦皆出阿睦尔撒纳之口",[14]诏宥其罪。复令赐以冠服,配以宗室女,封为亲王,留居京师。为了照顾其生活,又令移其属众四五十户至北京,供其役使。不久,又命其为御前侍卫。

达瓦齐对清廷不将其处死十分感激,听说阿睦尔撒纳发动反清叛乱,便致函杜尔伯特台吉伯什阿噶什、库本诺雅特台吉诺尔布等,劝其内附,并协助清军擒阿睦尔撒纳。四年后,达瓦齐病死于北京。诏给治丧银千两,令其子罗卜扎袭封郡王。

注:

① 魏源:《圣武记》卷4,《乾隆荡平准部记》。

② 何秋涛:《朔方备乘》卷4,《准噶尔荡平述略》。

③ 《平定准噶尔方略》前编卷54,乾隆十八年七月丁丑。

④ 椿园:《西域记》卷5,《准噶尔叛亡纪略》。

⑤ 《平定准噶尔方略》前编卷54,乾隆十八年八月甲辰。

⑥ 俄国对外政策档案馆藏《准噶尔卷宗》,1755—1757年,第4卷,第316张。转引自兹拉特金《准噶尔汗国史》汉译本第409页,1980年商务印书馆版。

⑦ 《清高宗实录》卷481,中华书局1985年影印《清实录》第15册,第24页。

⑧ 傅恒:《西域图志》卷首1,《准噶尔全部纪略》。

⑨⑩　祁韵士:《皇朝藩部要略》卷12,《厄鲁特要略四》。

⑪ 《清高宗实录》卷465,《清实录》第14册,第1029页。

⑫ 同上书,卷 474,《清实录》第 14 册,第 1129 页。

⑬ 关于此次战役清军收降人众,诸书记载不一。祁韵士《皇朝藩部要略》卷 12 说"五千余人",魏源《圣武记》卷 4 则说"七千余人",傅恒《西域图志》卷 22 又说"六千五百人",俱不取。此处依据《平定准噶尔方略》正编卷 13,乾隆二十年六月丙午条。

⑭ 同注⑨。

喇嘛达尔扎

蔡家艺

喇嘛达尔扎,又称喇嘛达尔济,号额尔德尼喇嘛巴图尔洪台吉,生于雍正四年(1726年),卒于乾隆十七年十一月二十七日(1753年1月1日)。他是卫拉特蒙古准噶尔部首领噶尔丹策零庶长子,因其母出身卑微,被剥夺了继承汗位的权利,而由昆弟策妄多尔济那木扎勒袭位。

策妄多尔济那木扎勒嗣位时,虽然年仅十三岁,但性格却很暴虐,"恣睢狂惑",①"日以杀狗为戏"。②其姊鄂兰巴雅尔(一译乌兰巴雅尔)"每以善言相劝,禁其淫乱"。及长,则不听约束,谓其姊"欲效俄罗斯自立为扣肯汗",将其拘系,"并杀戮多宰桑"。③策妄多尔济那木扎勒自知凶暴淫乱,为众所不服,而可代伊"立为台吉者,惟喇嘛达尔扎一人"。④于是便托言至沙喇伯勒行围,欲于行围时乘势将其杀害。鄂兰巴雅尔之夫赛音伯勒克,与伊犁宰桑厄尔锥音、衮布、鄂勒吹鄂罗什瑚、巴哈曼集等因不满其肆虐,则企图利用其外出行围时将伊擒拿,别立喇嘛达尔扎为汗。小策凌敦多布之子达什达瓦侦得其谋,潜遣人往告策妄多尔济那木扎勒。策妄多尔济那木扎勒接到报告,决定先发制人,聚兵擒厄尔锥音。衮布等引兵反击,将厄尔锥音救回,擒策妄多尔济那木扎勒及达什达瓦,拥喇嘛达尔扎"坐床"。

喇嘛达尔扎取得政权后,为了巩固自己统治地位,杀策妄多尔济那木扎勒、达什达瓦,散其部众。但他因系庶出,为准噶尔诸台吉所不服。大策凌敦多布孙达瓦齐与辉特台吉阿睦尔撒纳为推翻喇嘛达尔扎,密谋立噶尔丹策零幼子策妄达什。⑤喇嘛达尔扎察觉后,杀策妄达什,并"疑达瓦齐有反意,欲诱往伊犁加害"。⑥达瓦齐作贼心虚,惧不敢往,便与杜尔伯特台吉达瓦,辉特台吉阿睦尔撒纳、沙克都尔,和硕特台吉班珠尔等商议,谋内徙投奔清朝政府。达什、沙克都尔将商议之事密告喇嘛达尔扎。喇嘛达尔扎遣宰桑鄂什尔、索诺木二人率兵往擒。达瓦齐自知不敌,偕阿睦尔撒纳、班珠尔遁入左部哈萨克。喇嘛达尔扎立刻进行报复,将阿睦尔撒纳部众一部分散分给各鄂拓克宰桑,一部分拨给沙克都尔;把达瓦齐家眷拘至伊犁看守,又令赛音伯勒克、讷默库济尔噶尔率兵三万⑦追击。

在粉碎达瓦齐和阿睦尔撒纳等的颠覆活动的同时,喇嘛达尔扎为了取得清朝政府的支持,他先后遣尼玛和图卜济尔哈朗等进京朝贡,积极维护与清朝政府的隶属关系。乾隆十七年(1752 年),又令宰桑额连胡里等二百人,驱牛一千多只,羊七万余只,马一千二百多匹到肃州互市,促进准噶尔同内地的政治、经济交流。为了宏扬佛教,他还要求清朝政府准其遣人进藏熬茶,延请德行高深喇嘛到准噶尔讲经布教。清廷因准噶尔内乱迭起,而西藏又逢珠尔默特那木扎勒叛乱刚平定,没有应允。

喇嘛达尔扎掌握准噶尔政权时,仍继续奉行噶尔丹策零统治时期的抗俄政策。乾隆十六年(1751 年),当他获悉沙皇俄国企图乘准噶尔政权更迭,继续派人向准噶尔边区扩张和掠夺时,他不顾当时内政和外交上所面临的严重困难,坚决派人到彼得堡,强烈要求沙俄政府将建造在额尔齐斯河和鄂毕河上游要塞拆毁,重申额尔齐斯河和鄂毕河上游两岸土地为准噶尔部辖地,"那里的居民也是卫拉特的臣民"。⑧沙俄政府知道他不甘心屈服其统治,于是把他视如寇仇,而对其政敌达瓦齐和阿睦尔撒纳则极力加以拉拢,"以便在他们的帮助下加强俄国在准噶尔的势力"。⑨

　　以赛音伯勒克和讷默库济尔噶尔为首的准噶尔军队,在哈萨克草原东征西讨,跟踪追击阿睦尔撒纳和达瓦齐,给哈萨克族人民造成巨大损失。左部哈萨克汗阿布赉(实际上他当时只是一个苏丹)惧,谋将达瓦齐等送出。达瓦齐得讯,偕阿睦尔撒纳和班珠尔等潜回塔尔巴哈台,杀辉特台吉沙克都尔,招集流亡,简选精兵一千五百名,昼伏夜行,径趋伊犁。喇嘛达尔扎闻,遣宰桑图鲁库、乌克图、鄂什尔、博第等四人挑兵迎战。兵未集而达瓦齐、阿睦尔撒纳等已至。图鲁库及乌克图弃甲投降。鄂什尔和博第被杀。

　　由于消息被严密封锁,喇嘛达尔扎对上述情况全无了解,照旧日夜宴饮,笙箫歌舞。达瓦齐和阿睦尔撒纳乘其不备,于十一月二十七日凌晨突袭其帐,将其杀害,时年二十七岁。

注:

①　魏源:《圣武记》卷4,《乾隆荡平准部记》。

②　《平定准噶尔方略》前编卷52,乾隆十五年九月辛酉。

③　傅恒:《西域图志》卷首1,《准噶尔全部纪略》。

④　《清高宗实录》卷373,中华书局1985年影印《清实录》第13册,第1119页。

⑤　《平定准噶尔方略》前编卷54,乾隆十八年七月丁丑。关于谋立策妄达什事,诸书说法,略有出入。傅恒《西域图志》卷首1《准噶尔全部纪略》说是班珠尔和阿睦尔撒纳,而魏源《圣武记》卷4《乾隆荡平准部记》云是"大、小策零两部裔",意指达什达瓦和达瓦齐。说达什达瓦参加拥立策妄达什,显然是讹误。因为喇嘛达尔扎上台以后,就已将达什达瓦处决了,怎能又参与拥立策妄达什的活动呢?据我看,参与这一活动的主

要是达瓦齐和阿睦尔撒纳。当然也不排斥班珠尔参加。

⑥ 《平定准噶尔方略》前编卷 54,乾隆十八年八月甲辰。

⑦ 中国第一历史档案馆藏《满文月折档》,乾隆十八年七月十六日乌巴什供词说是"三千"。椿园《西域记》卷 5 和昭梿《啸亭杂录》卷 3 则说是"六万"。这里主要是根据《平定准噶尔方略》前编卷 54。

⑧ 兹拉特金著,马曼丽译:《准噶尔汗国史》,商务印书馆 1980 年版,第408 页。

⑨ 瓦西里耶夫著,徐滨、许淑明译《外贝加尔哥萨克史纲》商务印书馆1979 年版,第 2 卷第 83 页。

珠尔默特那木扎勒

蔡家艺

珠尔默特那木扎勒，号达赖巴图尔，生年不详，乾隆十五年十月十三日（1750年11月11日）逝世。

珠尔默特那木扎勒是郡王颇罗鼐次子，少以尚武、好骑射，处事果断，"能胜弹压"，①深得颇罗鼐宠爱。乾隆十一年（1746年），经颇罗鼐呈请，被确认为郡王位继承人。次年，颇罗鼐病逝，诏令袭爵。清朝政府以其年轻，恐众心不服，且因扎克巴达颜故（其父曾疑扎克巴达颜暗中作咒），与达赖喇嘛构隙，使驻藏大臣留心体察，导其任用颇罗鼐旧臣，监督并帮助其处理藏务。

珠尔默特那木札勒在其父荫庇下，虽然得以荣嗣王爵，并获总理西藏政务重职，但却是个性格贪婪、横暴，举止恣肆之人。他掌理藏政后不久，就背弃父训，不恪遵臣职，"以驻藏大臣不便于己"，②要求清朝政府撤走驻藏官兵，阴谋独揽西藏政权。曾先后两次诡称准噶尔军侵袭西藏，遣兵备喀喇乌苏，迁徙达木藏族百姓，欲与策妄多尔济那木扎勒建立联系，发动叛乱。只因策妄多尔济那木扎勒"恣睢狂惑"，③不得人心，自顾不暇，阴谋才没有得逞。

此后，他又借兴黄教之名，要求派色拉、布赍绷、噶勒丹庙喇嘛到云南中甸布教，企图排斥在当地传教的红帽派喇嘛。清朝政府烛其谋，坚决拒绝。乾隆诏谕指出：此事"不过借兴黄教之名，欲多辖人众,希图收税射利,……于议覆时,以中甸地方行教已久,番众相安,毋庸另遣喇嘛前往"。④

珠尔默特那木扎勒虽然年轻,但却喜欢别人奉承。他对那些拍马奉迎、谄媚之辈,总是津津乐道;而对好言相劝者,则任意加以谩骂、侮辱。即使对其岳丈策凌旺扎勒,妹夫班第达⑤等也是如此。据说有一次外出狩猎,策凌旺扎勒因没有射获猎物,珠尔默特那木扎勒便瞄准他射箭,射中他的马脖子,鲜血直流。接着又射一箭,把策凌旺扎勒的年轻奴仆彭措敦朱射死,以此取乐。班第达因看不惯其放纵生活,彼此不睦,珠尔默特那木扎勒便将其幼子带走,作为人质,横加迫害。

珠尔默特那木扎勒的所作所为,在西藏僧俗中间引起了强烈不满,但敢怒不敢言。驻藏副都统纪山"恐日久众怨愈深,达赖喇嘛亦不能忍,致生事端",恳请清廷谕珠尔默特车布登往拉萨,"协同办事,以分其权。并将达赖喇嘛自藏移至泰宁安驻"。⑥清廷虽然知道珠尔默特那木扎勒"断不能如伊父颇罗鼐之安静奉法","必自速厥辜",⑦但因当时正锐意平定金川,无暇顾及藏务,因此只令纪山留心察看,注意防患。复令傅清至藏,协同办事,以应缓急。

由于清朝政府没有及时采取强有力措施,制止其狂悖行动,结果使珠尔默特那木扎勒更加为所欲为。为了铲除异己,他首先把矛头指向自己的长兄。他知道,车布登虽然在其生病时给他让过王爵,但他不相信拥有兵力而久经战阵至今仍坐镇阿里的车布登,今后还会继续支持他。因此,他总是处心积虑地对车布登进行迫害。他罗织罪名,谎称珠尔默特车布登"与伊素不相合",欲残害他所补放"阿里克喇嘛寺中谛巴果弼奈",抢夺其"买卖人货物,用兵把守通藏要路,声言欲来西藏"。接着复伪言车布登征取伊驻防阿里克地方之果弼奈等,派兵掠夺其马匹。阴谋欺骗清朝政府,为其进军阿里，杀害车布登制造舆论。

　　清朝政府最初虽意识到珠尔默特车布登"并无蠢动端倪"，珠尔默特那木扎勒为人暴戾，有"思构衅兴兵，以陷害其兄"之可能，可是由于昧于实情，不敢贸然采取行动，只好一面令纪山派人往阿里察车布登虚实，一面又劝谕珠尔默特那木扎勒"用心保守地方，不可滋事"，待纪山派人令伊兄来藏，"分剖明白"，⑧想为其兄弟解除纠纷。其实，这是受其谎言蒙蔽所致。

　　珠尔默特那木扎勒见清朝政府一时难以识破其奸谋，于是又佯称车布登"举兵七百，直取锡可尔城，渐侵至藏"，⑨并在这种烟幕掩护下，暗中派人进入阿里，将车布登杀害。

　　因杀害车布登是在严密封锁下进行的，清朝政府开始并不清楚。珠尔默特那木扎勒担心叛迹暴露，又伪疏其兄病死，呈请为之办理丧事，"养育伊兄子珠尔默特旺扎勒"。还假惺惺地表请"察议伊罪"，⑩软硬兼施，诱使达赖和班禅为车布登诵经。为了骗取人们相信，他甚至在拉萨亲自为其主持超度法会，并于会后举行丧宴。

　　仅将车布登杀死，珠尔默特那木扎勒还不放心，不久又把魔爪伸向他的两位侄子，企图斩草除根。他亲自出马带领仆从，先擒杀彭错旺波（一作朋索克旺布），接着又追寻珠尔默特旺扎勒。珠尔默特旺扎勒因在听到风声后，逃往扎什伦布寺，依班禅额尔德尼为喇嘛，结果才幸免于难。

　　由于珠尔默特那木扎勒的骚乱，最初一直是受兄弟间的纷争所掩盖，因此清朝政府，特别是乾隆个人对其真正目的及其实质在相当长时间内都不很清楚。及至车布登死后，乾隆还说"而谓其将有异谋，诚过虑也"。认为"伊身为藏主，操生杀而擅富贵，俸赐所颁，贸易所入，岁获重赏，而且倚藉中朝声势，众蒙古皆与往来，可得厚利，伊更何所贪图希冀？"因此他主张，"惟当镇静持重，听其自行自止"。[11]其实,不是别人"过虑",而是乾隆自己"欠虑"。因为珠尔默特那木扎勒在车布登死后,非但没有停止其叛乱活动,而且变本加厉,把矛头直接指向清朝政府了。

珠尔默特那木扎勒为了实施其与清朝政府分庭抗礼的目的,他先是令其子驻扎阿里,不久又在西藏地方政权机构中进行清洗,将第巴隆布赞等,"诬构抄没,分给亲爱之人"。[12]对颇罗鼐、珠尔默特车布登所信用的人,实施杀害、抄没、罢革。又潜遣人到萨海、工布等地调遣军队、大炮和火药,密告其属下"已设计撤回汉兵四百余名,其余若不知机早回,必尽行诛灭。[13]暗令心腹坚参扎锡等通款准噶尔,求其秘密派军队携带枪炮到西藏,"作为当地的游牧民,登记入官方户籍,伺机而动"。[14]此外,复屯兵达木草原,以备缓急。

驻藏大臣傅清及随后奉命进藏接代纪山的拉布敦,见珠尔默特那木扎勒叛迹已彰,驰疏告警:"珠尔默特那木扎勒,现在调兵防阻,有谋为不轨之意"。建议乘其自打克萨地方返回拉萨之时,即将其"擒拿",[15]以防患于未萌。乾隆初不同意傅清等的意见,后经思之再三,才不得不表示,"此事看来势不容已,自应擒获,明正其罪",[16]允许傅清和拉布敦相机行动,并将傅清等奏折寄与策楞和岳钟琪阅看,先期预备兵丁往会。

清廷的复谕还没有发出,珠尔默特那木扎勒却突然从外地返归拉萨。傅清和拉布敦知道,若不当机立断,及早将其剪除,后果将难以想象。于是他们决定不等复示,立刻采取行动,派人告其至通司岗议事。当珠尔默特那木扎勒带领随从四、五人往驻藏大臣衙门通司岗时,傅清和拉布敦遂将其击杀。

注:

①　祁韵士:《皇朝藩部要略》卷18,《西藏部要略二》。

② 魏源:《圣武记》卷 5,《国朝抚绥西藏记下》。

③ 同上书,卷 4,《乾隆荡平准部记》。

④ 《清高宗实录》卷 343,中华书局 1985 年影印《清实录》第 13 册,第 753 页。

⑤ 班第达为康济鼐兄噶锡鼐次子,乾隆四年袭其兄噶锡巴纳木扎勒色布腾辅国公位。

⑥ 《清高宗实录》卷 351,《清实录》第 13 册,第 842 页。

⑦ 同上书,《清实录》第 13 册,第 844 页。

⑧ 《清高宗实录》卷 354,《清实录》第 13 册,第 890 页。

⑨ 《清高宗实录》卷 357,《清实录》第 13 册,第 922 页。

⑩ 《清高宗实录》卷 358,《清实录》第 13 册,第 938 页。

⑪ 《清高宗实录》卷 364,《清实录》第 13 册,第 1011 页。

⑫ 《清高宗实录》卷 372,《清实录》第 13 册,第 1110 页。

⑬ 《平定准噶尔方略》前编卷 52,乾隆十五年十一月甲寅。

⑭ 伯代克著,周秋有译:《十八世纪前期的汉藏关系》第 269 页,1987 年西藏人民出版社。

⑮ 《清高宗实录》卷 374,《清实录》第 13 册,第 1130 页。

⑯ 《清高宗实录》卷 375,《清实录》第 13 册,第 1140 页。

布拉呢敦　霍集占

蔡家艺

布拉呢敦，一译博罗尼都、布那敦、布尔罕尼丁，号大和卓木，新疆维吾尔族人，喀什噶尔和卓玛罕木特长子，生年不详，卒于乾隆二十四年（1759 年）。

霍集占，号小和卓木，和卓玛罕木特次子，布拉呢敦胞弟，生年不详，卒于乾隆二十四年。

布拉呢敦、霍集占父玛罕木特，原为新疆白山派首领。策妄阿拉布坦统治西北地区时，因谋背准噶尔自立，被擒押伊犁，因于阿巴噶斯鄂拓克，并移属民数十户为之耕种。布拉呢敦兄弟，皆在伊犁出生。玛罕木特死后，兄弟二人仍被当作人质拘伊犁，"使率回民数千垦地输赋"。①

乾隆二十年（1755 年），清军征达瓦齐，布拉呢敦、霍集占率众迎降。时天山南路为"黑山派"统治，清朝政府为抚有南疆，释布拉呢敦归叶尔羌，"俾统其旧属"，②而令霍集占居伊犁，抚其旧有部众。布拉呢敦经阿克苏、乌什向喀什噶尔和叶尔羌进军。布拉呢敦一路上由于打着清军旗号，军事进行得很顺利。阿克苏的驻军未经战斗就宣布投降。接着又在乌什受到当地百姓的欢迎。黑山派首领建议双方停止敌对行动，联合起来进攻伊犁，但没有取得成功。布拉呢敦轻而易举地夺取了喀什噶尔。

在进军叶尔羌时，布拉呢敦遇到了抵抗。他采取先礼后兵策略，在未出师前，先以清朝政府名义，促其归服。但当地首领扎干（加罕）和卓答复说，作为一个伊斯兰教的统治者，除了宗教战争外别无选择。布拉呢敦闻报，派人包围叶尔羌，并收买了叶尔羌的伊沙噶伯克和哈孜伯克作为内应。当黑山派群众从城里出击、即将取得胜利时，阴谋者立刻扔掉旗帜，向后逃跑。扎干和卓惨败，大部分反抗者被捕处死。

布拉呢敦在收服天山南路之初，并无自立于清朝政府的打算，而是思"欲安集各城，听候大皇帝谕旨"。③乾隆二十一年（1756年），霍集占逃往叶尔羌、喀什噶尔，鼓动布拉呢敦发动叛乱。声言"甫免为厄鲁特役使，今若投诚，又当贡纳，不若自长一方，种地守城，足为扞御"。④布拉呢敦初虽不同意，曾言"我兄弟……荷蒙天恩释放，仍为回部头目，受恩深重。尔若有负天朝，任尔自为，我必不能听从。"⑤但是经不起霍集占的一再相劝，遂助其肆逆。定边右副将军兆惠风闻，令副都统阿敏道前往招服。阿敏道等抵库车，霍集占闭城拒之，诡称惧为厄鲁特人所害。阿敏道令随军厄鲁特兵撤退，留索伦兵百人扈从。霍集占将其拘禁。库车城伯克呼岱巴尔氏、伯克尼雅斯探知霍集占欲谋杀阿敏道，暗行通信。阿敏道等步行脱出，杀看守三十余人。霍集占遣三百人追击，将阿敏道等一百多人尽行杀害，自称巴图尔汗。

布拉呢敦、霍集占政权，是宗教农奴主反动政权。他们任意苛剥百姓，侵占土地，攫取重额租税，残酷镇压人民反抗。库车阿奇木伯克鄂对、拜城阿奇木伯克噶岱默特、阿克苏伯克色提巴尔第等恐其加害，皆弃家逃往伊犁，投奔清军。

布拉呢敦、霍集占公开叛乱后，清朝政府授雅尔哈善为靖逆将军，额敏和卓为参赞大臣，率兵万人往讨。二十三年（1758年）五月,师围库车。两和卓木令阿卜都克勒木自阿克苏进援被败,霍集占复亲率兵五千驰救,也被败。库车依冈建城,以柳枝沙上密筑而成,炮攻不能入。提督马得胜请穴地破城。隧道成,霍集占引城内沟水灌隧,清军死者无数。围攻久,城内乏食,霍集占知难以久守,谋脱逃。鄂对"以世居悉形胜",⑥提议派兵屯鄂根河(渭干河),堵其溃窜之路。雅尔哈善刚愎自用,不听劝告。霍集占乘清军不备而遁。清军破库车,一无所获。诏革雅尔哈善职,别委兆惠代领兵进征。

　　霍集占逃出库车后,径奔阿克苏,阴谋招集拜城、叶尔羌、阿克苏、乌什维吾尔族百姓再援库车。但当其哨探人员望见清军行尘时,立刻被吓退,被迫仍回阿克苏。阿克苏人恶其肆虐,闭门拒绝。霍集占恼羞成怒,于八月十七日率兵攻城。城中居民鸣枪还击,杀其部众十余人。霍集占无处安身,被迫逃往乌什。乌什伯克霍集斯"阴约乌什诸头目欲延霍集占入饮",⑦乘势将其擒执。霍集占疑其诈,不敢赴宴,挈众走喀什噶尔,与布拉呢敦约定,霍集占据叶尔羌,布拉呢敦据喀什噶尔,"各守一城,相为声援"。⑧图谋负隅顽抗。

　　兆惠知霍集占窜走叶尔羌,率众四千追击,经阿克苏、乌什,沿途招服南疆各城伯克。又令鄂对抚和田,使霍集斯随清军进兵。复据霍集斯建议,经巴楚进军叶尔羌。霍集占为防御清军进攻,实行"坚壁清野,割田禾欲民入城",而"于近城东北五里掘濠筑土台",⑨妄图以持久战与清军相抗。

　　十月六日,清军抵叶尔羌,屯兵于城东,以两翼兵先夺其高台。霍集占从东、西、北三门各出精锐数百骑冲击,三战皆北。叛军退入城内固守。叶尔羌城四面有十二门,兆惠恐兵寡而城大,不敢轻意进攻。但谍知其牧群在城南英峨奇盘山下,遂令副都统爱隆阿领兵

八百扼喀什噶尔来路,阻其援军,而自率师临葱岭南河为阵,谋夺
其畜群。葱岭南河,维吾尔族人称喀喇乌苏,意谓"黑水"。十月十
三日,兆惠督兵千余骑往攻,方渡四百名而桥断。霍集占乘势挥师
围攻。清军且战且退。总兵高天喜、参赞大臣鄂实、副都统三格俱
战死。清军因缺马匹,无法冲杀,掘濠筑垒固守。霍集占知一时难
以取胜,也筑垒相持。

　　布拉呢敦获悉清军进攻叶尔羌,自喀什噶尔率领骑兵三千,步
兵二千增援。十月二十二日,叛军决渠水灌清军军营,又挖沟潜伏,
阴谋进行偷袭,但为清军所粉碎。当时避乱于布鲁特地区的和卓木
近族额尔克和卓(额色尹),听说清军于叶尔羌与两和卓木交战,便
与其侄图尔都及布鲁特呼什齐鄂拓克纳喇巴图领兵攻喀什噶尔、
英吉沙尔诸地。布拉呢敦、霍集占疑布鲁特与清军有约,不免有所
畏惧,遂遣所属及厄鲁特兵各一人致函兆惠,请求议和,但被拒绝。

　　清朝政府获悉兆惠于"黑水"被围,命舒赫德、富德率军往援。
富德自乌鲁木齐起程,于十二月十六日抵阿克苏。霍集占闻清军援
兵至,复猛攻"黑水营"。富德挥师急进,于次年正月六日抵呼尔璊。
布拉呢敦、霍集占领兵五千迎战。战斗非常激烈,持续五天四夜。正
当双方打得难解难分之际,参赞大臣阿里衮督解马匹前来。清军
"横张两翼,大呼驰薄"、"直压'贼'垒"。⑩叛军被杀千余人,伤者无
数。布拉呢敦胁中鸟枪,由部下抬入城内,不久偷偷逃回喀什噶尔。

　　当富德督军与霍集占等进行激战时,被围于黑水的兆惠军听
到枪炮声,知援兵已到,即选精兵千名,架设云梯,奋力冲击,焚叛
军营垒,杀死杀伤大量敌军。霍集占抵挡不住,被迫解围。清军为
了休整,暂归阿克苏。

　　在兆惠于黑水被围时,霍集占曾派人进攻和田。鄂对偕和田诸
伯克奋力堵御。黑水围解,富德率军抵和田,使和田形势重趋稳定。

　　呼尔璊战斗以后,布拉呢敦因伤遣人与霍集占计议投降。霍集占不同意。为了寻找退路,两和卓木分别派人到浩罕和巴达克山活动。霍集占还把家眷、行李预先迁到叶尔羌西面羌呼勒之赫色勒塔克(今阿克陶、塔什库尔干与莎车三县交界处),以便在清军占领叶尔羌时能尽快逃走。

　　经过数月休养生息,二十四年(1759年)六月,清军分兵两路,进征喀什噶尔和叶尔羌。每路军各一万五千人。一路由兆惠率领,经乌什取喀什噶尔,另一路由富德率领,由和田取叶尔羌。布拉呢敦和霍集占犹如惊弓之鸟,惶惶不可终日。一面四出劫掠,焚烧街市,勒索粮马财物,一面又强迫当地居民跟其一起逃走。六月二十七日,布拉呢敦由玉鲁克岭(今疏附西南尤鲁克巴什)逃遁。闰六月二日,霍集占由伯克霍罗木渡口潜往羌呼勒。兄弟会齐后,便一起往巴达克山方向逃去。

　　巴达克山,又称拔达克山,在喀什噶尔和叶尔羌西南六百余里,"有城廓,部落繁盛,户十万有奇"。"其国负山险,扼葱岭之右,颇擅形势"。⑪清军悉其行踪,跟踪追击。当叛军抵色勒库勒时,部下诸伯克突然反对往巴达克山,而欲赴安集延。二论相左,一时未能成行。闰六月二十八日,清军前队参赞大臣明瑞于霍斯库鲁克岭(意谓双耳山)与叛军相遇。霍集占军约六千人(一作三千人),依山成列,据高临下。清军针对其军多为被裹胁百姓,在奋力仰攻的同时,又大声传谕:倘擒获和卓木兄弟,"必加恩赏",以瓦解敌军。双方交战三个时辰。霍集占恃其人众,分队合围。清军利用地形设埋伏,把叛军打得大败。

　　两和卓木在霍斯库鲁克岭败退后,立刻逃往阿尔楚尔(阿尔楚勒),企图利用阿尔楚尔的有利地势钳制清军。霍集占令驼载先行,而伏兵于两山之间,别以少数兵力于谷口列阵,引诱清军,欲俟清军至，聚而歼之。但是，清军并没有采取先前那种猛打猛冲策略，而是根据形势，决定以健锐营为中军遥攻中坚，别分兵为两翼出奇兵夺据山岭。七月九日，两军接仗，霍集占军迅速土崩瓦解，部众被杀者千余人，还损失了大量枪炮器械。

阿尔楚尔之战，使叛军受到了一次沉重打击，两和卓木无奈，率残众走伊西洱库尔淖尔（叶什勒池）。伊西洱库尔淖尔地接巴达克山界，山高石危，地势险要，"缘边仅容单骑"。⑫布拉呢敦率众先据山岭，为潜逃作准备。霍集占领兵万余阻绝淖尔隘口，以拒清军。其辎重、家口或由山后攀援上山，或拥挤于淖尔沿岸。副将军富德令阿里衮、达尔党阿等领兵五百于淖尔以西通拔达克山要隘堵截，令伊柱、鄂博什、温布、巴图济尔噶尔等领兵八百在山后截击，而自率巴禄、明瑞、阿桂等领马步兵千余名，从正面仰攻。叛军初犹死战，后富德令前锋参领喀木齐布、厄鲁特侍卫齐里克齐等领枪炮手四十，并少数步兵，缘山北颠俯击之，又令霍集斯、鄂对、阿什默特等树回纛高呼谕降。在清军强大的军事和政治攻势下，叛军逐步动摇。及至天黑，便有"数千人率其家口、驮载，同声愿降，从山奔下"。⑬霍集占于山头拦阻，甚至枪杀威胁，全不济事，归降者越来越多。霍集占束手无策，夺取马匹，黄夜逃往淖尔北山，与布拉呢敦会合后狼狈逃窜。清军收其降众一万二千余人，军器二千余件，驼骡牛羊万余只。

布拉呢敦、霍集占叛逃后，清朝政府立刻行文巴达克山素勒坦沙，谕其将逃犯缉拿归案。接着又派萨穆坦前往交涉。霍集占因沿途劫掠，遭到巴达克山衮都村、锡克南村等地酋长的截击。在阿尔浑楚哈岭与巴达克山素勒坦沙也交战数次。七月二十六日，萨穆坦等抵素勒坦沙所居城池，并于次日与素勒坦沙会见，告以情状。素勒坦沙邀约霍集占兄弟进城。七月二十八日，布拉呢敦应邀往见。

而霍集占则纠众于城外声言须将清朝政府"使者"交出，方情愿为其臣民。素勒坦沙严词拒绝。霍集占见要求无法实现，率众抢掠村庄。素勒坦沙怒其无理，将布拉呢敦擒执，又领兵数千围困霍集占所据山岗。将霍集占擒获。不久两人俱被处死。布拉呢敦因尸体被盗未见，而霍集占首级则被献于清廷。延续数年之久的大小和卓木叛乱至此宣告平息。

注：

① 魏源：《圣武记》卷 4，《乾隆戡定回疆记》。

② 傅恒：《西域图志》卷首一，《平定回部告成太学碑文》。

③ 椿园：《西域记》卷 6，《布拉呢敦霍集占叛亡纪略》

④ 《平定准噶尔方略》正编卷 58，乾隆二十三年七月庚寅。

⑤ 同上书正编卷 33，乾隆二十一年十月丙子。

⑥ 祁韵士：《皇朝藩部要略》卷 15，《回部要略一》。

⑦ 和宁：《回疆通志》卷六，《霍集斯列传》。

⑧ 《平定准噶尔方略》正编卷 63，乾隆二十三年十一月戊子。

⑨⑩ 同注①。

⑪ 傅恒：《西域图志》卷 46，《藩属三》。

⑫ 松筠：《新疆识略》卷首。

⑬ 《平定准噶尔方略》正编卷 77，乾隆二十四年八月辛丑。

玛 木 特

蔡家艺

　　玛木特,一作祃木特,因号库克新,故又称库克新玛木特,生年不详,卒于乾隆二十一年(1756年)。

　　玛木特初为准噶尔扎哈沁宰桑,游牧于布拉罕及察罕托辉左近。他是一位智勇双全、历经战阵的准噶尔将领。雍正八年(1730年),曾奉噶尔丹策零派遣,领兵二万,侵袭清军科舍图卡伦,盗赶驼马,与总兵官樊廷、副将冶大雄等激战七昼夜,后被败。

　　玛木特也是一位有卓越外交才干的官员。在噶尔丹策零和策妄多尔济那木扎勒统治时,他曾多次受命带领跟役到北京向清廷贡马匹、貂皮等物。乾隆十二年(1747年),还充当了策妄多尔济那木扎勒进藏熬茶"使团"的首领,带领跟役、喇嘛三百余人到拉萨和日喀则等地布施,受到西藏郡王珠尔默特那木扎勒等的盛情接待。

　　乾隆十八年(1753年),准噶尔部内乱,各部封建主彼此互相杀掠。杜尔伯特部三车凌,即车凌、车凌乌巴什、车凌蒙克不忍骨肉相残,率部内附。玛木特奉达瓦齐之命,率众二万余人,由博尔济河追入喀尔喀界内。清廷谕定边左副将军成衮扎布将其弋获。成衮扎布恐陆续来降人众,"反致游移观望",①纵之归。诏命副都统达清阿率众征讨。达清阿设伏于途,诱其来会,然后擒执之。清廷因玛木特"并无抗拒情形",令将其释放,"赏给路费"。②

　　玛木特返归准噶尔后,正值达瓦齐与阿睦尔撒纳争战,打得难解难分。他便带领准噶尔及乌梁海兵八千,协助达瓦齐夹攻阿睦尔撒纳,拘阿睦尔撒纳兄及其亲子。阿睦尔撒纳怨,率众投奔清廷后,疏请派大军击扎哈沁。清廷以扎哈沁近汛界,令萨喇尔率众逐于阿尔泰山以西。会天寒,大雪缤纷,难以驰驱,无法成行。玛木特感念清廷"不杀恩",且"达瓦齐不足事,阴有归志"。③

　　时有准噶尔宰桑,号通玛木特,游牧于诺海克卜特尔,位于布拉罕、察罕托辉下游,近索勒毕岭。玛木特谋往掠通玛木特,然后率众款关内附。通玛木特察觉后,先发制人,潜遣兵擒执之。萨喇尔时招抚乌梁海,侦悉其事,引兵密往乌兰山阴,突袭通玛木特驻牧地。通玛木特兵败被擒。玛木特将实情告知萨喇尔,请内附,并令扎哈沁得木齐招抚本部六百余户内徙。清朝政府鉴其诚悃,授为内大臣,赐御前行走,封其子车凌达什三等侍卫;封通玛木特为散秩大臣,乾清门行走。

　　杜尔伯特三车凌、阿睦尔撒纳及玛木特等相继内附,坚定了清朝政府统一西北地区的决心,"定议明秋大举,直捣伊黎。"玛木特和阿睦尔撒纳以为"塞外秋弥时,我马肥彼马亦肥,不如春月,乘其未备,且不能远遁,可一战禽(擒)之,无后患,"力主春天出兵。又提议,准部东境额尔齐斯河,"本杜尔伯特原屯地,近接阿尔泰山,可屯田备饷,宜先遣兵万人据形势,而大兵二万继进。"④清朝政府因他们皆准噶尔"渠帅",谙知准噶尔情况,于是决定采纳其建议,将出师时间改于明年春天。

　　乾隆二十年(1755年)二月,清军议自巴里坤和阿尔泰两路出师。以班第为定北将军,阿睦尔撒纳为定边左副将军,出北路;永常为定西将军,萨喇尔为定边右副将军,出西路。别以色布腾巴尔珠尔、成衮扎布、玛木特等为北路军参赞大臣;以班珠尔、扎拉丰阿、鄂容安、杜尔伯特三车凌为西路军参赞大臣。两副将军各领前锋三千先进，将军、参赞继之。玛木特与阿睦尔撒纳共处久，熟知其品性、为人，于出师前密疏上奏，说阿睦尔撒纳反复无常，阴狙狠戾，"虽降不可命往，往必为殃"。⑤清廷时在用人之际，遂以"不逆诈"谕之。

因玛木特习知准噶尔情事，清廷欲令其与阿睦尔撒纳先行。阿睦尔撒纳潜告色布腾巴尔珠尔，说"玛木特非倾心降，不可信。今哨探兵以扎哈沁从，恐漏师，不如令在后队"，企图把玛木特及其从众挤出前锋营。乾隆洞悉阿睦尔撒纳图谋，一针见血地指出，"玛木特老成习事，故令之先行。若停其前往，是滋疑也。阿睦尔撒纳以玛木特掠其属，与之隙，故不愿同往。朕用人期益事，岂以他人言为从违乎？"⑥给了阿睦尔撒纳以有力驳斥。为了防止他们在军中彼此闹意气，乾隆告诫班第，切勿互相猜忌。不久，复授玛木特为扎哈沁总管，以喀喇巴图鲁阿玉锡为翼领。会包沁宰桑阿克珠勒率众内附，清廷授阿克珠勒为包沁总管，使玛木特兼领之。又定扎哈沁赋税，皆如准噶尔时旧例。

五月，清军抵伊犁。玛木特以行军作战赞画有功，获三等公爵，被赐号"信勇"，得双眼孔雀翎，四团龙服。达瓦齐就擒后，清军分路班师，扎哈沁兵三百名仍归旧牧。班第令玛木特回阿尔泰后兼辖扎哈沁、包沁牧。玛木特将行，适身体生病，请暂于伊犁治疗。但玛木特病未痊愈，阿睦尔撒纳及其党羽克什木已相继反叛。玛木特率脱归牧侍从自卫，与叛军进行搏斗，终因力弱势孤，为叛党哈丹所擒。哈丹劝其从叛，玛木特严词拒绝，同哈丹等人进行斗争。哈丹旧亦系准噶尔宰桑，知自己难以说服玛木特，便在阿睦尔撒纳返回伊犁后，将其交与阿睦尔撒纳处置。

尽管阿睦尔撒纳对玛木特助达瓦齐掠其牧一直心怀妒恨，但玛木特是噶尔丹策零时期骁将,在广大准噶尔人民中有一定影响,因此当阿睦尔撒纳见到玛木特后,还是伪装出友好的面孔说:"准噶尔与天朝疆域殊异,尔欲内向何也。不如归我,当善视之。"⑦玛木特对阿睦尔撒纳的伎俩早就洞若观火,因而他不仅不为其花言巧语所迷惑,还慷慨陈词,对阿睦尔撒纳的背叛行径进行严厉谴责,说达瓦齐篡乱,"圣天子讨其罪,噶勒丹策凌嗣已绝,我不内归将焉往。且天朝已擒我,不即诛,复释还,此所谓生死而肉骨也!何忍背之?"又说"圣天子待尔厚,尔乃谋逆。今既擒我,我何惧死。死则死耳!大军至,将礫汝"。⑧玛木特的凛然正气和深刻的揭露,使阿睦尔撒纳十分尴尬。阿睦尔撒纳恼羞成怒,命人将其勒死。

乾隆皇帝感其壮烈,御制《玛木特诗》吊之。诗中有"西鄙众军士,群知勇异常","被擒见撒纳,不屈气更昂"之句。⑨

注:

① 《清高宗实录》卷453,中华书局1985年影印《清实录》第14册,第910页。

② 同上书,卷455,《清实录》第14册,第930页。

③ 祁韵士:《皇朝藩部要略》卷12,《厄鲁特要略四》。

④ 魏源:《圣武记》卷4,《乾隆荡平准部记》。

⑤ 昭梿:《啸亭杂录》卷8,《信勇公》。

⑥ 《外藩蒙古回部王公表传》卷115,《传》99。

⑦ 同注⑤。

⑧ 同注⑥。

⑨ 彭元瑞:《高宗诗文十全集》卷6,王云五《丛书集成》初编本,第58,59页。

萨 喇 尔

蔡家艺

萨喇尔,也称萨赖尔、萨喇勒,生于康熙四十五年(1706年),卒于乾隆二十四年(1759年)。初为达什达瓦部宰桑,驻牧于喀喇沙尔(今新疆焉耆)等地。

乾隆十五年(1750年),喇嘛达尔扎杀其弟策妄多尔济那木扎勒,继为准噶尔部首领。达什达瓦因为策妄多尔济那木扎勒倚任,曾告发喇嘛达尔扎谋篡位,遂亦被杀。为了根除祸患,喇嘛达尔扎下令,将达什达瓦部解散,编入其余诸鄂拓克。萨喇尔不堪忍受屈辱,便乘喇嘛达尔扎不备,率属众八十一户,[①]联合被俘布鲁特二百余人,于五月二十四日晚自喀喇沙尔脱逃。中经库尔鲁克"回庄"(指维吾尔族村庄),昼伏夜行,于九月十一日经噶斯口至得卜特尔投奔清军,被安置于察哈尔,隶察哈尔正黄旗。属众被编为半佐领。

清廷以其为准噶尔大宰桑,特命为散秩大臣。喇嘛达尔扎疏请将其遣回,被拒绝。因萨喇尔"谙练行阵,熟知准噶尔性情",[②]在清朝政府统一西北地区斗争中,曾发挥了重要作用。

乾隆十九年(1754年)春,清廷议招抚乌梁海。萨喇尔奉命偕努三率兵五百名,查拿擅入喀尔喀乌梁海得木齐扎木参,复收降凌伯克、博罗特等,诏晋内大臣。尔后不久,又在乾隆支持下,

偕努三、贝子车木楚克扎布、沙克都尔扎布、青衮扎卜、恭格敦
丹等率察哈尔八旗兵由控奎路往卓克索,击乌梁海宰桑雅尔都、车
根、赤伦、察达克、图布慎等。及至,适诸宰桑徙牧额尔齐斯、阿
尔呼特等地,计划没有实现。七月,侦车根、赤伦等返回,败之
于乌兰乌苏,降其众。将撤兵,会扎哈沁宰桑玛木特移牧察罕托
辉,为通玛木特所擒,囚于诺海克卜特勒,遂自乌兰山后掩擒通
玛木特,收其户口千余,将玛木特送军营。清廷嘉其功,命世袭
子爵,迁正白旗领侍卫内大臣。

乾隆二十年(1755 年)春,清朝政府为了统一西北地区,集兵
命将,两路出师。萨喇尔被授为定边右副将军,与定边左副将军阿
睦尔撒纳各领兵三千为前锋,约期会于博罗塔拉。

阿睦尔撒纳投附清朝,目的不是为了维护祖国统一,而是想
"假手大兵,灭准噶尔后,以己为珲台吉,总管四卫拉特"。③故当其
在承德朝觐时,就极力排击达瓦齐,"备言伊犁可取状",④要求清
朝政府迅速出兵。清军还没有出师,他便以"托忒字奏请将伊游牧
移居乌里雅苏台等处",要求招降"辉特台吉属人"。阴谋为乾隆所
洞悉,指出其用意是"欲取多人占据地方之意",把平定准噶尔看成
"全为伊一人集事"。为了防患于不测,乾隆敕谕萨喇尔在进军时,
"须留心防患,慎勿任其所行",并示意萨喇尔"进兵愈速愈妥。若使
阿睦尔撒纳先进,似觉稍为未便"。⑤

根据乾隆旨谕,萨喇尔在挺进伊犁时,一直紧紧地掌握着行军
的主动权,先后招抚了扎哈沁巴哈曼济等三百余户、宰桑敦多克等
千余户、噶勒藏多尔济、衮布扎布等数千户。此外,还有吐鲁番封建
主莽噶里克,被拘系伊犁之大小和卓木等人众,克期与定北将军班
第等会合,受到清朝政府的赞扬。但是,他对清朝政府的忠诚,却招
致了阿睦尔撒纳的不满。清军抵伊犁后,阿睦尔撒纳为了挑拨清朝

政府对萨喇尔的猜忌，竟诳言准噶尔"人众欲叛，视萨喇尔如仇敌，"⑥对萨喇尔进行栽赃陷言。定北将军班第斥其言妄。

二十年（1755年）五月，清军平定达瓦齐政权后，萨喇尔以功封一等超勇公，获宝石帽顶，四团龙服。八月，阿睦尔撒纳举兵反清，发动叛乱。其党克什木、敦多卡曼济等也"蜂起为乱。"⑦时萨喇尔偕班第、鄂容安驻伊犁筹善后事宜，率兵五百力战。不敌，走崆格斯。萨喇尔见敌众我寡，心怀畏惧，遂自率达什达瓦部兵百人谋突围，被锡克锡尔格擒执。⑧阿睦尔撒纳叛党"争相索取"。⑨锡克锡尔格拒绝，囚于军中。

在萨喇尔被拘留伊犁期间，阿睦尔撒纳领兵千余名，驻屯于博罗塔拉，令巴特玛车凌、额林沁等于十一月初起程，掳掠准噶尔台吉诺尔布林沁游牧。诺尔布林沁是噶勒藏多尔济之子，向为伊犁喇嘛人等所推重。阿睦尔撒纳的行动使部分喇嘛、宰桑开始觉醒，皆言其"负恩叛逆，扰害地方"，议将其"擒献赎罪"。⑩萨喇尔获悉上述情况后，暗中与宰桑约苏图、锡克锡尔格等密商，约共擒阿睦尔撒纳自效。经过缜密研究，一致决定，由约苏图、锡克锡尔格、巴桑等率兵三千名，从博罗布尔噶苏进发，台吉诺尔布、贝奇、宰桑乌克图带兵三千向塔勒奇岭进发，令和硕特台吉诺尔布敦多克等救援，十一月九日于托和木图会集，以迅雷不及掩耳之势，向博罗塔拉发动进攻。计划本来可望实现，但由于诺尔布敦多克及萨喇尔因故未能及时赶到约会地点，加上敦多克曼济预先将密商情事告知阿睦尔撒纳，结果没有成功。

十二月十五日，萨喇尔与诺尔布敦多克、锡克锡尔格等抵伊犁诺罗斯，哈济拜牲地方，与阿睦尔撒纳相遇，双方发生激战。战斗一连进行了两天，萨喇尔等因寡不敌众被败，偕诺尔布敦多克等走吐鲁番，上疏陈述被执和与阿睦尔撒纳等作战经过，并表示要在今后继续努力为清朝政府效劳,以赎前愆。奏疏中还提及阿睦尔撒纳与噶尔藏多尔济相互火并,以及辉特台吉巴雅尔带兵至吐鲁番一带窥测动向等情况,建议调取西、北两路清军,合力擒拿阿睦尔撒纳,将其"众部落人等分别剿灭安抚"。⑪

由于萨喇尔刚脱出伊犁,把当时局势说得比较严重。因此清廷以为是他出于对准噶尔的畏惧而难其说,故对其所提供的情况并没有认真加以研究。为了给萨喇尔以精神上的安慰,乾隆先令巴里坤参赞大臣达尔党阿率兵与之会合,并令驻特讷格尔,仍授为定边右副将军。但是,他在特讷格尔还没有站稳脚根,就传来了脱出伊犁之清军侍卫巴宁阿的指控,说他在克什木等聚众骚乱时,临阵脱逃,致使留守军中的察哈尔、喀尔喀兵皆随之逃走,将军班第、参赞大臣鄂容安无人护卫,寡不敌众,不得不被迫自杀。乾隆接到巴宁阿奏报,非常恼火,言其与班第同为将军,"果势穷力绌,班第等先已身殉","其或不得已冲突而出,不识死绥之义,尚不足责,乃更首先奔窜,以致大众溃散","不能无罪",⑫下令将其解京。

萨喇尔到达北京后,陈文勤等人呈请将其处斩,以儆后人,但乾隆坚决反对。在乾隆皇帝看来,对待萨喇尔,不能与世受国恩之满汉臣僚同等论列。萨喇尔原是游牧为生的准噶尔人,归附未久,如果将其按内地惯例律令处置,未免过当。他说:"死绥之义,惟士大夫之所宜守,萨喇尔乃藩部羼臣……,未可苛加责备。"⑬由于乾隆的反对,结果被免除了死罪,诏囚于狱。

二十二年(1757年),阿睦尔撒纳在清军追击下,走死沙俄,叛乱被平息后,萨喇尔被释出狱。清廷念其在统一西北地区时所作出的重要贡献,令为散秩大臣、镶白旗蒙古副都统、乾清门行走,将从前赏给玛木特住房供其居住。不久,又擢为内大臣,封二等超勇伯。

死后,诏图形紫光阁,乾隆御制诗赞之曰:

> 彼中宰桑识时早归,
>
> 副帅以往克赞戎机。
>
> 拔身战出不忘本朝,
>
> 云胡不死责备则浇。⑭

注:

① 关于萨喇尔投奔清廷时所带户口数,昭梿《啸亭杂录》卷4《萨赖尔之叛》;魏源《圣武记》卷4《乾隆荡平准部记》;何秋涛《朔方备乘》卷4,《准噶尔荡平述略》俱作"千户"。根据中国第一历史档案馆档案:乾隆十五年十月十一日青海副都统班第奏折,其初带户口是八十一户,后因沿途失散,至得卜特尔时实存五十二户。其中五户为内地民人,准噶尔人实际仅四十七户。《清史稿·萨赖尔传》称"率所属四十七户降",是指其带到青海时的总户数,其说法与档案文献相吻合。

② 《清高宗实录》卷454,中华书局1985年影印《清实录》,第14册,第920页。

③ 祁韵士:《皇朝藩部要略》卷12,《厄鲁特要略四》。

④ 魏源:《圣武记》卷4,《乾隆荡平准部记》。

⑤ 《平定准噶尔方略》正编卷6,乾隆二十年正月戊戌。

⑥ 同上书,卷14,乾隆二十年六月甲子。

⑦ 何秋涛:《朔方备乘》卷4《准噶尔荡平述略》。

⑧ 《平定准噶尔方略》正编卷20,乾隆二十年十月甲子。关于这段史实,昭梿《啸亭杂录》卷4《萨赖尔之叛》,赵尔巽《清史稿》卷314《萨赖尔传》都说他是主动投降叛军,显然是讹误。

⑨ 《清高宗实录》卷502,《清实录》第15册,第327页。

⑩ 《平定准噶尔方略》正编卷23,乾隆二十年十二月丙午。

⑪ 《平定准噶尔方略》正编卷25,乾隆二十一年二月戊申。

⑫ 《满洲名臣传》卷43,《萨喇勒传》。

⑬　昭梿：《啸亭杂录》卷 4,《萨赖尔之叛》。
⑭　傅恒：《西域图志》卷首 3。

阿睦尔撒纳

蔡家艺

阿睦尔撒纳，号墨尔根额尔德尼，生于康熙六十一年（1722年），卒于乾隆二十二年八月九日（1757年9月21日）。他原为卫拉特蒙古和硕特部台吉噶尔丹丹衷遗腹子，后因其母改适辉特部首领卫征和硕齐，遂被称为辉特台吉。

阿睦尔撒纳因是策妄阿拉布坦外孙，故深得准噶尔部贵族的宠信。噶尔丹策零设二十一昂吉时，他虽然仅十多岁，就已充当其中一个昂吉的首领了。

乾隆十年（1745年），噶尔丹策零病死，次子策妄多尔济那木扎勒嗣位。策妄多尔济那木扎勒"童昏无行"，[①]凶暴淫乱，为其庶兄喇嘛达尔扎所杀。喇嘛达尔扎为噶尔丹策零"外妇所生"，[②]准噶尔诸台吉不服。阿睦尔撒纳见准部内乱，"欲构使自讧，而已乘其衅"，[③]便与大策凌敦多布之孙达瓦齐，谋立噶尔丹策零幼子策妄达什（一作蒙库什），被喇嘛达尔扎察觉。阿睦尔撒纳畏惧，与胞兄班珠尔怂恿达瓦齐说："喇嘛达尔扎即将与尔同仇之达什达瓦杀戮，恐祸将及尔。"[④]达瓦齐信其言，便偕与之逃左部哈萨克。喇嘛达尔扎知二人不除，终为后患，乃散其部众，遣台吉讷默库济尔噶尔、宰桑赛音伯勒克率兵三万追击。

阿睦尔撒纳与达瓦齐在哈萨克滞留一年左右时间，后因赛音伯勒克等在哈萨克任意杀掠,给哈萨克人民造成了巨大损失,左部汗阿布赍欲将达瓦齐和阿睦尔撒纳等献出。达瓦齐和阿睦尔撒纳知哈萨克无法立足,于乾隆十七年(1752 年)十一月潜回塔尔巴哈台。

由于杜尔伯特台吉达什及阿睦尔撒纳同父异母兄沙克都尔曾密将阿睦尔撒纳与达瓦齐等谋叛事告喇嘛达尔扎,阿睦尔撒纳、达瓦齐仇其隙,于是,在返归塔尔巴哈台后便集兵潜将沙克都尔杀害,并其部众。并简选精锐兵一千五百名,昼伏夜行,经塔勒奇岭潜袭伊犁,杀喇嘛达尔扎。

阿睦尔撒纳本垂涎汗位,但因其出身和硕特血统,"国人未附,乃推立达瓦齐为汗"。⑤达瓦齐既立,"不能驭其属,岁多叛亡",每遇急难,必檄阿睦尔撒纳"与之调停"。⑥小策凌敦多布孙讷默库济尔噶尔不愿屈居达瓦齐统治之下,在部分宰桑支持下,欲与之分领准噶尔,集兵万人至伊犁,与达瓦齐交战。达瓦齐败,遁归额敏旧游牧处,问计于阿睦尔撒纳。阿睦尔撒纳多谋略,诱擒讷默库济尔噶尔。

自从讷默库济尔噶尔被败后,阿睦尔撒纳恃功日渐骄横。为了扩展势力,曾举兵袭杀岳父杜尔伯特台吉达什,胁降其子讷默库,而自迁帐于额尔齐斯河。又数言责达瓦齐,直言不讳地要求分辖伊犁以北直至阿尔泰地方,遭到达瓦齐拒绝。阿睦尔撒纳恼羞成怒,与亲兄班珠尔、妻弟讷默库等会同哈萨克兵掠额敏等地,遣众垦耕于额尔齐斯以自固。又派人向左部哈萨克汗阿布赍请求援助,希望阿布赍提供四千匹马和骆驼,以及一万只羊。达瓦齐深知不灭阿睦尔撒纳,则无法服准噶尔人众。但是,三次遣兵往击,皆不克。乾隆十九年(1754 年)夏,他亲自统兵三万径趋额尔齐斯,复令玛木特率乌梁海等军八千夹攻,使沙克都尔曼济引兵收其畜群。阿睦尔撒纳大败，许多人被杀，土地被瓜分，他的妻子儿女、牲畜、财产被抢劫一空。自知难以再同达瓦齐抗争，遂率讷默库、班珠尔等二万余人，取道科布多投奔清朝政府。

阿睦尔撒纳等内附，是准噶尔人继杜尔伯特三车凌后又一次重大内迁活动，清朝政府十分重视。清廷因其"系准噶尔大台吉"，特命萨喇尔自军营"前往迎劳"、"颁以恩赏"。⑦十一月，又敕命其至承德避暑山庄朝觐，并给予优渥赏赐。授阿睦尔撒纳为和硕亲王；讷默库、班珠尔为郡王；杜尔伯特台吉刚多尔济、巴图博罗特，辉特台吉扎木参、齐木库尔为贝勒；杜尔伯特台吉布图克森、额尔德尼、罗垒云端，辉特台吉德济特、普尔普克什克封贝子；辉特台吉根敦扎布、固木扎布，杜尔伯特台吉布颜特古斯、孟克博罗特，和硕特台吉纳噶察封为公；杜尔伯特台吉乌巴什、伯勒克，辉特台吉伊什、克什克特封为头等台吉。各授扎萨克，管辖所部人户。编旗分佐领如三车凌例。就在这次召见中，乾隆还赋诗一首，赞扬其识时慕义及所受到的荣宠。诗曰："初秋款塞柏冬权，山馆来迎表寸丹。中国怀柔宁过厚，远人礼数且从宽。乍瞻大典身犹蹴，得厕亲藩意倍欢。宠示诸侯王上位，汉家终是畏呼韩。"⑧为了给予其来归部众以妥善安置，诏令暂居于喀尔喀扎卜堪河流域。授其所领部落为"辉特额尔德尼诺颜部落"，班珠尔所领之盟为"和硕特清伊扎固尔图部落"。⑨

事实上，阿睦尔撒纳归附清朝政府，并非为了维护祖国统一，而是企图借助清朝政府兵力，剪除政敌，以自己为珲台吉，总管四卫拉特。因而，他一到内地，就迫不及待地要清廷收服包沁、扎哈沁，救出其被掳人畜。在避暑山庄被乾隆召见时，更是极力夸大达瓦齐的残暴和腐朽，把准噶尔部描绘得如何不堪一击，请求清廷尽早出兵。

　　清朝政府对准噶尔部的情况早就有所了解。萨喇尔、杜尔伯特三车凌等内附,都带来了大量有关准噶尔政治、经济状况的大量情报。阿睦尔撒纳的到达,以及其所提供的情况,进一步坚定了清朝政府统一西北地区的决心。在乾隆看来,平定准噶尔割据势力,是康熙、雍正两朝"筹办未竟之绪",[⑩]"准噶尔一日不定,则其部曲一日不安",[⑪]而国家统一也无从实现。于是,决定集兵命将,两路出师。北路,以班第为定北将军,阿睦尔撒纳为定边左副将军;西路,以永常为定西将军,萨喇尔为定边右副将军。两副将军各领前锋兵三千为先锋。参赞大臣玛木特知阿睦尔撒纳反复无常,阴狙狠戾,遂向清廷进言:阿睦尔撒纳"虽降,不可命往,往必为殃"。[⑫]清廷以"不逆诈"答之。

　　清廷知玛木特谙习军旅,熟知准噶尔情况,令与阿睦尔撒纳等同在先锋营行走。阿睦尔撒以玛木特曾掠其牧,不愿与之共处,密告参赞大臣色布腾巴尔珠尔说:"玛木特非倾心降者,不可信。今哨探兵以扎哈沁众从,恐漏师,不如令在后队。"[⑬]色布腾巴尔珠尔将其言上闻,受到乾隆的反对。

　　二十年(1755年)二月,清军自巴里坤和阿尔泰两路挺进准噶尔。阿睦尔撒纳因怀着总统四卫拉特的野心,故在进军时,非但不认真执行清廷制定的军事计划,且利用清军威力,四处"寻获被抢人口",令其"兄弟暨所属肆行劫夺"。清军进入伊犁后,更是肆无忌惮,不仅将"达瓦齐游牧所收牲只财物,多方隐匿",劫获鄂勒锥宰桑游牧处"驼马各千余,羊至二万",[⑭]又怂恿班珠尔掠夺诺尔布敦多克和沙克都尔曼济等属产。清朝政府以其叛迹未著,未见有窃取准噶尔地区实据,故仍于平定伊犁后,赐给双亲王俸,封为世子。

　　清廷早在进军伊犁以前,就有俟平定达瓦齐后,"众建分其力"[⑮]的打算,拟将"四卫拉特台吉,分封为四汗,令各管属下而已。"为了消除阿睦尔撒纳奢望,乾隆皇帝还嘱咐班第、萨喇尔:"可将封阿睦尔撒纳为辉特汗,其余于三姓台吉内,封为三汗之处,于闲谈中言及,俾伊等熟闻。"[16]可是,一心梦想作四部总台吉以"专制西域"[17]的阿睦尔撒纳,仍不死心。在清军平定伊犁后,他就迫不及待地托言班第上奏:"若以噶尔藏多尔济为绰罗斯汗,众心不服。不若于事定后,齐集各宰桑等广为谘访,于噶尔丹策零亲戚中,不论何姓,择众心诚服,能御哈萨克、布噜特者公同保奏,俾领其众。"企图胁迫清朝政府收回成命。在班第告以奉旨"封四卫拉特,各为一汗,令自管辖"后,阿睦尔撒纳立刻气急败坏地声称:"但我等四卫拉特,与喀尔喀不同,若无总统之人,恐人心不一,不能外御诸敌,又生变乱。"[18]

尽管阿睦尔撒纳迫切要求总辖卫拉特四部,但清朝政府始终没有答应,以为"业已降旨,断不可改。"[19]阿睦尔撒纳见一计未成,又生一计。他首先编织谎言,伪称和硕特台吉沙克都尔曼济、鄂勒锥讷默库与伊犁众喇嘛商议,"欲往迎达瓦齐,乘隙骚动"。当谎言被将军班第识破后,他又令自哈萨克逃回之达哈泰捏造假情报,说约有五万哈萨克兵往伊犁前来,闻哈萨克人言:达瓦齐与我等积成仇隙,断不令其统辖准噶尔。若阿睦尔撒纳代为台吉,我等不敢发兵,"两相和好"。在阿睦尔撒纳看来,要攫取统辖卫拉特四部的权力,没有伊犁喇嘛的支持是不行的。为此,他特遣和硕特台吉纳噶查(他实际上是阿睦尔撒纳的从弟),宰桑锡哈玛送给喇嘛熬茶银一千两,称"我若统辖准噶尔时,必将尔等善为养育"。不久,又使纳噶查告班第等:宰桑阿巴噶斯、约苏图、乌克图与喇嘛等潜行计议,"若不令阿睦尔撒纳统领驻扎,伊等宁剖腹而死"。[20]以此向清朝政府施加压力。

为了达到其统辖四卫拉特目的,他还遣人要求与达什达瓦之女联姻,请其"协力相助",以便其"收服四卫拉特"。㉑达什达瓦寡妻车臣墨尔根哈屯坚决拒绝。阿睦尔撒纳恼羞成怒,大打出手,竟谋鲸吞达什达瓦所属数千户,欲将其拨给"伊姊子沙津巴图管辖"。㉒后因定北将军班第等和广大准噶尔人民的反对,他的阴谋才没有得逞。

阿睦尔撒纳见梦想一个接一个地破灭,于是萌生分裂割据野心。他擅自调兵往哈萨克、布鲁特边境,遣人各处"潜行招服","结交奸佞之徒";任意"劫掠牲畜,诬蔑沙克都尔曼济叛逆,擅杀宰桑等大员,抄没家产",又行檄哈萨克和俄罗斯,谓自率蒙古、汉兵平定准噶尔;"私用噶尔丹策零小红钤记";意欲"将准噶尔人等尽行骚动,然后独居准噶尔"。㉓

阿睦尔撒纳的背叛活动引起了清朝政府的注意。乾隆在接到班第等的密报后,一面谕班第将其擒拿,以绝后患;一面又令阿兰泰等领兵收剿其驻牧地。时清军驻伊犁仅五百人,班第不敢贸然行动。清朝政府又令班第力促阿睦尔撒纳早日入觐,欲待其至内地后,予以剪除。阿睦尔撒纳看出清廷用意是调虎离山,初不欲行,一直拖延时日。后因班第等极力敦促,始不得不于八月十日与喀尔喀亲王额琳沁多尔济一起离开伊犁,前往承德。经过数天行程,八月十九日抵达乌隆古河。此地是阿睦尔撒纳等的游牧地。阿睦尔撒纳知道此时不脱逃,往后就没有机会了。于是,他"诡言暂归治装",㉔把副将军印交与额琳沁多尔济,从额尔齐斯逃去,沿途抢掠,公开揭起反清旗帜。

阿睦尔撒纳叛逃后,其党羽阿巴噶斯等立刻呼应,劫掠军台。其驻伊犁同伙克什木、敦多克曼集也起兵骚乱,围攻定北将军班第及驻防清军。班第、参赞大臣鄂容安因寡不敌众,被迫自杀。定边右副将军萨喇尔、北路参赞大臣玛木特被俘。阿睦尔撒纳以玛木特为准噶尔骁将，欲诱其降，被拒绝，遂将其缢杀。时定西将军永常，拥劲兵驻屯乌鲁木齐。准噶尔诸新降台吉，咸往投附。永常疑惧，自木垒南退守巴里坤，致使天山北路，变乱四起。

阿睦尔撒纳自知背叛清廷，定为乾隆所不容，故在脱逃时，仍觍颜上疏表其心迹，言"断无背叛之心"。把造成动乱原因全部委于班第及萨喇尔身上。诡称班第和萨喇尔"骑马直入喇嘛经堂"、"肆行劫掠"，"于各鄂拓克内，选择妇女为妻"，"又将宰桑克什木、巴雅尔拉虎擒拿"，是以"俱各生变"，㉕企图谋取谅解。清廷知其桀黠，于二十一年（1756年）春，令策楞、玉保率军分兵两路进讨。大军抵特克勒河，与阿睦尔撒纳相距一日程，急进可追及。阿睦尔撒纳急中生智，采用金蝉脱壳计，潜遣人向清军报捷，言已擒其来献。玉保、策楞信以为真，皆按兵不动，静候其押解军营，不知系其缓兵之策。阿睦尔撒纳遂乘势走霍尔果斯，逸入哈萨克。策楞、玉保悟，惧清廷降罪，挥师直压哈萨克境，索其来献，没有结果。

清朝政府知策楞、玉保俱为阿睦尔撒纳愚弄、夺其职，别令哈达哈为定边左副将军，达尔党阿为定西将军，率西、北两路军，进入哈萨克继续追击。但达尔党阿、哈达哈的军事才能并不比策楞、玉保强。他们也相继被阿睦尔撒纳所蒙骗。

二十一年（1756年）七月，清军两路进入哈萨克境。阿睦尔撒纳闻风，偕哈萨克阿布赉、霍集伯尔根，谋自巴颜山西窜，先后与清军遭遇于巴颜山、雅尔拉、努喇地方，双方发生激战。阿睦尔撒纳连战连败，逃往呢雅斯图山。时清军距叛军仅仅二三里路。阿睦尔撒纳重操故技，遣哈萨克人楚噜克、昭华什伪称愿劝说阿布赉将其擒拿。结果使达尔党阿和哈达哈又中其缓兵之计。

正当达尔党阿和哈达哈率清军于哈萨克草原追击阿睦尔撒纳之时，喀尔喀郡王青衮扎卜以和硕亲王额琳沁多尔济被处死，"将伊卡伦、台站兵丁尽行撤回,"㉖带回库苏古泊地区,使清军北路台站自十六台至二十九台受阻绝。一时间,喀尔喀地区纷起骚动。准噶尔部诸新降台吉噶尔藏多尔济、扎那噶尔布、巴雅尔、噶勒杂特宰桑哈萨克锡喇等见军台变乱四起,而清军又屡为阿睦尔撒纳所欺,也先后引兵叛。都统和起被害。定边右副将军兆惠率领驻防伊犁清军,自济尔噶朗河转战额垒扎拉图、库图齐、达勒奇等地。阿睦尔撒纳知清军为青衮扎卜、噶尔藏多尔济等叛乱所困扰,乘隙窜归博罗塔拉,与诸台吉、宰桑会盟,"欲自立为汗",㉗又率兵千名,向喀尔喀交界移动,企图与青衮扎卜建立联合战线。

青衮扎卜等的叛乱,使平定阿睦尔撒纳叛乱受到严重障碍。清廷被迫撤回两路官兵,重授成衮扎布为定边左副将军,出师讨伐青衮扎卜。青衮扎卡表面上声势很大,实则十分虚弱。清军十月出师,十一月二十八日即将其弋获。阿睦尔撒纳惊惧,复逃哈萨克。

青衮扎卜叛乱的失败,给阿睦尔撒纳带来了重大打击。二十二年(1757年)三月,清廷授成衮扎布为定边将军,仍以兆惠为定边右副将军,自巴里坤出发,分兵两路,一由珠勒都斯,一由额琳哈毕尔噶,继续征讨阿睦尔撒纳。鉴于从前教训,清军采取边行兵,边派绿营兵沿途屯垦办法,断叛军后路。此外,又宣谕左右部哈萨克,令其协擒阿睦尔撒纳以自效。

与清军出师差不多同时,叛军内部突然发生相互吞噬事件。先是伊犁喇嘛等商议,欲拥噶尔藏多尔济为台吉,请其"往博尔塔拉坐床"。㉘噶尔藏多尔济之侄扎那噶尔布不服,在阿睦尔撒纳宰桑尼玛怂恿下,举兵杀噶尔藏多尔济。而尼玛又欲害扎那噶尔布往迎阿睦尔撒纳。时值阿睦尔撒纳窃哈萨克马,与阿布赉反目,逃回伊犁,遂将扎那噶尔布游牧抢掳。适富德率清军至,阿睦尔撒纳仓惶北遁,走伊玛图、鄂伦诺尔,再逃哈萨克。富德率兵紧紧追击。

　　由于左部哈萨克阿布赉已与阿睦尔撒纳积衅，复渴望与中原地区互通市易，在阿睦尔撒纳重新抵其驻牧地以前便表请内附，表示"愿率哈萨克全部，归于鸿化，永为中国臣仆"。㉙并立誓协擒阿睦尔撒纳以献。因此，当阿睦尔撒纳重新前往其驻牧地时，阿布赉便暗中令人收其马匹。阿睦尔撒纳见势不妙，乘夜带侍从八人投奔沙皇俄国。

　　阿睦尔撒纳与沙俄早就有勾结。乾隆二十一年（1756年），当阿睦尔撒纳在清军追击下逃往哈萨克时，俄国奥伦堡当局就已派阿布杜尔·卡斯金诺夫去见阿睦尔撒纳，邀请阿睦尔撒纳前往奥伦堡。卡斯金诺夫表示，如果阿睦尔撒纳愿意到奥伦堡"避难"，"那今后对他会作为嫡系继承人和准噶尔的统治者"对待。㉚此后，又在致阿睦尔撒纳的信中一再表示：凡是准噶尔地方之人，即使宰桑，如若率其属下之众，前来投诚我俄罗斯，"即可接受"。㉛在沙俄的策动下，是年冬，阿睦尔撒纳遣宰桑达瓦出使俄国，以"愿意服从俄国女皇旨意"为交换条件，"请求俄国政府在额尔齐斯河和斋桑湖之间地区修建要塞，以防满洲人"。他还请求俄国当局协助，"使卫拉特人承认他为汗，并服从他的旨意"。俄国当时因忙于欧洲战争，无暇东顾，便向达瓦表示："如果阿睦尔撒纳本人愿意带少数侍从想得到一个安全避难地，那么，不仅给予接待，而且在饮食、衣着和其他救济方面都一一予以满足。"㉜沙俄的许诺牵动着阿睦尔撒纳的心。显而易见，他是想借助沙俄势力，继续负隅顽抗。

　　阿睦尔撒纳在越出国境后，首先到塞米巴拉丁斯克。他受到当地司令部的欢迎。两天后又前往亚梅舍沃。在那里，由于被查明他患有天花病，遂留在原地进行治疗。数天以后，亚梅舍沃当局将其送往托博尔斯克，被安置于近郊居住。他要求俄国西伯利亚当局，通过各种途径，把潜逃"俄国境内的属民（约四千人）遣送到他那里来"。㉝但是,在托博尔斯克刚住了二十余天,他又染上了痘症。虽经多方治疗,没有奏效,病逝在异国。

阿睦尔撒纳逃入俄国后,清廷为了维护西北地区安宁,一再致书俄国萨纳特衙门,强烈要求俄国政府遵照两国"从前议定彼此不允许留逃人"的协议,将其引渡回国。但沙俄政府置《尼布楚条约》和《恰克图条约》于不顾,先是矢口否认其隐藏阿睦尔撒纳,后又改口佯称阿睦尔撒纳已在渡额尔齐斯河时身死。清军派人到额尔齐斯河打捞尸体,一无所获。阿睦尔撒纳在托博尔斯克病死时,他们仍不肯将死讯告知清朝政府。直到乾隆二十三年春,方使清廷得到确讯,并将尸体运到恰克图,让清廷派人验尸。

注：

① 祁韵士:《皇朝藩部要略》卷12,《厄鲁特要略四》。

② 何秋涛:《朔方备乘》卷4,《准噶尔荡平述略》。

③ 魏源:《圣武记》卷4,《乾隆荡平准部记》。

④ 傅恒:《西域图志》卷首1,《准噶尔全部纪略》。

⑤ 同注③。

⑥ 昭梿:《啸亭杂录》卷3,《西域用兵始末》。

⑦ 《清高宗实录》卷469,中华书局1985年影印《清实录》第14册,第1069页。

⑧ 傅恒:《西域图志》卷37,《封爵一》。

⑨ 《清高宗实录》卷473,《清实录》第14册,第1112页。

⑩ 《平定准噶尔方略》正编卷12,乾隆二十年五月壬辰。

⑪ 《清高宗实录》卷489,《清实录》第15册,第134页。

⑫⑬ 同注①。

⑭ 《平定准噶尔方略》正编卷14,乾隆二十年六月甲子。

⑮ 同注⑥。

⑯ 《清高宗实录》卷 481，《清实录》第 15 册，第 15 页。

⑰ 同注③。

⑱⑲ 《清高宗实录》卷 489，《清实录》第 15 册，第 143 页。

⑳ 《平定准噶尔方略》正编卷 15，乾隆二十年六月庚午。

㉑ 同上书，卷 16，乾隆二十年七月辛丑。

㉒ 同上书，卷 16，乾隆二十年八月庚戌。

㉓ 《清高宗实录》卷 491，《清实录》第 15 册，第 179 页。

㉔ 同注③。

㉕ 清档：乾隆二十一年正月初三日阿睦尔撒纳奏。

㉖ 《平定准噶尔方略》正编卷 30，乾隆二十一年八月壬子。

㉗ 祁韵士：《皇朝藩部要略》卷 13，《厄鲁特要略五》。

㉘ 清档：《满文月折档》，乾隆二十二年五月十七日兆惠奏。

㉙ 嵇璜：《清朝文献通考》卷 300，《四裔八》。

㉚ 兹拉特金：《有关阿睦尔撒纳的俄国档案资料》，载《蒙古民族的语言与历史》第 306 页。

㉛ 《清代档案史料丛编》第七辑，1981 年中华书局出版，第 233 页。

㉜ 兹拉特金：《有关阿睦尔撒纳的俄国档案资料》，载《蒙古民族的语言与历史》第 310 页。

㉝ 兹拉特金著，马曼丽译：《准噶尔汗国史》，第 432 页。

车凌　　车凌乌巴什　　车凌蒙克

蔡家艺

车凌、车凌乌巴什、车凌蒙克是十八世纪中期杜尔伯特部的三位重要台吉。有的史籍又称"三车凌"为"三策凌",即策凌、策凌乌巴什、策凌蒙克。

车凌,生于康熙三十六年(1697 年),卒于乾隆二十三年(1758年)。杜尔伯特台吉固哩达什之子,杜尔伯特部著名首领达赖台什四世孙。

车凌乌巴什生于雍正六年(1728 年),卒于乾隆五十五年(1790 年)。杜尔伯特台吉阿喇布坦之子,达赖台什五世孙。

车凌蒙克,生年不详,卒于乾隆二十二年(1757 年),杜尔伯特台吉伯布什之子,达赖台什弟保伊勒登之孙。

三车凌中以车凌蒙克行最尊,他是车凌从叔父。车凌乌巴什则为车凌从侄。三车凌初同属准噶尔一昂吉,以"车凌为长,车凌乌巴什次之","聚族额尔齐斯"。①乾隆十年(1745 年),噶尔丹策零病逝,其次子多尔济那木扎勒嗣位。那木扎勒淫乱暴戾,其长子喇嘛达尔扎杀之,自立为汗。大策凌敦多布孙达瓦齐,偕辉特台吉阿睦尔撒纳复杀喇嘛达尔扎,窃取准噶尔部汗位。达瓦齐族贵而无能,"终日饮酒,事务皆废,……自伊为台吉以来,无一安宁,人人嗟怨"。②小策凌敦多布孙讷默库济尔噶尔不愿屈从其统治,在一些

"势力薄弱的宰桑和诺颜"③的支持下,决意与达瓦齐分庭抗礼,结果出现了大小策凌敦多布两个家族间的混战,彼此"刀枪相见"。④

"两酋争立,各征兵于诸部"。⑤达瓦齐与讷默库济尔噶尔为了战胜对方,都各自令杜尔伯特部遣兵助战。杜尔伯特部不愿臣服达瓦齐,想拥立讷默库济尔噶尔。达瓦齐和阿睦尔撒纳怒,潜求哈萨克阿布赍出兵进攻杜尔伯特部。阿布赍遣兵五千,四出攻掠,给杜尔伯特部造成空前浩劫。车凌、车凌乌巴什、车凌蒙克深感"欲拒之,不敌;欲事之,莫知所从",于是集诸台吉会议。参加盟会的人在正确分析准噶尔社会形势后一致指出,"依准噶尔,非计也,不如归天朝,为永聚计"。⑥在杜尔伯特部人民积极支持下,三车凌决计内徙。

乾隆十八年(1753年)十一月,三车凌率众三千余户,冒着凛冽刺骨的寒风,驱赶着大批牲畜,扶老携幼,越乌兰岭、乌英齐,经过十九日的艰难行程,抵博东齐,遣使巴颜克什克、都图尔噶至巴颜珠尔克,请内附。定边左副将军成衮扎布疑其诈,檄喀尔喀各部备兵,谕令暂住额克阿喇勒。乾隆恐追兵袭击,谕令移住乌里雅苏台,又遣玉保往颁御用冠服,告以毋急于进京朝觐,俟明年夏至承德避暑山庄再见。复以其远道跋涉而来,生计艰难,"马驼俱已疲乏;而带来牛羊,亦属无几",⑦令由归化城供给籽种,使耕牧于推河、拜达里克河。又赏给车凌、车凌乌巴什羊各五千只,车凌蒙克羊三千只。十九年(1754年)四月,令编旗分佐领,如内扎萨克及喀尔喀例,设正副盟长,赐"赛因济雅哈图盟名"。⑧

五月,三车凌奉命到承德觐见乾隆。乾隆皇帝赐宴万树园,授车凌为和硕亲王,赏银五千两;车凌乌巴什为郡王,赏银四千两;车凌蒙克为贝勒,赏银三千两。其属下各台吉也分别有封赠:色布腾为贝勒,赏银三千两;孟克特穆尔、班珠尔、根敦三人为贝子,银各二千两；刚、巴图蒙克、玛什巴图为辅国公，银各一千五百两；达什敦多布、恭锡喇、巴尔为一等台吉，银各一千两；以下分别为闲散台吉、管旗章京、副管旗章京等，各赏银二百两、一百两、八十两、六十两、四十两不等。⑨所部设十三扎萨克。时萨喇尔奉命招抚乌梁海，车凌奉命选兵五百往助。

翌年春，清军往征达瓦齐，三车凌选兵二千扈从。诏"以车凌领其一，隶北路，车凌蒙克、色布腾从之；以车凌乌巴什领其一，隶西路；各授参赞大臣"。⑩尔后不久，因其族台吉讷默库等继至，隶西路。阿睦尔撒纳以讷默库为伊妻弟，固请将讷默库隶北路。清廷为了满足阿睦尔撒纳要求，令三车凌隶西路。给车凌整装银二千两，车凌乌巴什及讷默库各一千六百两。

由于清军顺应广大准噶尔人民愿望，二月出师，五月即抵伊犁，"各部落望风崩角，其同族大台吉噶尔藏多尔济及旧回酋和卓木先后迎降。"⑪达瓦齐率残众奔格登山，清军长驱追击，出奇兵夜袭其营。达瓦齐败遁。车凌乌巴什偕其族台吉玛什巴图率轻骑八百蹑其后，追至南疆始返。而车凌蒙克奉命督兵驻伊犁，色布腾辖乌鲁木齐至博罗塔拉邮务。

达瓦齐叛乱平定后，诏授车凌亲王双俸、杜尔伯特汗、左翼盟盟长，赐特古斯库鲁克达赖号；车凌乌巴什为亲王，右翼盟盟长；车凌蒙克为郡王，右翼盟副盟长；色布腾为左翼盟副盟长。

八月，阿睦尔撒纳自乌隆古河遁，其党阿巴噶斯、克什木等相继引兵发动叛乱。定北将军班第、参赞大臣鄂容安、玛木特先后殉难，定边右副将军萨喇尔被执。伊犁战祸又起。清朝政府深知，阿睦尔撒纳一日不灭，则西北地区一日不宁。于是复命将兴师，声罪致讨。三车凌等闻命，皆踊跃请从军。其族台吉讷默库谋叛应阿睦尔撒纳，车凌、车凌乌巴什便率众偕乌里雅苏台驻防大臣阿兰泰将其擒执。和硕特台吉桑济叛,车凌闻,即命车凌乌巴什、台吉玛什巴图一起邀击之。

二十二年(1757年),噶勒藏多尔济、巴雅尔、哈萨克锡喇在喀尔喀台吉青衮扎卜等影响下,举兵骚乱。车凌等惧其扰边,请由额尔齐斯徙居乌兰古木。会喀尔喀贝子车布登扎布遣兵追捕丹巴都噶尔,拟收伯什阿噶什众归喀尔喀,而令博东齐归车凌。其族台吉班珠尔、布图库、布林等至,"称与车凌等析处久",⑫请仍异牧。诏置于呼伦贝尔。

不久,车凌病逝。清廷因其适时慕义,率属归诚,为西北地区的统一做出了重大贡献,令其子索罗木衮布袭爵。索罗木衮布体弱多病,副盟长巴桑也在少年,诏令车凌乌巴什、台吉玛什巴图协助办理盟旗事务。

二十七年(1762年),清廷为了加强科布多地区的防务,命杜尔伯特左、右翼各设副将军一人。授车凌乌巴什为右翼副将军,赐岱青卓里克图号,御前行走;授巴桑为左翼副将军。

车凌乌巴什一生多次奉命进京朝觐,因受清廷多方眷顾,死时告其长史曰:"天可汗之恩万世不可负也。"⑬

三车凌因归附清廷时间较早,而且向内徙牧后,一直恪守臣职,在平定达瓦齐、阿睦尔撒纳叛乱中,又作出了重要贡献,所以"三车凌内附"之事,一直为后世所传颂。

注:

① 《清史稿》卷523,《藩部》6。

② 《清高宗实录》卷481,中华书局1985年影印《清实录》第15册,第24页。

③ 兹拉特金:《蒙古近现代史纲》,1957年莫斯科版,第89页。

④　兹拉特金:《有关阿睦尔撒纳的俄国档案资料》,载《蒙古民族的语言和历史》,1958 年莫斯科版,第 293 页。

⑤　魏源:《圣武记》卷 4,《乾隆荡平准部记》。

⑥　《外藩蒙古回部王公表传》卷 95,《传》79,《国朝耆献类征初编》卷首107。

⑦　《清高宗实录》卷 458,《清实录》第 14 册,第 954 页。

⑧　同注①。

⑨　《清高宗实录》卷 464,《清实录》第 14 册,第 1022 页。

⑩　同注①。

⑪　同注⑤。

⑫　祁韵士:《皇朝藩部要略》卷 13,《厄鲁特要略五》。

⑬　昭梿:《啸亭杂录》卷 9,《都尔伯特》。

霍集斯

蔡家艺

霍集斯，生年不详，卒于乾隆四十六年(1781年)，原籍新疆吐鲁番。康熙末年，其父阿济斯阿卓徙居乌什，初隶准噶尔，为乌什阿奇木伯克。

乾隆二十年(1750年)春，清军征达瓦齐。达瓦齐走格登山，又败，窜库鲁克岭，谋奔喀什噶尔。霍集斯侦悉，遣弟置酒及马，迎于途，而暗中于城外设伏。俟达瓦齐至，擒执之，献于清军。清朝政府为表彰其功绩，令进京朝觐。会其兄阿布都伯克疏奏，叶尔羌、喀什噶尔将偕同包沁、乞卜察克人袭库车、阿克苏、赛里木诸城，请遣旧和卓玛罕木特子布拉呢敦、霍集占往辖。定北将军班第令霍集斯偕布拉呢敦率兵往抚。时阿睦尔撒纳率清军驻伊犁，霍集斯潜往谒，"请俟叶尔羌、喀什噶尔就抚，以己为回部长"。①班第密疏进行弹劾，诏勿过虑。

是年八月，阿睦尔撒纳发动叛乱，清廷令预饬游牧，加强防守，毋为所煽惑。因其族人多势大，与其兄阿布都伯克深得布拉呢敦倚任。霍集占潜回南疆后，惧其强盛，分其昆弟子侄至南疆各城任职，以弱其势：霍集斯为和阗伯克，其长子漠咱帕尔为乌什伯克，阿布都为叶尔羌伯克，阿布都子阿布萨塔尔为阿克苏伯克。每行兵，则使令扈从以徙。霍集斯"畏其威权，强事之"。②

乾隆二十三年(1758年)二月,清朝政府因布拉呢敦、霍集占杀副都统阿敏道,公开发动反清叛乱,令雅尔哈善为靖逆将军,额敏和卓为参赞大臣率兵征讨。清军抵库车,霍集占自率兵五千救援,令霍集斯驻阿克苏策应。尔后不久,霍集占于库车被清军击败,走阿克苏,拟迁阿克苏民居乌什。阿克苏居民闭城拒绝。霍集占遂令霍集斯及其侄阿克萨塔尔胁城外居民数百户迁徙。霍集斯愤霍集占析其族,"阴约乌什诸头目欲延霍集占入饮",③谋乘势将其擒执。霍集占疑其非出于至诚,惧不敢往,令其进城迁乌什众于喀什噶尔。霍集斯甫进城,"即据城与伊对敌"。④霍集占狼狈逃往喀什噶尔。

八月,清朝政府命兆惠代雅尔哈善征布拉呢敦、霍集占。当兆惠率军经阿克苏至乌什时,霍集斯遣子呼岱巴尔氏赍表文迎降。兆惠诘进兵路径,他说霍集占败遁后,或往喀什噶尔、或往叶尔羌,皆未可定。倘由乌什至喀什噶尔,山险难行,伊必由叶尔羌逃往痕都斯坦、哈喇土伯特、巴达克山,不如径往叶尔羌,"大兵擒截较易。"⑤兆惠如其言,率军经巴楚向叶尔羌挺进。霍集斯亲随大军征进,而令子漠咱帕尔进京朝觐,遣从弟额敏都霍什提卜赍檄往叶尔羌,招降阿布都伯克。清廷嘉其悃诚,诏封公品级,赐双眼孔雀翎。复谕兆惠,凡军营事务,俱应同其商办,"以收其用"。⑥

十月,清军抵叶尔羌。霍集斯一面亲率部众奋力攻城,一面又将其所了解叶尔羌情况告兆惠:叛军"建台各城隅,望我军至,辄施炮。迩台及城,皆坎地设伏,当谨备之"。⑦由于他的及时提醒,使清军减少了许多不必要牺牲。诏晋固山贝子品级。尔后不久,偕兆惠被围于"黑水",因与清军诸将协力,一再击退敌军的进攻,晋贝子加贝勒品级。

乾隆二十四年(1759年)春,定边右副将军富德救兵至,黑水围解。霍集斯自请往乌什收集马匹，以供军需。兆惠询由乌什进兵喀什噶尔路。霍集斯言："乌什距喀什噶尔近，然道多石，且乏水草，不若由阿克苏。"⑧时"霍集占党侵和阗"，⑨副将军富德、副都统巴图济尔噶勒先后率兵驰援。霍集斯自乌什往会。和阗围解，清朝政府以和阗为霍集斯旧辖地，诏授为总管和阗六城阿奇木伯克。富德询由和阗进军叶尔羌道路，答言有三道：取道伊里齐达呼尔璊，多缺水；取道丕雅勒玛至固璃，虽有水草，而塞尔勒克、楚鲁克、通阿里克诸站，多沙碛，马行易疲。请由丕雅勒玛迤南行，水草足，且便于休息。富德如其言。

六月，清军分兵两路征喀什噶尔和叶尔羌。布拉呢敦、霍集占惩前败，欲弃城逃走，获悉霍集斯遣人招降阿布都伯克，遂将其杀害。霍集斯随富德等一路前进，跟踪追击。七月九日，追至阿尔楚尔岭。霍集占伏兵于两山，于谷口列阵，引诱清军。清军以火器遥攻中坚，大败之。霍集占奔伊西洱库尔淖尔。

伊西洱库尔淖尔，山高石危，形势险要。布拉呢敦据山岭，霍集占率军阻淖尔隘口。清军分兵三路夹攻。霍集斯偕鄂对、阿什默特复执"回纛"高呼"降者生，否则必死"。⑩在清军强大攻势下，叛军闻声"降者蔽山而下，声如奔雷"，"凡降回众万有二千，牲畜万计"。⑪清朝政府以其诸事奋勉，而兄弟子侄多为霍集占残害，诏封多罗贝勒。

霍集占自伊西洱库尔淖尔战败后，溃窜巴达克山。清朝政府一面行文巴达克山素勒坦沙，一面遣萨穆坦亲自前往交涉。巴达克山素勒坦沙初不欲以布拉呢敦等献，霍集斯遣托霍斯伯克、伊斯迈拉和卓招降其邻部博洛尔及霍罕，复与副都统伊柱屯霍罕，直至霍集占被杀，始撤兵归。因其"奋勉协同将军大臣等，克葳大事"，⑫清军班师后，获郡王品级。

霍集斯由于在平定叛乱中有功,深得清朝政府器重,屡获封赏,爵秩不断提高。于是,他渐有恃功骄傲表现,"似以擒获霍集占等后,回酋无出其右者,意在总统回部。"清廷知其反复无常,密谕兆惠"留心防范",[13]于叛乱平定后令其偕鄂对和什克伯克等进京陛见,以免其在南疆滋生事端。根据乾隆旨谕,十一月,兆惠乘清军凯旋之便,令其与噶岱默特等一同进京。

霍集斯旧在乌什,向以聚敛苛剥百姓驰名。因此当其一离开乌什,乌什众伯克就驰疏讦其父子"侵渔贡赋",[14]"苦虐部众"。[15]清朝政府原就有将其调离南疆的打算,因而在接到讦告后,便将状文宣示。霍集斯知劣迹暴露,难以返归辖旧众,请留京师居住。清廷为了便于行事,顺水推舟,谕照所请,"厚为资给,"[16]令其幼子托克托素丕回阿克苏,祭扫其先世墓茔。其乌什旧有田产,准令变价,于阿克苏置业。令其长子漠咱帕尔、次子呼岱巴尔氏至京聚处。

乾隆二十五(1760年)年,图形紫光阁。乾隆御制赞曰:"奉元戎檄,擒达瓦齐。后稍观望,旋迎我师。同大军进,被围黑水。回部望族,居之京邸。"[17]时适辅国公和什克、额色尹,一等台吉玛木特、图尔都、哈什木等入觐,留北京。令统归蒙古正白旗。居京维吾尔族人多为其裔。

注:

① 祁韵士:《皇朝藩部要略》卷15,《回部要略一》。

② 《外藩蒙古回部王公表传》卷116,《传》100,《国朝耆献类征初编》卷首128。

③ 和宁:《回疆通志》卷6,《霍集斯列传》。

④⑤ 《平定准噶尔方略》正编卷62,乾隆二十三年九月庚戌。

⑥ 同注③。

⑦　同注①。

⑧　同注③。

⑨　赵尔巽:《清史稿》卷314,《富德传》。

⑩　同注②。

⑪　魏源:《圣武记》卷4,《乾隆戡定回疆记》。

⑫　同注③。

⑬　《清高宗实录》卷586,中华书局1985年影印《清实录》第16册,第501页。

⑭　《清高宗实录》卷606,《清实录》第16册,第811页。

⑮⑯　同注③。

⑰　傅恒:《西域图志》卷首四。

和 卓 氏

冯佐哲

　　和卓氏，①即容妃，维吾尔族，新疆叶尔羌（今莎车县）人，生于雍正十二年九月十五日（1734 年 10 月 11 日），卒于乾隆五十三年四月十九日（1788 年 5 月 24 日）。她是乾隆的宠妃。民间传说她貌美体香，故称香妃。

　　从清末民初以来，有关她的传说颇多，众说纷纭，莫衷一是。但这种种传说多源于 1914 年在故宫武英殿西侧浴德堂内展出的一帧所谓"香妃戎装像"所附的说明，即《香妃事略》。《事略》说："香妃者，回部王妃也。美姿色，生而体有异香，不假熏沐，国人号之曰香妃，或有称其美于中土者。清高宗闻之，西师之役，嘱将军兆惠一穷其异。回疆既平，兆惠果生得香妃，致之京师，帝命于西内建宝月楼（即今之新华门）居之。楼外建回营，氄幕韦鞲，具如西域式。又武英殿之西浴德堂，仿土耳其式建筑，相传亦为香妃沐浴之所。盖帝欲借种种以取悦其意，而稍杀其思乡之念也。讵妃虽被殊眷，终不释然，尝出白刃袖中示人曰：'国破家亡，死志久决，然决不肯效儿女子汶汶徒死，必得一当以报故主。'闻者大惊，但帝虽知其不可屈而卒不忍舍也，如是者数年。皇太后微有所闻，屡戒帝弗往，不听；会帝宿斋宫，急召妃入，赐缢死。"②此《香妃事略》一出，种种讹传不胫而走，一时，诗文戏剧层出不穷，但多是在此基础上添枝加叶,越传越奇。近年来由于容妃陵墓的发掘,以及有关档案资料的陆续发现,揭开了香妃的层层神秘面纱,再现了她的"庐山真面目"。证明香妃就是正史中乾隆帝容妃和卓氏。③

乾隆二十年(1755年),清军征讨准噶尔部叛乱至伊犁,释放了被准噶尔部囚禁的大和卓波罗呢都(又译作布拉尼敦),与小和卓霍集占兄弟。他们回到南疆后,非但不念清廷解救之情,反而乘机于二十二年(1757年)五月发动叛乱。和卓氏五叔额色尹与胞兄图尔都(即图地公)等人不愿追随大小和卓叛清,便举家从叶尔羌迁往天山北麓布鲁特(即柯尔克孜)地区,暂居伊犁一带。次年,当他们得知征讨波罗呢都和霍集占的清军已打到了叶尔羌地区时,额色尹、图尔都及其堂兄玛木特便率众回到叶尔羌,配合清军作战,并在攻克喀什噶尔战役中立功。大小和卓叛乱被平定后不久,额色尹、玛木特和图尔都奉召入京。乾隆帝以他们是派犹帕尔的后裔,更为了怀柔他们,便加封额色尹为辅国公、玛木特和图尔都为扎萨克头等台吉,还在正大光明殿设宴款待他们。同时,乾隆帝还谕令定边将军兆惠,将伊等家口送京。于是,和卓氏与她的六叔帕尔萨及其堂兄玛木特之子巴巴等亲属,一起于二十五年(1760年)二月来到京师。不久,和卓氏进宫,被封为和贵人。④她最早在宫廷文献中出现是该年二月初四日封为和贵人的赏单。⑤同年六月,福建巡抚吴士功进贡的五十八桶鲜荔枝树,结出了二百二十个荔枝,乾隆帝命令将其中的一部分赏赐给宫中后妃,和贵人也得到了。此后每逢地方官员呈进干鲜果品,几乎都少不了她的。据档案记载其中有蜜荔枝、哈蜜瓜、绿葡萄干、白葡萄干、文水葡萄干、荔枝干、白枣干、藏杏、藏枣、莲子、藕粉和耿饼等。每逢她的生日,还能得到乾隆帝的赏银。在她入宫后,新疆维吾尔族的音乐、杂技也常被召进宫中表演。她的胞兄图尔都除得到清廷按时发给的俸银和禄米外,还多次得到了乾隆帝特别赏赐,并把宫中女子巴朗赏给他为妻;二十七年(1762年),他又从头等台吉晋封为辅国公。四十四年(1779年)去世后,爵位由其子托克托袭封。

二十七年五月十六日,乾隆帝遵照崇庆皇太后的懿旨,册封和卓氏为嫔。五月二十一日,兵部尚书阿里衮为正使,礼部侍郎五吉为副使持节册封。册文中说:"尔霍卓氏,秉心克慎,奉职惟勤,壶范端庄,礼容愉婉;深严拓馆,曾参三缫之仪,肃穆兰宫,允称九嫔之列。兹仰承皇太后慈谕:册封尔为容嫔,法四星于碧落,象服攸加,贲五色于丹霄,龙章载锡,尚敬承夫恩渥,益克懋夫芳徽,钦哉。"⑥从此,她每年获得的宫分赏银也从一百五十两提高到三百两。五年之后,即三十三年(1768年)六月初五日,乾隆帝又奉崇庆皇太后懿旨,将三十五岁的和卓氏晋封为容妃。是年十月初六日,乾隆帝命大学士尹继善为正史,内阁学士迈拉逊为副使持节册封。册文中说:"尔容嫔霍卓氏,端谨持躬,柔嘉表则;秉小心而有恪,久勤服事于慈闱,供内职以无违。凤协箴规于女史。兹奉皇太后慈谕,册封尔为容妃。尚其仰承锡命,勖令德以长绥,祗荷褒嘉,劭芳徽于益懋,钦哉!"⑦

乾隆帝对容妃比较宠幸,出巡、谒陵、去避暑山庄、木兰秋狝也经常让其偕同前往。三十年(1765年)春,乾隆帝第四次南巡时,除奉崇庆皇太后外。随同前往的还有皇后、令贵妃、庆妃、容嫔、永常在和宁常在等六人。这次南巡先后到了扬州、江宁(今南京)、苏州和杭州等地;三十六年(1771年)春,乾隆帝又带着容妃及令皇贵妃、庆贵妃、颖妃、豫妃和顺嫔等东巡泰山和曲阜等地;四十三年(1778年)夏,乾隆帝又让容妃等六位妃嫔一同前往盛京(今辽宁)拜谒祖陵。乾隆帝不论在宫内或出巡的路上,对容妃都很照顾,尊重她的宗教信仰和风俗习惯。在圆明园中她居住在远瀛观,乾隆帝允许她到方外观做礼拜,为此还特意在方外观的大理石墙面上刻了"古兰经"文。在皇宫西苑(今中南海),她也可以临登宝月楼,眺望对面的她的亲属居住的回回营和礼拜寺。乾隆帝还命令在宫中配备了回回厨师,赏赐给容妃的食物,也都是清真食品,有奶酥油野鸭子、羊肚片、羊他他士、油煠果、涿州饼子、祭神糕、苏州糕、油炖羊肉、晾狍肉、鹿筋羊肉、自来红月饼、回子饽饽、羊肚丝、羊西尔占、爆肚、五香鸡、香笋炒腌菜、拌粉皮、拌老虎菜、粘散粉子饽饽、鸡汤老米膳、杂烩热锅、烧鹿筋条、羊肉余子面、野鸡挂面、额思克森、鸭羹热锅和奶子月饼等。四十三年夏去盛京谒陵时,在一次围猎中获得野猪和狍子各一只,吃饭时乾隆帝赏给其他妃嫔的全是野猪肉一盘,唯独赏给容妃狍子肉一盘。在衣着上,容妃平日多穿本民族服装,只是在册封她为容妃时,才特意为她制做了满族服冠,其中有吉服袍褂、金龙绣九龙袍、天鹅绒朝冠、染貂朝冠等。

从三十一年(1766年)七月,皇后乌拉纳拉氏去世后,再没册立过皇后,而容妃在宫中的地位不断上升,越来越受到乾隆帝的宠爱,给她以特别关照。每当宫中赏赐哈密瓜时,总是把质量好的花皮瓜赏给她,别的妃嫔只能得到次一等的青皮瓜。每当她的生辰,乾隆帝都要赏给礼物。如五十岁生日时,曾赏给她如意一盒、古玩九件、锦缎九匹、银元宝九个、藏香九束、具折片一个。

五十三年(1788年)四月十九日,和卓氏病逝,同年九月二十五日葬入遵化裕陵妃园寝(即纯惠皇贵妃园寝)地宫,终年五十五岁。她总共在宫中生活了二十八年。临终前,她把自己的衣物、首饰分赠给了宫内要好的嫔妃、公主和本宫女子,以及她的亲属,作为遗念。对于她的死,已经七十八岁的乾隆帝很悲痛,谕令要隆重举办丧事,一应礼仪,均照康熙九年(1670年)慧妃丧礼而行:"皇上辍朝三日。皇子以下,宗室以上三日内咸素服,不祭神。妃初薨